石家庄统计年鉴

SHIJIAZHUANG STATISTICAL YEARBOOK

2010

石家庄市统计局
国家统计局石家庄调查队 编

（京）新登字 041 号

图书在版编目（CIP）数据

石家庄统计年鉴. 2010/石家庄市统计局，国家统计局石家庄调查队编. —北京：中国统计出版社，2010. 12

ISBN 978 -7 -5037 -6164 -5

Ⅰ. ①石… Ⅱ. ①石… ②国… Ⅲ. ①统计资料—石家庄市—2010—年鉴 Ⅳ. ①C832. 221 -54

中国版本图书馆 CIP 数据核字（2010）第 237843 号

石家庄统计年鉴—2010

作　　者/ 石家庄市统计局　国家统计局石家庄调查队
责任编辑/ 佘竞雄　熊　威
E-mail：yearbook@ stats. gov. cn
封面设计/ 赵海明
责任校对/ 刘德忠　赵进军
出版发行/ 中国统计出版社
通信地址/ 北京市西城区月坛南街 57 号
邮　　编/ 100826
办公地址/ 北京市丰台区西三环南路甲 6 号
电　　话/（010）63376898、63376907
印　　刷/ 河北天普润印刷厂
经　　销/ 新华书店
开　　本/ 890 × 1240mm　1/16
字　　数/ 90 万字
印　　张/ 32. 5
印　　数/ 1—500 册
版　　别/ 2010 年 12 月第 1 版
版　　次/ 2010 年 12 月第 1 次印刷
书　　号/ ISBN 978 -7 -5037 -6164 -5/C・2461
定　　价/ 300. 00 元

本书附同版本 CD-ROM 一张，光盘内容以书面文字为准。
中国统计版图书，如有印装错误，本社发行部负责调换。

《石家庄统计年鉴—2010》

李耀峰	石家庄市文化新闻出版局局长
闫纯锴	石家庄市卫生局局长
李志宏	石家庄市人口和计划生育委员会主任
齐惠明	石家庄市审计局局长
张　炬	石家庄市环境保护局局长
唐　青	石家庄市体育局局长
杨建秋	石家庄市林业局局长
杨惠萍	石家庄市物价局副局长
翟立献	石家庄市粮食局局长
王玉国	石家庄市旅游局局长

《石家庄统计年鉴—2010》

编 辑 部

编辑说明

一、《石家庄统计年鉴—2010》是一部大型统计信息资料工具书，是《石家庄年鉴》创刊以来的第14卷。本书通过大量的统计数据真实记录了2009年石家庄经济、社会、科技的发展变化情况。本年鉴随着国家统计方法制度的改革，在指标口径和范围上做了相应的调整，但尽量在版本内容、指标体系等方面与前几年保持连贯性。

二、本年鉴内容包括：综合、从业人员及劳动报酬、固定资产投资及建筑业、能源消费、财政和金融、物价、居民生活、城市公用设施、农村经济、工业、贸易和外经、教育科技文化、体育卫生和民政等14部分内容。

三、本年鉴中使用的度量衡单位均采用国际统一标准计量单位。

《石家庄统计年鉴》多年来承蒙社会各界的厚爱，对此我们深表感谢，欢迎广大读者继续使用《石家庄统计年鉴》，同时欢迎对我们的编辑内容及排版提出您宝贵的意见，以利于我们进一步提高《石家庄统计年鉴》的编辑水平，更好地服务于广大读者。

《石家庄统计年鉴》编辑部

2010年11月

地区生产总值(亿元)

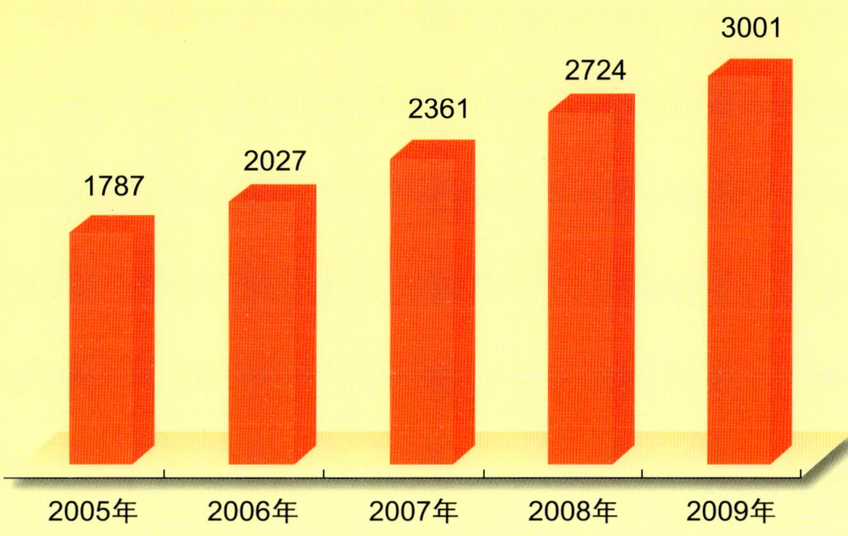

地区生产总值增长速度(%)

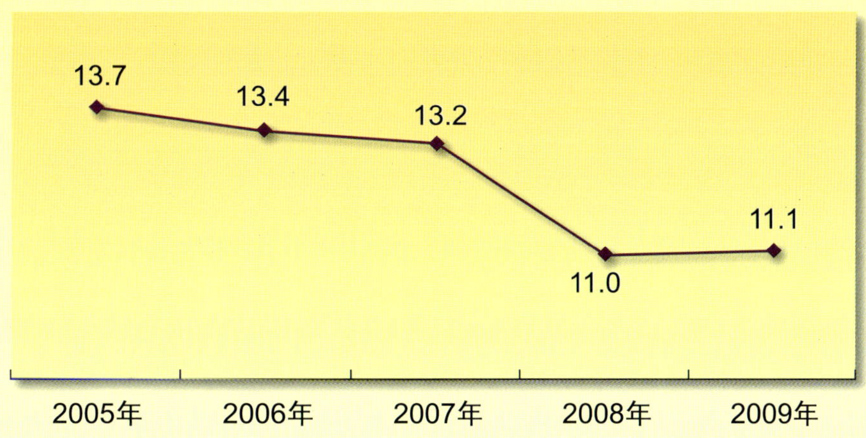

2008年三次产业构成

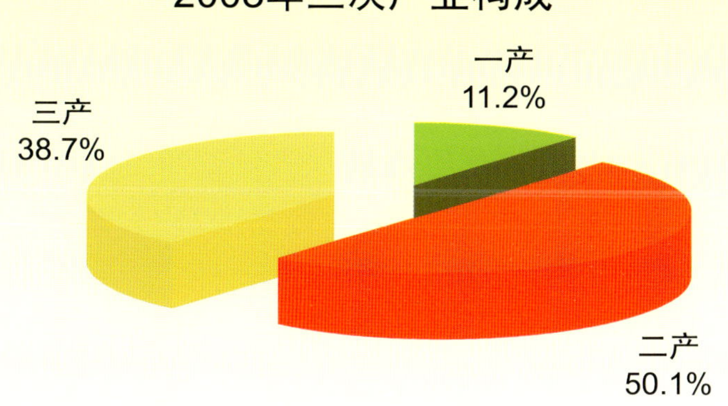

2009年三次产业构成

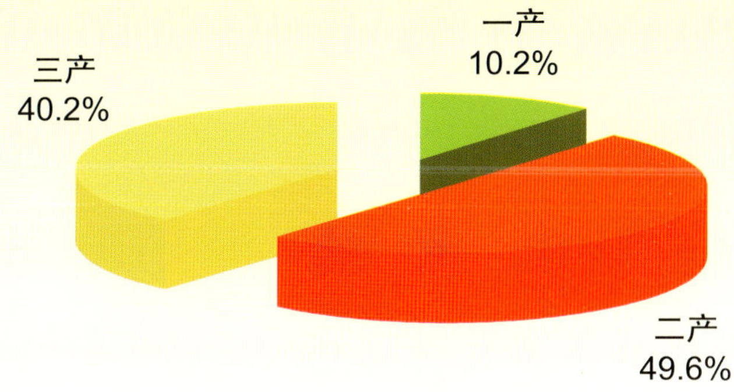

财政收入（亿元）

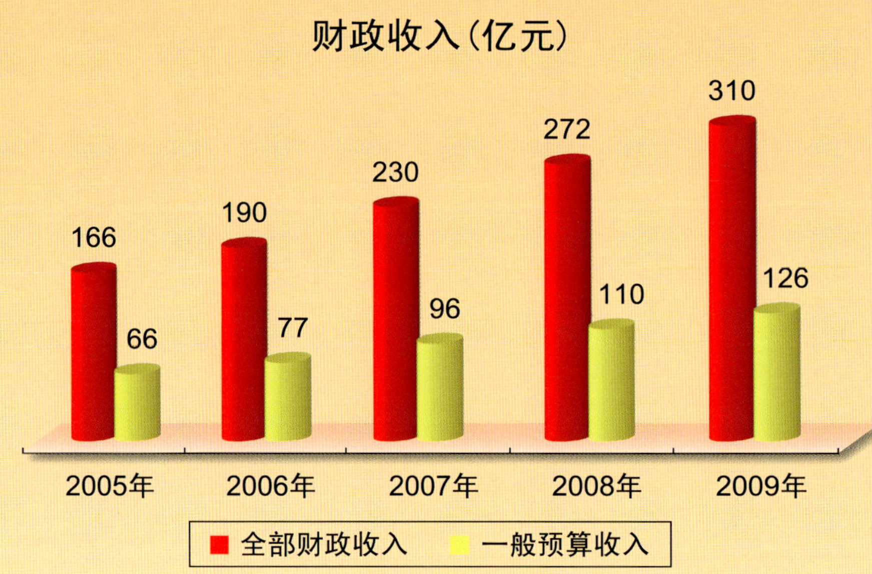

财政收入增长速度（%）

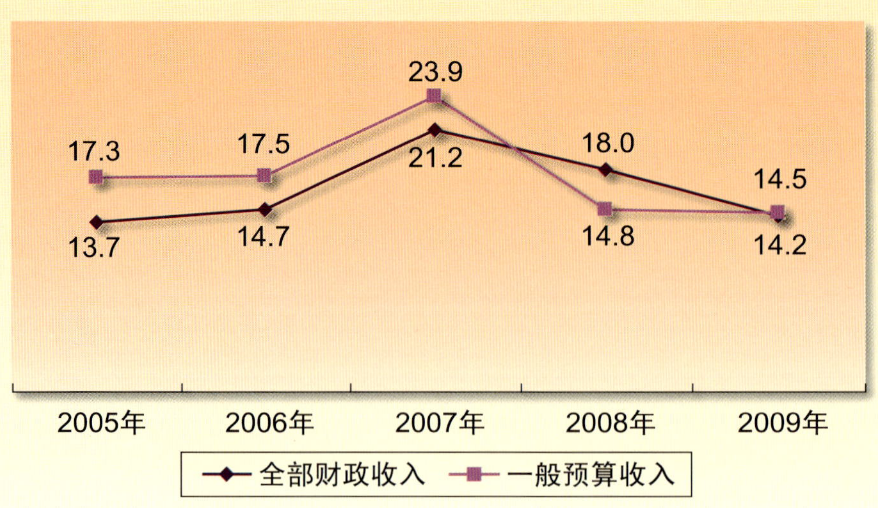

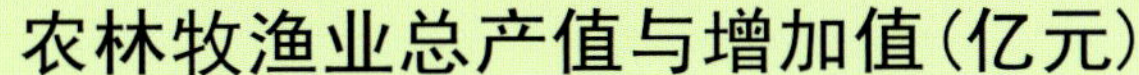

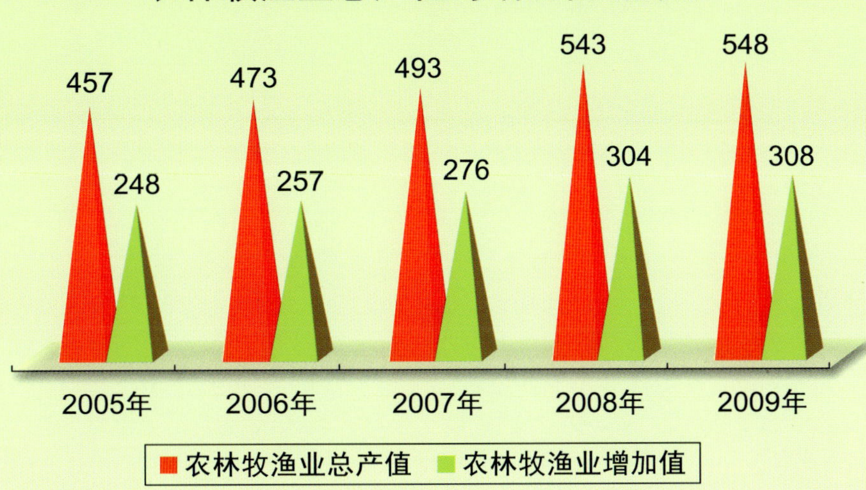

2008年农林牧渔各业构成
(按总产值计算)

2009年农林牧渔各业构成
(按总产值计算)

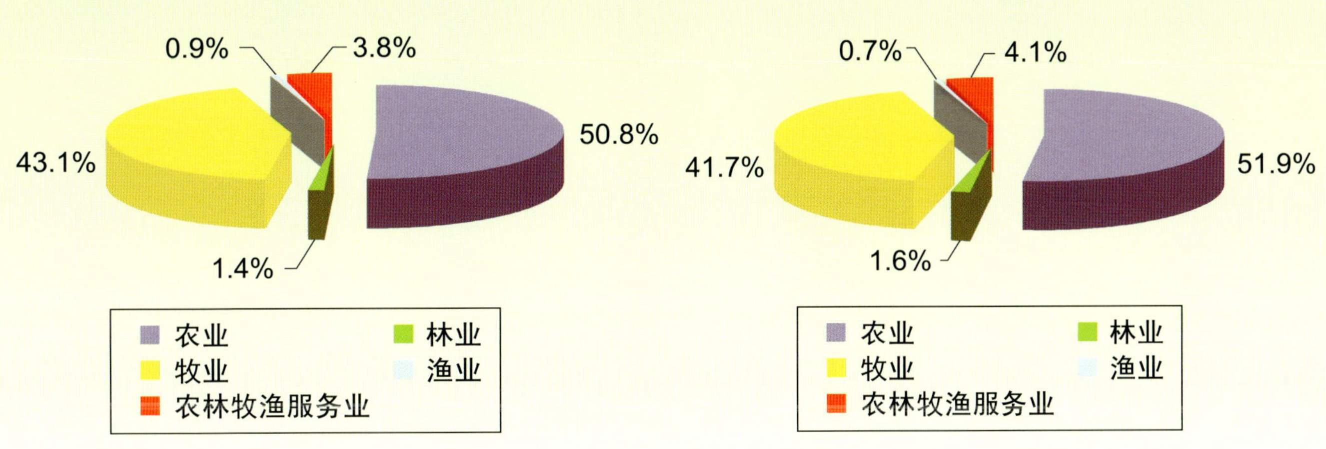

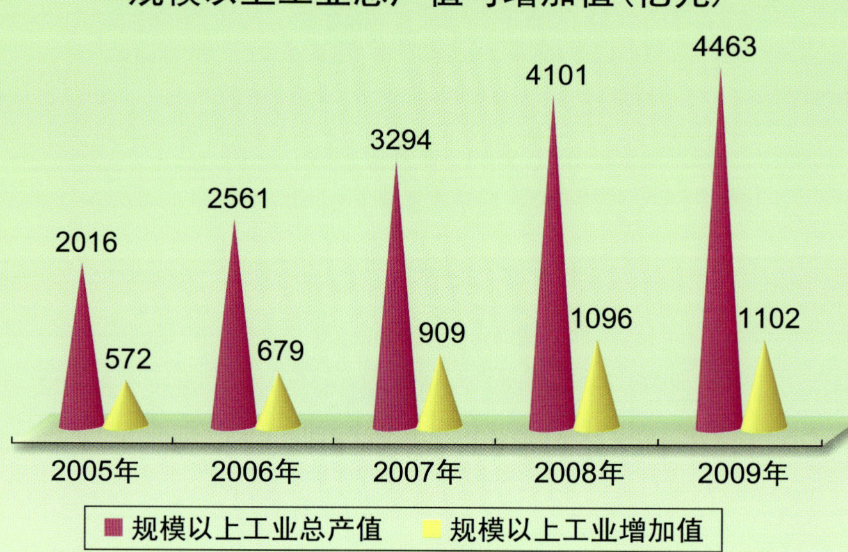
规模以上工业总产值与增加值(亿元)
2016
572
2561
679
3294
909
4101
1096
4463
1102
2005年
2006年
2007年
2008年
2009年
规模以上工业总产值
规模以上工业增加值

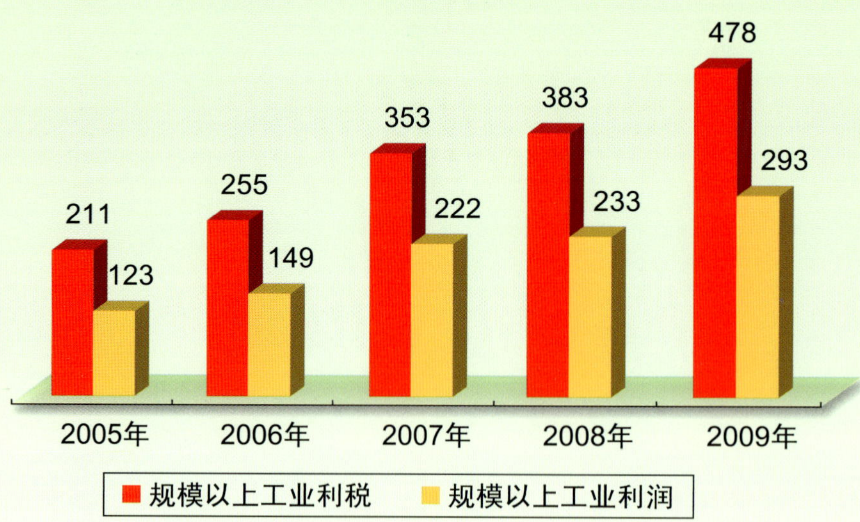
规模以上工业利税与利润(亿元)
211
123
255
149
353
222
383
233
478
293
2005年
2006年
2007年
2008年
2009年
规模以上工业利税
规模以上工业利润

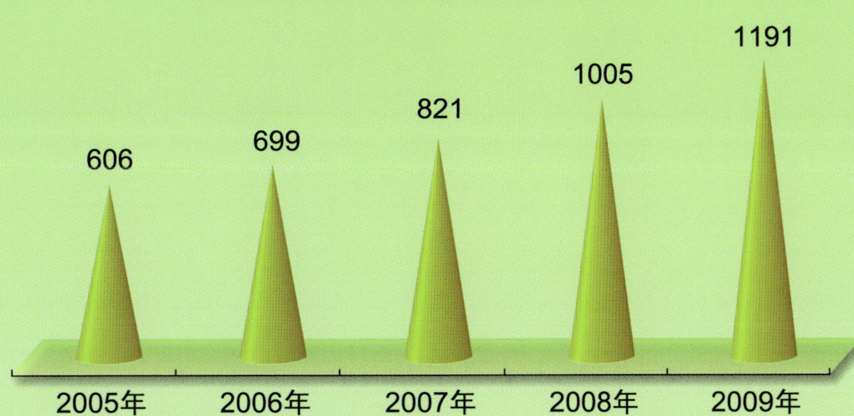

全社会固定资产投资与城镇固定资产投资(亿元)

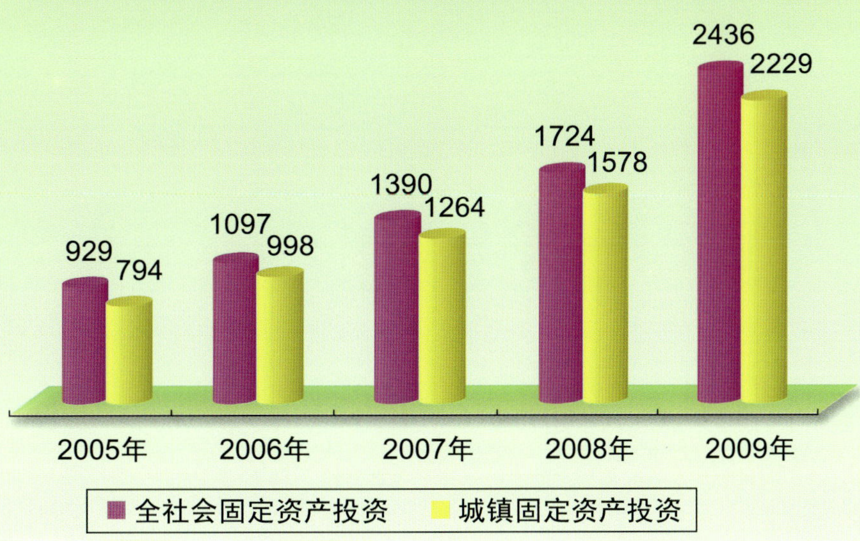

实际利用外资与直接利用外资(亿美元)

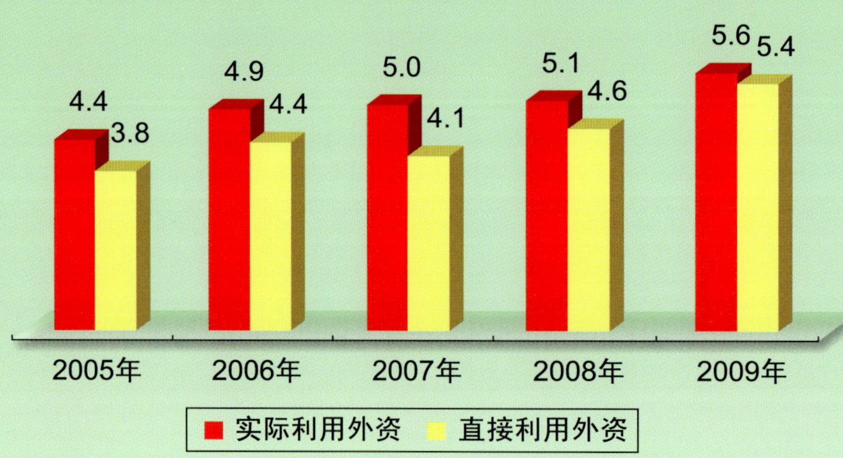

进出口总值与出口总值(亿美元)

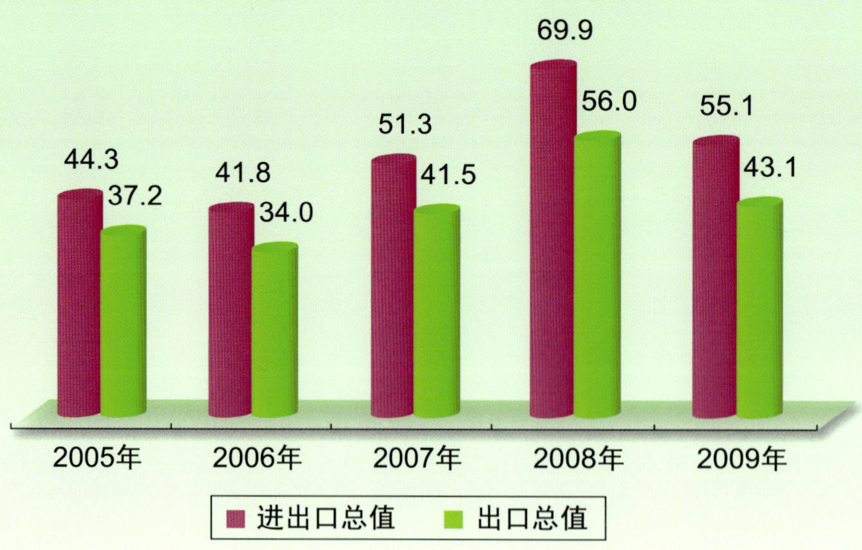

城市居民人均可支配收入与农民人均纯收入(元)

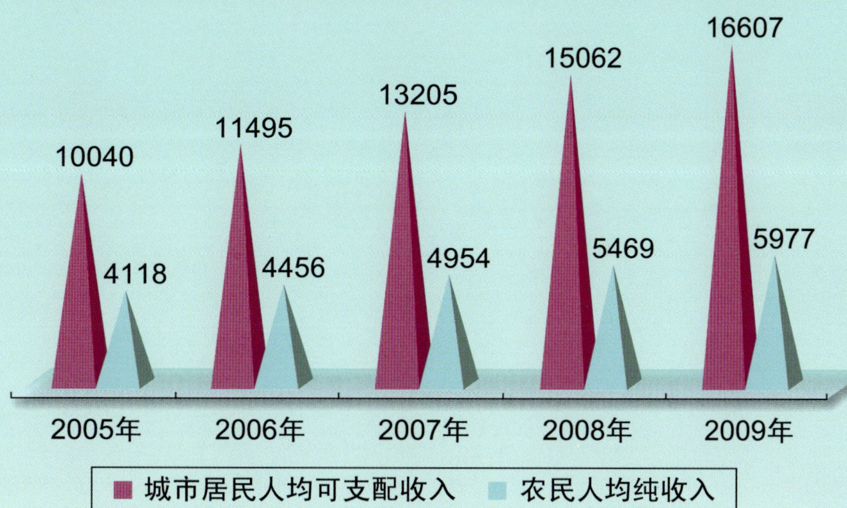

城市居民与农村居民人均消费支出(元)

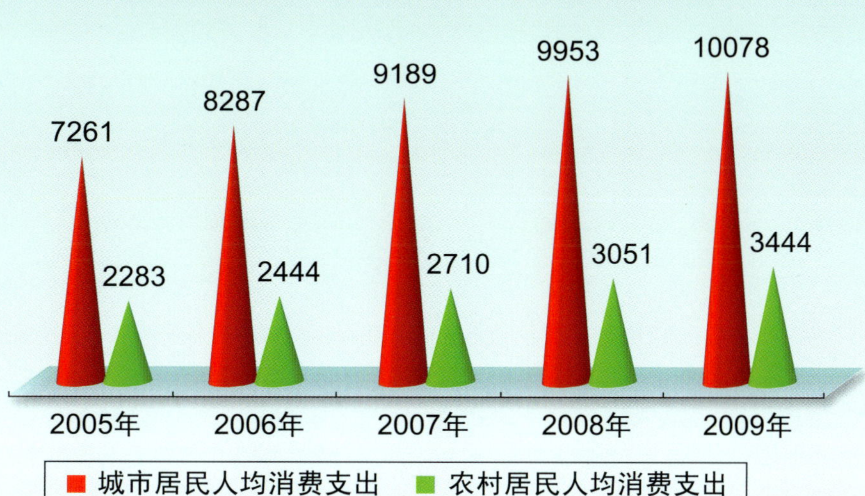

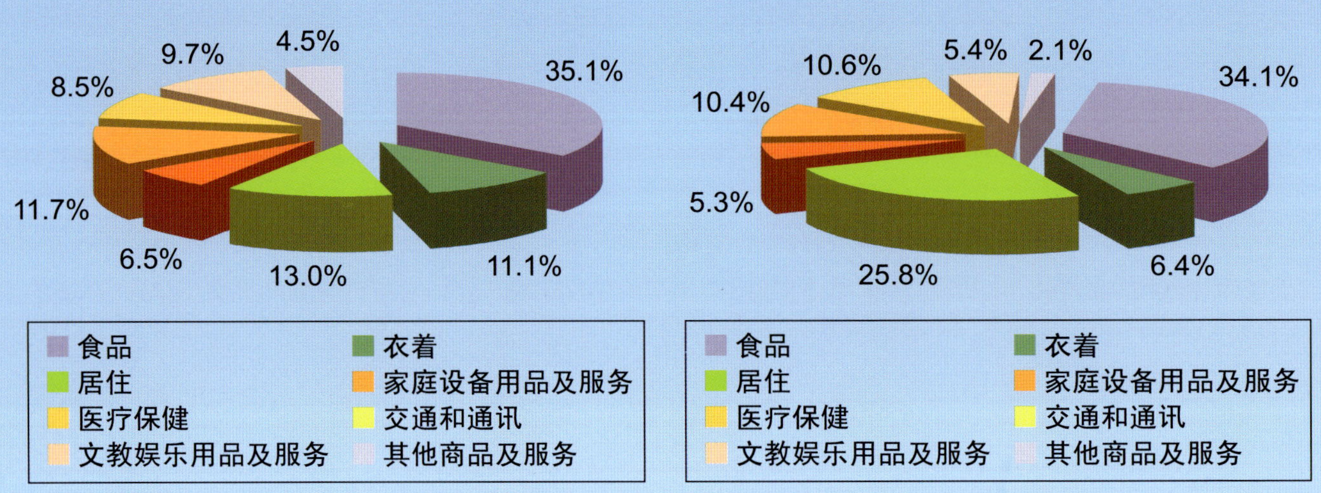
2009年城市居民消费支出构成
35.1%
11.1%
13.0%
6.5%
11.7%
8.5%
9.7%
4.5%
食品
衣着
居住
家庭设备用品及服务
医疗保健
交通和通讯
文教娱乐用品及服务
其他商品及服务
2009年农村居民消费支出构成
34.1%
6.4%
25.8%
5.3%
10.4%
10.6%
5.4%
2.1%
食品
衣着
居住
家庭设备用品及服务
医疗保健
交通和通讯
文教娱乐用品及服务
其他商品及服务

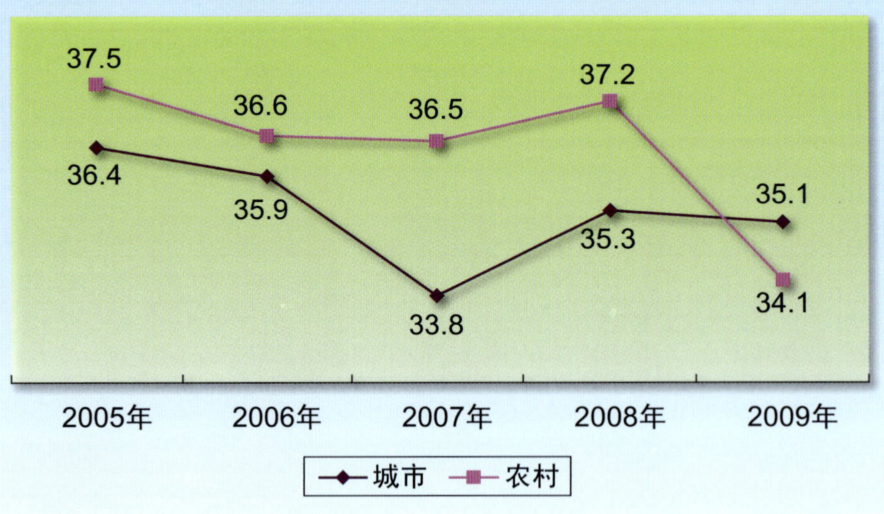
恩格尔系数(%)
37.5
36.6
36.5
37.2
36.4
35.9
33.8
35.3
35.1
34.1
2005年
2006年
2007年
2008年
2009年
城市
农村

目 录

四、能源消费

五、财政　金融

六、物价

七、居民生活

八、城市公用设施

九、农村经济

十、工业

十一、贸易　外经

十二、教育 科技 文化

十三、体育 卫生 民政

附录　1995—2009 年分县（市）区主要经济指标

石家庄市 2009 年
国民经济和社会发展统计公报

2010 年 3 月 10 日

2009 年，面对国际经济危机和严重的自然灾害，全市人民在市委、市政府的正确领导下，坚持以科学发展观为指导，以深入学习实践科学发展观和开展“干部作风建设年”活动为动力，认真贯彻落实国家和省的一系列重大决策部署，全力“保增长、保变样、保民生、保稳定”，全市呈现出了经济回升向好，“三年大变样”快速推进，城乡居民收入不断提高，各项社会事业全面发展的良好局面。

一、综　　合

全市经济总体回升向好。2009 年地区生产总值跃上 3000 亿元台阶，达到 3114. 9 亿元，同比增长 11. 1%。第一产业实现增加值 305. 3 亿元，增长 0. 2%；第二产业实现增加值 1558. 5 亿元，增长 11. 6%；第三产业实现增加值 1251. 1 亿元，增长 13. 0 %。

地区生产总值(亿元)

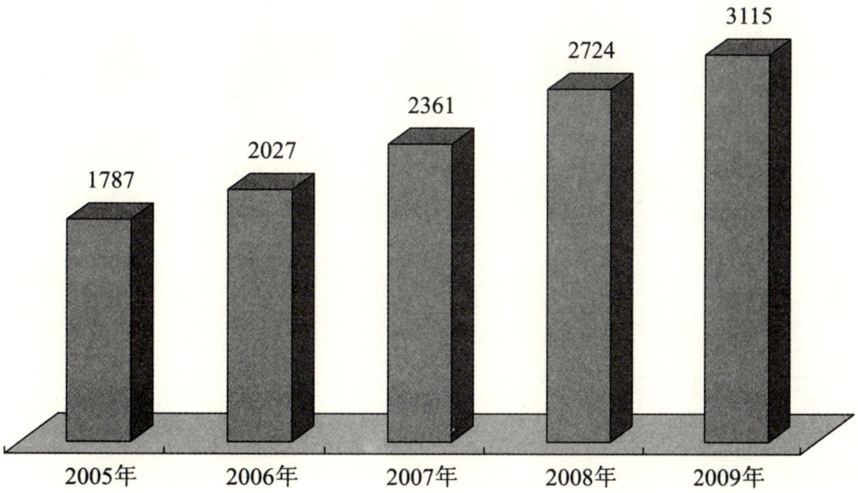

1787　2027　2361　2724　3115
2005年　2006年　2007年　2008年　2009年

年末全市常住人口 977. 41 万人，比上年增加 10. 93 万人，其中市区 242. 78 万人，增加 2. 06 万人。全市人口出生率 14. 65‰，死亡率 6. 25‰，自然增长率 8. 4‰。(注 1)

年末全市城镇单位从业人员 83. 5 万人，比上年同期减少 1. 5%，其中在岗职工 80. 2 万人，比上年同期减少 2. 1%；全市在岗职工平均工资 27372 元，比上年增长 16. 7%。年末市区单位从业人员为 52. 8 万人，其中在岗职工 50. 0 万人，在岗职工平均工资 30649 元，比上年同期增长 16. 4%。

社会保障体系进一步加强。年末全市各类企业在职职工及个体工商户共有 95. 4 万人参加基本养老保险，27. 9 万名离退休人员参加基本养老保险社会统筹；年末全市机关事业单位共有 14. 3 万人参加基本养老保险，3.7万名离退休人员参加基本养老保险社会统筹，人数均比上年有所增加。城镇职工失业保险参保人数达88.6万人。年末全市121.9万人参加了职工医疗保险。城乡困难家庭、特困群体得到有效救助，年末全市共有61933人享受城镇居民最低生活保障。

2009年，全市继续加大对中小企业的扶持力度，全市民营经济保持稳定发展。全年民营经济实现增加值1779.9亿元，比上年增长10.3%，占全市GDP的比重57.1%；民营经济上缴税金146.3亿元，占全市财政收入的47.2%。

二、农　　业

2009年全市认真落实国家各项惠农政策，积极采取措施，努力克服气候干旱、风雹灾害等对农业生产的不利影响，农业、农村经济保持了稳步增长。全市农林牧渔业总产值547.8亿元，比上年增长0.7%，其中农业产值284.5亿元，比上年下降2.4%，畜牧业产值228.4亿元，增长3.6%，农林牧渔服务业产值22.3亿元，增长8.1%。全年粮食受秋粮减产影响，总产量为497.9万吨，比上年减产1.7%，粮食亩产439公斤，比上年减产8公斤。

农林牧渔业总产值和增加值（亿元）

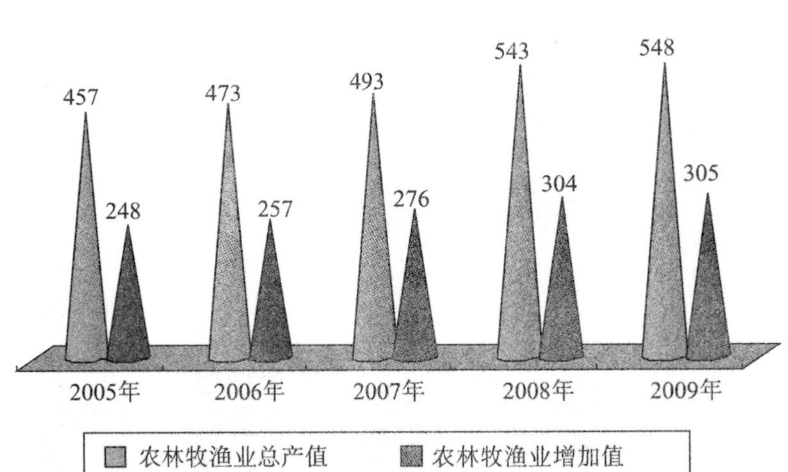

主要农产品产量如下：

产品名称	单位	2009年	比上年（±%）
粮食	万吨	497.9	-1.7
油料	万吨	20.8	-5.8
棉花	万吨	1.4	-20.9
蔬菜	万吨	1164.5	-6.4
园林水果	万吨	223.1	7.9
肉类总产量	万吨	71.3	4.1
其中：猪肉	万吨	40.3	4.9
禽蛋	万吨	99.5	4.5
奶类	万吨	106.7	2.2
水产品总产量	万吨	3.9	3.5

农业生产设施和生产条件不断完善和提高。年末全市农用机械总动力为1932.0万千瓦，比上年增长0.4%。农用运输车46.2万辆，增长0.8%；大中型拖拉机2.4万台，增长13.7%。当年机耕面积52.7万公顷，增长10.0%；机播面积65.7万公顷，增长0.9%；机收面积41.9万公顷，增长7.5%。农村用电量63.5亿千瓦时，增长14.8%。农用化肥施用量（折纯）47.9万吨，比上年略有增加。

三、工业和建筑业

2009年全市规模以上工业生产和效益继续保持增长。全市规模以上工业企业实现增加值1203.2亿元，比上年增长13.0%。工业产销衔接较好，经济效益继续提高，亏损企业亏损额下降。全市规模以上工业产销率达98.1%；规模以上工业实现主营业务收入4333.2亿元，比上年同期增长9.7%；规模以上工业实现利税485.5亿元，增长26.0%；规模以上工业实现利润299.0亿元，增长26.1%。亏损企业亏损额30.6亿元，同比减亏42.2%。

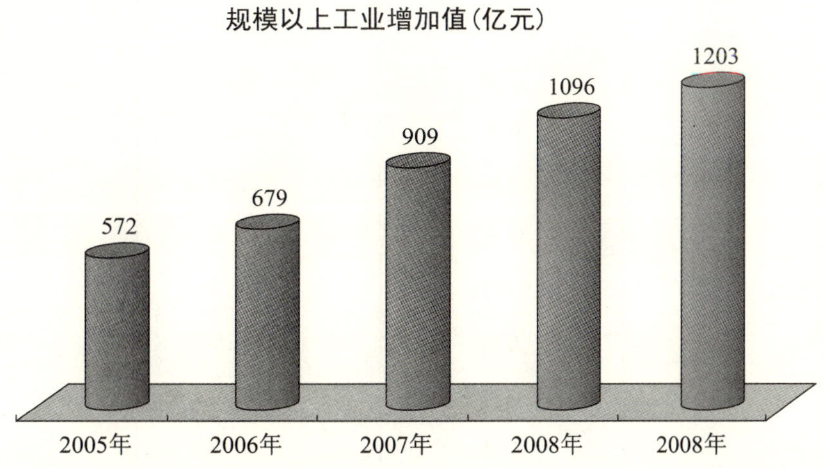

规模以上工业实现利税和利润(亿元)

211
123
255
149
353
222
383
233
485
299
2005年
2006年
2007年
2008年
2009年
工业实现利税　工业实现利润

规模以上工业企业主要工业产品产量如下：

产品名称	单位	2009 年	比上年（±%）
发电量	亿千瓦时	339.6	20.8
原煤	万吨	288.0	105.9
焦炭	万吨	220.9	-19.0
原油加工量	万吨	355.5	-6.9
合成氨	万吨	133.9	1.5
水泥	万吨	3627.3	16.1
生铁	万吨	814.2	12.3
钢材	万吨	706.5	11.8
机制纸及纸版	万吨	74.1	-2.3
化学原料药	万吨	17.2	-31.0
服装	万件	11433.4	17.9
纱	万吨	37.0	22.6
棉布	万米	197950.9	9.1
乳制品	万吨	35.3	87.24
卷烟	亿支	222.5	4.7
交流电动机	万千瓦	296.0	-19.7
泵	万台	0.9	-11.0
人造板	万立方米	516.9	8.5
合成洗涤剂	万吨	15.2	14.4

年末全市建筑企业个数257个，全年完成总产值441亿元，比上年增长20.9%，其中建筑工程产值339亿元，增长28.8%，竣工产值251亿元，增长21.4%。竣工面积748万平方米。

四、固定资产投资

2009年，全市紧紧抓住国家扩大内需、保增长的重大机遇，大力推进“三年大变样”工作，以项目建设为抓手，实现了固定资产投资的高速增长，全社会投资和城镇固定资产投资均超过2000亿元。全社会固定资产投资达到2436.4亿元，其中城镇固定资产投资2228.7亿元，均比上年增长41.3%。城镇投资中，第一产业完成投资50.9亿元，增长16.7%，第二产业完成投资908.8亿元，增长27.9%，第三产业完成投资1269.0亿元，增长54.1%。

建设项目投资完成1858.0亿元，增长43.2%；全市新开工项目6785个，增长37.2%；施工项目个数7563个，增长33.0%，当年新开工亿元以上项目242个，比上年增加177个。房地产开发完成投资370.7亿元，增长32.2%，施工面积和竣工面积达到2282万平方米和268万平方米，分别比上年增长45.2%和22.3%。

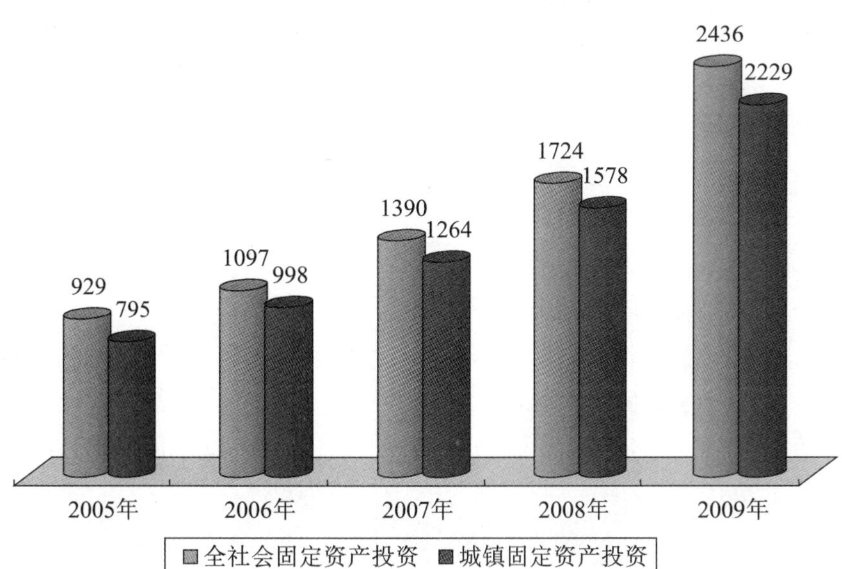

五、国内贸易和物价

消费品市场呈现繁荣稳定较快的发展态势。全年实现社会消费品零售总额 1190. 6 亿元，比上年增长 18. 4% 。消费品市场近年一直保持较快增长。

在消费市场中，由于国家的政策支持，汽车销售实现了快速增长。2009 年汽车类商品销售实现零售额 56. 3 亿元，同比增长 32. 8% 。销售额增长较快的还有中西药品类零售额 25. 6 亿元，增长 33. 4% ；住宿餐饮业零售额 122. 8 亿元，增长 23. 9% 。

我市共有商品交易市场 690 个，其中消费品市场 630 个，生产资料市场 60 个，全年商品交易市场成交额达 1616. 0 亿元，比上年增长 9. 5% 。

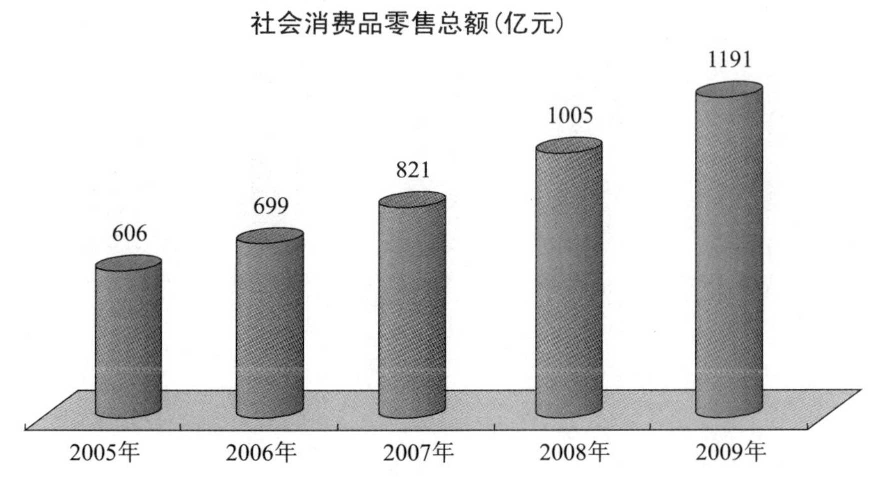

2009 年物价先降后升，全年表现为低位态势。全年市区居民消费价格同比上涨 0. 3% 。全年全市工业品出厂价格指数同比下降 5. 45% ，原材料、燃料动力购进价格涨幅同比下降 6. 77% 。各类价格指数（以上年为100）如下：

指　　标	全　市	市　区
1. 居民消费价格总指数		100.3
其中：食品		100.0
烟酒及用品		101.0
衣着		100.1
家庭设备用品及维修服务		100.2
医疗保健和个人用品		101.1
交通和通讯		98.5
娱乐教育文化用品及服务		99.0
居住		104.3
2. 工业品出厂价格指数	94.55	
3. 原材料、燃料、动力购进价格指数	93.23	

六、对外开放和旅游

2009年全市外贸进出口受国际金融危机影响，出现较大下降。全年外贸进口12.0亿美元，比上年下降13.9%；出口43.08亿美元，下降23.0 %；全年外贸进出口总值55.08亿美元，比上年下降21.2%。在出口中，外商投资企业出口额13.35亿美元，下降25.3%；国有企业出口5.67亿美元，下降34.4%；集体企业出口1.3亿美元，下降71.0%；私营企业出口22.63亿美元，下降9.1%。

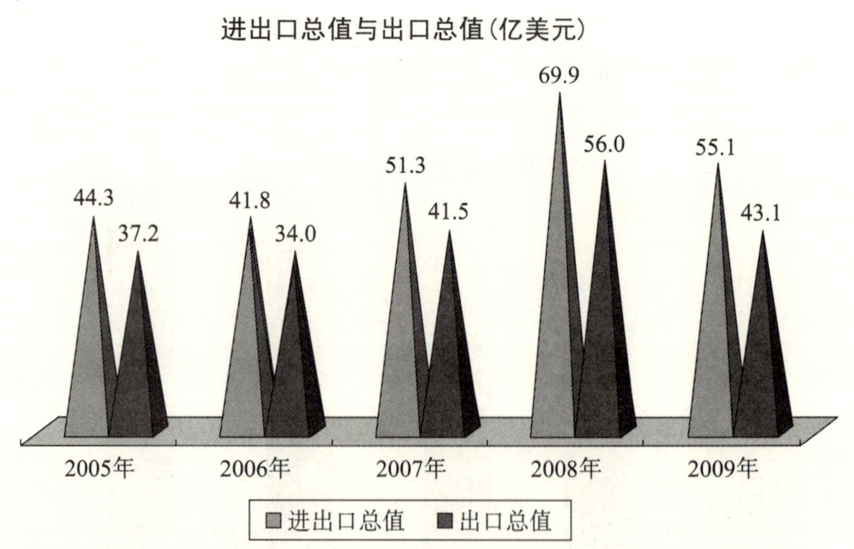

不断克服经济危机带来的不利影响，积极采取各项措施，拓宽吸收外资渠道，努力扩大利用外资规模，全市实际利用外资保持了增长态势。年内新批准设立外商投资企业27个，新增合同总金额6.4亿美元，合同外资额2.8亿美元。年末实有三资企业个数481家。全市实际利用外资5.6亿美元，其中直接利用外资5.4亿美元。

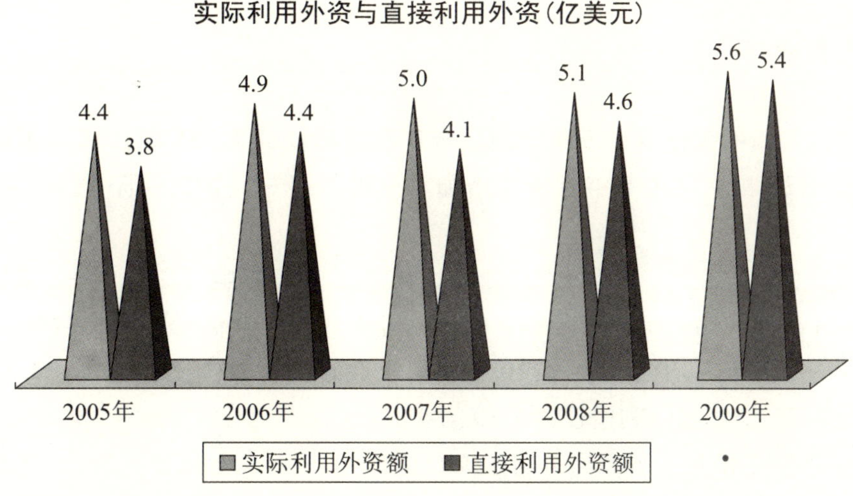

旅游业保持了平稳发展的良好势头。全年共接待入境游客人数 10.6 万人次，其中外国人 9.3 万人次。国际旅游创汇收入 4000 万美元，比上年有所增加；全年接待国内游客人数 1890 万人次，国内旅游收入 98 亿元。全年实现旅游总收入 101 亿元。

七、财政、金融

全市克服了国际金融危机带来的不利影响，实现了财政收入较好增长。全部财政收入完成 310.25 亿元，增长 14.18%，其中一般预算收入完成 125.96 亿元，增长 14.47%。在全部税收中，增值税完成 96.37 亿元，下降 3.9 %；营业税完成 51.76 亿元，增长 25.4%；企业所得税完成 53.0 亿元，增长 9.8%。全市一般预算支出 236.37 亿元，增长 22.0%，其中环境保护支出 7.7 亿元，同比增长 9.2%；医疗卫生支出 20.2 亿元，增长 36.9%；教育支出 61.0 亿元，增长 24.1%；农林水事务支出 21.4 亿元，增长 30.8%；社会保障和就业支出 20.4 亿元，增长 12.5%。财政支出保证和促进了社会和谐、稳定发展。

金融机构存、贷款余额快速增长。年末全市金融机构本币存款余额 5163 亿元，比年初增加 1053 亿元，比年初增长 25.6%。城乡居民储蓄存款余额继续增加，年末城乡居民本币储蓄存款余额 2576 亿元，比年初增加 388 亿元，比年初增长 17.8%。金融机构本币贷款余额 2887 亿元，比年初增加 807 亿元，比年初增长 38.8%。

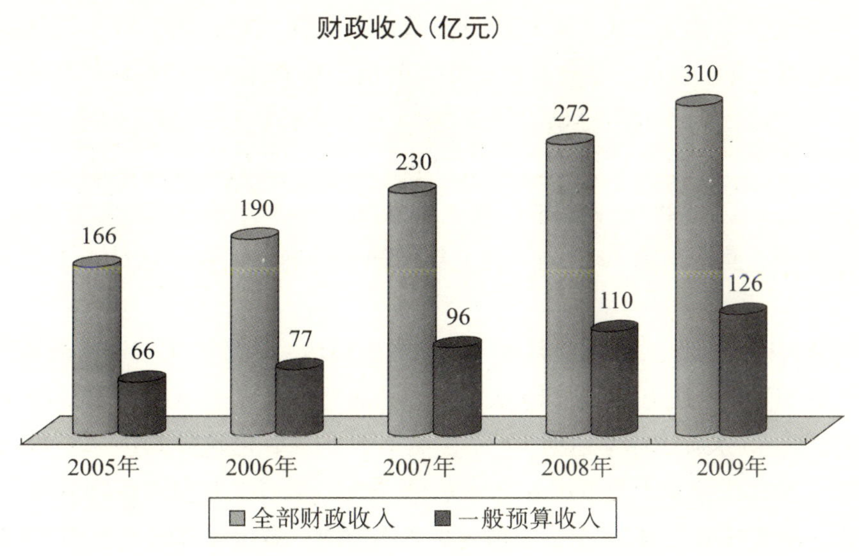

八、科学技术和教育

大力发展科技事业，新的科技成果不断涌现。全年取得科技成果 235 项，其中达到国际领先水平 8 项，达到国际先进水平 35 项，均比上年有较大增加。全年申请专利 2402 项，授权 1447 项，分别增长 11% 和 10%。

高新技术产业开发区以“创建一流创新型园区”为目标，全面唱响“二次创业、铸造辉煌”主旋律。全年实现生产总值 224 亿元，比上年增长 12%；完成营业总收入 930 亿元，增长 14%；出口创汇 5.1 亿美元，增长 6.32%；实现利税 76 亿元，增长 10.14%；财政收入 17.31 亿元，增长 13.14；完成固定资产投资 65.8 亿元，增长 42.3%；实际利用外资 6189 万美元。

全市年末拥有高等学校 42 所，普通高考招生人数达到 11.1 万人，在校生 36.1 万人，毕业生 9.9 万人；2009 年末全市普通中学 487 所，招生 17.8 万人，在校生 56.8 万人，毕业生 21.0 万人；中等职业学校 201 所，招生 11.6 万人，在校生 27.4 万人，毕业生 8.9 万人；小学 1825 所，比上年招生 11.1 万人，在校生 64.7 万人，毕业生 10.3 万人。全市幼儿园 546 所，在园人数 17.5 万人。

九、文化、卫生和体育

文化建设稳步发展。年末共有艺术表演团体 20 个，比上年增加 1 个，艺术表演场所 18 个，文化馆、群艺馆 24 个，公共图书馆 24 个。广播综合覆盖率 99.4%，电视综合覆盖率 99.4%。

医疗卫生事业平稳发展，医疗卫生机构、床位数和卫生技术人员数继续增加。全市共有医疗卫生机构（含诊所）2343 个，比上年增加 167 个，其中医院 175 个；疾病预防控制中心 25 个，妇幼保健院（所、站）25 个。年末卫生机构实有床位 3.7 万张，其中医院拥有床位 3.4 万张，均比上年有较大增加。全市拥有卫生技术人员 5.2 万人，比上年增加 0.6 万人，其中执业医师 1.7 万人。

大力发展体育事业，增强全民体质。全市举办、承办市级以上运动会 21 项，参加运动会的运动员 1200 人次。我市选手在省级以上比赛中共获金牌 232 枚。年末全市拥有健身路径 1059 条，满足了居民健身需要。

十、城市建设和环境保护

2009 年是“三年大变样”的第二年，城市建设成效显著。槐安路、和平路、二环路的改造通车使城市道路交通体系更加完善。年末城市道路总长度 970.2 公里，道路面积 1457 万平方米，排水管道长度达 1444 公里。我市有水厂 8 座，日产水能力 60 万立方米，全年供水量 1.48 亿立方米。

城市公用事业快速发展。年内新增加天然气用户 8.1 万户。供热管道总长度 710 公里，比上年增加 29 公里，城市集中供热面积达 6748 万平方米，比上年增加了 648 万平方米。城市公共汽车营运线路达 135 条，比上年增加 19 条；营运车辆 3009 辆，比上年增加 632 辆；年客运总量 4.2 亿人次，比上年增长 11%。

经济发展的同时努力推进环保工作，全面推进环境综合整治，全市的大气和水环境质量取得历史性和突破。市区优良天气达 317 天，比上年增加 16 天。主要污染物减排工作扎实推进。年末全市有环境监测站 24 个，城市水环境功能区水质达标率达到 100%，全市工业二氧化硫排放达标率 88.9%，全市工业烟尘排放达标率 99.7%，全市工业企业废水排放达标率 98.9%，全市工业固体废物处置利用率 96.5%。城市市容市貌继续改善，年末城市公园 39 个，公园面积 807 公顷；城市园林绿地面积 7104 公顷，园林绿化覆盖面积 8060 公顷，分别增加 517 公顷和 720 公顷；人均公共绿地面积 11.6 平方米，比上年增加 1.4 平方米。

十一、人民生活

2009 年，城市居民收入和农民人均纯收入继续保持平稳增长，居民生活质量提高，消费支出较快增长。市区城市居民人均可支配收入 16607 元，增长 10.3%，保持在较高水平，人均消费支出 10078 元，增长 1.3%。农民人均纯收入为 5977 元，增长 9.3%。

城市居民人均可支配收入与农民人均纯收入(元)

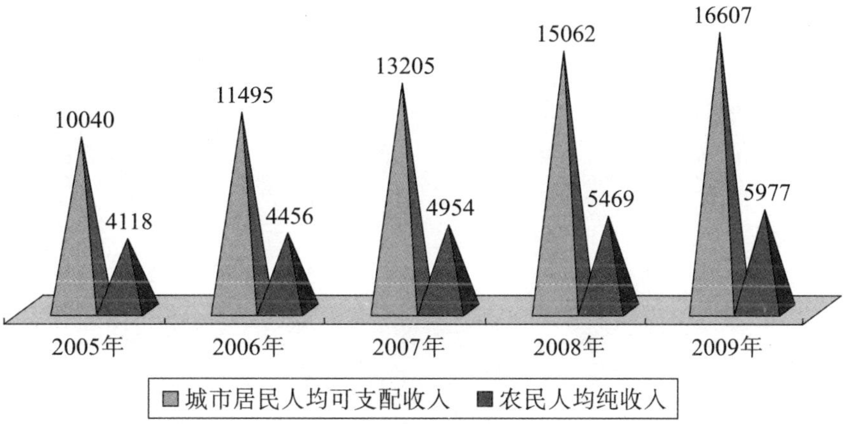

10040　4118　11495　4456　13205　4954　15062　5469　16607　5977

2005年　2006年　2007年　2008年　2009年

■城市居民人均可支配收入　■农民人均纯收入

居民生活质量显著提高，家庭耐用品拥有量继续增加。居民住户抽样调查显示，截止 2009 年末，市区城镇居民家庭每百户拥有家用汽车 7 辆，彩电 118 台，电冰箱、冰柜 100 台，洗衣机 97 台，空调器 115 台，钢琴 4 架，移动电话 149 部，家用电脑 64 台；农村居民百户拥有彩电 116 台，洗衣机 87 台，移动电话 110 部，电脑 12 台，空调 30 台，电冰箱 50 台。

城乡居民住房条件进一步改善。城市居民人均建筑面积 26.3 平方米；农民人均住房面积 39.5 平方米，比上年增加 1.0 平方米。

注：1. 本统计公报公布的人口数据是以公安部门“户籍在本市辖区内即为本市人口”的原则统计的数据。统计部门以抽样调查方式取得的新口径人口统计数据需等省统计局核定后，才能公布。

2. 本统计公报使用的 2009 年数据都是 2009 年年快报数据。

一、综　合

行政组织机构及土地面积

1—1　　　　(2009年)

行政单位	镇政府（个）	乡政府（个）	街道办事处（个）	居民委员会（个）	村民委员会（个）	土地面积（平方公里）
石家庄市	**124**	**97**	**52**	**532**	**4419**	**15848**
市区合计	10	3	51	401	98	456
#长安区	3		8	60	33	
桥东区	1		9	67		
桥西区			12	80	15	
新华区	2	2	11	67	25	
裕华区	2		9	75	25	
矿　区	2	1	2	52		
井陉县	10	7		4	318	1381
正定县	4	5		14	174	470
栾城县	5	3		6	182	345
行唐县	4	11		8	330	1025
灵寿县	6	9		3	279	1546
高邑县	3	2		9	107	211
深泽县	2	4		3	125	286
赞皇县	2	9		8	212	1210
无极县	6	5		4	213	524
平山县	12	11		7	717	2951
元氏县	6	9		4	208	849
赵　县	7	4		9	281	714
辛集市	8	7		15	344	1100
藁城市	13	1		6	239	836
晋州市	9	1		10	224	716
新乐市	8	3	1	10	160	625
鹿泉市	9	3		11	208	603

人口及其变动情况

1—2　　(2009年)　　计量单位：人

行政单位	总户数（户）	年末总人口	非农业人口	年平均人口
石家庄市	**2712379**	**9774106**	**4044830**	**9719446**
市区合计	618849	2427832	2427832	2417515
长安区	115725	423249	423249	422069
桥东区	92551	376803	376803	370546
桥西区	122232	516852	516852	515748
新华区	133483	493032	493032	494725
裕华区	125970	520564	520564	517159
矿　区	28888	97332	97332	97268
井陉县	106040	328145	72894	327185
正定县	124945	458737	111361	455414
栾城县	91177	342417	81066	339447
行唐县	136073	438970	61319	435963
灵寿县	97901	326620	72289	324726
高邑县	50628	184132	57123	182464
深泽县	75474	255002	36889	253780
赞皇县	77524	247654	31552	245466
无极县	136451	500776	76808	497900
平山县	147835	475353	69553	473573
元氏县	96081	414332	78056	411916
赵　县	161003	583494	94960	579038
辛集市	195761	618901	251317	616215
藁城市	206343	772947	219343	768501
晋州市	149557	532941	92256	530606
新乐市	128020	485445	124955	481300
鹿泉市	112717	380408	90657	378060

1—2 续表1　　（2009年）　　计量单位：人

行政单位	总人口中：			
	男	女	18岁以下	18—35岁
石家庄市	**4923508**	**4850598**	**1841194**	**2994544**
市区合计	1195732	1232100	351041	883803
长安区	208839	214410	61971	130525
桥东区	192395	184408	46313	148924
桥西区	249616	267236	70107	212186
新华区	240689	252343	75915	164065
裕华区	253286	267278	81794	205380
矿　区	50907	46425	14941	22723
井陉县	168714	159431	68264	77558
正定县	227080	231657	85885	136797
栾城县	172650	169767	69993	104728
行唐县	222458	216512	98484	121882
灵寿县	166033	160587	70712	93401
高邑县	94517	89615	36232	52801
深泽县	129683	125319	49044	69344
赞皇县	128937	118717	53728	76766
无极县	254633	246143	101615	143711
平山县	244417	230936	101788	130485
元氏县	212770	201562	98459	119135
赵　县	301986	281508	121600	175477
辛集市	310525	308376	106452	161587
藁城市	387257	385690	147657	226553
晋州市	271665	261276	100732	153338
新乐市	245838	239607	111656	150155
鹿泉市	188613	191795	67852	117023

1—2 续表2 （2009年） 计量单位：人

行政单位	总人口中：（续）		年出生人口	年死亡人口
	35—60岁	60岁以上		
石家庄市	**3582763**	**1355605**	**139800**	**49008**
市区合计	859171	333817	22564	7323
长安区	160676	70077	4095	1677
桥东区	129545	52021	3294	1133
桥西区	169975	64584	4814	1280
新华区	184050	69002	4285	1338
裕华区	173602	59788	5353	1330
矿 区	41323	18345	723	565
井 陉 县	130595	51728	3900	1674
正 定 县	173854	62201	7523	2659
栾 城 县	122483	45213	5485	1766
行 唐 县	158028	60576	8826	2618
灵 寿 县	119436	43071	6636	2794
高 邑 县	70642	24457	3809	956
深 泽 县	95290	41324	3754	1245
赞 皇 县	86924	30236	4785	478
无 极 县	188783	66667	8530	2620
平 山 县	176645	66435	7839	5066
元 氏 县	145945	50793	7208	2730
赵 县	203439	82978	9650	1455
辛 集 市	244082	106780	6701	3828
藁 城 市	294536	104201	11161	4751
晋 州 市	201460	77411	6573	2957
新 乐 市	168836	54798	9896	1931
鹿 泉 市	142614	52919	4960	2157

1—2 续表3　　(2009年)　　计量单位：人

行政单位	人口出生率(‰)	人口死亡率(‰)	人口自然增长率(‰)
石家庄市	**14.38**	**5.04**	**9.34**
市区合计	9.07	3.42	5.63
长安区	9.82	3.97	5.85
桥东区	8.89	3.06	5.83
桥西区	9.33	2.48	6.85
新华区	8.66	2.70	5.96
裕华区	10.30	2.50	7.70
矿　区	7.43	5.81	1.62
井陉县	11.92	5.12	6.80
正定县	16.52	5.84	10.68
栾城县	16.16	5.20	11.00
行唐县	20.25	6.01	14.24
灵寿县	20.43	8.60	11.83
高邑县	21.00	5.00	16.00
深泽县	14.80	4.90	9.90
赞皇县	19.49	1.94	17.54
无极县	17.10	5.20	11.90
平山县	16.55	10.70	5.86
元氏县	17.50	6.63	3.80
赵　县	16.67	2.51	14.15
辛集市	10.90	6.20	4.70
藁城市	14.52	6.18	8.34
晋州市	12.39	5.57	6.81
新乐市	20.56	4.01	16.55
鹿泉市	13.12	5.71	7.41

全市人口年龄情况

1—3　　（2009 年）　　计量单位：人

年　龄	人口数	# 男	年　龄	人口数	# 男
总　　计	**9774106**	**4923508**			
不满 1 岁	92011	48903	27	200559	100153
1	116950	61776	28	183150	92011
2	116548	61772	29	146048	74050
3	111117	58739	30	133615	67743
4	109243	57399	31	125384	63352
5	110136	58100	32	111700	57082
6	78257	41548	33	112268	57135
7	100501	53306	34	110311	55089
8	91896	48964	35	113962	56793
9	93175	49613	36	133266	66033
10	81962	43148	37	155533	77598
11	81449	42835	38	168648	84784
12	80402	42564	39	185015	93595
13	86582	45639	40	160592	80838
14	97563	51153	41	175345	87565
15	110343	58165	42	139561	70471
16	131353	68102	43	160143	80344
17	151706	79693	44	169996	85372
18	149301	78056	45	166902	83809
19	198499	100660	46	212947	107381
20	231038	114833	47	144700	72974
21	249519	123238	48	76646	38165
22	267410	132909	49	107996	55257
23	228419	113179	50	115393	59014
24	198141	98696	51	139027	71226
25	176708	88698	52	144295	73506
26	172474	86510	53	145070	73114

1—3 续表　（2009 年）　计量单位：人

年　龄	人口数	#男	年　龄	人口数	#男
54	142406	72941	83	18310	7534
55	137829	69307	84	17635	6974
56	130507	65864	85	14207	5612
57	127803	63963	86	12374	4573
58	117157	58168	87	10113	3710
59	112024	56246	88	7353	2715
60	103893	52024	89	6460	2257
61	89686	44170	90	4952	1810
62	86661	43372	91	3787	1226
63	81008	40252	92	3283	1084
64	76735	38317	93	2377	747
65	60731	29786	94	1872	529
66	57838	29223	95	1507	511
67	60953	29909	96	1192	375
68	57507	28230	97	800	255
69	53513	26172	98	626	200
70	49049	23731	99	551	150
71	52173	25788	100	344	103
72	53122	26076	101	130	51
73	48763	23692	102	91	22
74	48734	22938	103	57	19
75	41269	19359	104	44	15
76	41847	19764	105	33	9
77	39974	18069	106	21	11
78	34209	15722	107	14	2
79	34266	15220	108	5	–
80	27945	12031	109	4	2
81	25296	10819	110	4	1
82	22287	9206	111 以上		

人口分民族情况

1—4　　(2009年)　　计量单位：人

民族	全市	民族	全市
总计	**9774106**	景颇族	4
汉族	9672183	柯尔克孜族	6
蒙古族	5082	土族	52
回族	55635	达尔斡族	131
藏族	298	仫佬族	26
维吾尔族	76	羌族	41
苗族	1048	布朗族	7
彝族	562	撒拉族	10
壮族	1444	毛难族	7
布依族	341	仡佬族	59
朝鲜族	1024	锡伯族	171
满族	32213	普米族	6
侗族	331	怒族	6
瑶族	226	乌孜别克族	1
白族	457	俄罗斯族	44
土家族	1437	鄂温克族	15
哈尼族	54	德昂族	1
哈克萨族	5	裕固族	3
傣族	92	京族	9
黎族	169	塔塔尔族	1
傈僳族	398	独龙族	1
佤族	12	鄂伦春族	14
畲族	32	赫哲族	9
高山族	11	门巴族	1
拉祜族	48	珞巴族	3
水族	29	基诺族	4
东乡族	2	其他未知民族	34
纳西族	229	外国人加入中国籍	2

计划生育基本情况

1—5　　(2009年)　　计量单位：人

行政单位	一孩人数	二孩人数	多孩人数	符合政策生育率（%）
石家庄市	**77975**	**28603**	**388**	**91.07**
市区合计	17755	894	24	99.56
长安区	3266	164	3	99.80
桥东区	2427	103	3	99.84
桥西区	3863	194	3	99.90
新华区	3707	177	6	99.85
裕华区	3617	144	6	99.73
矿 区	459	78	1	99.81
高新区	416	34	2	98.01
井 陉 县	1945	1598	27	90.00
正 定 县	3557	1319	13	92.98
栾 城 县	3230	1387	11	88.25
行 唐 县	3519	2299	48	84.47
灵 寿 县	2520	881	7	88.12
高 邑 县	1784	808	22	84.66
深 泽 县	1872	816	9	85.47
赞 皇 县	2182	1093	37	85.24
无 极 县	4567	2287	31	92.01
平 山 县	3723	2251	12	88.64
元 氏 县	3519	1400	9	90.00
赵 县	4417	2447	33	85.57
辛 集 市	4538	1722	35	91.83
藁 城 市	6616	2873	17	90.31
晋 州 市	5112	1831	23	92.79
新 乐 市	3711	1490	13	86.79
鹿 泉 市	3408	1207	17	93.03

结婚及领取独生子女证情况

1—6　　(2009 年)　　计量单位：人

行政单位	当年结婚对数	女性初婚人数	#23 周岁以上人数	男性初婚人数	#25 周岁以上人数
石家庄市	**75915**	**70313**	**29729**	**70464**	**19477**
市区合计	13694	12967	9690	12714	7876
长安区	3970	3791	2803	3678	2222
桥东区	1484	1395	1136	1378	987
桥西区	2392	2233	1859	2186	1580
新华区	2926	2789	2219	2730	1883
裕华区	2166	2063	1314	2020	958
矿　区	359	323	180	333	151
高新区	397	373	179	389	95
井 陉 县	1944	1705	948	1706	784
正 定 县	4566	4367	1708	4398	879
栾 城 县	3022	2943	1270	2931	595
行 唐 县	3521	2925	1406	2961	829
灵 寿 县	2454	2153	916	2173	490
高 邑 县	2056	1964	666	1880	218
深 泽 县	2068	1933	414	1944	207
赞 皇 县	2151	1858	882	1885	589
无 极 县	5290	4900	1294	4970	693
平 山 县	3775	3505	1614	3545	1277
元 氏 县	2710	2685	783	2678	437
赵　县	4744	4379	1288	4449	807
辛 集 市	4857	4110	1143	4075	604
藁 城 市	7006	6718	2010	6762	1051
晋 州 市	5408	4982	1090	5081	484
新 乐 市	3783	3480	1211	3558	873
鹿 泉 市	2866	2739	1396	2754	784

1—6 续表　　　　(2009 年)　　　　计量单位：人

行政单位	晚婚率（%）		领证人数	领证率（%）
	女	男		
石家庄市	**42.28**	**27.64**	**432116**	**21.81**
市区合计	69.37	55.78	313177	53.80
长安区	73.94	60.41	53701	56.56
桥东区	81.43	71.63	46507	55.30
桥西区	83.25	72.28	70569	65.02
新华区	79.56	68.97	73777	70.35
裕华区	63.69	47.43	58848	58.62
矿　区	55.73	45.35	6956	36.55
高新区	47.99	24.42	2819	34.22
井陉县	55.60	45.96	5654	9.13
正定县	39.11	19.99	16055	16.99
栾城县	43.15	20.30	6292	9.20
行唐县	48.07	28.00	3389	4.18
灵寿县	42.55	22.55	1781	2.91
高邑县	33.91	11.60	1051	2.79
深泽县	21.42	10.65	4763	10.03
赞皇县	47.47	31.25	1204	2.44
无极县	26.41	13.94	5750	5.31
平山县	46.05	36.02	3023	3.36
元氏县	29.16	16.32	2256	2.74
赵　县	29.41	18.14	4122	3.65
辛集市	27.81	14.82	22732	18.82
藁城市	29.92	15.54	13956	8.72
晋州市	21.88	9.53	10822	10.12
新乐市	34.80	24.54	5537	5.29
鹿泉市	50.97	28.47	10552	14.23

节育措施情况

1—7 （2009 年） 计量单位：人

行政单位	已婚育龄妇女人数	选用各种避孕方法人数	综合避孕率（%）	实行计划生育手术例数
石家庄市	**1981672**	**1763119**	**88.97**	**123631**
市区合计	520090	460893	88.30	15343
长安区	94937	83820	88.29	2220
桥东区	84095	74325	88.38	2162
桥西区	108529	96091	88.54	3923
新华区	104865	93495	89.16	1839
裕华区	100395	89034	88.68	3878
矿　区	19031	17116	89.94	853
高新区	8238	7012	85.12	468
井 陉 县	61956	55274	89.21	4568
正 定 县	94488	83680	88.56	5518
栾 城 县	68405	60948	89.10	6088
行 唐 县	81008	72880	89.97	6887
灵 寿 县	61109	54695	89.50	3799
高 邑 县	37719	33814	89.65	3502
深 泽 县	47478	42399	89.30	3484
赞 皇 县	49432	44006	89.02	4026
无 极 县	108197	96820	89.48	7708
平 山 县	89838	80599	89.72	6964
元 氏 县	82296	73273	89.04	6146
赵　县	112968	99424	88.01	9927
辛 集 市	120791	107064	88.64	7225
藁 城 市	160036	141613	88.49	12109
晋 州 市	106989	96245	89.96	8145
新 乐 市	104742	93404	89.18	5863
鹿 泉 市	74130	66088	89.15	6329

地区生产总值构成项目

1—8　　（2009 年）　　计量单位：万元

行业名称	增加值	劳动者报酬	生产税净额	固定资产折旧	营业盈余
地区生产总值	**30012797**	**13054448**	**4290612**	**3958968**	**8708769**
第一产业	3083111	2442171	-31516	161009	511447
农业	1825924	1435177	-32486	94948	328285
林业	70882	53585		3687	13610
畜牧业	1057559	843933		53935	159691
渔业	20665	16202		1198	3265
农林牧渔服务业	108081	93274	970	7241	6596
第二产业	14879145	5502912	3133735	1479232	4763266
工业	13289600	4614520	2824403	1367443	4483234
采掘业	398393	145001	84071	29504	139817
制造业	12444224	4287898	2589402	1048260	4518664
电力、煤气及水的生产和供应业	446983	181621	150930	289679	-175247
建筑业	1589545	888392	309332	111789	280032
房屋和土木工程建筑业	1284605	693520	274339	93915	222831
建筑安装业	189058	131687	15742	7234	34395
建筑装饰业	89785	47968	15174	7888	18755
其他建筑业	26097	15217	4077	2752	4051
第三产业	12050541	5109365	1188393	2318727	3434056
交通运输、仓储及邮政业	2725820	854066	366909	456817	1048028
铁路运输业	263302	82013	69137	41175	70977
道路运输业	2053505	417495	264804	276121	1095085
城市公共交通业	144214	137676	9699	40708	-43869

1—8 续表1 （2009年） 计量单位：万元

行业名称	增加值	劳动者报酬	生产税净额	固定资产折旧	营业盈余
航空运输业	87359	128506	8054	69617	-118818
装卸搬运和其他运输服务业	54793	32948	5761	4287	11797
仓储业	73793	22057	5987	13342	32407
邮政业	48854	33371	3467	11567	449
信息传输、计算机服务和软件业	494527	119444	31519	253041	90523
电信和其他信息传输服务业	450380	102646	28111	247549	72074
计算机服务业	17390	8055	1774	3278	4283
软件业	26757	8743	1634	2214	14166
批发和零售业	2331704	837461	265411	374486	854346
批发业	1067717	426039	126073	245541	270064
零售业	1263987	411422	139338	128945	584282
住宿和餐饮业	481961	163526	53839	60740	203856
住宿业	90447	36090	10680	20800	22877
餐饮业	391514	127436	43159	39940	180979
金融业	1104136	459365	230826	56144	357801
银行业	856491	272952	199047	43937	340555
证券业	140823	35320	10668	4775	90060
保险业	95042	146494	19857	6661	-77970
其他金融活动	11780	4599	1254	771	5156
房地产业	892731	72115	91040	687727	41849
房地产开发经营	176821	43399	82522	13677	37223
物业管理业	27232	20163	3586	2316	1167
房地产中介服务	4936	4298	869	791	-1022
其他房地产活动	18110	4255	4063	5311	4481
居民自有住房服务	665632			665632	
租赁和商务服务业	448546	106139	55858	64324	222225

1—8 续表2 （2009年） 计量单位：万元

行业名称	增加值	劳动者报酬	生产税净额	固定资产折旧	营业盈余
租赁业	124405	31070	40695	18318	34322
商务服务业	324141	75069	15163	46006	187903
科学研究、技术服务和地质勘查业	369299	223134	18802	31837	95526
研究与试验发展	202633	111608	3175	14358	73492
专业技术服务业	131577	89604	12863	12460	16650
科技交流和推广服务业	13792	7683	737	3455	1917
地质勘查业	21297	14239	2027	1564	3467
水利、环境和公共设施管理业	141993	66909	4709	28631	41744
水利管理业	59640	21075	827	20255	17483
环境管理业	15898	14492	58	646	702
公共设施管理业	66455	31342	3824	7730	23559
居民服务和其他服务业	506348	148168	35523	35739	286918
居民服务业	360252	92872	22958	26722	217700
其他服务业	146096	55296	12565	9017	69218
教育	817079	690529	1359	66528	58663
卫生、社会保障和社会福利业	511281	356776	8471	93878	52156
卫生	369246	287076	3771	45436	32963
社会保障业	26986	22005		186	4795
社会福利业	115049	47695	4700	48256	14398
文化、体育和娱乐业	240436	155292	23312	44448	17384
新闻出版业	80233	48143	7994	13984	10112
广播、电视、电影和音像业	35868	17942	4704	7822	5400
文化艺术业	49767	40661	1952	3744	3410
体育	10536	7952	209	1272	1103
娱乐业	64032	40594	8453	17626	-2641
公共管理和社会组织	984680	856441	815	64387	63037

总产出、地区生产总值

1—9　　（2009 年）　　计量单位：万元、%

行业名称	总产出		地区生产总值	
	绝对值	发展速度（以上年为100）	绝对值	发展速度（以上年为100）
总　　计	**92085200**	**111.6**	**30012797**	**111.1**
第一产业	5477617	100.7	3083111	100.2
农业	2845448	97.5	1825924	97.5
林业	88271	102.0	70882	102.0
畜牧业	2283834	103.6	1057559	103.5
渔业	37538	103.9	20665	103.9
农林牧渔服务业	222526	108.1	108081	108.1
第二产业	65129044	111.7	14879145	111.0
工业	58312608	107.8	13289600	109.6
采掘业	1843918	110.0	398393	109.0
制造业	53683273	108.0	12444224	109.9
电力、煤气及水的生产和供应业	2785417	105.0	446983	105.0
建筑业	6816436	157.3	1589545	124.7
房屋和土木工程建筑业	6102950	177.4	1284605	124.5
建筑安装业	465159	60.8	189058	98.8
建筑装饰业	205844	334.7	89785	324.5
其他建筑业	42483	63.9	26097	112.2
第三产业	21478539	113.9	12050541	113.8
交通运输、仓储及邮政业	6344320	112.9	2725820	112.7
铁路运输业	420141	97.9	263302	97.9
道路运输业	4283506	115.0	2053505	115.2
城市公共交通业	310138	124.7	144214	124.7

1—9 续表1　　　　(2009年)　　　　计量单位：万元、%

行业名称	总产出		地区生产总值	
	绝对值	发展速度（以上年为100）	绝对值	发展速度（以上年为100）
航空运输业	215277	112.9	87359	112.9
装卸搬运和其他运输服务业	186629	115.0	54793	115.0
仓储业	714357	110.0	73793	110.0
邮政业	214272	105.2	48854	105.2
信息传输、计算机服务和软件业	1003261	112.1	494527	112.3
电信和其他信息传输服务业	875374	111.6	450380	111.5
计算机服务业	38395	172.2	17390	172.2
软件业	89492	101.5	26757	101.5
批发和零售业	3136691	113.9	2331704	114.3
批发业	1623657	110.3	1067717	110.3
零售业	1513034	118.0	1263987	118.0
住宿和餐饮业	1016115	109.6	481961	109.7
住宿业	197050	107.2	90447	107.2
餐饮业	819065	110.4	391514	110.4
金融业	1880526	124.6	1104136	124.4
银行业	1298992	126.6	856491	126.7
证券业	176344	107.4	140823	107.4
保险业	378707	120.1	95042	120.1
其他金融活动	26483	757.7	11780	757.7
房地产业	1095366	113.6	892731	113.2
房地产开发经营	283651	125.8	176821	125.8
物业管理业	59072	117.3	27232	117.3
房地产中介服务	10977	130.7	4936	130.7
其他房地产活动	30412	118.8	18110	118.8
居民自有住房服务	711254	108.8	665632	108.8
租赁和商务服务业	903171	109.3	448546	109.1

1—9 续表 2　　　　（2009 年）　　　　计量单位：万元、%

行业名称	总产出		地区生产总值	
	绝对值	发展速度（以上年为 100）	绝对值	发展速度（以上年为 100）
租赁业	184052	107.2	124405	107.2
商务服务业	719119	109.8	324141	109.8
科学研究、技术服务和地质勘查业	731728	112.6	369299	112.8
研究与试验发展	372612	116.0	202633	116.0
专业技术服务业	297452	109.6	131577	109.6
科技交流和推广服务业	23963	103.8	13792	103.8
地质勘查业	37701	110.5	21297	110.5
水利、环境和公共设施管理业	183298	115.5	141993	115.4
水利管理业	75652	112.6	59640	112.6
环境管理业	20720	113.8	15898	113.8
公共设施管理业	86926	118.6	66455	118.4
居民服务和其他服务业	1073951	119.5	506348	119.3
居民服务业	678307	118.5	360252	118.5
其他服务业	395644	121.3	146096	121.3
教育	1142381	112.1	817079	109.6
卫生、社会保障和社会福利业	1017241	119.7	511281	123.1
卫生	813687	110.7	369246	110.7
社会保障业	38306	108.9	26986	108.9
社会福利业	165248	207.3	115049	203.5
文化、体育和娱乐业	515733	106.2	240436	106.4
新闻出版业	236788	105.1	80233	105.1
广播、电视、电影和音像业	68792	106.1	35868	106.1
文化艺术业	68943	108.0	49767	108.0
体育	14966	102.3	10536	102.3
娱乐业	126244	107.8	64032	107.8
公共管理和社会组织	1434757	109.9	984680	109.9

分县（市）地区生产总值

1—10　　（2009年）　　计量单位：万元、%

行政单位	地区生产总值	发展速度（以上年为100）	第一产业		第二产业	
			绝对值	发展速度（以上年为100）	绝对值	发展速度（以上年为100）
石家庄市	**30012797**	**111.1**	**3083111**	**100.2**	**14879145**	**111.0**
市　区	10821265	108.1	69004	106.7	3172557	95.0
井陉县	1001942	112.7	77666	105.2	560930	112.2
正定县	1405160	112.9	222422	102.0	611472	112.5
栾城县	1150322	111.5	236011	100.3	647003	113.8
行唐县	850273	112.1	150541	100.4	532578	115.2
灵寿县	593343	111.3	92864	103.8	347901	112.4
高邑县	364445	111.8	68961	101.2	191871	114.7
深泽县	477173	111.3	84293	104.0	283417	114.0
赞皇县	448948	112.5	99780	103.1	251879	115.3
无极县	1005152	109.7	173805	100.3	558331	112.4
平山县	1410592	112.6	151995	102.0	945659	113.9
元氏县	883002	111.4	148934	103.0	434989	113.3
赵　县	1114420	111.0	227158	101.6	645597	114.7
辛集市	2067005	111.0	325451	100.5	1212065	112.0
藁城市	2614310	110.3	418321	101.1	1506231	114.6
晋州市	1290925	111.2	176544	102.5	679826	111.6
新乐市	1117822	111.1	190167	100.1	615698	113.5
鹿泉市	1908215	111.8	152387	103.0	1176684	111.5

1—10 续表　　(2009 年)　　计量单位：万元、%

行政单位	工业增加值		第三产业		人均地区生产总值（元）	
	绝对值	发展速度（以上年为 100）	绝对值	发展速度（以上年为 100）	绝对值	比上年（±元）
石家庄市	**13289700**	**109.6**	**12050541**	**113.8**	**30428**	**2675**
市　区	2518342	89.8	7579704	114.7	44762	2864
井 陉 县	521329	111.6	363346	114.7	30622	3348
正 定 县	558990	112.2	571266	116.8	30856	2752
栾 城 县	593691	113.8	267308	114.6	33893	3306
行 唐 县	512740	115.2	167154	113.3	19502	2329
灵 寿 县	315028	112.3	152578	113.2	18274	1739
高 邑 县	165260	115.6	103613	112.3	19970	1400
深 泽 县	236034	112.8	109463	109.6	19775	1167
赞 皇 县	239879	115.8	97289	113.9	18295	1234
无 极 县	528823	112.5	273016	109.7	20071	1606
平 山 县	896659	113.9	312938	112.6	29791	943
元 氏 县	401212	112.6	299079	112.4	21437	1437
赵　县	614397	114.4	241665	110.4	19247	1742
辛 集 市	1155661	112.5	529489	114.8	33523	3485
藁 城 市	1433410	115.0	689758	106.5	34018	4338
晋 州 市	644505	111.1	434555	113.8	24330	1591
新 乐 市	566381	114.5	311957	112.3	23225	903
鹿 泉 市	1120695	111.7	579144	114.5	50469	3395

历年地区生产总值指数

1—11　（上年＝100）　计量单位：%

年　份	地区生产总值	第一产业	第二产业	第三产业
1953	122.7	98.6	194.3	101.4
1954	109.3	95.7	128.8	98.6
1955	115.9	120.2	120.4	105.1
1956	103.1	90.5	107.4	107.8
1957	108.4	116.1	106.9	104.6
1958	152.2	112.6	209.3	108.4
1959	123.9	95.8	138.2	113.9
1960	83.2	88.8	79.6	90.3
1961	70.4	86.3	63.3	77.6
1962	86.4	101.7	79.0	89.1
1963	95.5	74.0	101.9	106.8
1964	119.5	138.0	115.8	111.8
1965	125.4	128.1	130.2	111.2
1966	111.9	104.5	114.5	113.7
1967	98.9	97.4	92.3	118.0
1968	120.2	113.3	129.0	107.8
1969	111.5	99.6	115.9	111.4
1970	103.2	113.1	100.4	101.8
1971	104.3	102.3	103.9	107.5
1972	98.7	101.7	95.6	103.6
1973	109.7	111.3	111.5	103.8
1974	108.5	115.6	106.4	105.9
1975	108.0	100.2	108.1	116.9
1976	104.8	99.0	106.9	105.3
1977	109.9	97.0	109.7	122.7
1978	104.8	121.5	100.4	101.6

1—11 续表　　（上年＝100）　　计量单位:%

年　份	地区生产总值	第一产业	第二产业	第三产业
1979	106. 7	101. 5	104. 9	115. 3
1980	108. 2	103. 5	103. 2	121. 8
1981	104. 1	106. 0	104. 8	100. 8
1982	111. 6	109. 0	115. 4	106. 9
1983	118. 9	128. 6	107. 0	133. 8
1984	111. 5	114. 0	113. 1	106. 0
1985	106. 8	102. 6	112. 0	101. 9
1986	109. 7	106. 2	109. 2	114. 7
1987	113. 5	103. 3	124. 6	102. 9
1988	115. 5	106. 4	123. 1	107. 3
1989	100. 8	105. 0	101. 9	92. 9
1990	104. 5	107. 0	101. 6	109. 7
1991	109. 8	103. 5	110. 2	116. 6
1992	119. 0	104. 5	125. 2	123. 2
1993	120. 5	105. 7	131. 7	112. 5
1994	120. 0	107. 4	126. 4	116. 6
1995	118. 0	110. 1	119. 3	121. 1
1996	115. 8	109. 1	117. 3	117. 1
1997	115. 8	111. 9	116. 4	117. 0
1998	113. 7	105. 5	115. 2	115. 5
1999	110. 7	104. 5	112. 1	111. 0
2000	110. 5	105. 0	111. 5	111. 0
2001	109. 1	104. 2	109. 5	110. 5
2002	109. 8	104. 2	111. 3	110. 1
2003	113. 2	105. 1	115. 5	110. 0
2004	114. 1	106. 5	117. 6	112. 3
2005	113. 7	105. 5	118. 3	110. 9
2006	113. 4	104. 2	114. 9	114. 7
2007	113. 2	102. 2	115. 7	113. 0
2008	111. 0	103. 9	110. 8	112. 9
2009	111. 1	100. 2	110. 9	113. 8

二、单位从业人员和劳动报酬

全市单位从业人员和劳动报酬

2—1　　(2009年)　　计量单位：人、千元、个、元

行业名称	年末单位从业人员	#女性	1. 在岗职工	2. 其他从业人员	离开本单位仍保留劳动关系的职工
总　　计	**835024**	**341451**	**802198**	**32826**	**92893**
#国有控股	349825	127534	336327	13498	57064
一、按企业、事业、机关分组					
（一）企业	501389	189317	475823	25566	85408
（二）事业	236838	125264	231753	5085	2219
（三）机关	96797	26870	94622	2175	5266
二、按国民经济行业分组					
（一）农、林、牧、渔业	4295	1493	4289	6	247
（二）采掘业	6407	1231	6407		295
（三）制造业	230713	90853	226261	4452	40938
（四）电力、煤气及水的生产和供应业	24655	7373	23967	688	801
（五）建筑业	47846	7830	44803	3043	7769
（六）交通运输、仓储和邮政业	57330	13952	54577	2753	4790
（七）信息传输、计算机服务和软件	9195	3824	7931	1264	698
（八）批发和零售业	60230	31328	59841	389	16910
（九）住宿和餐饮业	13324	7522	13197	127	1801
（十）金融业	43469	22843	31677	11792	9365
（十一）房地产业	3528	1182	3487	41	227
（十二）租赁和商务服务业	9229	2792	8824	405	1560
（十三）科研、技术服务和地质勘查业	22232	6707	20964	1268	488
（十四）水利、环境和公共设施管理业	17370	7016	16121	1249	286
（十五）居民服务和其他服务业	3287	856	3222	65	62
（十六）教育	123319	75726	121492	1827	298
（十七）卫生、社会保障和社会福利业	38105	24192	37243	862	318
（十八）文化、体育和娱乐业	12528	5083	12243	285	494
（十九）公共管理和社会组织	107962	29648	105652	2310	5546

2—1 续表1　　（2009年）　　计量单位：人、千元、个、元

行业名称	单位从业人员平均人数	# 在岗职工	其他从业人员	离开本单位仍保留劳动关系的职工平均人数
总　　计	**837752**	**806770**	**30982**	**86565**
#国有控股	353913	340972	12941	57485
一、按企业、事业、机关分组				
（一）企业	505622	481714	23908	79117
（二）事业	235550	230633	4917	2431
（三）机关	96580	94423	2157	5017
二、按国民经济行业分组				
（一）农、林、牧、渔业	4287	4213	74	254
（二）采掘业	6325	6325		297
（三）制造业	232511	228200	4311	39894
（四）电力、煤气及水的生产和供应业	24319	24017	302	701
（五）建筑业	48233	45429	2804	7987
（六）交通运输、仓储和邮政业	56602	53875	2727	5809
（七）信息传输、计算机服务和软件	9205	7923	1282	695
（八）批发和零售业	64435	64041	394	16646
（九）住宿和餐饮业	13392	13275	117	1857
（十）金融业	42452	31491	10961	3124
（十一）房地产业	3525	3484	41	368
（十二）租赁和商务服务业	9238	8869	369	1687
（十三）科研、技术服务和地质勘查业	22160	20919	1241	508
（十四）水利、环境和公共设施管理业	17092	16153	939	283
（十五）居民服务和其他服务业	3208	3143	65	62
（十六）教育	123123	121187	1936	316
（十七）卫生、社会保障和社会福利业	37365	36523	842	313
（十八）文化、体育和娱乐业	12547	12265	282	440
（十九）公共管理和社会组织	107733	105438	2295	5324

2—1 续表2　　（2009年）　　计量单位：人、千元、个、元

行业名称	单位从业人员劳动报酬	在岗职工工资总额	其他从业人员劳动报酬	离开本单位仍保留劳动关系职工的生活费	单位数
总　　计	**22683006**	**22081987**	**601019**	**714126**	**9575**
#国有控股	9201980	8939292	262688	472333	1734
一、按企业、事业、机关分组					
（一）企业	11836613	11334566	502047	562960	2997
（二）事业	7623402	7551481	71921	37863	4661
（三）机关	3222991	3195940	27051	113303	1917
二、按国民经济行业分组					
（一）农、林、牧、渔业	79501	78893	608	714	171
（二）采掘业	103855	103855		1000	8
（三）制造业	4423632	4324698	98934	242917	893
（四）电力、煤气及水的生产和供应业	887366	883870	3496	17931	54
（五）建筑业	975613	911626	63987	32196	103
（六）交通运输、仓储和邮政业	1789987	1754702	35285	56711	230
（七）信息传输、计算机服务和软件	423196	401468	21728	13383	60
（八）批发和零售业	1020537	1014482	6055	111230	988
（九）住宿和餐饮业	176137	171469	4668	4851	122
（十）金融业	1758176	1512870	245306	77646	406
（十一）房地产业	122865	121778	1087	5426	88
（十二）租赁和商务服务业	177551	173812	3739	3837	171
（十三）科研、技术服务和地质勘查业	861626	835735	25891	4531	270
（十四）水利、环境和公共设施管理业	380187	370715	9472	2998	233
（十五）居民服务和其他服务业	64144	63433	711	323	78
（十六）教育	4287670	4250361	37309	8212	2630
（十七）卫生、社会保障和社会福利业	1206616	1196820	9796	4079	472
（十八）文化、体育和娱乐业	409821	406497	3324	5785	284
（十九）公共管理和社会组织	3534526	3504903	29623	120356	2314

2—1 续表3　　（2009 年）　　计量单位：人、千元、个、元

行业名称	职　工	# 中专及以上学历人员	单位从业人员平均报酬	# 在岗职工平均工资	其他从业人员平均报酬
总　计	**895091**	**476023**	**27076**	**27371**	**19399**
#国有控股	393391	155451	26001	26217	20299
一、按企业、事业、机关分组					
（一）企业	561231	207746	23410	23530	20999
（二）事业	233972	188715	32364	32742	14627
（三）机关	99888	79562	33371	33847	12541
二、按国民经济行业分组					
（一）农、林、牧、渔业	4536	2600	18545	18726	8216
（二）采掘业	6702	1436	16420	16420	
（三）制造业	267199	82475	19025	18951	22949
（四）电力、煤气及水的生产和供应业	24768	14371	36489	36802	11576
（五）建筑业	52572	17343	20227	20067	22820
（六）交通运输、仓储和邮政业	59367	25418	31624	32570	12939
（七）信息传输、计算机服务和软件	8629	6470	45975	50671	16949
（八）批发和零售业	76751	25424	15838	15841	15368
（九）住宿和餐饮业	14998	6176	13152	12917	39897
（十）金融业	41042	26614	41416	48041	22380
（十一）房地产业	3714	2279	34855	34954	26512
（十二）租赁和商务服务业	10384	4223	19220	19598	10133
（十三）科研、技术服务和地质勘查业	21452	16321	38882	39951	20863
（十四）水利、环境和公共设施管理业	16407	6926	22244	22950	10087
（十五）居民服务和其他服务业	3284	1437	19995	20182	10938
（十六）教育	121790	108317	34824	35073	19271
（十七）卫生、社会保障和社会福利业	37561	32950	32293	32769	11634
（十八）文化、体育和娱乐业	12737	7426	32663	33143	11787
（十九）公共管理和社会组织	111198	87817	32808	33241	12908

全市国有单位从业人员和劳动报酬

2—2　　(2009 年)　　计量单位：人、千元、个、元

行业名称	年末单位从业人员	# 女性	1. 在岗职工	2. 其他从业人员	离开本单位仍保留劳动关系的职工
总　计	**601872**	**244836**	**583764**	**18108**	**52907**
一、按隶属关系分组					
1. 中央	112699	30344	104791	7908	9930
2. 地方	489173	214492	478973	10200	42977
二、按企业、事业、机关分组					
(一) 企业	274656	95519	263536	11120	45544
1. 中央	97525	25528	89949	7576	9668
2. 地方	177131	69991	173587	3544	35876
(二) 事业	230742	122500	225929	4813	2097
1. 中央	9334	2859	9061	273	75
2. 地方	221408	119641	216868	4540	2022
(三) 机关	96474	26817	94299	2175	5266
1. 中央	5840	1957	5781	59	187
2. 地方	90634	24860	88518	2116	5079
三、按国民经济行业分组					
(一) 农、林、牧、渔业	4136	1473	4130	6	247
(二) 采掘业	6268	1212	6268		295
(三) 制造业	105581	40916	102734	2847	21089
(四) 电力、煤气及水的生产和供应业	14795	4638	14520	275	706
(五) 建筑业	30977	5352	28458	2519	4932
(六) 交通运输、仓储和邮政业	52079	12596	49403	2676	3654
(七) 信息传输、计算机服务和软件	7374	3136	6191	1183	559
(八) 批发和零售业	38551	19434	38223	328	11106
(九) 住宿和餐饮业	9465	5186	9346	119	1638
(十) 金融业	6422	2467	6153	269	419
(十一) 房地产业	3174	1049	3143	31	196
(十二) 租赁和商务服务业	6179	1596	5813	366	623
(十三) 科研、技术服务和地质勘查业	21805	6573	20567	1238	483
(十四) 水利、环境和公共设施管理业	16112	6343	15004	1108	286
(十五) 居民服务和其他服务业	1812	600	1768	44	57
(十六) 教育	122055	74889	120301	1754	298
(十七) 卫生、社会保障和社会福利业	35604	22950	34853	751	314
(十八) 文化、体育和娱乐业	11970	4864	11686	284	462
(十九) 公共管理和社会组织	107513	29562	105203	2310	5543

2—2 续表1　　(2009年)　　计量单位：人、千元、个、元

行业名称	单位从业人员平均人数	# 在岗职工	其他从业人员	离开本单位仍保留劳动关系的职工平均人数
总　计	**604762**	**587090**	**17672**	**53522**
一、按隶属关系分组				
1. 中央	112949	105049	7900	10473
2. 地方	491813	482041	9772	43049
二、按企业、事业、机关分组				
（一）企业	278803	267932	10871	46154
1. 中央	97838	90262	7576	10208
2. 地方	180965	177670	3295	35946
（二）事业	229704	225060	4644	2351
1. 中央	9282	9017	265	72
2. 地方	220422	216043	4379	2279
（三）机关	96255	94098	2157	5017
1. 中央	5829	5770	59	193
2. 地方	90426	88328	2098	4824
三、按国民经济行业分组				
（一）农、林、牧、渔业	4113	4039	74	254
（二）采掘业	6186	6186		297
（三）制造业	106602	103861	2741	20261
（四）电力、煤气及水的生产和供应业	14743	14561	182	646
（五）建筑业	31418	28874	2544	5159
（六）交通运输、仓储和邮政业	51348	48698	2650	4613
（七）信息传输、计算机服务和软件	7381	6180	1201	552
（八）批发和零售业	42179	41851	328	11257
（九）住宿和餐饮业	9570	9461	109	1727
（十）金融业	6350	6090	260	433
（十一）房地产业	3144	3113	31	337
（十二）租赁和商务服务业	6191	5860	331	790
（十三）科研、技术服务和地质勘查业	21742	20531	1211	502
（十四）水利、环境和公共设施管理业	15833	15034	799	283
（十五）居民服务和其他服务业	1730	1686	44	57
（十六）教育	121853	119992	1861	316
（十七）卫生、社会保障和社会福利业	35108	34378	730	309
（十八）文化、体育和娱乐业	11989	11708	281	408
（十九）公共管理和社会组织	107282	104987	2295	5321

2—2 续表 2　　（2009 年）　　计量单位：人、千元、个、元

行业名称	单位从业人员劳动报酬	在岗职工工资总额	其他从业人员劳动报酬	离开本单位仍保留劳动关系职工的生活费	单位数
总　计	**17932933**	**17608401**	**324532**	**511102**	**7794**
一、按隶属关系分组					
1. 中央	4181343	4029994	151349	146758	254
2. 地方	13751590	13578407	173183	364344	7540
二、按企业、事业、机关分组					
（一）企业	7195283	6967300	227983	360222	1432
1. 中央	3560109	3412486	147623	140266	174
2. 地方	3635174	3554814	80360	219956	1258
（二）事业	7525112	7455614	69498	37577	4452
1. 中央	434606	431386	3220	878	39
2. 地方	7090506	7024228	66278	36699	4413
（三）机关	3212538	3185487	27051	113303	1910
1. 中央	186628	186122	506	5614	41
2. 地方	3025910	2999365	26545	107689	1869
三、按国民经济行业分组					
（一）农、林、牧、渔业	78170	77562	608	714	151
（二）采掘业	102655	102655		1000	5
（三）制造业	2338896	2265114	73782	153762	381
（四）电力、煤气及水的生产和供应业	561915	559674	2241	17569	37
（五）建筑业	794936	733789	61147	26021	41
（六）交通运输、仓储和邮政业	1678785	1644618	34167	53044	178
（七）信息传输、计算机服务和软件	346907	327076	19831	11555	46
（八）批发和零售业	724507	719141	5366	79062	523
（九）住宿和餐饮业	117180	112666	4514	3862	86
（十）金融业	347366	340386	6980	11160	121
（十一）房地产业	115071	114216	855	5141	58
（十二）租赁和商务服务业	133470	130064	3406	2140	115
（十三）科研、技术服务和地质勘查业	852044	826451	25593	4493	255
（十四）水利、环境和公共设施管理业	366063	357654	8409	2998	207
（十五）居民服务和其他服务业	35424	34873	551	319	55
（十六）教育	4255020	4219221	35799	8212	2620
（十七）卫生、社会保障和社会福利业	1164277	1155930	8347	4005	343
（十八）文化、体育和娱乐业	399234	395921	3313	5769	270
（十九）公共管理和社会组织	3521013	3491390	29623	120276	2302

2—2 续表3 （2009 年） 计量单位：人、千元、个、元

行业名称	职　工	# 中专及以上学历人员	单位从业人员平均报酬	# 在岗职工平均工资	其他从业人员平均报酬
总　计	**636671**	**382391**	**29653**	**29993**	**18364**
一、按隶属关系分组					
1. 中央	114721	64241	37020	38363	19158
2. 地方	521950	318150	27961	28169	17722
二、按企业、事业、机关分组					
（一）企业	309080	118105	25808	26004	20972
1. 中央	99617	51961	36388	37806	19486
2. 地方	209463	66144	20088	20008	24388
（二）事业	228026	184964	32760	33127	14965
1. 中央	9136	7075	46822	47841	12151
2. 地方	218890	177889	32168	32513	15135
（三）机关	99565	79322	33375	33853	12541
1. 中央	5968	5205	32017	32257	8576
2. 地方	93597	74117	33463	33957	12653
三、按国民经济行业分组					
（一）农、林、牧、渔业	4377	2520	19006	19203	8216
（二）采掘业	6563	1394	16595	16595	
（三）制造业	123823	40422	21940	21809	26918
（四）电力、煤气及水的生产和供应业	15226	9516	38114	38437	12313
（五）建筑业	33390	12011	25302	25413	24036
（六）交通运输、仓储和邮政业	53057	23523	32694	33772	12893
（七）信息传输、计算机服务和软件	6750	5059	47000	52925	16512
（八）批发和零售业	49329	16957	17177	17183	16360
（九）住宿和餐饮业	10984	4409	12245	11908	41413
（十）金融业	6572	5414	54703	55893	26846
（十一）房地产业	3339	2024	36600	36690	27581
（十二）租赁和商务服务业	6436	2424	21559	22195	10290
（十三）科研、技术服务和地质勘查业	21050	16038	39189	40254	21134
（十四）水利、环境和公共设施管理业	15290	6682	23120	23790	10524
（十五）居民服务和其他服务业	1825	1088	20476	20684	12523
（十六）教育	120599	107316	34919	35163	19236
（十七）卫生、社会保障和社会福利业	35167	31025	33163	33624	11434
（十八）文化、体育和娱乐业	12148	7103	33300	33816	11790
（十九）公共管理和社会组织	110746	87466	32820	33255	12908

全市城镇及集体单位从业人员和劳动报酬

2—3　　(2009年)　　计量单位：人、千元、个、元

行业名称	年末单位从业人员	# 女性	1. 在岗职工	2. 其他从业人员	离开本单位仍保留劳动关系的职工
总　　计	**54572**	**20332**	**53783**	**789**	**13488**
一、按企业、事业、机关分组					
1. 企业	49525	18015	48867	658	13366
2. 事业	4724	2264	4593	131	122
3. 机关	323	53	323		
二、按国民经济行业分组					
(一) 农、林、牧、渔业	153	19	153		
(二) 采掘业					
(三) 制造业	20970	8439	20409	561	7089
(四) 电力、煤气及水的生产和供应业	184	63	184		
(五) 建筑业	5130	575	5128	2	39
(六) 交通运输、仓储和邮政业	2364	436	2332	32	931
(七) 信息传输、计算机服务和软件	74	6	74		1
(八) 批发和零售业	10233	4097	10203	30	4192
(九) 住宿和餐饮业	1551	904	1551		98
(十) 金融业	5653	2520	5653		309
(十一) 房地产业	35	9	35		25
(十二) 租赁和商务服务业	1865	733	1865		760
(十三) 科研、技术服务和地质勘查业	73	17	73		
(十四) 水利、环境和公共设施管理业	558	221	558		
(十五) 居民服务和其他服务业	1429	239	1408	21	5
(十六) 教育	797	509	766	31	
(十七) 卫生、社会保障和社会福利业	2501	1242	2390	111	4
(十八) 文化、体育和娱乐业	553	217	552	1	32
(十九) 公共管理和社会组织	449	86	449		3

2—3 续表1　　(2009 年)　　计量单位：人、千元、个、元

行业名称	单位从业人员平均人数	#在岗职工	其他从业人员	离开本单位仍保留劳动关系的职工平均人数
总　计	**54349**	**53553**	**796**	**13322**
一、按企业、事业、机关分组				
1. 企业	49528	48865	663	13242
2. 事业	4496	4363	133	80
3. 机关	325	325		
二、按国民经济行业分组				
（一）农、林、牧、渔业	168	168		
（二）采掘业				
（三）制造业	20959	20396	563	7236
（四）电力、煤气及水的生产和供应业	184	184		
（五）建筑业	5099	5097	2	39
（六）交通运输、仓储和邮政业	2380	2348	32	1000
（七）信息传输、计算机服务和软件	74	74		1
（八）批发和零售业	10264	10232	32	3868
（九）住宿和餐饮业	1515	1515		73
（十）金融业	5669	5669		311
（十一）房地产业	35	35		25
（十二）租赁和商务服务业	1872	1872		725
（十三）科研、技术服务和地质勘查业	73	73		
（十四）水利、环境和公共设施管理业	561	561		
（十五）居民服务和其他服务业	1432	1411	21	5
（十六）教育	803	770	33	
（十七）卫生、社会保障和社会福利业	2257	2145	112	4
（十八）文化、体育和娱乐业	553	552	1	32
（十九）公共管理和社会组织	451	451		3

2—3 续表2 （2009 年） 计量单位：人、千元、个、元

行业名称	单位从业人员劳动报酬	在岗职工工资总额	其他从业人员劳动报酬	离开本单位仍保留劳动关系职工的生活费	单位数
总　计	**856522**	**849722**	**6800**	**36563**	**992**
一、按企业、事业、机关分组					
1. 企业	765267	759827	5440	36277	782
2. 事业	80802	79442	1360	286	203
3. 机关	10453	10453			7
二、按国民经济行业分组					
（一）农、林、牧、渔业	1301	1301			19
（二）采掘业					
（三）制造业	280095	275906	4189	21401	201
（四）电力、煤气及水的生产和供应业	1878	1878			1
（五）建筑业	49059	49036	23	76	21
（六）交通运输、仓储和邮政业	35751	35579	172	2780	37
（七）信息传输、计算机服务和软件	1042	1042			2
（八）批发和零售业	123642	123278	364	5122	389
（九）住宿和餐饮业	17079	17079		397	22
（十）金融业	197727	197727		4877	36
（十一）房地产业	388	388		165	3
（十二）租赁和商务服务业	27352	27352		1571	50
（十三）科研、技术服务和地质勘查业	926	926			7
（十四）水利、环境和公共设施管理业	7776	7776			24
（十五）居民服务和其他服务业	27688	27528	160	4	20
（十六）教育	18379	17947	432		6
（十七）卫生、社会保障和社会福利业	42339	40890	1449	74	129
（十八）文化、体育和娱乐业	10587	10576	11	16	13
（十九）公共管理和社会组织	13513	13513		80	12

2—3 续表 3 （2009 年） 计量单位：人、千元、个、元

行业名称	职　　工	# 中专及以上学历人员	单位从业人员平均报酬	# 在岗职工平均工资	其他从业人员平均报酬
总　　计	**67271**	**19532**	**15760**	**15867**	**8543**
一、按企业、事业、机关分组					
1. 企业	62233	16091	15451	15550	8205
2. 事业	4715	3201	17972	18208	10226
3. 机关	323	240	32163	32163	
二、按国民经济行业分组					
（一）农、林、牧、渔业	153	74	7744	7744	
（二）采掘业					
（三）制造业	27498	4688	13364	13527	7440
（四）电力、煤气及水的生产和供应业	184	62	10207	10207	
（五）建筑业	5167	717	9621	9621	11500
（六）交通运输、仓储和邮政业	3263	535	15021	15153	5375
（七）信息传输、计算机服务和软件	75	14	14081	14081	
（八）批发和零售业	14395	3763	12046	12048	11375
（九）住宿和餐饮业	1649	820	11273	11273	
（十）金融业	5962	4267	34879	34879	
（十一）房地产业	60	24	11086	11086	
（十二）租赁和商务服务业	2625	811	14611	14611	
（十三）科研、技术服务和地质勘查业	73	29	12685	12685	
（十四）水利、环境和公共设施管理业	558	187	13861	13861	
（十五）居民服务和其他服务业	1413	323	19335	19510	7619
（十六）教育	766	624	22888	23308	13091
（十七）卫生、社会保障和社会福利业	2394	1925	18759	19063	12938
（十八）文化、体育和娱乐业	584	318	19145	19159	11000
（十九）公共管理和社会组织	452	351	29962	29962	

市区单位从业人员和劳动报酬

2—4　　（2009 年）　　计量单位：人、千元、个、元

行业名称	年末单位从业人员	# 女性	1. 在岗职工	2. 其他从业人员	离开本单位仍保留劳动关系的职工
总　计	**527621**	**214212**	**499872**	**27749**	**77296**
#国有控股	278576	102823	268148	10428	50299
一、按企业、事业、机关分组					
（一）企业	367231	143567	345837	21394	73804
（二）事业	116079	57704	111439	4640	1171
（三）机关	44311	12941	42596	1715	2321
二、按国民经济行业分组					
（一）农、林、牧、渔业	2107	813	2107		20
（二）采掘业	6246	1210	6246		295
（三）制造业	150540	62239	147233	3307	36170
（四）电力、煤气及水的生产和供应业	17744	5254	17219	525	793
（五）建筑业	33860	6240	31305	2555	7641
（六）交通运输、仓储和邮政业	48803	11573	46568	2235	4346
（七）信息传输、计算机服务和软件	7624	3275	6517	1107	576
（八）批发和零售业	47735	26523	47370	365	12025
（九）住宿和餐饮业	11406	6541	11281	125	1765
（十）金融业	31451	17441	21033	10418	8335
（十一）房地产业	2740	882	2704	36	221
（十二）租赁和商务服务业	7403	2369	7347	56	1517
（十三）科研、技术服务和地质勘查业	20141	5896	18895	1246	445
（十四）水利、环境和公共设施管理业	11172	4669	10064	1108	81
（十五）居民服务和其他服务业	2405	629	2354	51	47
（十六）教育	47248	27295	45421	1827	170
（十七）卫生、社会保障和社会福利业	19310	13313	18638	672	180
（十八）文化、体育和娱乐业	9599	3806	9331	268	337
（十九）公共管理和社会组织	50087	14244	48239	1848	2332

2—4 续表1　（2009年）　计量单位：人、千元、个、元

行业名称	单位从业人员平均人数	#在岗职工	其他从业人员	离开本单位仍保留劳动关系的职工平均人数
总　计	**531467**	**505158**	**26309**	**70997**
#国有控股	283328	273283	10045	50919
一、按企业、事业、机关分组				
（一）企业	372031	351895	20136	68227
（二）事业	115257	110771	4486	1347
（三）机关	44179	42492	1687	1423
二、按国民经济行业分组				
（一）农、林、牧、渔业	2081	2013	68	21
（二）采掘业	6164	6164		297
（三）制造业	152616	149413	3203	35373
（四）电力、煤气及水的生产和供应业	17533	17301	232	680
（五）建筑业	34455	31871	2584	7877
（六）交通运输、仓储和邮政业	48080	45872	2208	5413
（七）信息传输、计算机服务和软件	7625	6508	1117	573
（八）批发和零售业	51904	51534	370	12245
（九）住宿和餐饮业	11487	11372	115	1821
（十）金融业	30385	20816	9569	2016
（十一）房地产业	2754	2718	36	354
（十二）租赁和商务服务业	7451	7395	56	1646
（十三）科研、技术服务和地质勘查业	20059	18836	1223	464
（十四）水利、环境和公共设施管理业	10903	10104	799	84
（十五）居民服务和其他服务业	2326	2275	51	47
（十六）教育	47002	45066	1936	174
（十七）卫生、社会保障和社会福利业	19088	18434	654	177
（十八）文化、体育和娱乐业	9622	9354	268	295
（十九）公共管理和社会组织	49932	48112	1820	1440

2—4 续表2 （2009年） 计量单位：人、千元、个、元

行业名称	单位从业人员劳动报酬	在岗职工工资总额	其他从业人员劳动报酬	离开本单位仍保留劳动关系职工的生活费	单位数
总　　计	**16016451**	**15482467**	**533984**	**548814**	**3641**
#国有控股	7874895	7653051	221844	414939	1084
一、按企业、事业、机关分组					
（一）企业	9569689	9126730	442959	496154	1721
（二）事业	4543483	4475734	67749	19133	1279
（三）机关	1903279	1880003	23276	33527	641
二、按国民经济行业分组					
（一）农、林、牧、渔业	46391	45855	536	240	46
（二）采掘业	102655	102655		1000	4
（三）制造业	3206428	3129633	76795	221396	644
（四）电力、煤气及水的生产和供应业	661423	658592	2831	17737	12
（五）建筑业	829687	767872	61815	31616	51
（六）交通运输、仓储和邮政业	1625916	1596724	29192	54011	96
（七）信息传输、计算机服务和软件	364577	345769	18808	10801	38
（八）批发和零售业	892187	886318	5869	101826	419
（九）住宿和餐饮业	152291	147642	4649	4603	92
（十）金融业	1370289	1147523	222766	47652	219
（十一）房地产业	108683	107643	1040	5274	60
（十二）租赁和商务服务业	150274	149705	569	3249	125
（十三）科研、技术服务和地质勘查业	810308	784575	25733	3953	172
（十四）水利、环境和公共设施管理业	279474	271065	8409	1517	93
（十五）居民服务和其他服务业	47731	47175	556	30	51
（十六）教育	2136038	2098729	37309	3101	392
（十七）卫生、社会保障和社会福利业	788001	780018	7983	2639	137
（十八）文化、体育和娱乐业	348682	345420	3262	4198	161
（十九）公共管理和社会组织	2095416	2069554	25862	33971	829

2—4 续表3　　（2009 年）　　计量单位：人、千元、个、元

行业名称	职　工	# 中专及以上学历人员	单位从业人员平均报酬	# 在岗职工平均工资	其他从业人员平均报酬
总　计	**577168**	**275033**	**30136**	**30649**	**20297**
#国有控股	318447	125059	27794	28004	22085
一、按企业、事业、机关分组					
（一）企业	419641	158108	25723	25936	21998
（二）事业	112610	84718	39420	40405	15102
（三）机关	44917	32207	43081	44244	13797
二、按国民经济行业分组					
（一）农、林、牧、渔业	2127	1105	22293	22779	7882
（二）采掘业	6541	1384	16654	16654	
（三）制造业	183403	57013	21010	20946	23976
（四）电力、煤气及水的生产和供应业	18012	11003	37724	38067	12203
（五）建筑业	38946	13389	24080	24093	23922
（六）交通运输、仓储和邮政业	50914	20756	33817	34808	13221
（七）信息传输、计算机服务和软件	7093	5346	47813	53130	16838
（八）批发和零售业	59395	20848	17189	17199	15862
（九）住宿和餐饮业	13046	5395	13258	12983	40426
（十）金融业	29368	18315	45098	55127	23280
（十一）房地产业	2925	1778	39464	39604	28889
（十二）租赁和商务服务业	8864	3580	20168	20244	10161
（十三）科研、技术服务和地质勘查业	19340	14586	40396	41653	21041
（十四）水利、环境和公共设施管理业	10145	3926	25633	26827	10524
（十五）居民服务和其他服务业	2401	916	20521	20736	10902
（十六）教育	45591	37751	45446	46570	19271
（十七）卫生、社会保障和社会福利业	18818	16246	41283	42314	12206
（十八）文化、体育和娱乐业	9668	5446	36238	36928	12172
（十九）公共管理和社会组织	50571	36250	41965	43015	14210

市区国有单位从业人员和劳动报酬

2—5　　（2009 年）　　计量单位：人、千元、个、元

行业名称	年末单位从业人员	# 女性	1. 在岗职工	2. 其他从业人员	离开本单位仍保留劳动关系的职工
总　计	**387594**	**149937**	**372131**	**15463**	**44721**
一、按隶属关系分组					
1. 中央	94974	23793	88291	6683	9240
2. 地方	292620	126144	283840	8780	35481
二、按企业、事业、机关分组					
（一）企业	229424	80602	220265	9159	41318
1. 中央	82787	19804	76368	6419	9052
2. 地方	146637	60798	143897	2740	32266
（二）事业	114005	56426	109416	4589	1082
1. 中央	8545	2560	8281	264	58
2. 地方	105460	53866	101135	4325	1024
（三）机关	44165	12909	42450	1715	2321
1. 中央	3642	1429	3642		130
2. 地方	40523	11480	38808	1715	2191
三、按国民经济行业分组					
（一）农、林、牧、渔业	2107	813	2107		20
（二）采掘业	6246	1210	6246		295
（三）制造业	80007	33252	78001	2006	19929
（四）电力、煤气及水的生产和供应业	11956	3749	11844	112	698
（五）建筑业	30491	5259	27972	2519	4914
（六）交通运输、仓储和邮政业	44959	10609	42793	2166	3309
（七）信息传输、计算机服务和软件	6211	2696	5106	1105	473
（八）批发和零售业	31604	16574	31297	307	9083
（九）住宿和餐饮业	7921	4385	7804	117	1614
（十）金融业	3805	1543	3592	213	30
（十一）房地产业	2432	772	2406	26	190
（十二）租赁和商务服务业	4432	1192	4415	17	588
（十三）科研、技术服务和地质勘查业	19853	5823	18626	1227	440
（十四）水利、环境和公共设施管理业	10374	4212	9266	1108	81
（十五）居民服务和其他服务业	1001	388	971	30	42
（十六）教育	46502	26793	44748	1754	170
（十七）卫生、社会保障和社会福利业	18563	12805	17923	640	176
（十八）文化、体育和娱乐业	9189	3650	8921	268	337
（十九）公共管理和社会组织	49941	14212	48093	1848	2332

2—5 续表 1　　（2009 年）　　计量单位：人、千元、个、元

行业名称	单位从业人员平均人数	# 在岗职工	其他从业人员	离开本单位仍保留劳动关系的职工平均人数
总　计	**391200**	**376055**	**15145**	**44740**
一、按隶属关系分组				
1. 中央	95116	88448	6668	9763
2. 地方	296084	287607	8477	34977
二、按企业、事业、机关分组				
（一）企业	233981	224956	9025	42017
1. 中央	82986	76574	6412	9574
2. 地方	150995	148382	2613	32443
（二）事业	113188	108755	4433	1300
1. 中央	8493	8237	256	55
2. 地方	104695	100518	4177	1245
（三）机关	44031	42344	1687	1423
1. 中央	3637	3637		134
2. 地方	40394	38707	1687	1289
三、按国民经济行业分组				
（一）农、林、牧、渔业	2081	2013	68	21
（二）采掘业	6164	6164		297
（三）制造业	81373	79471	1902	19099
（四）电力、煤气及水的生产和供应业	11966	11854	112	629
（五）建筑业	30928	28384	2544	5140
（六）交通运输、仓储和邮政业	44232	42093	2139	4292
（七）信息传输、计算机服务和软件	6209	5094	1115	466
（八）批发和零售业	35216	34909	307	9317
（九）住宿和餐饮业	8010	7903	107	1703
（十）金融业	3730	3526	204	32
（十一）房地产业	2419	2393	26	323
（十二）租赁和商务服务业	4482	4464	18	755
（十三）科研、技术服务和地质勘查业	19780	18576	1204	458
（十四）水利、环境和公共设施管理业	10106	9307	799	84
（十五）居民服务和其他服务业	917	887	30	42
（十六）教育	46254	44393	1861	174
（十七）卫生、社会保障和社会福利业	18337	17716	621	173
（十八）文化、体育和娱乐业	9212	8944	268	295
（十九）公共管理和社会组织	49784	47964	1820	1440

2—5 续表 2　　（2009 年）　　计量单位：人、千元、个、元

行业名称	单位从业人员劳动报酬	在岗职工工资总额	其他从业人员劳动报酬	离开本单位仍保留劳动关系职工的生活费	单位数
总　计	**12788511**	**12491000**	**297511**	**385843**	**2762**
一、按隶属关系分组					
1. 中央	3747923	3610179	137744	130823	135
2. 地方	9040588	8880821	159767	255020	2627
二、按企业、事业、机关分组					
（一）企业	6400522	6193249	207273	333441	922
1. 中央	3224036	3089381	134655	126567	96
2. 地方	3176486	3103868	72618	206874	826
（二）事业	4492513	4425551	66962	18875	1200
1. 中央	406201	403112	3089	558	23
2. 地方	4086312	4022439	63873	18317	1177
（三）机关	1895476	1872200	23276	33527	640
1. 中央	117686	117686		3698	16
2. 地方	1777790	1754514	23276	29829	624
三、按国民经济行业分组					
（一）农、林、牧、渔业	46391	45855	536	240	46
（二）采掘业	102655	102655		1000	4
（三）制造业	1897485	1833670	63815	150032	331
（四）电力、煤气及水的生产和供应业	492182	490606	1576	17375	9
（五）建筑业	787545	726398	61147	25990	31
（六）交通运输、仓储和邮政业	1532105	1503915	28190	50397	74
（七）信息传输、计算机服务和软件	304315	285522	18793	9725	29
（八）批发和零售业	650304	645107	5197	70640	273
（九）住宿和餐饮业	97410	92915	4495	3615	63
（十）金融业	264747	258391	6356	995	65
（十一）房地产业	101567	100759	808	4989	32
（十二）租赁和商务服务业	107842	107606	236	1552	74
（十三）科研、技术服务和地质勘查业	803409	777871	25538	3915	164
（十四）水利、环境和公共设施管理业	271352	262943	8409	1517	75
（十五）居民服务和其他服务业	20126	19730	396	26	31
（十六）教育	2111976	2076177	35799	3101	385
（十七）卫生、社会保障和社会福利业	769992	762896	7096	2565	93
（十八）文化、体育和娱乐业	339495	336233	3262	4198	155
（十九）公共管理和社会组织	2087613	2061751	25862	33971	828

2—5 续表 3　　(2009 年)　　计量单位：人、千元、个、元

行业名称	职　工	# 中专及以上学历人员	单位从业人员平均报酬	# 在岗职工平均工资	其他从业人员平均报酬
总　计	**416852**	**214280**	**32690**	**33216**	**19644**
一、按隶属关系分组					
1. 中央	97531	51789	39404	40817	20657
2. 地方	319321	162491	30534	30878	18847
二、按企业、事业、机关分组					
（一）企业	261583	98833	27355	27531	22967
1. 中央	85420	42083	38850	40345	21000
2. 地方	176163	56750	21037	20918	27791
（二）事业	110498	83370	39691	40693	15105
1. 中央	8339	6458	47828	48939	12066
2. 地方	102159	76912	39031	40017	15292
（三）机关	44771	32077	43049	44214	13797
1. 中央	3772	3248	32358	32358	
2. 地方	40999	28829	44011	45328	13797
三、按国民经济行业分组					
（一）农、林、牧、渔业	2127	1105	22293	22779	7882
（二）采掘业	6541	1384	16654	16654	
（三）制造业	97930	30606	23318	23073	33552
（四）电力、煤气及水的生产和供应业	12542	8318	41132	41387	14071
（五）建筑业	32886	11791	25464	25592	24036
（六）交通运输、仓储和邮政业	46102	19266	34638	35728	13179
（七）信息传输、计算机服务和软件	5579	4166	49012	56051	16855
（八）批发和零售业	40380	14128	18466	18480	16928
（九）住宿和餐饮业	9418	3718	12161	11757	42009
（十）金融业	3622	3331	70978	73282	31157
（十一）房地产业	2596	1553	41987	42106	31077
（十二）租赁和商务服务业	5003	1839	24061	24105	13111
（十三）科研、技术服务和地质勘查业	19066	14424	40617	41875	21211
（十四）水利、环境和公共设施管理业	9347	3832	26851	28252	10524
（十五）居民服务和其他服务业	1013	587	21948	22244	13200
（十六）教育	44918	37160	45660	46768	19236
（十七）卫生、社会保障和社会福利业	18099	15773	41991	43063	11427
（十八）文化、体育和娱乐业	9258	5179	36854	37593	12172
（十九）公共管理和社会组织	50425	36120	41933	42985	14210

市区城镇及集体单位从业人员和劳动报酬

2—6　　(2009 年)　　计量单位：人、千元、个、元

行业名称	年末单位从业人员	# 女性	1. 在岗职工	2. 其他从业人员	离开本单位仍保留劳动关系的职工
总　　计	**33446**	**13739**	**32748**	**698**	**10259**
一、按企业、事业、机关分组					
1. 企业	31544	12718	30897	647	10170
2. 事业	1756	989	1705	51	89
3. 机关	146	32	146		
二、按国民经济行业分组					
（一）农、林、牧、渔业					
（二）采掘业					
（三）制造业	18855	7721	18294	561	6991
（四）电力、煤气及水的生产和供应业					
（五）建筑业	364	72	362	2	32
（六）交通运输、仓储和邮政业	1384	241	1360	24	832
（七）信息传输、计算机服务和软件	74	6	74		1
（八）批发和零售业	5399	2401	5372	27	1429
（九）住宿和餐饮业	1431	863	1431		86
（十）金融业	798	450	798		102
（十一）房地产业	35	9	35		25
（十二）租赁和商务服务业	1786	714	1786		752
（十三）科研、技术服务和地质勘查业	52	11	52		
（十四）水利、环境和公共设施管理业	266	137	266		
（十五）居民服务和其他服务业	1358	224	1337	21	5
（十六）教育	341	194	310	31	
（十七）卫生、社会保障和社会福利业	747	508	715	32	4
（十八）文化、体育和娱乐业	410	156	410		
（十九）公共管理和社会组织	146	32	146		

2—6 续表1　　（2009年）　　计量单位：人、千元、个、元

行业名称	单位从业人员平均人数			离开本单位仍保留劳动关系的职工平均人数
		#在岗职工	其他从业人员	
总　计	**33505**	**32800**	**705**	**10518**
一、按企业、事业、机关分组				
1. 企业	31606	30954	652	10471
2. 事业	1751	1698	53	47
3. 机关	148	148		
二、按国民经济行业分组				
（一）农、林、牧、渔业				
（二）采掘业				
（三）制造业	18865	18302	563	7138
（四）电力、煤气及水的生产和供应业				
（五）建筑业	365	363	2	32
（六）交通运输、仓储和邮政业	1398	1374	24	925
（七）信息传输、计算机服务和软件	74	74		1
（八）批发和零售业	5449	5420	29	1506
（九）住宿和餐饮业	1395	1395		61
（十）金融业	798	798		102
（十一）房地产业	35	35		25
（十二）租赁和商务服务业	1794	1794		719
（十三）科研、技术服务和地质勘查业	52	52		
（十四）水利、环境和公共设施管理业	265	265		
（十五）居民服务和其他服务业	1363	1342	21	5
（十六）教育	343	310	33	
（十七）卫生、社会保障和社会福利业	751	718	33	4
（十八）文化、体育和娱乐业	410	410		
（十九）公共管理和社会组织	148	148		

2—6 续表 2　　　　（2009 年）　　　　计量单位：人、千元、个、元

行业名称	单位从业人员劳动报酬	在岗职工工资总额	其他从业人员劳动报酬	离开本单位仍保留劳动关系职工的生活费	单位数
总　计	**502654**	**496560**	**6094**	**31399**	**459**
一、按企业、事业、机关分组					
1. 企业	455088	449781	5307	31141	381
2. 事业	39763	38976	787	258	77
3. 机关	7803	7803			1
二、按国民经济行业分组					
（一）农、林、牧、渔业					
（二）采掘业					
（三）制造业	257458	253269	4189	21185	166
（四）电力、煤气及水的生产和供应业					
（五）建筑业	4925	4902	23	76	8
（六）交通运输、仓储和邮政业	24702	24646	56	2727	12
（七）信息传输、计算机服务和软件	1042	1042			2
（八）批发和零售业	77201	76854	347	4245	109
（九）住宿和餐饮业	16252	16252		396	19
（十）金融业	19008	19008		956	2
（十一）房地产业	388	388		165	3
（十二）租赁和商务服务业	25703	25703		1571	45
（十三）科研、技术服务和地质勘查业	488	488			4
（十四）水利、环境和公共设施管理业	3334	3334			17
（十五）居民服务和其他服务业	26573	26413	160	4	17
（十六）教育	10581	10149	432		4
（十七）卫生、社会保障和社会福利业	18009	17122	887	74	44
（十八）文化、体育和娱乐业	9187	9187			6
（十九）公共管理和社会组织	7803	7803			1

2—6 续表3　　（2009 年）　　计量单位：人、千元、个、元

行业名称	职　工	# 中专及以上学历人员	单位从业人员平均报酬	# 在岗职工平均工资	其他从业人员平均报酬
总计	**43007**	**10439**	**15002**	**15139**	**8644**
一、按企业、事业、机关分组					
1. 企业	41067	9279	14399	14531	8140
2. 事业	1794	1030	22709	22954	14849
3. 机关	146	130	52723	52723	
二、按国民经济行业分组					
（一）农、林、牧、渔业					
（二）采掘业					
（三）制造业	25285	3940	13647	13838	7440
（四）电力、煤气及水的生产和供应业					
（五）建筑业	394	56	13493	13504	11500
（六）交通运输、仓储和邮政业	2192	354	17670	17937	2333
（七）信息传输、计算机服务和软件	75	14	14081	14081	
（八）批发和零售业	6801	2234	14168	14180	11966
（九）住宿和餐饮业	1517	784	11650	11650	
（十）金融业	900	797	23820	23820	
（十一）房地产业	60	24	11086	11086	
（十二）租赁和商务服务业	2538	753	14327	14327	
（十三）科研、技术服务和地质勘查业	52	13	9385	9385	
（十四）水利、环境和公共设施管理业	266	64	12581	12581	
（十五）居民服务和其他服务业	1342	303	19496	19682	7619
（十六）教育	310	233	30848	32739	13091
（十七）卫生、社会保障和社会福利业	719	473	23980	23847	26879
（十八）文化、体育和娱乐业	410	267	22407	22407	
（十九）公共管理和社会组织	146	130	52723	52723	

分县（市）区单位从业人员和劳动报酬

2—7　　（2009年）　　计量单位：人、千元、个、元

行政单位	年末单位从业人员	# 在岗职工	单位从业人员年平均人数	# 在岗职工	单位从业人员劳动报酬	# 在岗职工工资
全市总计	**835024**	**802198**	**837752**	**806770**	**22683006**	**22081987**
市区合计	527621	499872	531467	505158	16016451	15482467
#长安区	17668	17109	17463	16908	475528	468153
桥东区	9584	9193	9633	9189	333859	328197
桥西区	12389	11010	12522	11505	516962	498992
新华区	15218	14404	15165	14375	488964	481609
裕华区	8470	7582	8433	7541	300705	293654
矿　区	6070	6003	5947	5880	122538	121204
高新区	8419	7999	8422	7999	220102	212848
井陉县	27164	26223	26941	26139	583336	572512
正定县	24612	23847	24414	23702	547198	538178
栾城县	19125	18965	18789	18630	384908	383076
行唐县	12988	12875	12968	12855	263985	262954
灵寿县	13994	13873	14042	13915	278918	277146
高邑县	9162	9115	9101	9054	158058	157358
深泽县	6976	6900	6999	6923	137575	136902
赞皇县	14125	14125	14167	14167	216465	216465
无极县	15839	15459	15845	15442	309802	302475
平山县	18905	18870	19019	18984	564806	563856
元氏县	15449	15210	15264	15026	293441	292082
赵　县	15924	15794	16012	15858	344395	334896
辛集市	26143	25551	25620	25116	591474	586626
藁城市	29665	29335	29676	29324	680579	675939
晋州市	17602	17464	17476	17340	379147	376775
新乐市	16225	15648	16355	15918	334205	329725
鹿泉市	23505	23072	23597	23219	598263	592555

2—7 续表　　(2009 年)　　计量单位：人、千元、个、元

行政单位	单位数	职　工	# 中专及以上学历人员	单位从业人员平均报酬	# 在岗职工平均工资
全市总计	**9575**	**895091**	**476023**	**27076**	**27371**
市区合计	3641	577168	275033	30136	30649
#长安区	200	19962	7614	27231	27688
桥东区	193	9509	7448	34658	35716
桥西区	178	12556	6958	41284	43372
新华区	230	14521	11094	32243	33503
裕华区	148	8428	6179	35658	38941
矿　区	118	6053	3528	20605	20613
高新区	39	8875	7168	26134	26609
井陉县	267	27733	14578	21652	21903
正定县	383	24973	16679	22413	22706
栾城县	325	19271	12965	20486	20562
行唐县	309	13106	9847	20357	20455
灵寿县	383	14554	9342	19863	19917
高邑县	226	9590	5387	17367	17380
深泽县	213	6974	5631	19656	19775
赞皇县	275	14266	8057	15280	15280
无极县	320	16256	11555	19552	19588
平山县	419	20069	13019	29697	29702
元氏县	403	15913	10451	19224	19438
赵　县	380	17332	12518	21509	21118
辛集市	515	27215	15779	23086	23357
藁城市	388	29931	15065	22934	23051
晋州市	454	20184	12052	21695	21729
新乐市	358	16892	11857	20434	20714
鹿泉市	316	23664	16208	25353	25520

三、固定资产投资　建筑业

全市全社会固定资产投资

3—1　　　　（2009 年）　　　　计量单位：万元

指标名称	全社会固定资产投资	一、城镇固定资产投资			二、农村投资		
		合　计	建设项目投　资	房地产开　发	合　计	农　村非农户	农村个人
投资总额	**24363602**	**22287346**	**18547565**	**3739781**	**2076256**	**1595424**	**480832**
1. 按经济类型分							
国有经济	5305554	5305554	5100462	205092			
集体经济	3673718	3011415	2962723	48692	662303	662303	
私营个体经济	8743085	7553973	5833513	1720460	1189112	708280	480832
联营经济	74497	74397	74397		100	100	
股份制经济	5018882	4979178	3419867	1559311	39704	39704	
外商投资	285463	285463	78922	206541			
港澳台投资	205033	205033	162958	42075			
其他	1099760	914723	914723		185037	185037	
2. 按构成分							
建筑工程	12211478	11414782	8896489	2518293	796696	796696	
安装工程	1943464	1812805	1572215	240590	130659	130659	
设备工器具购置	6118728	5704106	5677217	26889	414622	414622	
其他费用	3651490	3398043	2401644	996399	253447	253447	
3. 本年新增固定资产	16258070	14730512	13893270	837242	1527558	1527558	
4. 按资金来源分							
资金来源合计	28024021	25910137	21178966	4731171	2113884	1633052	480832
上年末结余资金	916317	904302	340847	563455	12015	12015	
本年资金来源小计	26626872	25005835	20838119	4167716	1621037	1621037	
国家预算内资金	1775594	1763274	1763274		12320	12320	
国内贷款	2103961	2043089	1382597	660492	60872	60872	
债券	9739	9739	9739				
利用外资	51249	51249	51249				
# 外商直接投资	31548	31548	31548				
自筹资金	20290592	18418106	16346498	2071608	1872486	1391654	480832
其他资金来源	2876569	2720378	1284762	1435616	156191	156191	
5. 按三次产业分							
* 三次产业小计	23882770	22287346	18547565	3739781	1595424	1595424	
第一产业	819038	506623	506623		312415	312415	
第二产业	9687085	9078700	9078700		608385	608385	
第三产业	13376647	12702023	8962242	3739781	674624	674624	

注：* 三次产业小计不包含农村个人投资。

分县（市）区全社会固定资产投资

3—2　　（2009年）　　计量单位：万元

行政单位	全社会固定资产投资	一、城镇固定资产投资			二、农村投资		
		合　计	建设项目投　资	房地产开　发	合　计	农　村非农户	农村个人
全市总计	**24363602**	**22287346**	**18547565**	**3739781**	**2076256**	**1595424**	**480832**
市区合计	9642048	9636908	6409784	3227124	5140	4100	1040
#长安区	1752619	1752619	631551	1121068			
桥东区	1688780	1688780	754135	934645			
桥西区	1596309	1596309	1249934	346375			
新华区	1714311	1714311	1547557	166754			
裕华区	1966002	1966002	1412798	553204			
矿　区	265681	260541	260541		5140	4100	1040
高新区	658346	658346	553268	105078			
井陉县	1203437	1054642	1054642		148795	141261	7534
正定县	975116	933450	856413	77037	41666	40755	911
栾城县	854531	712872	579605	133267	141659	121324	20335
行唐县	764998	631534	630834	700	133464	87134	46330
灵寿县	985592	863127	851627	11500	122465	112345	10120
高邑县	282454	226099	226099		56355	38022	18333
深泽县	294716	251598	251598		43118	31718	11400
赞皇县	643462	432909	432909		210553	182240	28313
无极县	616967	408252	408252		208715	170644	38071
平山县	768064	649804	645397	4407	118260	93758	24502
元氏县	890503	770439	740413	30026	120064	73852	46212
赵　县	701713	656511	653211	3300	45202	16203	28999
辛集市	1136130	1069391	1030028	39363	66739	22620	44119
藁城市	1351537	1224149	1221055	3094	127388	95485	31903
晋州市	994825	855061	855061		139764	81206	58558
新乐市	1028408	774530	671036	103494	253878	197084	56794
鹿泉市	1229101	1136070	1029601	106469	93031	85673	7358

全市及市区建设项目投资情况

3—3　　　　（2009年）　　　　计量单位：万元

项目名称	建设项目投资	# 市区	地方建设项目投资	# 市区
本年完成投资	**20142989**	**5887528**	**19470712**	**5541527**
#住宅	1464511	1148545	1448311	1133145
1. 建筑工程	9693185	3709118	9442739	3503659
2. 安装工程	1702874	392246	1642938	373470
3. 设备工器具购置	6091839	720166	5809480	610536
4. 其他费用	2655091	1065998	2575555	1053862
本年新增固定资产	15420828	3015553	14734197	2876620
本年施工房屋面积（平方米）	45494164	23548230	45105205	23321271
# 住宅（平方米）	14358071	10599601	14188774	10460304
本年竣工房屋面积（平方米）	19079993	5490952	18980104	5402063
# 住宅（平方米）	4903935	2571788	4866308	2534161
本年竣工房屋价值	2685075	1087808	2667708	1071541
# 住宅	724958	479754	723470	478266
施工项目个数（个）	9299	1002	9250	968
# 本年新开工（个）	8411	783	8372	754
本年投产项目个数（个）	7951	712	7921	690
本年实际征用和购置土地面积（平方米）	16208105	416208	15462352	409808
本年实际征用和购置土地成交价款	359552	155719	340710	152819
本年资金来源合计	22812018	6537410	21905082	6177675
1. 上年末结余资金	352862	194423	287862	194423
2. 本年资金来源小计	22459156	6342987	21617220	5983252
（1）国家预算内资金	1775594	1469447	1605198	1351351
（2）国内贷款	1443469	452059	1186800	437190
（3）债券	9739	330	9739	330
（4）利用外资	51249		51249	
# 外商直接投资	31548		31548	

注：建设项目投资包括城镇投资和农村非农户投资。

3—3 续表 1　　（2009 年）　　计量单位：万元

项目名称	建设项目投资	# 市区	地方建设项目投资	# 市区
（5）自筹资金	17738152	4047260	17331500	3825209
# 企事业单位自有资金	5166957	1018407	5003427	979555
（6）其他资金来源	1440953	373891	1432734	369172
本年各项应付款合计	441256	290723	420287	270449
# 工程款	203376	124157	189873	111321
总计中按经济类型分：				
国有经济	5100462	2590444	4582246	2285233
国有	4840377	2360876	4331161	2055665
国有联营	2400		2400	
国有独资公司	257685	229568	248685	229568
集体经济	3625026	2122776	3625026	2122776
集体	3516387	2091758	3516387	2091758
股份合作	87947	26382	87947	26382
集体联营	20692	4636	20692	4636
私营个体	6541793	288521	6541793	288521
私营个体	6350526	266434	6350526	266434
个体户	139943	19755	139943	19755
个人合伙	51324	2332	51324	2332
联营经济	74497	65005	74497	65005
国有与集体联营	1006	384	1006	384
其他联营	73491	64621	73491	64621
股份制经济	3459571	703923	3347999	666929
其他有限责任公司	1778776	413024	1776093	410341
股份有限公司	1680795	290899	1571906	256588
港澳台投资	78922	18609	78922	18609
合资经营	26367	12882	26367	12882

3—3 续表 2　　　（2009 年）　　　计量单位：万元

项目名称	建设项目投资	# 市区	地方建设项目投资	# 市区
合作经营	8146		8146	
独资	14429	4247	14429	4247
股份有限	29980	1480	29980	1480
外商投资	162958	13587	120469	9791
合资经营	66895	3861	66895	3861
合作经营	2500		2500	
独资	19600	3000	19600	3000
股份有限	73963	6726	31474	2930
其他	1099760	84663	1099760	84663
总计中按隶属关系分：				
中央	672277	346001		
地方	19470712	5541527	19470712	5541527
省	839375	616015	839375	616015
市	1804142	1659074	1804142	1659074
县（县级市）	3121710	329225	3121710	329225
其他	13705485	2937213	13705485	2937213
总计中按建设性质分：				
新建	11049032	4340449	10704598	4118693
扩建	4150371	292766	3984133	292766
改建	3818807	734766	3736099	680320
单纯建造生活设施	97291	13587	97291	13587
迁建	194769	12979	185769	12979
恢复	15930		15930	
单纯购置	816789	492981	746892	423182
总计中按建设阶段分：				
筹建	9800		800	

3—3 续表 3　　(2009 年)　　计量单位：万元

项目名称	建设项目投资	# 市区	地方建设项目投资	# 市区
本年正式施工	19195290	5301629	18613910	5025427
本年收尾	121110	92918	109110	92918
单纯购置	816789	492981	746892	423182
总计中按控股情况分：				
国有控股	5366747	2730524	4735846	2387206
集体控股	4063693	2352326	4061010	2349643
私人控股	10551882	774619	10551882	774619
港澳台商控股	28346	10814	28346	10814
外商控股	132321	19245	93628	19245
总计中按建设状态分：				
在建	6802708	3299678	6365222	3082370
全部投产	13340281	2587850	13105490	2459157
总计中按开发区级别式分：				
国务院批准的	663438	2570	555438	2570
省批准的	727889	187000	503589	7000
省以下批准的	289854	26011	289854	26011
不属于开发区的项目	18461808	5671947	18121831	5505946
总计中按行业分：				
农、林、牧、渔业	819038	15190	819038	15190
农业	133456	2600	133456	2600
林业	159382	11590	159382	11590
畜牧业	346161		346161	
渔业	6939		6939	
农、林、牧、渔服务业	173100	1000	173100	1000
采矿业	441762	42020	441762	42020
煤炭开采和洗选业	139560	42020	139560	42020

3—3 续表 4　　　　（2009 年）　　　　计量单位：万元

项目名称	建设项目投资	# 市区	地方建设项目投资	# 市区
黑色金属矿采选业	116108		116108	
有色金属矿采选业	2800		2800	
非金属矿采选业	183094		183094	
其他采矿业	200		200	
制造业	8587523	432089	8419161	368432
农副食品加工业	528666	1100	528666	1100
食品制造业	268648	8613	265965	5930
饮料制造业	99378	5830	99378	5830
烟草制品业	9605		9605	
纺织业	809777	8920	809777	8920
纺织服装、鞋、帽制造业	178953	5750	178286	5750
皮革、毛皮、羽毛（绒）及其制品业	294654	11831	293174	10351
木材加工及木、竹、藤、棕、草制品业	171211		171211	
家具制造业	167388	13282	167388	13282
造纸及纸制品业	208472	18850	208472	18850
印刷业和记录媒介的复制	85490	20163	85490	20163
文教体育用品制造业	6005		6005	
石油加工、炼焦及核燃料加工业	183151	94618	148840	60307
化学原料及化学制品制造业	1361100	74197	1353100	74197
医药制造业	451520	32790	451520	32790
化学纤维制造业	94903		94903	
橡胶制品业	109789	1500	109789	1500
塑料制品业	236137	4282	236137	4282
非金属矿物制品业	1165857	2580	1123119	2580
黑色金属冶炼及压延加工业	269852	15896	269852	15896
有色金属冶炼及压延加工业	106204		106204	
金属制品业	385844	13340	385844	13340
通用设备制造业	352089	40260	346629	34800

3—3 续表 5　　(2009 年)　　计量单位：万元

项目名称	建设项目投资	# 市区	地方建设项目投资	# 市区
专用设备制造业	343533	12281	341937	10685
交通运输设备制造业	150483	13617	134156	6290
电气机械及器材制造业	302395	4080	302395	4080
通信设备、计算机及其他电子设备制造业	172644	25369	117544	14569
仪器仪表及文化、办公用机械制造业	22358		22358	
工艺品及其他制造业	42517		42517	
废弃资源和废旧材料回收加工业	8900	2940	8900	2940
电力、燃气及水的生产和供应业	620694	77475	403923	77475
电力、热力的生产和供应业	400524	34890	187253	34890
燃气生产和供应业	47329	2043	43829	2043
水的生产和供应业	172841	40542	172841	40542
建筑业	37106	13631	37106	13631
交通运输、仓储和邮政业	1358170	412174	1165176	222180
交通运输业	191150	188000	9650	8000
仓储业	176188	31086	173798	30196
信息传输、计算机服务和软件业	45892	20692	35085	9885
批发和零售业	1269235	383655	1269235	383655
住宿和餐饮业	266422	144632	266422	144632
金融业	65928	62281	65172	61525
房地产业	2643525	2073948	2623525	2054748
租赁和商务服务业	194700	150652	194700	150652
科学研究、技术服务和地质勘查业	226171	160055	166764	101648
水利、环境和公共设施管理业	2129109	1205284	2129109	1205284
水利管理业	121589	24527	121589	24527
环境管理业	364330	269529	364330	269529
公共设施管理业	1643190	911228	1643190	911228
居民服务和其他服务业	155325	21855	155325	21855
教育	418993	275816	416193	273016
卫生、社会保障和社会福利业	231108	84053	230728	83673
# 卫生	197976	75727	197596	75347
文化、体育和娱乐业	253393	92438	253393	92438

3—3 续表 6　　（2009 年）　　计量单位：万元

项目名称	建设项目投资	# 市区	地方建设项目投资	# 市区
公共管理和社会组织	378895	219588	378895	219588
总计中按注册类型分：				
内资	19709842	5833245	19080054	5491040
国有	4840377	2360876	4331161	2055665
集体	3516387	2091758	3516387	2091758
股份合作	87947	26382	87947	26382
联营企业	97589	69641	97589	69641
国有联营	2400		2400	
集体联营	20692	4636	20692	4636
国有与集体联营	1006	384	1006	384
其他联营	73491	64621	73491	64621
有限责任公司	2036461	642592	2024778	639909
国有独资公司	257685	229568	248685	229568
其他有限责任公司	1778776	413024	1776093	410341
股份有限公司	1680795	290899	1571906	256588
私营个体	6350526	266434	6350526	266434
其他	1099760	84663	1099760	84663
港澳台商投资	78922	18609	78922	18609
合资经营	26367	12882	26367	12882
合作经营	8146		8146	
独资	14429	4247	14429	4247
股份有限	29980	1480	29980	1480
外商投资	162958	13587	120469	9791
合资经营	66895	3861	66895	3861
合作经营	2500		2500	
独资	19600	3000	19600	3000
股份有限	73963	6726	31474	2930
个体经营	191267	22087	191267	22087
个体户	139943	19755	139943	19755
个人合伙	51324	2332	51324	2332

分县（市）区建设项目城镇投资情况

3—4　　（2009 年）　　计量单位：万元、平方米、个

指标名称	全　市	市　区	长安区	桥东区	桥西区
本年完成投资	**18547565**	**6409784**	**631551**	**754135**	**1249934**
# 住宅	1392852	1181775	183775	66898	304973
本年完成投资中：					
建筑工程	8896489	3861400	653544	372167	876838
安装工程	1572215	436901	51639	65124	27563
设备工器具购置	5677217	944428	71378	211334	160995
本年新增固定资产	14730512	3436868	481615	518462	804364
本年施工房屋面积	42678041	24612323	4172295	756419	4091467
# 住宅	13717910	10955601	3524184	231248	2010003
本年竣工房屋面积	16691141	6172929	1319695	227560	1429489
# 住宅	4356399	2842788	946926	71460	907146
本年竣工房屋价值	2439982	1211560	268536	39548	268316
# 住宅	669141	507584	186753	11860	168356
施工项目个数	7529	1129	113	70	131
# 本年新开工	6710	887	75	60	101
本年投产项目个数	6283	792	88	63	79
规划用地面积	10989367	57678908	20141386	6412827	3842616
本年实际征用和购置土地面积	15045698	533704		6400	107788
本年实际征用和购置土地成交价款	336462	178619		2900	49390
本年资金来源合计	21178966	7168436	816806	1016988	1464175
1. 上年末结余资金	340847	195438	3500	153710	3688
2. 本年资金来源小计	20838119	6972998	813306	863278	1460487
（1）国家预算内资金	1763274	1482596	482510	359004	449471
（2）国内贷款	1382597	471559	39779	1030	127000
（3）债券	9739	330			330
（4）利用外资	51249				
（5）自筹资金	16346498	4627608	184312	462924	871808
（6）其他资金来源	1284762	390905	106705	40320	11878

3—4 续表1　　　　（2009年）　　　　计量单位：万元、平方米、个

指标名称	新华区	裕华区	矿　区	开发区	井陉县
本年完成投资	**1547557**	**1412798**	**260541**	**553268**	**1054642**
# 住宅	135779	424095	33025	33230	3660
本年完成投资中：					
建筑工程	846273	862877	95319	154382	450748
安装工程	146723	59754	41293	44805	93398
设备工器具购置	222276	20870	33113	224462	412273
本年新增固定资产	695005	361233	150774	425415	1371814
本年施工房屋面积	6903659	7167324	457066	1064093	196798
# 住宅	1322899	3352245	159022	356000	24900
本年竣工房屋面积	1365856	1023852	124500	681977	120618
# 住宅	211974	336982	97300	271000	20140
本年竣工房屋价值	249721	237737	23950	123752	15299
# 住宅	52658	41177	18950	27830	3062
施工项目个数	439	179	69	128	463
# 本年新开工	368	126	52	105	449
本年投产项目个数	312	117	52	81	457
规划用地面积	11536986	10524002	4303690	917401	6652848
本年实际征用和购置土地面积	45830	256190		117496	524740
本年实际征用和购置土地成交价款	19200	84229		22900	6507
本年资金来源合计	1620560	1352980	261801	635126	1057383
1. 上年末结余资金	33398	127		1015	
2. 本年资金来源小计	1587162	1352853	261801	634111	1057383
（1）国家预算内资金	138011	16909	23542	13149	12580
（2）国内贷款	161750	122500		19500	154935
（3）债券					249
（4）利用外资					5566
（5）自筹资金	1113481	1172376	238259	584448	834903
（6）其他资金来源	173920	41068		17014	49150

3—4 续表 2　　(2009 年)　　计量单位：万元、平方米、个

指标名称	正定县	栾城县	行唐县	灵寿县
本年完成投资	**856413**	**579605**	**630834**	**851627**
# 住宅	16520	1488	4540	150
本年完成投资中：				
建筑工程	185836	202872	282482	610423
安装工程	38966	105024	75251	89100
设备工器具购置	482234	201142	168161	79742
本年新增固定资产	401967	414447	408684	742816
本年施工房屋面积	1474625	717991	132162	281200
# 住宅	51000	53642	13000	150
本年竣工房屋面积	499150	264828	52000	154800
# 住宅	11000	6642	13000	
本年竣工房屋价值	47320	38502	9246	21670
# 住宅	3240	598	4172	
施工项目个数	483	312	462	439
# 本年新开工	393	273	462	438
本年投产项目个数	335	260	422	410
规划用地面积	780039	1268539	5025596	822590
本年实际征用和购置土地面积	780039	353303	2819860	820790
本年实际征用和购置土地成交价款	4797	6892	2876	5874
本年资金来源合计	844465	707660	822865	904092
1. 上年末结余资金		67189	1162	21670
2. 本年资金来源小计	844465	640471	821703	882422
（1）国家预算内资金	25765	3842	7011	25346
（2）国内贷款	1000	90116	10000	8750
（3）债券				
（4）利用外资	2700	2655	19040	2000
（5）自筹资金	774869	535390	259405	803760
（6）其他资金来源	40131	8468	526247	42566

3—4 续表3　　（2009年）　　计量单位：万元、平方米、个

指标名称	高邑县	深泽县	赞皇县	无极县
本年完成投资	**226099**	**251598**	**432909**	**408252**
# 住宅	9948	4824	26480	26095
本年完成投资中：				
建筑工程	102413	65553	200957	188952
安装工程	1822	28038	19867	39373
设备工器具购置	108831	139661	237090	153313
本年新增固定资产	175172	151647	431020	405002
本年施工房屋面积	270205	519609	1030219	1159627
# 住宅	34993	74223	289488	216990
本年竣工房屋面积	206255	389071	462258	1159627
# 住宅	34993	46655	159710	216990
本年竣工房屋价值	45636	29415	48468	175172
# 住宅	9948	4354	17961	18720
施工项目个数	123	119	270	252
# 本年新开工	122	110	198	250
本年投产项目个数	114	90	216	249
规划用地面积	6315784	954020	260000	
本年实际征用和购置土地面积		823310		
本年实际征用和购置土地成交价款		8094		
本年资金来源合计	228939	332542	478463	427721
1. 上年末结余资金		10500		
2. 本年资金来源小计	228939	322042	478463	427721
（1）国家预算内资金	2942	18385	230	
（2）国内贷款	14100	30711	4821	
（3）债券		600	5062	
（4）利用外资				
（5）自筹资金	205334	227614	385735	427721
（6）其他资金来源	6563	44732	82615	

3—4 续表 4　　　　（2009 年）　　　　计量单位：万元、平方米、个

指标名称	平山县	元氏县	赵　县	辛集市
本年完成投资	**645397**	**740413**	**653211**	**1030028**
# 住宅	10500	17320	505	5000
本年完成投资中：				
建筑工程	379328	220002	207828	462510
安装工程	44770	70642	78604	113296
设备工器具购置	94918	198112	286613	423635
本年新增固定资产	667169	518219	473550	930068
本年施工房屋面积	699279	715542	919588	456070
# 住宅	77950	193400	7700	66000
本年竣工房屋面积	441779	350918	648786	341070
# 住宅	77950	46900	6700	
本年竣工房屋价值	45308	53049	72951	50322
# 住宅	11200	7510	485	
施工项目个数	183	364	428	601
# 本年新开工	159	341	355	592
本年投产项目个数	124	303	358	578
规划用地面积	7752977	1829350	2307970	240742
本年实际征用和购置土地面积		1829350	605000	240742
本年实际征用和购置土地成交价款	668	26352	2170	11728
本年资金来源合计	558310	920407	664227	1031888
1. 上年末结余资金				
2. 本年资金来源小计	558310	920407	664227	1031888
（1）国家预算内资金	21950	16835	33053	7304
（2）国内贷款	22366	77470	43160	11000
（3）债券		2650	348	
（4）利用外资		1385	6450	
（5）自筹资金	509204	776452	578148	1012984
（6）其他资金来源	4790	45615	3068	600

3—4 续表 5　　　（2009 年）　　　计量单位：万元、平方米、个

指标名称	藁城市	晋州市	新乐市	鹿泉市
本年完成投资	**1221055**	**855061**	**671036**	**1029601**
# 住宅	34113	3165	17829	28940
本年完成投资中：				
建筑工程	448288	216927	318469	491501
安装工程	106348	57430	69810	103575
设备工器具购置	609474	576946	217027	343617
本年新增固定资产	1064267	751265	672496	876799
本年施工房屋面积	4796391	1581772	1151624	1963016
# 住宅	927490	31855	134780	564748
本年竣工房屋面积	2722687	821529	1151624	731212
# 住宅	545890	13055	134780	179206
本年竣工房屋价值	254312	65277	173406	83069
# 住宅	37069	1255	17673	24310
施工项目个数	827	402	187	485
# 本年新开工	729	396	176	380
本年投产项目个数	754	366	177	278
规划用地面积	6454889	3367140	995066	7187213
本年实际征用和购置土地面积	3264229	274313	84366	2091952
本年实际征用和购置土地成交价款	63235	2518	1937	14195
本年资金来源合计	1781349	1131991	725074	1393154
1. 上年末结余资金	1200		2320	41368
2. 本年资金来源小计	1780149	1131991	722754	1351786
（1）国家预算内资金	30360	6240	50	68785
（2）国内贷款	238647	67440	6128	130394
（3）债券	500			
（4）利用外资				11453
（5）自筹资金	1499889	1038751	716427	1132304
（6）其他资金来源	10753	19560	149	8850

分县（市）区建设项目农村非农户投资情况

3—5　　（2009 年）　　计量单位：万元、平方米、个

指标名称	全 市	市 区	矿 区	井陉县	正定县
本年完成投资	**1595424**	**4100**	**4100**	**141261**	**40755**
# 住宅	71659			2020	9950
本年完成投资中：					
建筑工程	796696	2100	2100	65687	14362
安装工程	130659	150	150	17956	710
设备工器具购置	414622	200	200	21040	11590
本年新增固定资产	1527558	4100	4100	135151	28325
本年施工房屋面积	2816123			51900	147145
# 住宅	640161			22300	101100
本年竣工房屋面积	2388852			48900	77320
# 住宅	547536			22200	63800
本年竣工房屋价值	245093			12270	6770
# 住宅	55817			3120	5500
施工项目个数	1770	1	1	276	59
# 本年新开工	1701	1	1	275	52
本年投产项目个数	1668	1	1	276	50
规划用地面积	9198669	10000	10000	131000	
本年实际征用和购置土地面积	1162407			109900	
本年实际征用和购置土地成交价款	23090			1210	
一、本年资金来源合计	1633052	4100	4100	143751	39875
1. 上年末结余资金	12015				
2. 本年资金来源小计	1621037	4100	4100	143751	39875
（1）国家预算内资金	12320			1502	
（2）国内贷款	60872			4650	
（3）自筹资金	1391654	4100	4100	125798	39205
（4）其他资金来源	156191			11801	670

3—5 续表1　　　　(2009年)　　　　计量单位：万元、平方米、个

指标名称	栾城县	行唐县	灵寿县	高邑县	深泽县
本年完成投资	**121324**	**87134**	**112345**	**38022**	**31718**
# 住宅	8735		150	4163	1021
本年完成投资中：					
建筑工程	55397	56610	57016	16274	8543
安装工程	17202	8347	3925	417	4733
设备工器具购置	30038	13026	27887	10517	14582
本年新增固定资产	108252	71473	100625	35722	24768
本年施工房屋面积	199559	22691	8000	60281	149999
# 住宅	43100		500	20560	9475
本年竣工房屋面积	69539	2000	8000	50281	133874
# 住宅	12500		500	10560	4450
本年竣工房屋价值	12986	1100	1240	9539	4842
# 住宅	2970		150	2163	328
施工项目个数	116	119	85	84	38
# 本年新开工	114	118	85	84	37
本年投产项目个数	108	107	81	82	30
规划用地面积	347606	354093	220200	2410213	277117
本年实际征用和购置土地面积	40226	48625	217500		143637
本年实际征用和购置土地成交价款	340	1180	727		8667
一、本年资金来源合计	119230	97301	112490	37837	33078
1. 上年末结余资金		500	6800		
2. 本年资金来源小计	119230	96801	105690	37837	33078
（1）国家预算内资金			1000		
（2）国内贷款	1200		2500		4750
（3）自筹资金	115885	7895	89690	37837	23806
（4）其他资金来源	2145	88906	12500		4522

3—5 续表 2　　（2009 年）　　计量单位：万元、平方米、个

指标名称	赞皇县	无极县	平山县	元氏县	赵　县
本年完成投资	**182240**	**170644**	**93758**	**73852**	**16203**
# 住宅	145		5862	2692	
本年完成投资中：					
建筑工程	73705	70879	140532	32014	2359
安装工程	5315	21549	4398	15740	1929
设备工器具购置	52230	58045	11680	31403	4643
本年新增固定资产	149885	166598	166100	143290	9978
本年施工房屋面积	88900	485930	197750	17350	30300
# 住宅	1500		32690	12000	
本年竣工房屋面积	88900	485930	188750	16700	30300
# 住宅	1500		26590	11700	
本年竣工房屋价值	7838	50317	22607	3480	1830
# 住宅	145		4968	2572	
施工项目个数	68	219	193	93	12
# 本年新开工	49	219	167	92	12
本年投产项目个数	67	219	171	91	12
规划用地面积			3658055	194500	106670
本年实际征用和购置土地面积			245550	194500	
本年实际征用和购置土地成交价款			6906	882	
一、本年资金来源合计	133935	168504	174160	149436	9818
1. 上年末结余资金					
2. 本年资金来源小计	133935	168504	174160	149436	9818
（1）国家预算内资金			8778		
（2）国内贷款			9920	13388	100
（3）自筹资金	133935	168504	139097	127538	9718
（4）其他资金来源			16365	8510	

3—5 续表3　　　　（2009年）　　　　计量单位：万元、平方米、个

指标名称	辛集市	藁城市	晋州市	新乐市	鹿泉市
本年完成投资	**22620**	**95485**	**81206**	**197084**	**85673**
# 住宅		7619	4100	24582	620
本年完成投资中：					
建筑工程	12597	23372	30916	111759	22574
安装工程	1544	4018	6049	14725	1952
设备工器具购置	8439	20814	35861	52397	10230
本年新增固定资产	22580	52164	73177	189728	45642
本年施工房屋面积		363520	138560	724918	129320
# 住宅		82400	10600	288016	15920
本年竣工房屋面积		341520	85900	722218	38720
# 住宅		81800	8000	288016	15920
本年竣工房屋价值		16379	7008	83015	3872
# 住宅		7137	1200	23972	1592
施工项目个数	46	39	63	198	61
# 本年新开工	46	39	62	197	52
本年投产项目个数	46	38	57	197	35
规划用地面积		253205	611870	474880	149260
本年实际征用和购置土地面积		136689	2000	3780	20000
本年实际征用和购置土地成交价款		1808	10	360	1000
一、本年资金来源合计	22620	53084	86042	189414	58377
1. 上年末结余资金				4308	407
2. 本年资金来源小计	22620	53084	86042	185106	57970
（1）国家预算内资金		940			100
（2）国内贷款		2400	13100	8864	
（3）自筹资金	22620	44367	69842	175307	56510
（4）其他资金来源		5377	3100	935	1360

全市按经济类型分房地产开发完成情况

3—6　　（2009 年）　　计量单位：万元、平方米

项目名称	总　计	国有	集体	私营	港澳台商投　资	外商投资
企业个数	508	19	4	299	10	11
本年完成投资	3739781	205092	48692	1720460	42075	206541
# 土地开发投资	217069	37287		70271	18075	17961
# 配套工程投资	58017	3528		9826	1158	80
建筑工程	2518293	143961	37492	1150115	39622	59418
安装工程	240590	12072	11200	142759		9941
设备工器具购置	26889			10826	254	
其他费用	996399	49059		416760	2199	137182
# 旧建筑物购置费	52325			23577		27448
# 土地购置费	593471	25500		230301		84100
商品住宅	2873252	189735	38692	1244404	35065	135376
# 90 平方米以下	1199763	85822	28000	547236	14900	18450
# 140 平方米以上	445100	78338	5692	166787		20314
# 经济适用房	37905	7900	3000	5800		
# 别墅、高档公寓	76289		2692	286		
办公楼	166302			57704		
商业营业用房	391799	8189		236283	3780	49556
其他	350818	7168	10000	182069	3230	21609
本年新增固定资产	837243	42016	28692	262615		16219
本年完成开发土地面积	1630769	173720		680058	79916	65332
待开发土地面积	568291			437612		
本年购置土地面积	2496063	265000		1084309		236608
本年土地成交价款	565763	25500		247204		84100
本年资金来源合计	4731171	260184	109200	2246383	68075	225179
1. 上年末结余资金	563455	7601	4700	360587	7299	23070
2. 本年资金来源小计	4167716	252583	104500	1885796	60776	202109
（1）国内贷款	660492	94293	21000	242536	2900	10000
# 银行贷款	629762	94293	20000	231156	2900	10000
# 非银行金融机构贷款	30730		1000	11380		
（2）自筹资金	2071608	82102	73061	1004579	53908	136177

3—6 续表 1　　　　(2009 年)　　　　计量单位：万元、平方米

项目名称	总　计	国有	集体	私营	港澳台商投　资	外商投资
# 自有资金	974769	58402		462794	41280	42977
（3）其他资金来源	1435616	76188	10439	638681	3968	55932
# 定金及预收款	928118	58046	3000	364734	3968	51292
# 个人按揭贷款	157669	18124	7000	85003		4090
本年各项应付款合计	350278	12622	10692	175431	2928	43148
# 工程款	124193		10692	33082	2300	4088
房屋施工面积	23453331	1116058	732120	9669383	381827	1101283
1. 商品住宅	19094738	944427	557448	7737498	346603	779552
# 90 平米以下住房	7092478	540103	477328	2656438	71402	172477
# 140 平米以上住房	2629392	283703	9000	839466		146893
# 经济适用房	256296	47659	43200	35000		
# 别墅、高档公寓	555060		27920	40267		
2. 办公楼	641401			212093		
3. 商业营业用房	2486984	40142		1427416	17255	319814
4. 其他房屋	1230208	131489	174672	292376	17969	1917
# 新开工面积	13675793	716826	145200	5373192	381827	821535
1. 商品住宅	11219771	589403	145200	4452820	346603	507370
# 90 平米以下住房	3523438	295008	81000	1326392	71402	67051
# 140 平米以上住房	1210302	207679		302863		19920
# 经济适用房	78200		43200	35000		
# 别墅、高档公寓	228976		21000			
2. 办公楼	339487			117591		
3. 商业营业用房	1393066	23782		662535	17255	312248
4. 其他房屋	723469	103641		140246	17969	1917
房屋竣工面积	2915042	121102		997764		49061
1. 商品住宅	2366261	92586		919291		49061
# 90 平米以下住房	146550			83505		2915
# 140 平米以上住房	477200			163104		41264
# 别墅、高档公寓	192138					
2. 办公楼	27287					
3. 商业营业用房	176468	7808		65384		
4. 其他房屋	345026	20708		13089		

3—6 续表 2　　(2009 年)　　计量单位：万元、平方米

项目名称	总　计	国有	集体	私营	港澳台商投　资	外商投资
# 不可销售面积	108382	21374		6643		
1. 商品住宅	75040	175		200		
2. 商业营业用房	491	491				
3. 其他房屋	32851	20708		6443		
商品住宅竣工套数（套）						
商品住宅	18388	877		8450		342
# 90 平米以下住房	1868			1030		34
# 140 平米以上住房	2763			1132		254
# 别墅、高档公寓	834					
竣工房屋价值	634013	42016		181949		16219
1. 商品住宅	535959	30427		157754		16219
# 90 平米以下住房	50815			26318		964
# 140 平米以上住房	143283			50075		13641
# 别墅、高档公寓	64305					
2. 办公楼	3291					
3. 商业营业用房	46113	3294		21211		
4. 其他房屋	48650	8295		2984		
出租房屋面积	14786	5551		1000		8000
商品房销售面积	3493303	172693	82000	1098698	89371	121349
1. 商品住宅	3291428	172025	82000	969341	71402	116940
# 90 平米以下住房	1454280	48598	49900	537328	71402	15626
# 140 平米以上住房	475434	49000	5000	101997		91855
# 经济适用房	86487		21600			
# 别墅、高档公寓	101521		5500			
2. 办公楼	23594			8859		
3. 商业营业用房	84840	668		68257		4409
4. 其他房屋	93441			52241	17969	
# 现房销售面积	609571	668		208670		12540
1. 商品住宅	560161			180646		12540
# 90 平米以下住房	45203			18797		3360
# 140 平米以上住房	154119			33414		9180
# 别墅、高档公寓	62534					

3—6 续表 3　　　　(2009 年)　　　　计量单位：万元、平方米

项目名称	总　计	国有	集体	私营	港澳台商投　资	外商投资
2. 办公楼	14735					
3. 商业营业用房	16051	668		9900		
4. 其他房屋	18624			18124		
# 期房销售面积	2883732	172025	82000	890028	89371	108809
1. 商品住宅	2731267	172025	82000	788695	71402	104400
# 90 平米以下住房	1409077	48598	49900	518531	71402	12266
# 140 平米以上住房	321315	49000	5000	68583		82675
# 经济适用房	86487		21600			
# 别墅、高档公寓	38987		5500			
2. 办公楼	8859			8859		
3. 商业营业用房	68789			58357		4409
4. 其他房屋	74817			34117	17969	
商品房销售额	1321015	76786	28600	426785	35896	64652
1. 商品住宅	1213869	75871	28600	349994	23560	61333
# 90 平米以下住房	603245	20103	17970	230501	23560	6856
# 140 平米以上住房	195697	22000	2500	41393		51028
# 经济适用房	21858		6480			
# 别墅、高档公寓	46038		1650			
2. 办公楼	18045			12655		
3. 商业营业用房	63509	915		56322		3319
4. 其他房屋	25592			7814	12336	
# 现房销售额	201981	915		75456		4013
1. 商品住宅	184080			65010		4013
# 90 平米以下住房	23059			14770		1075
# 140 平米以上住房	52983			17929		2938
# 别墅、高档公寓	22367					
2. 办公楼	5390					
3. 商业营业用房	10762	915		8772		
4. 其他房屋	1749			1674		
# 期房销售额	1119034	75871	28600	351329	35896	60639
1. 商品住宅	1029789	75871	28600	284984	23560	57320
# 90 平米以下住房	580186	20103	17970	215731	23560	5781

3—6 续表 4　　（2009 年）　　计量单位：万元、平方米

项目名称	总　计	国有	集体	私营	港澳台商投　资	外商投资
# 140 平米以上住房	142714	22000	2500	23464		48090
# 经济适用房	21858		6480			
# 别墅、高档公寓	23671		1650			
2. 办公楼	12655			12655		
3. 商业营业用房	52747			47550		3319
4. 其他房屋	23843			6140	12336	
商品住宅销售套数（套）	31187	1627	865	9477	890	866
# 90 平米以下住房	17541	541	600	6561	890	198
# 140 平米以上住房	2673	340	35	650		573
# 经济适用房	979		180			
# 别墅、高档公寓	604		50			
商品住宅现房销售套数（套）	4467			1622		103
# 90 平米以下住房	637			260		38
# 140 平米以上住房	838			211		65
# 别墅、高档公寓	241					
商品住宅期房销售套数（套）	26720	1627	865	7855	890	763
# 90 平米以下住房	16904	541	600	6301	890	160
# 140 平米以上住房	1835	340	35	439		508
# 经济适用房	979		180			
# 别墅、高档公寓	363		50			
屋空置面积	394178	20940		194195		
1. 商品住宅	382801	11874		192884		
# 90 平米以下住房	24691	664		21493		
# 140 平米以上住房	43730			24333		
# 别墅、高档公寓	20007			4233		
2. 商业营业用房	10377	9066		1311		
3. 其他房屋	1000					
# 空置 1—3 年面积	148747	20940		4164		
1. 商品住宅	138370	11874		2853		
# 90 平米以下住房	3791	664		593		
# 140 平米以上住房	18607			610		
# 别墅、高档公寓	15774					
2. 商业营业用房	10377	9066		1311		

全市按隶属关系分房地产开发完成情况

3—7　　　　（2009 年）　　　　计量单位：万元、平方米

项目名称	总　计	市	县	其他
企业个数	508	46	22	423
本年完成投资	3739781	329458	50551	3309143
# 土地开发投资	217069	21650	1200	194219
# 配套工程投资	58017	295	300	57422
建筑工程	2518293	258234	38198	2148842
安装工程	240590	24389	678	215523
设备工器具购置	26889	1027	744	25118
其他费用	996399	45808	10931	919660
# 旧建筑物购置费	52325		200	52125
# 土地购置费	593471	19974	10500	562997
商品住宅	2873252	278893	49018	2460111
# 90 平方米以下	1199763	165711	19203	1000459
# 140 平方米以上	445100	73527	9155	359879
# 经济适用房	37905	26744		11161
# 别墅、高档公寓	76289	2000		74289
办公楼	166302	16394		149908
商业营业用房	391799	14346	1349	371104
其他	350818	19825	184	328020
本年新增固定资产	837243	58976	21290	756977
本年完成开发土地面积	1630769	144213	9100	1477456
待开发土地面积	568291		9100	559191
本年购置土地面积	2496063	257267	113200	2125596
本年土地成交价款	565763	20274	10506	534983
本年资金来源合计	4731171	388600	76714	4112820
1. 上年末结余资金	563455	39549	23421	447627
2. 本年资金来源小计	4167716	349051	53293	3665193
（1）国内贷款	660492	118183	1500	527809
# 银行贷款	629762	118183	1500	497079
# 非银行金融机构贷款	30730			30730
（2）自筹资金	2071608	93481	37782	1915781

3—7 续表 1　　（2009 年）　　计量单位：万元、平方米

项目名称	总　计	市	县	其他
# 自有资金	974769	88491	9732	854771
（3）其他资金来源	1435616	137387	14011	1221603
# 定金及预收款	928118	84268	6391	774844
# 个人按揭贷款	157669	7340	7620	142709
本年各项应付款合计	350278	20546	16250	313482
# 工程款	124193	5800	16143	102250
房屋施工面积	23453331	2328844	598634	20099594
1. 商品住宅	19094738	1894862	446898	16382941
# 90 平米以下住房	7092478	1240151	79319	5684026
# 140 平米以上住房	2629392	268340	31789	2295969
# 经济适用房	256296	117674		138622
# 别墅、高档公寓	555060	4500		550560
2. 办公楼	641401		33000	608401
3. 商业营业用房	2486984	92063	137568	2251982
4. 其他房屋	1230208	308919	14168	856270
# 新开工面积	13675793	1253333	552041	11500827
1. 商品住宅	11219771	1100435	400305	9361411
# 90 平米以下住房	3523438	659279	79319	2704550
# 140 平米以上住房	1210302	187140	31789	959283
# 经济适用房	78200			78200
# 别墅、高档公寓	228976	1000		227976
2. 办公楼	339487	22000		317487
3. 商业营业用房	1393066	21600	137568	1228527
4. 其他房屋	723469	109298	14168	593402
房屋竣工面积	2915042	240550	103144	2571348
1. 商品住宅	2366261	170925	103144	2092192
# 90 平米以下住房	146550	23870	9916	112764
# 140 平米以上住房	477200	18200	3789	455211
# 别墅、高档公寓	192138			192138
2. 办公楼	27287			27287
3. 商业营业用房	176468	55900		120568
4. 其他房屋	345026	13725		331301

3—7 续表 2　　（2009 年）　　计量单位：万元、平方米

项目名称	总　计	市	县	其他
#不可销售面积	108382			108382
1. 商品住宅	75040			75040
2. 商业营业用房	491			491
3. 其他房屋	32851			32851
商品住宅竣工套数（套）	18388	498	937	16953
# 90 平米以下住房	1868	298	177	1393
# 140 平米以上住房	2763	130	21	2612
# 别墅、高档公寓	834			834
竣工房屋价值	634013	48976	19590	565447
1. 商品住宅	535959	34800	19590	481569
# 90 平米以下住房	50815	10500	1983	38332
# 140 平米以上住房	143283	855	758	141670
# 别墅、高档公寓	64305			64305
2. 办公楼	3291			3291
3. 商业营业用房	46113	11381		34732
4. 其他房屋	48650	2795		45855
出租房屋面积	14786	5551		9235
商业营业用房	14786	5551		9235
商品房销售面积	3493303	448263	205363	2839677
1. 商品住宅	3291428	439700	189791	2661937
# 90 平米以下住房	1454280	350525	32229	1071526
# 140 平米以上住房	475434	67050	1566	406818
# 经济适用房	86487	64887		21600
# 别墅、高档公寓	101521			101521
2. 办公楼	23594			23594
3. 商业营业用房	84840		1404	83436
4. 其他房屋	93441	8563	14168	70710
# 现房销售面积	609571		34754	574817
1. 商品住宅	560161		34754	525407
# 90 平米以下住房	45203		7382	37821
# 140 平米以上住房	154119		1566	152553
# 别墅、高档公寓	62534			62534

3—7 续表 3　　(2009 年)　　计量单位：万元、平方米

项目名称	总　计	市	县	其他
2. 办公楼	14735			14735
3. 商业营业用房	16051			16051
4. 其他房屋	18624			18624
# 期房销售面积	2883732	448263	170609	2264860
1. 商品住宅	2731267	439700	155037	2136530
# 90 平米以下住房	1409077	350525	24847	1033705
# 140 平米以上住房	321315	67050		254265
# 经济适用房	86487	64887		21600
# 别墅、高档公寓	38987			38987
2. 办公楼	8859			8859
3. 商业营业用房	68789		1404	67385
4. 其他房屋	74817	8563	14168	52086
商品房销售额	1321015	142737	54622	1123656
1. 商品住宅	1213869	141966	49666	1022237
# 90 平米以下住房	603245	106900	7709	488636
# 140 平米以上住房	195697	31025	361	164311
# 经济适用房	21858	15378		6480
# 别墅、高档公寓	46038			46038
2. 办公楼	18045			18045
3. 商业营业用房	63509		360	63149
4. 其他房屋	25592	771	4596	20225
# 现房销售额	201981		8271	193710
1. 商品住宅	184080		8271	175809
# 90 平米以下住房	23059		1747	21312
# 140 平米以上住房	52983		361	52622
# 别墅、高档公寓	22367			22367
2. 办公楼	5390			5390
3. 商业营业用房	10762			10762
4. 其他房屋	1749			1749
# 期房销售额	1119034	142737	46351	929946
1. 商品住宅	1029789	141966	41395	846428
# 90 平米以下住房	580186	106900	5962	467324

3—7 续表 4　　　　（2009 年）　　　　计量单位：万元、平方米

项目名称	总　计	市	县	其他
# 140 平米以上住房	142714	31025		111689
# 经济适用房	21858	15378		6480
# 别墅、高档公寓	23671			23671
2. 办公楼	12655			12655
3. 商业营业用房	52747		360	52387
4. 其他房屋	23843	771	4596	18476
商品住宅销售套数（套）	31187	4753	1685	24749
# 90 平米以下住房	17541	4118	432	12991
# 140 平米以上住房	2673	465	9	2199
# 经济适用房	979	799		180
# 别墅、高档公寓	604			604
商品住宅现房销售套数（套）	4467		378	4089
# 90 平米以下住房	637		130	507
# 140 平米以上住房	838		9	829
# 别墅、高档公寓	241			241
商品住宅期房销售套数（套）	26720	4753	1307	20660
# 90 平米以下住房	16904	4118	302	12484
# 140 平米以上住房	1835	465		1370
# 经济适用房	979	799		180
# 别墅、高档公寓	363			363
房屋空置面积	394178		20603	373575
1. 商品住宅	382801		20603	362198
# 90 平米以下住房	24691		2534	22157
# 140 平米以上住房	43730		2223	41507
# 别墅、高档公寓	20007			20007
2. 商业营业用房	10377			10377
3. 其他房屋	1000			1000
# 空置 1—3 年面积	148747		20603	128144
1. 商品住宅	138370		20603	117767
# 90 平米以下住房	3791		2534	1257
# 140 平米以上住房	18607		2223	16384
# 别墅、高档公寓	15774			15774
2. 商业营业用房	10377			10377

全市按资质等级分房地产开发完成情况

3—8　　（2009 年）　　计量单位：万元、平方米

项目名称	总　计	一级	二级	三级	四级	其他
企业个数	508	3	22	70	153	260
本年完成投资	3739781	32601	561314	1024254	973420	1148192
# 土地开发投资	217069		35424	79588	22820	79237
# 配套工程投资	58017		3612	42986	6234	5185
建筑工程	2518293	24118	285277	725010	773232	710656
安装工程	240590	8483	29863	44671	86327	71246
设备工器具购置	26889		703	14601	5093	6492
其他费用	996399		245471	239972	108768	402188
# 旧建筑物购置费	52325		46349	2000	900	3076
# 土地购置费	593471		132592	168842	46718	245319
商品住宅	2873252	9316	380963	858701	814981	809291
# 90 平方米以下	1199763	3122	91412	349929	452629	302671
# 140 平方米以上	445100	5597	35451	152130	190210	61712
# 经济适用房	37905			34905		3000
# 别墅、高档公寓	76289			38984	34613	2692
办公楼	166302		56798	21173	47589	40742
商业营业用房	391799	23256	80580	62768	65246	159949
其他	350818	29	42973	81612	45604	180600
本年新增固定资产	837243		101711	192466	270413	272653
本年完成开发土地面积	1630769		218989	431474	353860	626446
待开发土地面积	568291		350057	136879	51080	30275
本年购置土地面积	2496063		400109	780509	425253	890192
本年土地成交价款	565763		149445	128874	47478	239966
本年资金来源合计	4731171	94293	628566	1233473	1135772	109485
1. 上年末结余资金	563455	17574	92181	76313	74134	150
2. 本年资金来源小计	4167716	76719	536385	1157160	1061638	109335
（1）国内贷款	660492	15000	52592	210973	211054	
# 银行贷款	629762	15000	52592	208623	201754	
# 非银行金融机构贷款	30730			2350	9300	
（2）自筹资金	2071608	7000	290619	480112	593186	61046
# 自有资金	974769	3200	228429	172664	316415	57496

3—8 续表 1　　　　(2009 年)　　　　计量单位：万元、平方米

项目名称	总 计	一级	二级	三级	四级	其他
（3）其他资金来源	1435616	54719	193174	466075	257398	48289
# 定金及预收款	928118	48919	144169	373460	195624	
# 个人按揭贷款	157669	5800	41000	39689	26293	
本年各项应付款合计	350278	2800	102969	49935	129901	20899
# 工程款	124193	2130	5420	25803	53113	20899
房屋施工面积	23453331	507108	4401761	6244822	5669977	6629663
1. 商品住宅	19094738	124979	3329984	5475630	4908911	5255234
# 90 平米以下住房	7092478	83077	267377	2059963	2357965	2324096
# 140 平米以上住房	2629392	28720	187042	1036079	979079	398472
# 经济适用房	256296			213096		43200
# 别墅、高档公寓	555060			209148	317992	27920
2. 办公楼	641401		169215	138186	180749	153251
3. 商业营业用房	2486984	380212	754225	389849	307965	654733
4. 其他房屋	1230208	1917	148337	241157	272352	566445
# 新开工面积	13675793	448893	2355293	3914973	2777405	4179229
1. 商品住宅	11219771	74330	1785637	3576715	2452720	3330369
# 90 平米以下住房	3523438	53011	123661	1209636	1096458	1040672
# 140 平米以上住房	1210302	19920	79771	681187	337587	91837
# 经济适用房	78200			35000		43200
# 别墅、高档公寓	228976			206976	1000	21000
2. 办公楼	339487		55069	108217	22950	153251
3. 商业营业用房	1393066	372646	465148	84037	115151	356084
4. 其他房屋	723469	1917	49439	146004	186584	339525
房屋竣工面积	2915042		421664	736078	945883	811417
1. 商品住宅	2366261		362804	636703	898853	467901
# 90 平米以下住房	146550		1804	37730	84436	22580
# 140 平米以上住房	477200		32701	137695	295524	11280
# 别墅、高档公寓	192138			72070	120068	
2. 办公楼	27287		27287			
3. 商业营业用房	176468		23326	79950	40384	32808
4. 其他房屋	345026		8247	19425	6646	310708
# 不可销售面积	108382		81108	5700	200	21374

3—8 续表2　　（2009年）　　计量单位：万元、平方米

项目名称	总 计					
		一级	二级	三级	四级	其他
1. 商品住宅	75040		74665		200	175
2. 商业营业用房	491					491
3. 其他房屋	32851		6443	5700		20708
商品住宅竣工套数（套）						
商品住宅	18388		2843	3606	7432	4507
# 90平米以下住房	1868		40	467	1097	264
# 140平米以上住房	2763		216	800	1667	80
# 别墅、高档公寓	834			358	476	
竣工房屋价值	634013		101710	147936	198756	185611
1. 商品住宅	535959		88359	130238	185551	131811
# 90平米以下住房	50815		513	14994	26325	8983
# 140平米以上住房	143283		10913	25876	101161	5333
# 别墅、高档公寓	64305			16705	47600	
2. 办公楼	3291		3291			
3. 商业营业用房	46113		7820	13788	12161	12344
4. 其他房屋	48650		2240	3910	1044	41456
出租房屋面积	14786		8235	1000	5551	
商业营业用房	14786		8235	1000	5551	
商品房销售面积	3493303	59748	760802	1261208	800436	611109
1. 商品住宅	3291428	55339	639894	1213656	772098	610441
# 90平米以下住房	1454280	9351	279605	437288	501857	226179
# 140平米以上住房	475434	41411	73065	219857	110175	30926
# 经济适用房	86487			64887		21600
# 别墅、高档公寓	101521			75418	20603	5500
2. 办公楼	23594		14735	8859		
3. 商业营业用房	84840	4409	57888	11506	10369	668
4. 其他房屋	93441		48285	27187	17969	
# 现房销售面积	609571		70805	383694	118404	36668
1. 商品住宅	560161		56070	359587	108504	36000
# 90平米以下住房	45203		1804	18097	25302	
# 140平米以上住房	154119		33414	113909	6796	
# 别墅、高档公寓	62534			57304	5230	
2. 办公楼	14735		14735			

3—8 续表 3　　（2009 年）　　计量单位：万元、平方米

项目名称	总　计	一级	二级	三级	四级	其他
3. 商业营业用房	16051			5483	9900	668
4. 其他房屋	18624			18624		
# 期房销售面积	2883732	59748	689997	877514	682032	574441
1. 商品住宅	2731267	55339	583824	854069	663594	574441
# 90 平米以下住房	1409077	9351	277801	419191	476555	226179
# 140 平米以上住房	321315	41411	39651	105948	103379	30926
# 经济适用房	86487			64887		21600
# 别墅、高档公寓	38987			18114	15373	5500
2. 办公楼	8859			8859		
3. 商业营业用房	68789	4409	57888	6023	469	
4. 其他房屋	74817		48285	8563	17969	
商品房销售额	1321015	37680	239830	465630	290976	286899
1. 商品住宅	1213869	34361	176276	447502	269746	285984
# 90 平米以下住房	603245	4476	80255	222088	177199	119227
# 140 平米以上住房	195697	28793	26780	71439	52876	15809
# 经济适用房	21858			15378		6480
# 别墅、高档公寓	46038			27431	16957	1650
2. 办公楼	18045		5390	12655		
3. 商业营业用房	63509	3319	47428	2953	8894	915
4. 其他房屋	25592		10736	2520	12336	
# 现房销售额	201981		32800	120211	41815	7155
1. 商品住宅	184080		27410	117387	33043	6240
# 90 平米以下住房	23059		722	6181	16156	
# 140 平米以上住房	52983		17929	32373	2681	
# 别墅、高档公寓	22367			20047	2320	
2. 办公楼	5390		5390			
3. 商业营业用房	10762			1075	8772	915
4. 其他房屋	1749			1749		
# 期房销售额	1119034	37680	207030	345419	249161	279744
1. 商品住宅	1029789	34361	148866	330115	236703	279744
# 90 平米以下住房	580186	4476	79533	215907	161043	119227
# 140 平米以上住房	142714	28793	8851	39066	50195	15809

3—8 续表4　　(2009 年)　　计量单位：万元、平方米

项目名称	总　计	一级	二级	三级	四级	其他
# 经济适用房	21858			15378		6480
# 别墅、高档公寓	23671			7384	14637	1650
2. 办公楼	12655			12655		
3. 商业营业用房	52747	3319	47428	1878	122	
4. 其他房屋	23843		10736	771	12336	
商品住宅销售套数（套）	31187	421	5850	10773	8202	5941
# 90 平米以下住房	17541	126	3610	5132	6113	2560
# 140 平米以上住房	2673	254	481	1058	695	185
# 经济适用房	979			799		180
# 别墅、高档公寓	604			280	274	50
# 现房销售套数（套）	4467		450	2623	1082	312
# 90 平米以下住房	637		40	217	380	
# 140 平米以上住房	838		211	594	33	
# 别墅、高档公寓	241			217	24	
# 期房销售套数（套）	26720	421	5400	8150	7120	5629
# 90 平米以下住房	16904	126	3570	4915	5733	2560
# 140 平米以上住房	1835	254	270	464	662	185
# 经济适用房	979			799		180
# 别墅、高档公寓	363			63	250	50
房屋空置面积	394178		142205	19107	73667	159199
1. 商品住宅	382801		142205	16796	73667	150133
# 90 平米以下住房	24691		593	0	23434	664
# 140 平米以上住房	43730		16520	15146	10664	1400
# 别墅、高档公寓	20007			14766	5241	
2. 商业营业用房	10377			1311		9066
3. 其他房屋	1000			1000		
# 空置 1—3 年面积	148747		98895	18107	21611	10134
1. 商品住宅	138370		98895	16796	21611	1068
# 90 平米以下住房	3791		593		2534	664
# 140 平米以上住房	18607		230	15146	3231	
# 别墅、高档公寓	15774			14766	1008	
2. 商业营业用房	10377			1311		9066

全市建筑业企业生产情况

3—9　　　　(2009年)　　　　计量单位：台、千瓦、千元、平方米、人

项　　目	入统企业个　　数	签订的合同额	建筑业总产值	#装饰装修产　　值	在外省完成的　产　值
总　　计	**280**	**67286157**	**45806049**	**1921490**	**12474619**
#国有及国有控股企业	34	42114877	27381652	529612	9338876
一、按登记注册类型分组					
内资企业	277	66904752	45498079	1619415	12440952
国有企业	24	20569755	13620727	264691	4645483
集体企业	7	373269	351894		
股份合作企业	1	3000	3000		
有限责任公司	101	35223124	23417131	692242	6770413
股份有限公司	25	2959363	2070700	41634	466421
港、澳、台商投资企业	2	182564	179841	173946	1170
二、按国民经济行业分组					
房屋和土木工程建筑业	173	60823922	39562493	921469	10654524
建筑安装业	53	5213362	5040431	61379	1518391
建筑装饰业	41	996273	962591	938642	210295
其它建筑业	13	252600	240534		91409
三、按企业资质等级分组					
施工总承包	175	63974753	42707747	775629	11699582
特　级	3	19149571	12025491	193314	5279540
一　级	41	35556995	23600116	403378	6080995
二　级	75	7405606	5533521	164887	303837
三级及以下	56	1862581	1548619	14050	35210
专业承包	105	3311404	3098302	1145861	775037
一　级	29	2161925	2202270	833592	717147
二　级	41	953607	725203	304889	56215
三级及以下	35	195872	170829	7380	1675

3—9 续表 1　　（2009 年）　　计量单位：台、千瓦、千元、平方米、人

项　目	按构成分的建筑业总产值			竣工产值
	建筑工程产值	安装工程产值	其他产值	
总　计	**34464551**	**8325462**	**3016036**	**24244826**
# 国有及国有控股	21467245	4843903	1070504	11264741
一、按登记注册类型分组				
内资企业	34464551	8192783	2840745	24120682
国有企业	9772236	3115865	732626	7632020
集体企业	280875	71019		224963
股份合作企业	3000			3000
有限责任公司	18311097	3439629	1666405	10501684
股份有限公司	1362171	579538	128991	1397292
港、澳、台商投资企业		4550	175291	120598
二、按国民经济行业分组				
房屋和土木工程建筑业	32222131	5309028	2031334	21262743
建筑安装业	1745047	2859016	436368	2017104
建筑装饰业	407579	157418	397594	748139
其他建筑业	89794		150740	216840
三、按企业资质等级分组				
施工总承包	33679766	6774638	2253343	22222728
特　级	10144992	1666055	214444	4889855
一　级	17581394	4328845	1689877	12498021
二　级	4526047	669026	338448	3685471
三级及以下	1427333	110712	10574	1149381
专业承包	784785	1550824	762693	2022098
一　级	347869	1252078	602323	1351459
二　级	374905	218790	131508	520233
三级及以下	62011	79956	28862	150406

3—9 续表 2　　（2009 年）　　计量单位：台、千瓦、千元、平方米、人

项　　目	房屋建筑施工面积	本年新开工	实行投标承包面积	# 本年新开工	年末自有机械设备净值
总　　计	**27151343**	**13581124**	**23956804**	**12767549**	**2030532**
# 国有及国有控股	9920272	4298962	9537477	4260743	989627
一、按登记注册类型分组					
内资企业	27151343	13581124	23956804	12767549	2014305
国有企业	3372718	1276497	3203769	1238278	640765
集体企业	396813	204973	363398	204973	5491
股份合作企业	3000	3000			895
有限责任公司	14945994	7456348	13590145	7437098	875877
股份有限公司	1829299	976465	1509338	754461	64662
港、澳、台商投资企业					16227
二、按国民经济行业分组					
房屋和土木工程建筑业	26137781	13161459	23020934	12397258	1802334
建筑安装业	947312	384312	917587	365997	150265
建筑装饰业	66250	35353	18283	4294	33980
其他建筑业					43953
三、按企业资质等级分组					
施工总承包	26822375	13385242	23901751	12740485	1874333
特　级	6450540	2955832	6450540	2955832	268410
一　级	13054281	5551169	11286173	5418537	1019327
二　级	5235931	3677557	4290549	3223671	473837
三级及以下	2081623	1200684	1874489	1142445	112759
专业承包	328968	195882	55053	27064	156199
一　级	49120	27003	18053	4064	107879
二　级	254883	155324	37000	23000	30665
三级及以下	24965	13555			17655

3—9 续表 3　　(2009 年)　　计量单位：台、千瓦、千元、平方米、人

项　　目	年末自有机械设备		劳动人员情况		
	总台数	总功率	计算劳动生产率的平均人数	期末从业人　　员	# 工程技术人员
总　　计	**63723**	**1467980**	**152611**	**148727**	**29087**
# 国有及国有控股	25931	523330	44581	41980	11078
一、按登记注册类型分组					
内资企业	63431	1460810	152192	148098	28933
国有企业	17302	354894	30003	27728	6892
集体企业	515	2989	3129	2904	355
股份合作企业	11	80	620	85	45
有限责任公司	24505	528086	62990	62629	12062
股份有限公司	4248	38504	11981	11662	1855
港、澳、台商投资企业	292	7170	269	479	130
二、按国民经济行业分组					
房屋和土木工程建筑业	54755	1097494	136025	131853	25212
建筑安装业	5136	74321	11804	11866	2485
建筑装饰业	3128	275861	3583	3924	1012
其他建筑业	704	20304	1199	1084	378
三、按企业资质等级分组					
施工总承包	58499	1064374	138269	134191	25768
特　级	6703	131024	12408	13199	3465
一　级	25272	627639	61590	58079	12403
二　级	19989	246027	43514	42741	6997
三级及以下	6535	59684	20757	20172	2903
专业承包	5224	403606	14342	14536	3319
一　级	3884	302023	5975	6450	1428
二　级	930	82536	6139	5702	1354
三级及以下	410	19047	2228	2384	537

市区建筑业企业生产情况

3—10　　　　(2009年)　　　　计量单位：台、千瓦、千元、平方米、人

项　目	入统企业个　数	签订的合同额	建筑业总产值	#装饰装修产　值	在外省完成的产值
总　计	**172**	**59861495**	**40811758**	**1743865**	**12225719**
#国有及国有控股企业	28	41945551	27254172	529612	9338876
一、按登记注册类型分组					
内资企业	169	59480090	40503788	1441790	12192052
国有企业	21	20486958	13542947	264691	4645483
集体企业	1	69438	58551		
有限责任公司	68	32738412	22021950	679202	6770413
股份有限公司	9	1651193	1193045	41634	466421
港、澳、台商投资企业	2	182564	179841	173946	1170
二、按国民经济行业分组					
房屋和土木工程建筑业	86	53624932	34782222	748249	10405624
建筑安装业	37	5080825	4918906	61379	1518391
建筑装饰业	38	991096	958054	934237	210295
其它建筑业	11	164642	152576		91409
三、按企业资质等级分组					
施工总承包	88	57145679	38182024	680399	11450682
特　级	3	19149571	12025491	193314	5279540
一　级	37	34334057	23037143	403378	6080995
二　级	37	3387048	2899525	83707	54937
三级及以下	11	275003	219865		35210
专业承包	84	2715816	2629734	1063466	775037
一　级	26	2161925	2202270	833592	717147
二　级	31	422726	320335	225074	56215
三级及以下	27	131165	107129	4800	1675

3—10 续表 1　　(2009 年)　　计量单位：台、千瓦、千元、平方米、人

项　　目	按构成分的建筑业总产值			竣工产值
	建筑工程产值	安装工程产值	其他产值	
总　　计	**29749351**	**8145921**	**2916486**	**21174568**
# 国有及国有控股企业	21345265	4838403	1070504	11145589
一、按登记注册类型分组				
内资企业	29749351	8013242	2741195	21050424
国有企业	9694456	3115865	732626	7580640
集体企业		58551		58551
有限责任公司	16948047	3409498	1664405	9642971
股份有限公司	519507	562047	111491	796483
港、澳、台商投资企业		4550	175291	120598
二、按国民经济行业分组				
房屋和土木工程建筑业	27630574	5218814	1932834	18375510
建筑安装业	1710922	2771616	436368	1925674
建筑装饰业	406019	155491	396544	744502
其它建筑业	1836		150740	128882
三、按企业资质等级分组				
施工总承包	29295691	6650490	2235843	19590715
特　级	10144992	1666055	214444	4889855
一　级	17018421	4328845	1689877	12365489
二　级	1988067	590510	320948	2186157
三级及以下	144211	65080	10574	149214
专业承包	453660	1495431	680643	1583853
一　级	347869	1252078	602323	1351459
二　级	66505	203322	50508	128043
三级及以下	39286	40031	27812	104351

3—10 续表2　　　　（2009年）　　　　计量单位：台、千瓦、千元、平方米、人

项　　目	房屋建筑施工面积	本年新开工	实行投标承包面积	# 本年新开工	年末自有机械设备净值
总　　计	**20399599**	**8817845**	**18211009**	**8564874**	**1546846**
# 国有及国有控股企业	9771885	4200581	9423688	4187381	981920
一、按登记注册类型分组					
内资企业	20399599	8817845	18211009	8564874	1530619
国有企业	3338120	1251478	3203769	1238278	636080
集体企业					
有限责任公司	12586589	5981033	11513316	5980583	737109
股份有限公司	915644	226933	862012	202513	27741
港、澳、台商投资企业					16227
二、按国民经济行业分组					
房屋和土木工程建筑业	19399372	8411515	17275369	8194813	1349627
建筑安装业	934207	371207	917587	365997	131045
建筑装饰业	66020	35123	18053	4064	33020
其它建筑业					33154
三、按企业资质等级分组					
施工总承包	20289219	8782272	18192956	8560810	1416447
特　级	6450540	2955832	6450540	2955832	268410
一　级	12059617	4806064	10321809	4673432	959406
二　级	1643730	953256	1375907	889846	174936
三级及以下	135332	67120	44700	41700	13695
专业承包	110380	35573	18053	4064	130399
一　级	49120	27003	18053	4064	107199
二　级	49400	8120			9197
三级及以下	11860	450			14003

3—10 续表 3　　（2009 年）　　计量单位：台、千瓦、千元、平方米、人

项　目	年末自有机械设备		劳动人员情况		
	总台数	总功率	计算劳动生产率的平均人数	期末从业人　员	# 工程技术人员
总　计	**40390**	**1208688**	**97327**	**93771**	**20683**
# 国有及国有控股企业	24919	508605	43156	40580	10908
一、按登记注册类型分组					
内资企业	40098	1201518	96908	93142	20529
国有企业	17230	347769	29093	26843	6824
集体企业			139	139	6
有限责任公司	17301	445004	43578	42433	9310
股份有限公司	1260	14894	4911	4992	574
港、澳、台商投资企业	292	7170	269	479	130
二、按国民经济行业分组					
房屋和土木工程建筑业	32339	843430	82453	78376	17053
建筑安装业	4904	71965	10617	10633	2323
建筑装饰业	2509	275811	3455	3803	947
其它建筑业	638	17482	802	959	360
三、按企业资质等级分组					
施工总承包	35752	845673	87650	83442	18149
特　级	6703	131024	12408	13199	3465
一　级	24208	613863	55544	51948	11466
二　级	3938	84641	16456	15063	2864
三级及以下	903	16145	3242	3232	354
专业承包	4638	363015	9677	10329	2534
一　级	3863	301871	5975	6391	1428
二　级	436	43551	2133	2203	629
三级及以下	339	17593	1569	1735	477

全市建筑业企业财务状况

3—11　　　　（2009年）　　　　计量单位：千元

项　　目	流动资产小　计	长期投资	无形及递延资产小计	#无形资产	固定资产合　计	#固定资产原　价
总　　计	**22340366**	**747310**	**1072734**	**593136**	**5680579**	**8163527**
#国有及国有控股企业	12967150	266204	647427	188926	2584245	4119119
一、按登记注册类型分组						
内资企业	22197092	745710	1071813	592909	5658449	8120684
国有企业	8825544	244753	267319	134794	1631977	2760815
集体企业	113949		46	46	69980	70274
股份合作企业	3167				7020	7020
有限责任公司	8458588	270030	750333	411807	2407262	3336948
股份有限公司	981496	11671	36145	29577	298767	396054
港、澳、台商投资企业	70315	1600	921	227	19440	28737
二、按国民经济行业分组						
房屋和土木工程建筑业	18885701	702704	872455	488231	4914534	7135403
建筑安装业	2816730	22537	179643	89856	563204	763314
建筑装饰业	521725	18328	9024	6014	95638	124408
其它建筑业	116210	3741	11612	9035	107203	140402
三、按企业资质等级分组						
施工总承包	19548976	691685	1017635	545187	5118093	7417754
特　级	4292616	11313	237889	1987	724596	1181846
一　级	11893484	335679	744651	512662	2562530	4056347
二　级	2590835	326301	27936	23843	1300049	1569358
三级及以下	772041	18392	7159	6695	530918	610203
专业承包	2791390	55625	55099	47949	562486	745773
一　级	1001339	33850	43063	39861	202553	262749
二　级	587375	17631	9501	7420	219880	249953
三级及以下	1202676	4144	2535	668	140053	233071
四、按控股情况分						
国有控股	12967150	266204	647427	188926	2584245	4119119
集体控股	1499150	80915	266806	261208	308913	378941
私人控股	6438150	297976	103691	98718	2361772	3075363
港澳台商控股	70315	1600	921	227	19440	28737

3—11 续表1　　（2009年）　　计量单位：千元

项　目	流动负债合计	长期负债合计	负债合计	所有者权益合计	#实收资本
总　计	**19192784**	**645140**	**19837924**	**10121486**	**6914841**
#国有及国有控股企业	12685957	582062	13268019	3296740	2334542
一、按登记注册类型分组					
内资企业	19114877	644908	19759785	10031006	6861581
国有企业	8104827	381116	8485943	2536185	1709769
集体企业	78348	500	78848	105127	58010
股份合作企业	6163		6163	4024	4024
有限责任公司	8284586	237227	8521813	3422854	2704336
股份有限公司	840162	2699	842861	490902	305204
港、澳、台商投资企业	42088	232	42320	50650	22660
二、按国民经济行业分组					
房屋和土木工程建筑业	16752224	355244	17107468	8377510	5644769
建筑安装业	2143758	277811	2421569	1168557	827719
建筑装饰业	230917	12085	243002	402538	308894
其它建筑业	65885		65885	172881	133459
三、按企业资质等级分组					
施工总承包	17412701	532553	17945254	8543156	5741256
特　级	4082390	239666	4322056	945024	610918
一　级	11168606	260421	11429027	4213272	2537605
二　级	1622998	31246	1654244	2596277	2023143
三级及以下	538707	1220	539927	788583	569590
专业承包	1780083	112587	1892670	1578330	1173585
一　级	650514	25593	676107	610979	364747
二　级	243635	25770	269405	565099	459264
三级及以下	885934	61224	947158	402252	349574
四、按控股情况分					
国有控股	12685957	582062	13268019	3296740	2334542
集体控股	1686190	622	1686812	471160	467989
私人控股	3706238	47139	3753377	5463890	3482102
港澳台商控股	42088	232	42320	50650	22660

3—11 续表2　　（2009 年）　　计量单位：千元

项　　目	所有者权益中：				工程结算收入
	实收资本中：				
	国家资本	集体资本	法人资本	个人资本	
总　　计	**2344352**	**433379**	**1244303**	**2870531**	**40357738**
# 国有及国有控股企业	2327322			7220	23014635
一、按登记注册类型分组					
内资企业	2344352	433379	1213319	2870531	40036329
国有企业	1709769				12258361
集体企业		58010			351894
股份合作企业		4024			11085
有限责任公司	604283	322430	755417	1022206	19541758
股份有限公司	30300	48915	59456	166533	2107840
港、澳、台商投资企业			5534		189650
二、按国民经济行业分组					
房屋和土木工程建筑业	1984522	375377	920598	2359122	34463409
建筑安装业	322529	49109	205323	248691	4703765
建筑装饰业	24301	8893	84542	176099	962047
其它建筑业	13000		33840	86619	228517
三、按企业资质等级分组					
施工总承包	2072856	420686	814190	2433524	36759057
特　级	610000		918		8387206
一　级	1095305	298776	266017	877507	21838444
二　级	275276	61690	467175	1219002	4978440
三级及以下	92275	60220	80080	337015	1554967
专业承包	271496	12693	430113	437007	3598681
一　级	73772		115412	160504	2246836
二　级	8000	8893	262448	174773	646267
三级及以下	189724	3800	52253	101730	705578
四、按控股情况分					
国有控股	2327322			7220	23014635
集体控股		433379	3070	31540	2272747
私人控股	17030		653991	2811081	12545457
港澳台商控股			5534		189650

3—11 续表3　　（2009 年）　　计量单位：千元

项　　目	工程结算成本	工程结算税金及附加	工程结算利润	管理费用	# 税金
总　　计	**36667747**	**1332132**	**2298589**	**1501145**	**43684**
# 国有及国有控股企业	21251228	735083	1020370	936126	18910
一、按登记注册类型分组					
内资企业	36401677	1325044	2250338	1478470	43453
国有企业	11167066	387431	702701	683932	14995
集体企业	306719	11239	32760	18909	393
股份合作企业	6053	500	2952	35	16
有限责任公司	18099069	649405	781605	534928	14791
股份有限公司	1871156	67620	150359	80045	1667
港、澳、台商投资企业	155441	5178	29031	10121	149
二、按国民经济行业分组					
房屋和土木工程建筑业	31491543	1146805	1795899	1187609	32860
建筑安装业	4152048	147053	375809	263631	7677
建筑装饰业	830944	30359	99584	37541	1418
其它建筑业	193212	7915	27297	12364	1729
三、按企业资质等级分组					
施工总承包	33600202	1226332	1895712	1271382	38811
特　级	7819459	269976	297758	237674	3145
一　级	20189031	712200	933193	802247	21865
二　级	4247451	190758	525720	172889	10830
三级及以下	1344261	53398	139041	58572	2971
专业承包	3067545	105800	402877	229763	4873
一　级	1920282	70648	237983	120649	1556
二　级	544178	15675	83066	37573	1400
三级及以下	603085	19477	81828	71541	1917
四、按控股情况分					
国有控股	21251228	735083	1020370	936126	18910
集体控股	2126613	73176	69430	71985	1884
私人控股	11066739	439361	992134	359534	18912
港澳台商控股	155441	5178	29031	10121	149

3—11 续表4　　(2009 年)　　计量单位：千元

项　　目	财务费用	营业利润	利润总额	# 应交所得税	应付利润
总　　计	**70365**	**868040**	**673804**	**172111**	**300316**
# 国有及国有控股企业	42256	115307	89727	45133	36781
一、按登记注册类型分组					
内资企业	69396	843025	647139	167006	285017
国有企业	25718	61489	42174	33593	28497
集体企业	519	14603	14260	1675	8177
股份合作企业	-35	2952	2952	100	2852
有限责任公司	23807	274225	267349	69448	116604
股份有限公司	7143	64345	63199	10768	4421
港、澳、台商投资企业	738	18246	19895	4596	15299
二、按国民经济行业分组					
房屋和土木工程建筑业	63817	680334	503985	136995	254644
建筑安装业	4359	109796	102587	21499	12955
建筑装饰业	2217	62876	52336	11407	22175
其它建筑业	-28	15034	14896	2210	10542
三、按企业资质等级分组					
施工总承包	66653	673045	513898	140145	268074
特　级	19134	72282	69814	27776	7492
一　级	29722	153402	152361	57677	109268
二　级	9911	373212	215397	45254	120347
三级及以下	7886	74149	76326	9438	30967
专业承包	3712	194995	159906	31966	32242
一　级	4176	115266	109267	24451	25214
二　级	22	68604	39705	5464	4779
三级及以下	-486	11125	10934	2051	2249
四、按控股情况分					
国有控股	42256	115307	89727	45133	36781
集体控股	1411	-745	646	2783	12576
私人控股	25318	639954	481936	101448	228346
港澳台商控股	738	18246	19895	4596	15299

3—11 续表 5　　（2009 年）　　计量单位：千元

项　　目	本年应付工资总额	# 主营业务应付工资总额	本年应付福利费总额	主营业务应付福利费总额
总　　计	**2443123**	**2284901**	**105713**	**97777**
# 国有及国有控股企业	1043681	909604	34508	30041
一、按登记注册类型分组				
内资企业	2431012	2273037	104784	96848
国有企业	723127	697973	33090	29412
集体企业	43989	41588	754	318
股份合作企业	6200	6200		
有限责任公司	805733	685752	24720	23400
股份有限公司	212809	209078	12760	12208
港、澳、台商投资企业	7810	7563	480	480
二、按国民经济行业分组				
房屋和土木工程建筑业	2133597	1980593	87022	79990
建筑安装业	251722	248143	15497	14660
建筑装饰业	43062	42133	2045	2035
其它建筑业	14742	14032	1149	1092
三、按企业资质等级分组				
施工总承包	2241588	2086452	95091	88526
特　级	303275	259391		
一　级	982378	885446	40989	36085
二　级	696515	685421	46883	45938
三级及以下	259420	256194	7219	6503
专业承包	201535	198449	10622	9251
一　级	126325	124435	5861	5759
二　级	46860	46464	3995	3001
三级及以下	28350	27550	766	491
四、按控股情况分				
国有控股	1043681	909604	34508	30041
集体控股	194561	189135	11905	10889
私人控股	1052951	1036506	50613	48207
港澳台商控股	7810	7563	480	480

市区建筑业企业财务状况

3—12　　　　　　　　（2009年）　　　　　　　　计量单位：千元

项　　目	流动资产小　计	长期投资	无形及递延资产小计	# 无形资产	固定资产合　计	# 固定资产原　价
总　　计	**20276087**	**597365**	**1037138**	**560268**	**4280376**	**6436608**
# 国有及国有控股	12886326	266204	645901	187400	2535538	4048989
一、按登记注册类型分组						
内资企业	20132813	595765	1036217	560041	4258246	6393765
国有企业	8771424	244753	266492	133967	1615319	2728933
集体企业	52723		46	46	583	2675
有限责任公司	7559291	164809	731910	396102	2020140	2850412
股份有限公司	698169	24	25226	18658	95662	95958
港、澳、台商投资企业	70315	1600	921	227	19440	28737
二、按国民经济行业分组						
房屋和土木工程建筑业	16961616	556423	840646	459010	3613924	5520005
建筑安装业	2692209	19033	177197	87410	511492	708021
建筑装饰业	518102	18168	9024	6014	89820	118373
其他建筑业	104160	3741	10271	7834	65140	90209
三、按企业资质等级分组						
施工总承包	17645074	562374	984690	514970	3843558	5828219
特　级	4292616	11313	237889	1987	724596	1181846
一　级	11553400	260692	744155	512662	2472662	3934115
二　级	1542033	287677	2069	198	585793	640115
三　级	257025	2692	577	123	60507	72143
专业承包	2631013	34991	52448	45298	436818	608389
一　级	1000389	33850	43063	39861	201753	261443
二　级	469852	431	7489	5408	110861	130139
三　级	1160772	710	1896	29	124204	216807
四、按国有经济控股情况分组						
国有控股	12886326	266204	645901	187400	2535538	4048989
集体控股	1240604	65829	265203	260101	127275	175733
私人控股	5051723	212312	74826	71945	1243771	1697729
港澳台商控股	70315	1600	921	227	19440	28737

3—12 续表 1　　（2009 年）　　计量单位：千元

项　　目	流动负债合计	长期负债合计	负债合计	所有者权益合计	# 实收资本
总　　计	**17815399**	**600684**	**18416083**	**7893302**	**5161438**
# 国有及国有控股	12632788	582062	13214850	3218852	2266536
一、按登记注册类型分组					
内资企业	17737492	600452	18337944	7802822	5108178
国有企业	8053902	381116	8435018	2515505	1695381
集体企业	27631		27631	25721	10000
有限责任公司	7644495	216236	7860731	2673873	2120885
股份有限公司	647886	100	647986	176779	63596
港、澳、台商投资企业	42088	232	42320	50650	22660
二、按国民经济行业分组					
房屋和土木工程建筑业	15445326	311538	15756864	6325329	4037850
建筑安装业	2089266	277061	2366327	1041614	729235
建筑装饰业	228372	12085	240457	395482	302894
其他建筑业	52435		52435	130877	91459
三、按企业资质等级分组					
施工总承包	16111305	503087	16614392	6533325	4171783
特　级	4082390	239666	4322056	945024	610918
一　级	10849723	260421	11110144	4026720	2394471
二　级	974131	3000	977131	1445841	1049627
三级及以下	205061		205061	115740	116767
专业承包	1704094	97597	1801691	1359977	989655
一　级	650364	25353	675717	609619	363387
二　级	183589	11770	195359	393391	303922
三级及以下	870141	60474	930615	356967	322346
四、按国有经济控股情况分组					
国有控股	12632788	582062	13214850	3218852	2266536
集体控股	1455597	122	1455719	245380	302329
私人控股	2908578	3183	2911761	3686547	2097871
港澳台商控股	42088	232	42320	50650	22660

3—12 续表 2　　（2009 年）　　计量单位：千元

项　目	所有者权益中：实收资本中：国家资本	集体资本	法人资本	个人资本	工程结算收入
总　计	**2270036**	**279139**	**828781**	**1761206**	**35808690**
# 国有及国有控股	2266536				22914129
一、按登记注册类型分组					
内资企业	2270036	279139	797797	1761206	35487281
国有企业	1695381				12201150
集体企业		10000			58551
有限责任公司	574655	255514	573621	717095	18189783
股份有限公司		13625	30496	19475	1323631
港、澳、台商投资企业			5534		189650
二、按国民经济行业分组					
房屋和土木工程建筑业	1926824	230923	547186	1327767	30123326
建筑安装业	318911	39323	174213	194721	4587211
建筑装饰业	24301	8893	84542	170099	957594
其他建筑业			22840	68619	140559
三、按企业资质等级分组					
施工总承包	2002158	266446	497210	1405969	32569702
特　级	610000		918		8387206
一　级	1095305	256446	207023	835697	21303300
二　级	259918	10000	246269	533440	2585190
三级及以下	36935		43000	36832	294006
专业承包	267878	12693	331571	355237	3238988
一　级	73772		115412	159144	2246836
二　级	8000	8893	172306	109573	347737
三级及以下	186106	3800	43853	86520	644415
四、按国有经济控股情况分组					
国有控股	2266536				22914129
集体控股		279139	500	22690	1649469
私人控股	3500		357635	1736736	9098128
港澳台商控股			5534		189650

3—12 续表3　　（2009年）　　计量单位：千元

项　　目	工程结算成本	工程结算税金及附加	工程结算利润	管理费用	#税金
总　　计	**32632076**	**1174744**	**1967612**	**1357460**	**31322**
#国有及国有控股	21161753	731205	1013315	932480	18706
一、按登记注册类型分组					
内资企业	32366006	1167656	1919361	1334785	31091
国有企业	11118736	385019	696323	681158	14849
集体企业	39184	2021	17346	10384	28
有限责任公司	16871532	605446	704956	492039	11778
股份有限公司	1184286	39810	81528	47264	864
港、澳、台商投资企业	155441	5178	29031	10121	149
二、按国民经济行业分组					
房屋和土木工程建筑业	27621733	995993	1498956	1058489	23205
建筑安装业	4064204	143602	352933	252000	6463
建筑装饰业	827599	30187	98749	37425	1406
其他建筑业	118540	4962	16974	9546	248
三、按企业资质等级分组					
施工总承包	29882913	1076858	1596496	1142728	27426
特　级	7819459	269976	297758	237674	3145
一　级	19695528	694314	910760	788723	21333
二　级	2108410	103472	371191	102620	2137
三级及以下	259516	9096	16787	13711	811
专业承包	2749163	97886	371116	214732	3896
一　级	1920282	70648	237983	120589	1556
二　级	272801	9097	63339	26672	896
三级及以下	556080	18141	69794	67471	1444
四、按国有经济控股情况分组					
国有控股	21161753	731205	1013315	932480	18706
集体控股	1565512	52586	31354	49311	1245
私人控股	8026198	318993	727110	255419	8080
港澳台商控股	155441	5178	29031	10121	149

3—12 续表 4　　（2009 年）　　计量单位：千元

项　目	财务费用	营业利润	利润总额	# 应交所得税	应付利润
总　计	**52211**	**691794**	**501630**	**142925**	**225748**
# 国有及国有控股	42057	111783	86091	43691	34560
一、按登记注册类型分组					
内资企业	51242	666779	474965	137820	210449
国有企业	25543	57957	38555	32163	26317
集体企业	-105	7067	7067	1175	5892
有限责任公司	22061	241471	240295	64149	101041
股份有限公司	2111	33115	33602	5712	361
港、澳、台商投资企业	738	18246	19895	4596	15299
二、按国民经济行业分组					
房屋和土木工程建筑业	45946	524453	352073	110937	191344
建筑安装业	4184	97601	90482	19143	8553
建筑装饰业	2109	62263	51725	11316	22174
其他建筑业	-28	7477	7350	1529	3677
三、按企业资质等级分组					
施工总承包	49013	513631	351888	112919	195977
特　级	19134	72282	69814	27776	7492
一　级	28683	145294	144732	55632	108802
二　级	1222	292901	135429	28900	79588
三级及以下	-26	3154	1913	611	95
专业承包	3198	178163	149742	30006	29771
一　级	4176	115326	109267	24451	25214
二　级	-325	59666	37484	5057	3549
三级及以下	-653	3171	2991	498	1008
四、按国有经济控股情况分组					
国有控股	42057	111783	86091	43691	34560
集体控股	-590	-15418	-12653	1302	6125
私人控股	9947	489274	334279	76605	163094
港澳台商控股	738	18246	19895	4596	15299

3—12 续表 5　　（2009 年）　　计量单位：千元

项　　目	本年应付工资总额	# 主营业务应付工资总额	本年应付福利费总额	# 主营业务应付福利费总额
总　　计	**1641130**	**1492282**	**59325**	**53364**
# 国有及国有控股	1032593	898552	34061	29594
一、按登记注册类型分组				
内资企业	1629019	1480418	58396	52435
国有企业	716186	691053	33090	29412
集体企业	14209	14209		
有限责任公司	557309	439031	13799	12680
股份有限公司	116339	114939	1472	1110
港、澳、台商投资企业	7810	7563	480	480
二、按国民经济行业分组				
房屋和土木工程建筑业	1353602	1207604	42293	36691
建筑安装业	235215	233082	14227	13879
建筑装饰业	40854	40145	2013	2004
其他建筑业	11459	11451	792	790
三、按企业资质等级分组				
施工总承包	1469036	1322624	50878	45276
特　级	303275	259391		
一　级	887847	790915	39823	34919
二　级	197133	191661	8790	8350
三级及以下	80781	80657	2265	2007
专业承包	172094	169658	8447	8088
一　级	126325	124435	5861	5759
二　级	26538	26392	2033	2024
三级及以下	19231	18831	553	305
四、按国有经济控股情况分组				
国有控股	1032593	898552	34061	29594
集体控股	47709	44684	2930	2350
私人控股	441801	431737	15106	14194
港澳台商控股	7810	7563	480	480

全市建筑业企业房屋建筑竣工面积情况

3—13　　　　（2009年）　　　　计量单位：平方米

项　　目	总　　计	厂房、仓库	住　　宅	办公用房	批发和零售用　　房	住宿和餐饮用　　房
总　　计	**9047489**	**1786423**	**5582847**	**453224**	**71272**	**96862**
#国有及国有控股企业	2205943	834449	922719	136751	28101	
一、按登记注册类型分组						
内资企业	9047489	1786423	5582847	453224	71272	96862
国有企业	659325	183353	319097	47767	5101	
集体企业	216102	13189	163516	4770		
股份合作企业	3000		3000			
有限责任公司	4354759	890831	2492981	241521	46511	26620
股份有限公司	740123	49438	536298	35256	4660	21122
二、按国民经济行业分组						
房屋和土木工程建筑业	8703566	1771239	5449150	421577	71272	47742
建筑安装业	277903	15184	133697	14747		
建筑装饰业	66020			16900		49120
三、按企业资质等级分组						
施工总承包	8776444	1673114	5524081	403374	71272	47742
特　级	1546868	713700	577454	63551	23000	
一　级	3544960	431710	2332375	223651	14651	17391
二　级	2344741	389647	1574494	87934	5761	30351
三级及以下	1339875	138057	1039758	28238	27860	
专业承包	271045	113309	58766	49850		49120
一　级	49120					49120
二　级	218370	110204	58766	49400		
三级及以下	3555	3105		450		

3—13续表　　　　（2009年）　　　　计量单位：平方米

项　　目	居民服务业用　　房	教育用房	文化、体育和娱乐用房	卫生医疗用　　房	科研用房	其他用房
总　　计	**225391**	**295476**	**58879**	**47934**	**18524**	**410657**
#国有及国有控股企业	46899	88876	31074	27121		89953
一、按登记注册类型分组						
内资企业	225391	295476	58879	47934	18524	410657
国有企业	14000	31783	15537	5404		37283
集体企业		7893				26734
有限责任公司	109483	210147	19581	39648	18524	258912
股份有限公司	1348	28924	23761	2882		36434
二、按国民经济行业分组						
房屋和土木工程建筑业	211391	247936	43342	42530	18524	378863
建筑安装业	14000	47540	15537	5404		31794
三、按企业资质等级分组						
施工总承包	225391	295476	58879	47934	18524	410657
特　级	32899	53843	15537	19096		47788
一　级	77682	140631	41298	8025	18524	239022
二　级	105310	70860	2044	2400		75940
三级及以下	9500	30142		18413		47907

市区建筑业企业房屋建筑竣工面积情况

3—14　　(2009年)　　计量单位：平方米

项　目	总　计	厂房、仓库	住　宅	办公用房	批发和零售用房	住宿和餐饮用房
总　计	**6080475**	**1184175**	**3705705**	**370072**	**42752**	**66511**
# 国有及国有控股企业	2118043	834449	843831	136751	28101	
一、按登记注册类型分组						
内资企业	6080475	1184175	3705705	370072	42752	66511
国有企业	652625	183353	312397	47767	5101	
有限责任公司	3493423	758153	1956545	207869	33651	17391
股份有限公司	388112	6280	290088	26719	4000	
二、按国民经济行业分组						
房屋和土木工程建筑业	5739657	1172096	3572008	338425	42752	17391
建筑安装业	274798	12079	133697	14747		
建筑装饰业	66020			16900		49120
三、按企业资质等级分组						
施工总承包	5981505	1184175	3705705	320222	42752	17391
特　级	1546868	713700	577454	63551	23000	
一　级	3394328	431710	2250675	223651	14651	17391
二　级	965847	38765	822446	22720	5101	
三级及以下	74462		55130	10300		
专业承包	98970			49850		49120
一　级	49120					49120
二　级	49400			49400		
三级及以下	450			450		

3—14 续表　　(2009年)　　计量单位：平方米

项　目	居民服务业用房	教育用房	文化、体育和娱乐用房	卫生医疗用房	科研用房	其他用房
总　计	**110581**	**218483**	**56835**	**27603**	**18524**	**279234**
# 国有及国有控股企业	46899	88876	31074	27121		80941
一、按登记注册类型分组						
内资企业	110581	218483	56835	27603	18524	279234
国有企业	14000	31783	15537	5404		37283
有限责任公司	96233	186700	17537	21717	18524	179103
股份有限公司	348		23761	482		36434
二、按国民经济行业分组						
房屋和土木工程建筑业	96581	170943	41298	22199	18524	247440
建筑安装业	14000	47540	15537	5404		31794
三、按企业资质等级分组						
施工总承包	110581	218483	56835	27603	18524	279234
特　级	32899	53843	15537	19096		47788
一　级	77682	140631	41298	8025	18524	170090
二　级		24009				52806
三级及以下				482		8550

全市建筑业企业房屋建筑竣工造价情况

3—15　　　　　　　　　　　　（2009年）　　　　　　　　　　计量单位：千元

项　目	总　计	厂房、仓库	住　宅	办公用房	批发和零售用　房	住宿和餐饮用　房
总　计	**9767094**	**2454751**	**5085881**	**486709**	**68989**	**134280**
# 国有及国有控股企业	3345615	1502541	850434	171128	28853	
一、按登记注册类型分组						
内资企业	9767094	2454751	5085881	486709	68989	134280
国有企业	1174371	436161	351049	52590	5853	
集体企业	153944	13275	107895	3340		
股份合作企业	3000		3000			
有限责任公司	4901801	1316917	2211106	293021	46526	78450
股份有限公司	604861	50108	406458	34211	6610	27770
二、按国民经济行业分组						
房屋和土木工程建筑业	9225094	2441618	4950601	455099	68989	106220
建筑安装业	501840	13133	135280	19510		
建筑装饰业	40160			12100		28060
三、按企业资质等级分组						
施工总承包	9532581	2355578	5004461	460849	68989	106220
特　级	2202754	1145538	524401	79710	23000	
一　级	3993661	708792	2122751	271431	14639	66220
二　级	2378384	381530	1655452	84708	7203	40000
三级及以下	957782	119718	701857	25000	24147	
专业承包	234513	99173	81420	25860		28060
一　级	28060					28060
二　级	203020	97000	81420	24600		
三级及以下	736603	117329	478299	37408	4806	17754

3—15 续表　　　　　　　　　　（2009年）　　　　　　　　　　计量单位：千元

项　目	居民服务业用　房	教育用房	文化、体育和娱乐用房	卫生医疗用　房	科研用房	其他用房
总　计	**234753**	**419569**	**133072**	**67834**	**18890**	**662366**
# 国有及国有控股企业	66750	183408	106120	49829		386552
一、按登记注册类型分组						
内资企业	234753	419569	133072	67834	18890	662366
国有企业	22910	54650	53060	12060		186038
集体企业		6709				22725
有限责任公司	146585	289049	59058	53039	18890	389160
股份有限公司	2779	29560	20954	2735		23676
二、按国民经济行业分组						
房屋和土木工程建筑业	211843	353889	80012	55774	18890	482159
建筑安装业	22910	65680	53060	12060		180207
三、按企业资质等级分组						
施工总承包	234753	419569	133072	67834	18890	662366
特　级	43840	122280	53060	24010		186915
一　级	115194	186218	78714	25819	18890	384993
二　级	64919	88198	1298	2460		52616
三级及以下	10800	22873		15545		37842

市区建筑业企业房屋建筑竣工造价情况

3—16　　(2009年)　　计量单位：千元

项　目	总　计	厂房、仓库	住　宅	办公用房	批发和零售用房	住宿和餐饮用房
总　计	**7291542**	**1890127**	**3619229**	**410081**	**43492**	**94280**
#国有及国有控股企业	3300043	1502541	809999	171128	28853	
一、按登记注册类型分组						
内资企业	7291542	1890127	3619229	410081	43492	94280
国有企业	1171071	436161	347749	52590	5853	
有限责任公司	4215192	1206796	1800910	263758	32379	66220
股份有限公司	279907	11315	190817	26031	5260	
二、按国民经济行业分组						
房屋和土木工程建筑业	6751715	1879167	3483949	378471	43492	66220
建筑安装业	499667	10960	135280	19510		
建筑装饰业	40160			12100		28060
三、按企业资质等级分组						
施工总承包	7237622	1890127	3619229	384221	43492	66220
特　级	2202754	1145538	524401	79710	23000	
一　级	3873769	708792	2061025	271431	14639	66220
二　级	1116239	35797	1000258	24500	5853	
三级及以下	44860		33545	8580		
专业承包	53920			25860		28060
一　级	28060					28060
二　级	24600			24600		
三级及以下	1260			1260		

3—16续表　　(2009年)　　计量单位：千元

项　目	居民服务业用房	教育用房	文化、体育和娱乐用房	卫生医疗用房	科研用房	其他用房
总　计	**159034**	**326768**	**131774**	**50104**	**18890**	**547763**
#国有及国有控股企业	66750	183408	106120	49829		381415
一、按登记注册类型分组						
内资企业	159034	326768	131774	50104	18890	547763
国有企业	22910	54650	53060	12060		186038
有限责任公司	134545	272118	57760	37769	18890	324047
股份有限公司	1579		20954	275		23676
二、按国民经济行业分组						
房屋和土木工程建筑业	136124	261088	78714	38044	18890	367556
建筑安装业	22910	65680	53060	12060		180207
三、按企业资质等级分组						
施工总承包	159034	326768	131774	50104	18890	547763
特　级	43840	122280	53060	24010		186915
一　级	115194	186218	78714	25819	18890	326827
二　级		18270				31561
三级及以下				275		2460

分县（市）区建筑业企业主要指标情况

3—17　　　　(2009年)　　　　计量单位：个、千元、人

行政单位	企业个数	建筑业总产值	#装饰装修产值	建筑工程产值	期末从业人员
全市总计	**280**	**45806049**	**1921490**	**34464551**	**148727**
市区合计	172	40811758	1743865	29749351	93771
#长安区	41	6952163	119619	5019610	17565
桥东区	25	4162314	112832	3014235	14923
桥西区	39	8987438	692311	7709564	20215
新华区	30	12806077	709019	9854507	20483
矿　区	1	15780		15780	500
裕华区	35	7649923	69384	3966158	18026
井陉县	8	220170		157292	3765
正定县	16	655441		629809	9691
栾城县	7	224578	3590	222548	2175
行唐县	1	80200		50000	640
灵寿县	3	162640		162640	752
高邑县	3	112478		112478	1738
深泽县	5	608170	160180	529170	10166
赞皇县	7				
无极县	5	232915	13040	232915	3447
平山县	5	282096		282096	3809
元氏县	2	102750		99750	569
赵　县	6	279552		257089	1752
辛集市	9	662339		662339	5415
藁城市	7	513916		494916	4587
晋州市	4	87480		87480	1495
新乐市	7	367484	815	366537	2782
鹿泉市	18	402082		368141	2173

3—17 续表　　　　(2009 年)　　　　计量单位：个、千元、人

行政单位	流动资产小计	固定资产合计	利润总额	本年应付工资总额
全市总计	**22340366**	**5680579**	**673804**	**2443123**
市区合计	20276087	4280376	501630	1641130
#长安区	3428143	673656	7885	307560
桥东区	4408310	694153	101047	241136
桥西区	4013501	1022954	197494	303453
新华区	5016856	789757	116602	371682
矿　区	3812	2002	97	1020
裕华区	2887083	1026398	65025	382019
井陉县	89459	52787	8224	49531
正定县	339268	157886	9069	166144
栾城县	64852	102375	6352	30499
行唐县	23600	27750	4280	76500
灵寿县	48092	13543	4413	9900
高邑县	70671	31710	1206	16828
深泽县	140903	180844	18187	119940
赞皇县				
无极县	38062	89974	6319	30428
平山县	48641	65427	15020	14233
元氏县	15634	37218	5769	13193
赵　县	101259	116834	13908	22300
辛集市	508343	106038	3429	75145
藁城市	270791	82969	17907	84284
晋州市	33850	46158	1314	12530
新乐市	89905	130857	20711	38150
鹿泉市	180949	157833	36066	42388

四、能源消费

全市规模以上工业企业能源购进、消费及库存

4—1

（2009 年）

能源名称	计量单位	年初库存	购进量		消费量			年末库存
			实物量	金　额（万元）	合　计	1. 工　业生产消费	2. 非工业生产消费	
能源合计	**吨标准煤**				**47422080**	**47209507**	**212573**	
原煤	吨	1949711	38254883	20912764	39002833	38873035	129798	1296718
洗精煤	吨	156394	3783206	4293259	3880120	3879997	123	154850
其它洗煤	吨	3368	85095	35790	88436	88436		1317
型煤	吨		19611	14686	19611	19611		
焦炭	吨	58079	2976754	4906288	3481797	3481378	419	109114
其它焦化产品	吨	5830	94093	118933	93863	93863		6494
焦炉煤气	万立方米		8130	30981	24950	24949	1	
其他煤气	万立方米		1234	18050	54656	54644	12	
天然气	万立方米		6691	147778	6691	6622	69	
原油	吨	240708	3622453	12507135	3568525	3568525		322780
汽油	吨	787	61235	364834	62340	48089	14250	971
煤油	吨	404	597	3945	879	872	7	127
柴油	吨	4195	55879	315858	58176	48284	9892	5790
燃料油	吨	140	440	2207	440	440		143
液化石油气	吨	6	881	3577	882	882		1
炼厂干气	吨		3380	8365	126564	126564		
其它石油制品	吨	1690	67548	341937	251464	251464		6008
热力	百万千焦		21770523	1125206	27010788	25779080	1231708	
电力	万千瓦时		2054406	11715798	2591184	2567143	24042	
其它燃料	吨标准煤	13	122171	92428	130853	130853		13

市区规模以上工业企业能源购进、消费及库存

4—2 (2009年)

能源名称	计量单位	年初库存	购进量		消费量			年末库存
			实物量	金额（万元）	合计	1. 工业生产消费	2. 非工业生产消费	
能源合计	**吨标准煤**				**11475473**	**11433132**	**42340**	
原煤	吨	468453	10585129	5828519	10735177	10717251	17926	323378
洗精煤	吨		1126674	1253910	1222044	1222031	13	
其它洗煤	吨		54150	17758	54227	54227		
型煤	吨		84	48	84	84		
焦炭	吨	3998	1025003	1506217	1023426	1023424	2	5663
其它焦化产品	吨	5280	93580	117552	93580	93580		5714
焦炉煤气	万立方米		3320	19918	3320	3319	1	
其他煤气	万立方米		1222	17810	16630	16630		
天然气	万立方米		2244	53627	2244	2188	56	
汽油	吨	52	5220	32605	5163	4065	1098	62
煤油	吨	1	77	527	83	83		2
柴油	吨	1038	13700	76216	13390	12359	1031	1307
液化石油气	吨	6	740	2925	741	741		1
热力	百万千焦		7971482	396884	11406673	10905771	500902	
电力	万千瓦时		408084	2292468	469421	462448	6973	

全市规模以上工业企业产值综合能耗

4—3 (2009年)

行业名称	综合能源消费量（吨标准煤）		工业总产值（不变价）（万元）		产值能耗（吨标准煤/万元）	
	本年	去年同期	本年	去年同期	本年	去年同期
总　　计	**26554301**	**26180831**	**44573317**	**39836353**	**0.60**	**0.66**
煤炭采选业	632444	715562	913133	800348	0.69	0.89
食品制造业	168767	141919	652738	474172	0.26	0.30
饮料制造业	134397	121284	417649	338816	0.32	0.36
烟草制品业	9767	11294	369069	329881	0.03	0.03
纺织业	566293	562232	2953223	2500501	0.19	0.22
纺织服装、鞋、帽制造业	48906	59773	774329	692126	0.06	0.09
皮革、毛皮、羽毛（绒）及其制品业	406194	372622	3770385	2995485	0.11	0.12
木材加工及木、竹、藤、棕、草制品业	320499	229993	964212	849786	0.33	0.27
造纸及纸制品业	236269	248423	684969	632063	0.34	0.39
石油加工、炼焦及核燃料加工业	690573	714445	1897384	2171237	0.36	0.33
化学原料及化学制品制造业	4284141	4568180	4170965	4047980	1.03	1.13
医药制造业	794891	857685	2712382	2574853	0.29	0.33
化学纤维制造业	155239	155097	199596	189479	0.78	0.82
非金属矿物制品业	3216517	3260386	3529557	2874567	0.91	1.13
黑色金属冶炼及压延加工业	4513743	4455096	4241739	4580392	1.06	0.97
有色金属冶炼及压延加工业	68571	66974	245189	228103	0.28	0.29
通用设备制造业	558266	534898	2116618	1710492	0.26	0.31
专用设备制造业	196799	161316	979211	816563	0.20	0.20
交通运输设备制造业	102357	101539	725451	676684	0.14	0.15
仪器仪表及文化、办公用机械制造业	41522	39119	144346	136787	0.29	0.29
电力、蒸汽、热水的生产和供应业	7267666	6620054	2631162	2271488	2.76	2.91
自来水的生产和供应业	7858	9029	57226	57792	0.14	0.16

全市主要能源调出调入情况

4—4　　(2009 年)　　计量单位：吨

能源名称	调出量	# 调出省外	调入量	# 省外调入
原　　煤	2113008	2113008	42170571	42170571
洗 精 煤	171582	171582	3158100	3158100
其他洗煤			326448	247992
焦　　炭	2171403	2171403	830414	830414
原　　油	73067	73067	2303704	548300
汽　　油	42453	42453	30915	30915
柴　　油	64890	64890	315616	315616
煤　　油			2843	2843
天 然 气			14372	14372
燃 料 油			3206	3206

市区主要能源调出调入情况

4—5　　(2009 年)　　计量单位：吨

能源名称	调出量	# 调出省外	调入量	# 省外调入
原　　煤	1690407	1690407	33736457	33736457
洗 精 煤	137265	137265	2526480	2526480
其他洗煤			261158	198393
焦　　炭	1737122	1737122	664331	664331
原　　油	58453	58453	1842963	438640
汽　　油	33962	33962	24732	24732
柴　　油	51912	51912	252493	252493
天 然 气			2274	2274
燃 料 油			11497	11497

全市规模以下工业企业主要能源消费情况

4—6

（2009 年）

行业名称	原煤（吨）	焦炭（吨）	汽油（吨）	柴油（吨）	电　　力（万千瓦时）
总　计	**11307997**	**755491**	**363140**	**273072**	**1305973**
轻工业	3454612	96983	200941	119859	696705
重工业	8875280	658509	161866	154682	606435
（一）采矿业	534255	387	7681	25143	44382
煤炭开采和洗选业	80230		45	463	5261
黑色金属矿采选业	4411		741	7119	15152
有色金属矿采选业	4814	263	65	1216	508
非金属矿采选业	425799	125	6282	15389	20989
其他采矿业	19001		549	957	2472
（二）制造业	10769068	755104	354624	247263	1260986
农副食品加工业	496128	192	22963	19089	182360
食品制造业	200511	650	6426	9413	19800
饮料制造业	36695	566	1268	1301	19913
烟草制品业	2639	298	139	628	884
纺织业	320833	9187	16266	10348	89883
纺织服装、鞋、帽制造业	111421		86741	5056	109501
皮革、毛皮、羽毛（绒）及其制品业	349070	31	5505	8490	24658
木材加工及木、竹、藤、棕、草制品业	173524	30	1518	1733	15796
家具制造业	267534	3773	26843	32614	149220
造纸及纸制品业	344275	195	8160	2452	68268
印刷业和记录媒介的复制	10608	1500	1618	538	10480

4—6 续表 （2009 年）

行业名称	原煤（吨）	焦炭（吨）	汽油（吨）	柴油（吨）	电力（万千瓦时）
文教体育用品制造业	16901		261	25	4780
石油加工、炼焦及核燃料加工业	145647	2681	1946	1487	11017
化学原料及化学制品制造业	1449630	24302	78319	53459	146274
医药制造业	27219	182	1409	295	1739
化学纤维制造业	5746		451	317	897
橡胶制品业	25659	2798	591	373	5209
塑料制品业	322960	7419	8296	5959	43514
非金属矿物制品业	4366234	68678	23106	29572	120712
黑色金属冶炼及压延加工业	926376	438549	14954	29274	85095
有色金属冶炼及压延加工业	102577	26338	4338	1821	15273
金属制品业	401624	89196	7462	4100	64346
通用设备制造业	271927	33930	15420	14346	18684
专用设备制造业	57368	9307	1993	966	7796
交通运输设备制造业	15124	31	1307	1278	888
电气机械及器材制造业	13512	16075	155	120	497
通信设备、计算机及其他电子设备制造业	5976	10136	645	1784	1997
仪器仪表及文化、办公用机械制造业	1750		286	594	549
工艺品及其他制造业	176	404	1361	1573	6519
废弃资源和废旧材料回收加工业	299424	8658	14879	8259	34437
（三）电力、燃气及水的生产和供应业	4675		835	666	605
电力、热力的生产和供应业	2466		835	666	605
燃气生产和供应业	832				
水的生产和供应业	1377				

市区规模以下工业企业主要能源消费情况

4—7 （2009 年）

行业名称	原煤（吨）	焦炭（吨）	汽油（吨）	柴油（吨）	电力（万千瓦时）
总计	**9046398**	**604393**	**290512**	**218457**	**1044778**
轻工业	2763690	77586	160753	95887	557364
重工业	7100224	526807	129492	123746	485148
（一）采掘业	427404	310	6145	20115	35506
煤炭开采和洗选业	64184		36	370	4209
有色金属矿采选业	3529		593	5695	12122
非金属矿采选业	3851	210	52	972	407
其它矿采选业	340640	100	5025	12312	16791
（二）制造业	15201		439	765	1978
农副食品加工业	8615254	604083	283699	197810	1008788
食品制造业	396903	154	18370	15271	145888
饮料制造业	160409	520	5141	7531	15840
烟草制品业	29356	452	1014	1041	15931
纺织业	2111	238	111	502	707
纺织服装、鞋、帽制造业	256666	7350	13013	8279	71907
皮革、毛皮、羽毛（绒）及其制品业	89136		69392	4045	87601
木材加工及木、竹、藤、棕、草制品业	279256	25	4404	6792	19727
家具制造业	138819	24	1215	1386	12637
造纸及纸制品业	214028	3018	21475	26091	119376
印刷业及记录媒介的复制	275420	156	6528	1961	54614
文教体育用品制造业	13521		209	20	3824
石油加工、炼焦及核燃料加工业	116517	2144	1557	1190	8814
化学原料及化学制品制造业	1159704	19442	62655	42767	117019
医药制造业	21776	146	1127	236	1391
化学纤维制造业	4597		361	254	718
橡胶制品业	20527	2238	473	298	4167
塑料制品业	258368	5935	6637	4767	34811
非金属矿物制品业	3492988	54942	18485	23658	96570
黑色金属冶炼及压延加工业	741101	350839	11963	23419	68076
有色金属冶炼及压延加工业	82061	21070	3470	1457	12218
金属制品业	321299	71357	5969	3280	51477
通用设备制造业	217542	27144	12336	11476	14947
专用设备制造业	45894	7445	1594	773	6237
交通运输设备制造业	12099	25	1045	1022	711
通信设备、计算机及其他电子设备制造业	10810	12860	124	96	397
仪器仪表及文化、办公用机械制造业	4781	8109	516	1427	1597
工艺品及其他制造业	1400		229	475	439
废弃资源和废旧材料回收加工业	141	323	1089	1259	5215
（三）电力及水的生产和供应业	239539	6926	11903	6607	27550
电力、蒸汽、热水的生产和供应业	3740		668	532	484
自来水的生产和供应业	1973		668	532	484

全市有关行业能源消费量

4—8　　（2009 年）

能源名称	计量单位	本年消费量	# 农林牧渔水利业	建筑业	批发零售贸易餐饮业	公路运输业
煤　　炭	吨	2087541	19889	39711	288746	71502
煤制品	吨	16812	445	75	1477	5
焦　　炭	吨	1905		481		
焦炉煤气	万立方米	91			86	
汽　　油	吨	279686	10975	18413	22524	15714
煤　　油	吨	4458	105	192	273	2769
柴　　油	吨	216128	1427	52604	13832	112592
燃料油	吨	11913	312	10979	78	
液化石油气	吨	6204	174	4635	627	312
热　　力	百万千焦	17921320	13540	333164	6349692	3351
电　　力	万千瓦时	1106281	41429	38705	155956	67862

市区有关行业能源消费量

4—9　　（2009 年）

能源名称	计量单位	本年消费量	# 农林牧渔水利业	建筑业	批发零售贸易餐饮业	公路运输业
煤　　炭	吨	1670033	15911	31769	230997	57202
煤制品	吨	13449	356	60	1181	4
焦　　炭	吨	1524		385		
焦炉煤气	万立方米	73			69	
汽　　油	吨	223749	8780	14731	18019	12572
煤　　油	吨	3566	84	154	218	2215
柴　　油	吨	172903	1142	42083	11066	90074
燃料油	吨	9530	250	8783	62	
液化石油气	吨	4964	139	3708	501	250
热　　力	百万千焦	14337056	10832	266531	5079754	2681
电　　力	万千瓦时	885025	33143	30964	124765	54289

全市行业用电分类情况

4—10 （2009年） 计量单位：万千瓦时

指标名称	全　市	# 市区
全社会用电总计	**3404834**	**1270267**
A、A、全行业用电合计	2982449	1146167
第一产业	123312	9311
第二产业	2531385	871873
第三产业	327752	264983
B、城乡居民生活用电合计	422385	124100
城镇居民	187283	116423
乡村居民	235103	7678
全行业用电分类	2982449	1146167
一、农、林、牧、渔、水利业	123312	9311
1. 农业	12185	758
2. 林业	154	4
3. 畜牧业	3325	1276
4. 渔业	88	22
5. 农、林、牧、渔服务业	107561	7252
# 排灌	101388	7316
二、工业	2506153	859736
1. 轻工业	592631	199983
2. 重工业	1913522	659753
（一）采矿业	49336	22548
1. 煤炭开采和洗选业	19831	17896
2. 石油和天然气开采业	7561	4456
3. 黑色金属矿采选业	5650	32
4. 有色金属矿采选业	1295	21
5. 非金属矿采选业	14510	75
6. 其他采矿业	489	68
（二）制造业	1931665	461663
1. 食品、饮料和烟草制造业	63030	7041
# 农副食品加工业	25131	2501
2. 纺织业（轻）	189107	38712
3. 服装鞋帽、皮革羽绒及其制品业	20123	2674
4. 木材加工及制品和家具制品业	26142	1422

4—10 续表 1　　(2009 年)　　计量单位：万千瓦时

指标名称	全　市	# 市区
# 轻工业	2303	575
5. 造纸及纸制品业	55308	2821
6. 印刷业和记录媒介的复制	3055	1714
7. 文体用品制造业	142	24
8. 石油加工、炼焦及核燃料加工业	39475	37672
9. 化学原料及化学制品制造业	416657	76867
# 轻工业	5595	1724
# 肥料制造	273674	55927
10. 医药制造业	180482	117518
11. 化学纤维制造业	30908	10788
12. 橡胶和塑料制品业	53499	5643
# 轻工业	13182	1438
13. 非金属矿物制品业	254722	14782
# 轻工业	5529	1220
# 水泥制造	142333	3373
14. 黑色金属冶炼及压延加工业	366271	92468
# 铁合金冶炼	36074	1168
15. 有色金属冶炼及压延加工业	35508	6767
# 铝冶炼	19725	132
16. 金属制品业	93148	6478
# 轻工业	3336	833
17. 通用及专用设备制造业	60374	19708
# 轻工业	1453	22
18. 交通运输、电气、电子设备制造业	36523	16889
# 轻工业	6884	5694
# 交通运输设备制造业	8858	3374
19. 工艺品及其他制造业（轻）	4543	1497
20. 废弃资源和废旧材料回收加工业	2649	179
（三）电力、燃汽及水的生产和供应业	525152	375525
1. 电力、热力的生产和供应业	501779	364865
# 电厂生产全部耗用电量	286445	258372
线路损失电量	196766	92294

4—10 续表 2　　（2009 年）　　计量单位：万千瓦时

指标名称	全　市	# 市区
2. 燃气生产和供应业	4739	3676
3. 水的生产和供应业	18634	6984
# 轻工业	7651	5688
三、建筑业	25232	12137
四、交通运输、仓储和邮政业	80183	66115
1. 交通运输业	67905	63413
# 城市公共交通	406	261
管道运输业	1532	
电气化铁路	41328	41047
2. 仓储业	10469	1755
3. 邮政业	1808	946
五、信息传输、计算机服务和软件业	18834	14585
1. 电信和其他信息传输服务业	18419	14311
2. 计算机服务和软件业	415	274
六、商业、住宿和餐饮业	64883	52889
1. 批发和零售业	44705	37178
2. 住宿和餐饮业	20178	15711
七、金融、房地产、商务及居民服务业	68560	59198
1. 金融业	8499	6985
2. 房地产业	36127	34048
3. 租赁和商务服务业、居民服务和其它服务	23935	18166
八、公共事业及管理组织	95291	72195
1. 科学研究、技术服务和地质勘查业	5362	5102
# 地质勘查业	248	140
2. 水利、环境和公共设施管理业	10302	6207
# 水利管理业	1853	705
# 公共照明	6892	5118
3. 教育、文化、体育和娱乐业	41189	31652
# 教育	31151	24256
4. 卫生、社会保障和社会福利业	14302	10820
5. 公共管理和社会组织、国际组织	24137	18415

分县（市）用电情况

4—11　　计量单位：万千瓦时

行政单位	2005 年	2006 年	2007 年	2008 年	2009 年
全市总计	**2529177**	**2835596**	**3212588**	**3246087**	**3404834**
市区合计	1086019	1136665	1214163	1224331	1270267
井 陉 县	58986	62603	66054	54796	47727
正 定 县	111809	130110	140602	146182	155718
栾 城 县	72321	88589	103145	101212	107413
行 唐 县	26192	28647	33845	33983	36337
灵 寿 县	62917	73178	81429	81614	83262
高 邑 县	38372	47447	60959	59904	67192
深 泽 县	31485	39508	46190	46494	49014
赞 皇 县	31520	37177	41138	45884	53910
无 极 县	46040	54310	61160	62778	70039
平 山 县	123536	156790	210096	248840	226256
元 氏 县	76279	82817	100776	115953	120923
赵　 县	71409	96177	102583	97701	98862
辛 集 市	125727	162074	190741	200905	231405
藁 城 市	152432	168848	196527	192297	201419
晋 州 市	133466	165359	202470	191616	220207
新 乐 市	58331	70472	75231	82182	88362
鹿 泉 市	222336	234825	285479	259415	255410

五、财政　金融

财政收入情况

5—1　　(2009 年)　　计量单位：万元

行政单位	全部财政收入	# 一般预算收入	# 增值税	营业税
石家庄市	**3102454**	**1259614**	**143369**	**427857**
市区合计	1815532	772553	80185	289117
#长安区	318828	135049	19478	60520
桥东区	281984	116752	7434	50034
桥西区	479465	163919	17082	61812
新华区	180104	93861	7048	44247
裕华区	198771	103872	8037	52639
矿　区	55055	18184	5622	3753
高新区	173105	58847	11450	16111
井陉县	100189	35294	5244	10973
正定县	65525	38077	3131	16437
栾城县	66000	31096	4834	7483
行唐县	24025	15961	899	4978
灵寿县	24127	11231	1521	1554
高邑县	16558	9027	1087	4210
深泽县	21515	14467	777	4513
赞皇县	23026	9888	1788	2909
无极县	28061	14453	1596	6456
平山县	122816	52697	10744	10171
元氏县	48714	18688	3917	4537
赵　县	33018	16687	2210	4265
辛集市	93007	49482	5634	12116
藁城市	410813	63598	7568	16175
晋州市	56055	28199	3407	4704
新乐市	35371	20946	1694	7310
鹿泉市	118102	57270	7133	19949

5—1 续表　　（2009 年）　　计量单位：万元

行政单位	一般预算收入中：				
	企业所得税	个人所得税	城市维护建设税	耕地占用税	契　税
石家庄市	**106017**	**60353**	**83692**	**21418**	**56994**
市区合计	84581	47299	57629	1809	35131
#长安区	12110	7771	8700	36	
桥东区	24720	5950	8795		
桥西区	25199	12406	18056	15	
新华区	4795	9420	6278	1073	
裕华区	6799	6980	7069	685	
矿　区	800	530	2020		351
高新区	9501	4106	5271		
井陉县	1632	1072	1580	49	870
正定县	1747	1007	1199	1772	3817
栾城县	1495	484	1110	3639	1851
行唐县	460	446	304	3329	636
灵寿县	775	405	181	280	343
高邑县	172	173	304	112	226
深泽县	309	579	316	95	129
赞皇县	554	243	236	552	95
无极县	742	657	415	84	306
平山县	1585	1112	5454	455	185
元氏县	1659	374	886	761	585
赵　县	583	528	717	222	581
辛集市	2199	999	2274	1056	4536
藁城市	1565	2175	6377	2819	2143
晋州市	1521	991	1842	850	1320
新乐市	753	630	672	468	739
鹿泉市	3685	1179	2196	3066	3501

财政支出情况

5—2 （2009 年） 计量单位：万元

行政单位	财政支出	# 一般公共服务	公共安全	教 育	科学技术
石家庄市	**2409171**	**327032**	**173873**	**612552**	**38732**
市区合计	1137390	143725	107130	255633	24969
#长安区	58400	7244	3332	29047	1040
桥东区	63566	15202	2310	28116	933
桥西区	70970	10831	1795	27540	837
新华区	68917	14624	3425	35899	1853
裕华区	59344	13717	1599	23206	688
矿 区	29315	5382	2329	6811	521
高新区	50161	6744	1213	5671	4373
井陉县	74293	9972	3420	18139	1017
正定县	73437	12573	4737	24928	1121
栾城县	60499	9352	2554	19356	893
行唐县	71431	11719	3078	19282	535
灵寿县	58834	8741	2525	14494	512
高邑县	38431	5931	2248	8999	478
深泽县	40528	4494	2859	9800	480
赞皇县	42126	6078	2592	10929	334
无极县	57837	8376	3645	18907	646
平山县	129951	13849	4882	29591	1232
元氏县	60412	9243	3930	19932	520
赵 县	75342	9807	4403	25129	227
辛集市	116439	15478	5708	33381	826
藁城市	129663	16196	4909	34527	1379
晋州市	81191	14293	5290	25346	1091
新乐市	60982	7318	3718	16456	744
鹿泉市	100385	19887	6245	27723	1728

5—2 续表　　　　（2009 年）　　　　计量单位：万元

行政单位	财政支出中：				
	文化体育与传媒	社会保障和就业	医疗卫生	城乡社区事务	农林水事务
石家庄市	**32715**	**206528**	**206961**	**220585**	**225726**
市区合计	18062	88456	83933	160456	49543
#长安区	236	6044	3880	4850	1210
桥东区	156	5851	4502	4356	258
桥西区	168	5849	3762	4088	665
新华区	250	5081	2126	4409	571
裕华区	253	3737	5095	3105	1488
矿　区	243	1701	1488	2539	2942
高新区	59	639	1546	25609	494
井陉县	913	4093	4720	5607	10909
正定县	1059	4158	5814	2536	8180
栾城县	662	4820	6310	1855	9389
行唐县	832	4880	7961	1224	12442
灵寿县	649	9763	5195	797	10578
高邑县	248	4428	3024	1674	4252
深泽县	528	3282	3497	2788	4010
赞皇县	539	3092	3857	450	6788
无极县	524	5476	6521	1250	7615
平山县	2233	19473	11983	9462	27666
元氏县	703	4426	5422	2173	7433
赵　县	842	5691	8777	5460	8526
辛集市	1098	10042	9673	2712	11108
藁城市	691	14203	15163	13144	17136
晋州市	1382	5139	10366	2315	9827
新乐市	653	7693	7543	1866	6462
鹿泉市	1097	7413	7202	4816	13862

全市金融机构本外币信贷收支情况

5—3　　　　（2009 年）　　　　计量单位：万元

指标名称	本年度余额	比年初	
		今　年	去　年
一、各项存款	51993959	10553325	7833340
1. 企事业单位存款	16017086	4705714	1830462
（1）活期存款	11496325	3310914	1302511
（2）定期存款	4520760	1394800	527950
2. 储蓄存款	25831905	3888890	4845320
（1）活期储蓄	7343154	1560983	821305
（2）定期储蓄	18488752	2327906	4024015
3. 委托存款	416627	159578	115041
4. 其他存款	9728341	1799144	1042518
二、所有者权益	1124940	206992	303375
# 实收资本	601093	125464	85861
三、其他	-21873964	-1856502	-5015341
资金来源总计	31244934	8903816	3121375
一、各项贷款	28966680	8092813	2993457
1. 短期贷款	11812693	2914387	1225969
2. 中长期贷款	15072927	5264123	732596
3. 委托贷款	37616	16746	14120
4. 其它贷款	54044	10527	-7966
5. 票据融资	1962795	-116917	1010284
6. 各项垫款	26605	3946	18454
二、有价证券及投资	2278254	811002	127918
资金运用总计	31244934	8903816	3121375

全市金融机构人民币信贷收支情况

5—4　　　　（2009 年）　　　　计量单位：万元

指标名称	本年余额	指标名称	本年余额
一、各项存款	51630561	（2）商业贷款	907736
1. 企业存款	15840501	（3）建筑业贷款	89286
（1）活期存款	11376309	（4）农业贷款	2979767
（2）定期存款	4464192	（5）三资企业贷款	132773
2. 财政存款	733162	（6）私营企业及个体贷款	396630
3. 机关团体存款	4164703	（7）其他短期贷款	3187268
4. 储蓄存款	25674597	# 个人短期消费贷款	126966
（1）活期储蓄	7298739	2. 中长期贷款	15070411
（2）定期储蓄	18375858	（1）基本建设贷款	7108338
5. 农业存款	58589	（2）技术改造贷款	161590
6. 委托存款	412807	（3）其他中长期贷款	7800483
7. 其他存款	4746202	# 个人中长期消费贷款	2476770
二、应付及暂收款	693336	3. 委托贷款	37616
# 应付利息	426578	4. 票据融资	1962795
三、同业往来	2055015	5. 各项垫款	26514
四、各项准备	657112	二、有价证券及投资	2970345
# 贷款损失准备	608780	三、应收及预付款	153440
五、所有者权益	1121076	# 应收利息	56092
# 实收资本	601093	四、同业往来	261696
六、其他	-3727568	五、行内资金往来	19449188
资金来源总计	52429532	六、外汇占款	2986
一、各项贷款	28865696	七、固定资产	461461
1. 短期贷款	11768360	八、库存现金	264719
（1）工业贷款	4074900	资金运用总计	52429532

市区金融机构人民币信贷收支情况

5—5　　　　（2009年）　　　　计量单位：万元

指标名称	本年余额	指标名称	本年余额
一、各项存款	37950523		
1. 企业存款	14020593	（3）建筑业贷款	87823
（1）活期存款	10059968	（4）农业贷款	505308
（2）定期存款	3960625	（5）三资企业贷款	132773
2. 财政存款	513170	（6）私营企业及个体贷款	325630
3. 机关团体存款	3772027	（7）其他短期贷款	3030362
4. 储蓄存款	14674605	# 个人短期消费贷款	92292
（1）活期储蓄	4583923	2. 中长期贷款	14125712
（2）定期储蓄	10090682	（1）基本建设贷款	6948894
5. 农业存款	49574	（2）技术改造贷款	160290
6. 委托存款	409950	（3）其他中长期贷款	7016528
7. 其他存款	4510604	# 个人中长期消费贷款	2103421
二、应付及暂收款	469214	3. 委托贷款	37616
# 应付利息	262513	4. 票据融资	1584859
三、同业往来	2052425	# 买断式贴现	1584859
四、各项准备	450226	5. 各项垫款	26235
# 贷款损失准备	402865	二、有价证券及投资	1962951
五、所有者权益	820334	三、应收及预付款	119623
# 实收资本	326084	# 应收利息	45075
六、其他	-1171346	四、同业往来	261471
资金来源总计	40571376	五、行内资金往来	13610505
一、各项贷款	24231048	六、外汇占款	2986
1. 短期贷款	8456626	七、固定资产	223633
（1）工业贷款	3851431	八、库存现金	159159
（2）商业贷款	523301	资金运用总计	40571376

全市金融机构外汇信贷收支情况

5—6　　　　(2009年)　　　　计量单位：万美元

指标名称	本年余额	比年初	
		今　年	去　年
一、各项存款	53220	3405	7437
1. 单位活期存款余额	17577	618	4917
#中资企业存款	7135	1809	-409
外商投资企业存款	2193	-2615	3299
2. 单位定期存款	8285	987	2075
# 中资企业存款	64	-87	150
3. 储蓄存款	23038	1582	122
# 定期存款	16533	681	-80
4. 委托存款	559	358	-6
5. 其他类存款	3620	-251	330
6. 境外存款	141	110	
二、境外筹资	524	-63	-98
三、同业存放	264	-204	47
四、应付及暂收款	1534	-1785	2475
# 应付及预提利息	174	-168	66
五、同业拆入	1376	1376	
六、外汇买卖	443	173	-1503
# 结售汇	427	242	-1512
七、各项准备	68	-672	51
八、所有者权益	566	-411	-350
九、其他	6195	-2541	1132
资金来源总计	64189	-722	9191
一、各项贷款	14789	3620	-6947
1. 短期贷款	6493	5211	-2679
# 中资企业贷款	3717	2752	-5
2. 中长期贷款	368	-3024	-3463
# 中资企业贷款	62	-1924	-3103
3. 进出口贸易融资	4903	2150	-190
4. 境外筹资转贷款	3012	-603	-491
二、应收及预付款	849	-1054	2960
# 应收及预付利息	36	-38	27
三、存放同业	445	-297	-853
四、存放境内联行	47194	-2913	14169
五、库存现金	912	-78	-108
资金运用总计	64189	-722	9191

分县（市）金融机构信贷情况

5—7　　　　（2009 年）　　　　计量单位：万元

行政单位	各项存款	# 企业存款余额		
			# 活期存款余额	定期存款余额
全市总计	**51630561**	**15840501**	**11376309**	**4464192**
市区合计	37950523	14020593	10059968	3960625
井 陉 县	722930	101115	64540	36575
正 定 县	1474407	254875	157847	97027
栾 城 县	716579	159650	63781	95869
行 唐 县	499390	36566	28308	8258
灵 寿 县	497998	41476	36017	5459
高 邑 县	301969	36437	33619	2818
深 泽 县	493897	26854	24202	2652
赞 皇 县	314729	36410	35620	790
无 极 县	731779	54381	34260	20121
平 山 县	819265	106730	80539	26191
元 氏 县	595994	64187	57979	6208
赵　 县	569681	53070	48090	4980
辛 集 市	1683032	158059	130669	27390
藁 城 市	1278988	171541	118945	52595
晋 州 市	1100914	109694	75462	34232
新 乐 市	612333	86095	66663	19432
鹿 泉 市	1266154	301067	242195	58871

5—7 续表 1　　（2009 年）　　计量单位：万元

行政单位	各项存款中：				
	储蓄存款余额	# 活期储蓄余额	定期储蓄余额	农业存款	其他存款
全市总计	**25674597**	**7298739**	**18375858**	**58589**	**4767906**
市区合计	14674605	4583923	10090682	49574	4510604
井 陉 县	564372	134551	429820	2091	20166
正 定 县	1119251	304634	814617	561	23978
栾 城 县	480253	117194	363060	3175	42172
行 唐 县	441452	97795	343657		271
灵 寿 县	427193	123694	303499	232	9275
高 邑 县	257563	72265	185297	423	333
深 泽 县	437578	66638	370940		6198
赞 皇 县	250941	66153	184788		1671
无 极 县	631828	139678	492151	325	2359
平 山 县	613920	167911	446009	168	31681
元 氏 县	476693	116349	360344	823	15945
赵　 县	470748	115780	354968	10	6535
辛 集 市	1448975	328015	1120960	339	11532
藁 城 市	1034815	235983	798832	102	16991
晋 州 市	958566	219065	739501	536	11029
新 乐 市	514730	177518	337212	226	1179
鹿 泉 市	871114	231594	639521	5	55988

5—7 续表2 （2009年） 计量单位：万元

行政单位	各项存款	# 短期贷款		
			# 工业贷款	商业贷款
全市总计	**28865696**	**11768360**	**4074900**	**907736**
市区合计	24231048	8456626	3851431	523301
井 陉 县	267119	161534	4398	5090
正 定 县	478347	297713	13135	15681
栾 城 县	262050	210550	3916	13163
行 唐 县	125929	108532		9611
灵 寿 县	148897	113940		4943
高 邑 县	108653	80170		15522
深 泽 县	116809	103161	900	12932
赞 皇 县	106962	82640		4059
无 极 县	186955	167924	5698	15170
平 山 县	218361	138894	20680	9462
元 氏 县	210053	186045	18671	15415
赵　　县	230460	152654	9255	27811
辛 集 市	446132	323284	44085	67109
藁 城 市	478186	344110	34174	28474
晋 州 市	336320	306617	13361	13328
新 乐 市	265734	236105	7072	114694
鹿 泉 市	647678	297863	48125	11971

5—7 续表3　　（2009年）　　计量单位：万元

行政单位	各项贷款中：短期贷款中：农业贷款	私营企业及个体贷款	中长期贷款	#其他中长期贷款
全市总计	**2979767**	**396630**	**15070411**	**7800483**
市区合计	505308	325630	14125712	7016528
井 陉 县	142615	2321	9214	4714
正 定 县	242542	4007	143269	126584
栾 城 县	186186	4839	49111	47111
行 唐 县	83642	3167	6297	6297
灵 寿 县	83414	3022	22427	22427
高 邑 县	61775	1970	26130	26130
深 泽 县	85368	2946	9103	8892
赞 皇 县	75048	2396	24322	24322
无 极 县	141262	5105	17821	17821
平 山 县	97612	3436	60585	60585
元 氏 县	130492	2692	18475	18475
赵　 县	105882	1671	24347	23097
辛 集 市	191390	10279	50460	50460
藁 城 市	265789	7166	102169	102169
晋 州 市	261793	7605	19503	18009
新 乐 市	103566	2571	27491	24491
鹿 泉 市	216083	5808	333973	202369

六、物 价

居民消费价格指数

6—1

（2009 年）

类别及品名	以上年同期价格为 100		
	全　市	城　市	农　村
居民消费价格总指数	**100.6**	**100.3**	**101.1**
一、食品	99.9	100.0	99.6
1. 粮食	103.2	102.5	104.5
2. 淀粉	107.4	110.0	100.3
3. 干豆类及豆制品	91.8	91.0	94.1
4. 油脂	82.5	84.1	78.9
5. 肉禽及其制品	92.5	92.9	91.8
6. 蛋	99.2	98.3	101.2
7. 水产品	95.6	94.0	98.6
8. 菜	112.5	112.3	113.5
9. 调味品	107.8	107.7	108.0
10. 糖	106.5	107.1	105.5
11. 茶及饮料	104.6	105.6	101.2
12. 干鲜瓜果	96.9	96.5	98.1
13. 糕点饼干	101.3	99.8	105.5
14. 液体乳及乳制品	106.1	106.6	103.4
15. 在外用膳食品	102.5	102.6	102.3
16. 其他食品	103.1	102.6	104.4
二、烟酒及用品	101.0	101.0	101.3
1. 烟草	100.0	99.8	100.4
2. 酒	102.2	102.4	102.1
3. 吸烟、饮酒用品	100.3	100.0	101.0
三、衣着	101.1	100.1	102.9
1. 服装	99.8	98.3	103.5

6—1 续表　　（2009 年）

类别及品名	以上年同期价格为 100		
	全　市	城　市	农　村
2. 衣着材料	104.1	102.5	106.1
3. 鞋袜帽	102.5	103.0	100.8
4. 衣着加工服务费	110.8	114.8	100.2
四、家庭设备用品及维修服务	100.2	100.2	100.5
1. 耐用消费品	99.6	99.8	98.7
2. 室内装饰品	98.5	97.2	1001.3
3. 床上用品	98.1	98.0	97.8
4. 家庭日用杂品	102.2	101.9	103.2
5. 家庭服务及加工维修服务	102.6	101.0	108.7
五、医疗保健和个人用品	101.2	101.1	101.5
1. 医疗保健	101.7	101.9	101.1
2. 个人用品及服务	100.2	99.2	102.0
六、交通和通信	98.8	98.5	99.7
1. 交通	100.4	100.3	100.4
2. 通信	97.4	97.1	98.6
七、娱乐教育文化用品及服务	99.7	99.0	101.5
1. 文娱用耐用消费品及服务	91.0	89.4	95.6
2. 教育	101.6	100.9	102.7
3. 文化娱乐类	101.9	101.7	102.9
4. 旅游	101.3	101.4	99.6
八、居住	104.1	104.3	103.8
1. 建房及装修材料	103.0	104.3	102.1
2. 租房	106.4	106.6	105.7
3. 自有住房	90.6	88.1	96.8
4. 水、电、燃料	105.6	105.6	105.4

商品零售价格指数

6—2　　(2009 年)

类别及品名	以上年同期价格为 100		
	全 市	城 市	农 村
商品零售价格总指数	**100.2**	**100.1**	**100.4**
一、食品	99.9	99.8	100.0
1. 粮食	103.0	102.0	103.9
2. 淀粉	104.8	110.0	100.4
3. 干豆类及豆制品	91.0	90.3	92.1
4. 油脂	82.5	84.1	80.8
5. 肉禽及其制品	92.8	93.4	92.0
6. 蛋	100.0	98.4	101.2
7. 水产品	96.4	94.4	98.5
8. 菜	113.6	112.4	115.0
9. 调味品	107.8	107.7	107.9
10. 糖	104.8	105.0	104.7
11. 干鲜瓜果	97.6	96.4	99.6
12. 糕点饼干面包	102.2	99.8	106.1
13. 液体乳及乳制品	105.7	106.8	103.5
14. 在外用膳食品	102.5	102.6	102.3
15. 其他食品	103.1	102.6	104.1
二、饮料、烟酒	101.5	102.3	101.0
1. 茶及饮料	102.9	104.9	101.2
2. 烟草	99.8	99.8	99.9
3. 酒	102.1	102.6	101.8
三、服装、鞋帽	100.8	99.3	102.8
1. 服装	100.1	98.0	103.4
2. 鞋袜帽	102.4	102.9	101.6
3. 其他	101.3	100.2	102.8
四、纺织品	100.7	99.7	101.5
1. 衣着材料	104.8	102.3	106.0
2. 床上用品	98.2	98.6	97.5
五、家用电器及音像器材	93.7	93.1	94.9
1. 家庭设备	97.4	97.0	98.2
2. 文娱用耐用消费品	89.3	87.8	91.6

6—2 续表　　(2009 年)

类别及品名	以上年同期价格为100		
	全　市	城　市	农　村
3. 音像器材	92.2	91.7	94.8
六、文化办公用品	99.0	97.8	100.2
七、日用品	102.1	102.1	102.2
1. 日用百货	102.3	102.1	102.5
2. 日用杂品	101.0	101.5	100.2
3. 洗涤用品	105.0	105.7	104.3
4. 其他日用品	100.7	100.4	101.1
八、体育娱乐用品	99.3	98.3	100.2
1. 体育用品	100.2	100.5	99.9
2. 娱乐用品	98.6	96.8	100.5
九、交通、通信用品	95.7	94.9	97.3
1. 交通运输机械	100.6	101.8	98.8
2. 通信器材	90.2	88.2	95.0
十、家具	102.4	106.1	98.2
十一、化妆品	100.5	98.4	104.1
十二、金银珠宝	96.1	97.0	93.0
十三、中西药品及医疗保健用品	101.6	101.7	101.4
1. 医疗器具及用品	102.0	100.6	107.4
2. 中药材及中成药	101.6	102.6	99.0
3. 西药	102.1	101.8	102.5
4. 保健品及器具	99.5	99.6	99.3
十四、书报杂志及电子出版物	106.5	106.3	106.7
1. 教材及参考书	107.0	106.1	108.6
2. 书报杂志	108.0	108.4	107.0
3. 电子音像制品	101.1	101.7	99.8
十五、燃料	105.1	108.7	100.8
1. 煤炭及制品	120.5	121.5	119.4
2. 石油及制品	94.8	100.8	86.3
十六、建筑材料及五金电料	101.6	102.4	101.1
1. 建筑装璜材料	101.4	101.7	101.0
2. 五金电料	102.6	105.3	101.1

农业生产资料价格指数

6—3 （2009年）

类别及品名	以上年同期价格为100	类别及品名	以上年同期价格为100
农业生产资料价格指数	**101.1**		
一、农用手工工具	108.3	1. 化学农药	102.5
二、饲料	106.3	2. 农药器械	103.0
三、产品畜	85.4	八、农用机油	88.1
四、半机械化农具	102.4	九、其他农业生产资料	102.5
五、机械化农具	103.5	1. 农用种子	107.0
六、化学肥料	102.0	2. 其他	97.2
七、农药及农药械	102.6	十、农业生产服务	108.6

工业产品出厂价格指数

6—4 （2009年）

类别及品名	以上年同期为100	类别及名称	以上年同期为100
全部工业品	**94.55**		
轻工业	98.16	工业部门	
以农产品为原料	97.72	冶金工业	81.56
以非农产品为原料	98.79	电力工业	105.27
重工业	90.43	煤炭及炼焦工业	93.85
采　掘	94.43	石油工业	93.34
原　料	90.63	化学工业	90.50
加　工	90.03	机械工业	98.20
生产资料	92.99	建筑材料工业	104.19
采　掘	93.38	森林工业	99.74
原　料	90.77	食品工业	99.47
加　工	94.77	纺织工业	96.99
生活资料	99.08	缝纫工业	99.53
食　品	99.87	皮革工业	95.27
衣　着	100.52	造纸工业	96.74
一般日用品	97.06	文教艺术用品工业	100.50
耐用消费品	100.12	其它工业	97.89

工业企业原材料购进价格指数

6—5　　(2009 年)

行业名称	以上年同期为100	行业名称	以上年同期为100
全部原材料	**93.23**	(四) 化工原料类	84.79
(一) 燃料、动力类	94.27	(五) 木材及纸浆类	100.59
(二) 黑色金属材料	83.64	(六) 建筑材料及非金属矿类	102.08
# 钢　材	85.05	(七) 其它工业原材料及半成品类	97.78
其　它	78.70	(八) 农副产品类	96.90
(三) 有色金属材料和电线类	89.36	(九) 纺织原料类	93.29

城市房地产价格指数

6—6　　(2009 年)

项　目	以上年同期为100	项　目	以上年同期为100
土地交易价格指数	**100.0**	3. 高档住宅	87.9
一、居民住宅用地	100.0	# 高档公寓	102.5
# 普通住宅用地	100.0	(二) 非住宅	100.0
二、工业用地	100.0	# 商业用房	100.0
三、商业、旅游、娱乐用地	100.3	二、二手房	94.9
四、其他用地		**房地产租赁价格指数**	**107.5**
房地产销售价格指数	**96.4**	一 、住宅	105.7
一、商品房	97.2	#普通住宅	105.5
(一) 住宅	96.4	高档住宅	103.2
1. 经济适用房	100.0	二、非住宅	108.0
2. 普通住宅	98.8	(一) 办公楼	99.5
(1) 多层住宅	99.3	(二) 商业营业用房	114.2
(2) 高层住宅	98.8	(三) 其他	101.8

七、居民生活

城镇居民家庭基本情况

7—1　　　　（2009年）

指标名称	计量单位		总　计	按相对收入等距5组分组				
				低收入组	较　低收入组	中　等收入组	较　高收入组	高收入组
调查户数	户		300	60	60	60	60	60
一、住房情况								
1. 家庭居住人口	人	户	2.59	3.20	2.78	2.40	2.40	2.17
2. 现住房总建筑面积	平方米	人	28.64	19.46	25.00	28.88	30.75	44.25
3. 房屋产权	-	%						
租赁公房	-	%	3.00		1.67	3.33	3.33	6.67
租赁私房	-	%	4.33	8.33	1.67	3.33	5.00	3.33
原有私房	-	%	5.00	3.33	3.33	3.33	5.00	10.00
房改私房	-	%	75.00	73.33	78.33	83.33	75.00	65.00
商品房	-	%	12.67	15.00	15.00	6.67	11.67	15.00
4. 住宅建筑式样	-	%						
四居室	-	%	2.33		3.33		8.33	
三居室	-	%	27.67	18.33	20.00	25.00	21.67	53.33
二居室	-	%	64.00	70.00	71.67	68.33	75.00	35.00
一居室	-	%	5.67	11.67	3.33	6.67	3.33	3.33
平房及其它	-	%	0.33		1.67			
5. 建筑年份	-	户	18.81	21.10	19.40	19.37	18.03	16.13
6. 装修状况	-	%						
有装修	-	%	45.00	35.00	40.00	45.00	53.33	51.67
未装修	-	%	55.00	65.00	60.00	55.00	46.67	48.33
（1）如果装修过最近一次装修年份	年	户	3.71	2.47	3.12	4.05	4.27	4.63
（2）如果装修过最近一次装修花费	元	户	8163	5493	7193	6102	9568	12459
7. 现有住房按市场价估计值	元	户	290774	235000	277083	284167	304333	353287
8. 租赁房房租	元	户	266	433	82	271	279	266
9. 自有房房租折算	元	户	6841	5759	6580	7114	6943	7810
10. 购房时间	年	户	10	10	10	11	9	8
11. 购房总金额	元	户	69802	58977	69536	61195	70999	88303
购房实际支出金额	元	户	65268	57295	64092	55676	62420	86858
12. 饮水情况	-	%						
自来水	-	%	100.00	100.00	100.00	100.00	100.00	100.00
13. 用水情况	-	%						
独用自来水	-	%	100.00	100.00	100.00	100.00	100.00	100.00

7—1 续表　　(2009 年)

指标名称	计量单位		总　计	按相对收入等距5组分组				
				低收入组	较　低 收入组	中　等 收入组	较　高 收入组	高收入组
14. 卫生设备	–	%						
有厕所浴室	–	%	84.00	73.33	86.67	88.33	88.33	83.33
有厕所无浴室	–	%	16.00	26.67	13.33	11.67	11.67	16.67
15. 取暖设备	–	%						
无取暖设备	–	%	0.67	1.67			1.67	
暖气	–	%	99.33	98.33	100.00	100.00	98.33	100.00
16. 炊用燃料使用情况	–	%						
罐装液化石油气	–	%	37.00	38.33	40.00	40.00	33.33	33.33
管道天然气	–	%	63.00	61.67	60.00	60.00	66.67	66.67
17. 除了现住房，还有几处其它住房	套	户	0.03		0.03	0.03	0.02	0.07
（1）出租房	套	户	0.01		0.02		0.02	0.03
# 建筑面积	平方米	户	0.82		1.17		0.83	2.08
（2）偶尔居住房	套	户	0.01		0.02	0.02		0.02
# 建筑面积	平方米	户	0.84		1.53	0.92		1.75
（3）其它用途房	套	户	0.01			0.02		0.02
# 建筑面积	平方米	户	0.62			1.50		1.62
二、人口就业情况								
（一）家庭人口数	人	户	2.63	3.23	2.83	2.48	2.43	2.18
1. 有收入者人数	人	户	2.05	1.96	2.13	2.10	2.09	1.95
（1）就业人口数	人	户	1.22	1.63	1.42	1.04	1.00	1.00
①国有经济单位职工人数	人	户	0.61	0.60	0.66	0.71	0.54	0.57
②城镇集体经济单位职工人数	人	户	0.09	0.18	0.17	0.08	0.03	0.02
③其它经济类型单位职工人数	人	户	0.13	0.13	0.17	0.13	0.09	0.12
④城镇个体或私营企业主人数	人	户	0.12	0.15	0.06	0.06	0.11	0.22
⑤城镇个体或私营企业被雇人数	人	户	0.15	0.34	0.24	0.02	0.13	
⑥离退休再就业人数	人	户						0.02
⑦其它就业人数	人	户	0.12	0.22	0.14	0.06	0.11	0.07
（2）离退休人数	人	户	0.82	0.33	0.70	1.06	1.09	0.95
（3）其它有收入者人数	人	户		0.01				
2. 无收入者人数	人	户	0.58	1.26	0.71	0.37	0.33	0.23
（二）在外就学人数	人	户	0.02	0.01	0.01	0.01	0.03	0.05
（三）非家庭人口在家用餐	人次	户	1.24	0.28	0.66	1.10	1.43	2.74
（四）家庭人口在外用餐	人次	户	4.01	2.50	2.83	4.18	3.27	7.29

城镇居民家庭现金收支情况

7—2　　(2009 年)　　计量单位：元/人

指标名称	总　　计	按相对收入等距 5 组分组				
		低收入组	较低收入组	中等收入组	较高收入组	高收入组
一、期初手存现金	1567	1202	1484	1626	2058	1594
二、家庭总收入	17833	9275	13391	16755	21257	33722
# 可支配收入	16607	8213	12288	15572	20090	31976
（一）工资性收入	9574	7049	9200	8473	9868	14736
1. 工资及补贴收入	9458	7046	9153	8447	9811	14194
2. 其它劳动收入	116	3	47	26	57	542
（二）经营性净收入	1189	576	266	723	1408	3585
（三）财产性收入	41	31	19	29	43	96
1. 利息收入	25	29	11	21	43	19
2. 股息与红利收入						1
3. 出租房屋收入	16	2	8	8		77
（四）转移性收入	7029	1619	3906	7531	9937	15305
1. 养老金或离退休金	6798	1470	3773	7383	9632	14811
2. 社会救济收入	15	55			6	
# 最低生活保障收入	12	48				
3. 保险收入					2	
4. 赡养收入	78	5	29	10	30	382
5. 捐赠收入	36	10	7	26	145	
6. 记帐补贴	91	74	85	97	98	110
7. 其它转移性收入	11	6	11	15	25	2
三、出售财物收入	4	2	2	8	1	8
四、借贷收入	812	830	704	817	649	1103
1. 提取储蓄存款	767	811	702	817	649	857
2. 借入款	8	20	1			15
3. 收回借出款	38					230

7—2 续表　　(2009 年)　　计量单位：元/人

指标名称	总　计	按相对收入等距 5 组分组				
		低收入组	较低收入组	中等收入组	较高收入组	高收入组
五、家庭总支出	11708	8170	10015	11226	13097	18159
（一）消费性支出	10078	6959	8525	9808	11406	15552
（二）财产性支出	1					4
（三）转移性支出	545	228	492	355	665	1168
1. 交纳所得税	51	5	19	24	44	203
2. 捐赠支出	221	65	184	266	325	334
3. 购买彩票	6	8	11	1	2	5
4. 赡养支出	235	147	248	56	226	566
# 在外就学子女费用	148	76	171	1	105	441
5. 各种非储蓄性保险支出	23	2	26	2	51	43
# 车辆保险支出	6		12			19
6. 其它转移性支出	9	1	5	6	16	18
（四）社会保障支出	1084	984	998	1063	1025	1434
1. 个人交纳的养老基金	463	554	510	451	391	363
2. 个人交纳的住房公积金	379	181	268	393	414	761
3. 个人交纳的医疗基金	225	231	202	200	201	302
4. 个人交纳的失业基金	16	16	18	19	18	8
5. 其它社会保障支出	1	2			1	
六、借贷支出	5270	1411	2877	4619	6494	13485
1. 存入储蓄款	5182	1394	2875	4440	6491	13194
2. 借出款	55			87		230
3. 归还借款	7			24		15
4. 储蓄性保险支出	25	17	2	67		46
5. 其它投资支出	1				4	
七、期末手存现金	3307	1752	2745	3508	4459	4829

城镇居民家庭消费支出情况

7—3 （2009 年）

指标名称	计量单位		总 计	按相对收入等距 5 组分组				
				低收入组	较 低 收入组	中 等 收入组	较 高 收入组	高收入组
消费支出	元	人	10077.81	6958.85	8524.69	9807.90	11406.30	15552.29
# 服务性消费支出	元	人	2136.04	1712.33	1806.85	1827.82	2260.20	3405.79
通过互联网购买商品或服务支出	元	人	17.95	0.34	14.04	8.70	7.28	71.62
旅游人次	人次		0.93	0.72	0.70	0.78	0.55	1.88
旅游花费总额	元	人	230.27	73.67	163.45	254.26	237.16	514.60
一、食品	元	人	3533.65	2462.87	3278.62	3450.11	3978.29	5053.46
（一）粮油类	元	人	555.17	451.33	502.26	575.57	610.90	692.71
1. 粮食	元	人	319.74	268.89	276.37	330.59	372.54	380.33
（1）大米．单价	元/千克		3.84	3.72	3.85	3.86	3.99	3.79
数量	千克	人	24.89	21.47	20.35	25.31	25.94	34.20
金额	元	人	95.46	79.81	78.26	97.72	103.41	129.63
（2）面粉．单价	元/千克		3.03	2.91	2.94	3.04	3.07	3.23
数量	千克	人	25.60	23.20	25.34	24.53	27.24	28.92
金额	元	人	77.64	67.54	74.43	74.69	83.67	93.42
（3）其它粮食及制品	元	人	146.64	121.53	123.69	158.19	185.46	157.28
2. 淀粉及薯类	元	人	19.84	13.89	22.17	20.27	20.64	24.27
3. 干豆类及豆制品	元	人	51.00	34.28	49.71	55.73	56.34	66.13
4. 油脂类	元	人	164.59	134.27	154.00	168.96	161.39	221.98
（1）食用植物油．单价	元/千克		13.84	12.32	13.45	14.35	14.02	15.33
数量	千克	人	11.86	10.87	11.43	11.76	11.40	14.48
金额	元	人	164.11	133.89	153.76	168.69	159.83	221.98
（2）食用动物油	元	人	0.48	0.38	0.24	0.27	1.56	
（二）肉禽蛋水产品类	元	人	827.63	585.87	784.14	854.95	900.26	1130.80
1. 肉类	元	人	443.18	322.00	424.23	453.38	508.07	563.63
（1）猪肉．单价	元/千克		19.49	19.04	19.22	19.44	19.60	20.14
数量	千克	人	11.74	9.12	11.81	11.64	13.55	13.65
金额	元	人	228.80	173.74	226.90	226.33	265.49	274.83
（2）牛肉．单价	元/千克		26.46	26.31	26.75	26.31	26.48	26.46
数量	千克	人	3.71	2.54	3.24	3.88	4.39	5.10
金额	元	人	98.13	66.76	86.62	101.95	116.34	134.98
（3）羊肉．单价	元/千克		28.16	28.03	29.05	28.49	27.18	28.08
数量	千克	人	1.67	1.09	1.43	1.86	1.73	2.54
金额	元	人	46.96	30.62	41.42	53.05	47.08	71.36

7—3 续表1 (2009年)

指标名称	计量单位		总计	按相对收入等距5组分组				
				低收入组	较低收入组	中等收入组	较高收入组	高收入组
(4) 其它肉及制品	元	人	69.29	50.87	69.28	72.06	79.15	82.45
2. 禽类	元	人	119.38	78.52	115.34	124.65	115.77	183.27
(1) 鸡．单价	元/千克		17.30	16.16	17.07	15.47	18.10	19.88
数量	千克	人	2.25	1.79	2.40	2.44	2.09	2.73
金额	元	人	38.98	28.91	40.94	37.74	37.76	54.17
(2) 鸭．单价	元/千克		19.73	17.93	19.61	19.50	19.66	20.85
数量	千克	人	0.51	0.33	0.52	0.42	0.41	0.99
金额	元	人	10.13	5.89	10.27	8.26	8.12	20.61
(3) 其它禽类及制品	元	人	70.26	43.72	64.14	78.65	69.88	108.49
3. 蛋类	元	人	115.15	96.39	112.57	117.66	123.27	134.38
(1) 鲜蛋．单价	元/千克		6.74	6.75	6.80	6.66	6.73	6.73
数量	千克	人	15.82	13.43	15.50	15.96	17.00	18.31
金额	元	人	106.55	90.59	105.46	106.31	114.31	123.25
(2) 蛋制品	元	人	8.60	5.80	7.12	11.35	8.96	11.13
4. 水产品类	元	人	149.93	88.96	132.00	159.26	153.14	249.51
(1) 鱼．单价	元/千克		11.92	11.47	11.87	11.68	11.88	12.44
数量	千克	人	6.86	4.25	6.48	7.20	6.65	11.09
金额	元	人	81.83	48.74	76.92	84.03	79.02	137.95
(2) 虾．单价	元/千克		30.81	30.08	29.38	28.73	32.85	32.57
数量	千克	人	1.63	1.00	1.41	1.90	1.66	2.51
金额	元	人	50.15	29.97	41.37	54.57	54.37	81.79
(3) 其它水产品及制品	元	人	17.94	10.25	13.70	20.66	19.75	29.78
(三) 蔬菜类	元	人	453.46	343.99	437.14	433.53	496.88	611.39
1. 鲜菜．单价	元/千克		2.70	2.61	2.70	2.61	2.74	2.82
数量	千克	人	152.38	122.27	146.32	149.22	164.50	195.03
金额	元	人	411.24	318.66	394.85	389.95	450.22	550.68
2. 干菜	元	人	28.49	16.18	30.35	29.41	30.06	41.54
3. 菜制品	元	人	13.73	9.15	11.93	14.17	16.60	19.17
(四) 调味品	元	人	59.22	39.16	58.82	69.38	60.52	76.46
(五) 糖烟酒饮料类	元	人	519.34	368.35	471.31	480.29	587.21	774.67
1. 糖类	元	人	29.57	19.03	25.65	33.60	31.30	43.78
2. 烟草类	元	人	177.47	136.63	141.94	154.15	247.89	232.30
3. 酒类	元	人	181.40	135.07	180.23	155.23	177.50	285.85
(1) 白酒．单价	元/千克		43.40	38.72	40.03	34.95	51.26	53.92
数量	千克	人	2.94	2.57	3.20	2.93	2.55	3.58
金额	元	人	127.43	99.44	128.01	102.25	130.77	193.17

7—3 续表2　　(2009年)

指标名称	计量单位		总　计	按相对收入等距5组分组				
				低收入组	较低收入组	中等收入组	较高收入组	高收入组
(2) 果酒．单价	元/千克		38.28	49.98	37.25	37.66	38.80	33.47
数量	千克	人	0.36	0.27	0.31	0.30	0.17	0.86
金额	元	人	13.91	13.42	11.62	11.15	6.66	28.86
(3) 啤酒．单价	元/千克		4.58	4.50	4.56	4.40	4.27	5.03
数量	千克	人	7.51	4.59	7.28	7.18	8.34	11.58
金额	元	人	34.39	20.62	33.22	31.55	35.58	58.27
(4) 其它酒	元	人	5.67	1.59	7.37	10.28	4.48	5.55
4. 饮料	元	人	130.90	77.62	123.48	137.30	130.53	212.73
(1) 碳酸饮料．单价	元/千克	人	7.37	6.96	7.16	7.76	6.50	8.91
数量	千克	人	2.70	2.29	3.02	2.65	3.05	2.59
金额	元	人	19.93	15.91	21.63	20.55	19.84	23.07
(2) 瓶装饮用水．单价	元/千克		2.29	2.67	1.53	2.31	3.28	2.19
数量	千克	人	2.00	0.97	2.32	2.04	1.76	3.34
金额	元	人	4.58	2.59	3.56	4.73	5.79	7.32
(3) 茶叶．单价	元/千克		163.84	118.15	143.68	154.48	172.87	224.89
数量	千克	人	0.46	0.35	0.46	0.51	0.44	0.60
金额	元	人	75.61	41.55	65.48	78.66	75.83	135.62
(4) 其它饮料	元	人	30.78	17.57	32.81	33.36	29.07	46.71
(六) 干鲜瓜果类	元	人	231.66	140.97	215.37	231.14	262.12	354.01
1. 鲜果．单价	元/千克		3.91	3.74	3.98	3.73	3.90	4.14
数量	千克	人	37.09	23.25	33.60	41.81	41.22	52.19
金额	元	人	145.00	87.02	133.56	156.09	160.61	215.85
2. 鲜瓜．单价	元/千克		2.36	2.39	2.46	2.18	2.27	2.46
数量	千克	人	16.20	11.42	15.36	14.22	18.88	23.66
金额	元	人	38.23	27.24	37.81	30.93	42.96	58.12
3. 其它干鲜瓜果类及制品	元	人	48.43	26.71	44.00	44.11	58.55	80.04
(七) 糕点、奶及奶制品	元	人	315.10	240.64	295.94	319.48	359.67	395.83
1. 糕点．单价	元/千克		12.52	12.04	13.09	12.10	12.96	12.46
数量	千克	人	6.60	4.93	6.24	8.20	6.50	7.86
金额	元	人	82.65	59.34	81.66	99.24	84.21	97.87
2. 奶及奶制品	元	人	232.46	181.31	214.28	220.24	275.45	297.95
(1) 鲜乳品．单价	元/千克		4.69	4.77	4.79	4.54	4.55	4.84
数量	千克	人	27.51	18.27	24.44	30.19	32.81	36.26
金额	元	人	129.14	87.19	117.14	137.01	149.15	175.68
(2) 奶粉．单价	元/千克		77.85	89.67	93.62	41.19	60.07	69.23
数量	千克	人	0.26	0.38	0.27	0.07	0.44	0.05
金额	元	人	19.96	34.36	25.36	3.02	26.60	3.45

7—3 续表3 （2009年）

指标名称	计量单位		总　　计	按相对收入等距5组分组				
				低收入组	较　低 收入组	中　等 收入组	较　高 收入组	高收入组
（3）酸奶．单价	元/千克		5.17	5.59	5.41	5.03	5.08	4.89
数量	千克	人	13.62	9.50	10.72	13.21	16.10	21.20
金额	元	人	70.37	53.10	57.98	66.42	81.86	103.78
（4）其它奶制品	元	人	13.00	6.65	13.80	13.79	17.84	15.04
（八）其它食品	元	人	119.70	63.15	100.61	127.28	138.18	199.19
（九）饮食服务	元	人	452.37	229.41	413.03	358.50	562.57	818.41
1. 食品加工服务费	元	人	3.59	1.79	2.59	2.56	5.20	6.92
2. 在外饮食	元	人	448.79	227.61	410.44	355.94	557.37	811.49
二、衣着	元	人	1117.37	616.42	920.23	1104.37	1277.85	1953.06
（一）服装．单价	元/件		122.02	85.38	102.68	107.16	138.17	175.23
数量	件	人	5.70	4.20	5.57	6.40	6.05	6.92
金额	元	人	695.90	358.87	571.95	686.18	835.64	1212.50
（二）衣着材料	元	人	13.15	4.98	6.94	15.53	25.58	16.77
（三）鞋类．单价	元/双		112.66	87.31	90.40	105.17	126.28	158.58
数量	双	人	3.04	2.48	3.11	3.32	2.84	3.68
金额	元	人	342.71	216.85	281.59	349.45	358.90	583.28
（四）其它衣着用品	元	人	57.73	31.36	55.45	47.79	47.72	122.32
（五）衣着加工服务费	元	人	7.88	4.36	4.30	5.42	10.01	18.20
三、居住	元	人	1311.69	1154.86	1036.06	1355.96	1371.71	1785.71
（一）住房	元	人	155.22	306.88	70.69	142.90	73.50	145.40
1. 租赁房房租	元	人	38.72	44.92	14.22	10.19	45.34	86.49
3. 住房装潢支出	元	人	97.08	248.79	37.63	104.23	10.30	38.01
4. 维修用建筑材料	元	人	10.06	3.59		28.01	3.66	19.45
5. 其它住房支出	元	人	9.37	9.58	18.84	0.46	14.21	1.46
（二）水电燃料及其它	元	人	1114.81	823.48	937.82	1170.44	1235.26	1579.67
1. 水．单价	元/吨		3.21	3.01	3.48	3.43	2.93	3.32
数量	吨	人	28.77	23.51	21.94	22.72	35.06	45.32
金额	元	人	92.36	70.85	76.28	77.94	102.59	150.25
2. 电．单价	元/度		0.52	0.52	0.52	0.52	0.53	0.52
数量	度	人	492.56	381.24	400.54	453.17	639.47	658.43
金额	元	人	257.07	199.12	209.31	236.48	335.81	340.83
3. 燃料	元	人	141.57	118.70	129.82	159.42	149.50	161.64
（1）煤炭．单价	元/千克		0.62	0.60		0.64		
数量	千克	人	1.50	2.99		4.04		
金额	元	人	0.93	1.81		2.58		

7—3 续表 4　　　　(2009 年)

指标名称	计量单位		总　计	按相对收入等距 5 组分组				
				低收入组	较低收入组	中等收入组	较高收入组	高收入组
（2）罐装液化石油气．单价	元/千克		4.73	4.86	4.77	4.67	4.63	4.77
数量	千克	人	7.87	5.07	6.07	10.39	10.06	9.07
金额	元	人	37.20	24.62	28.98	48.49	46.61	43.22
（3）管道液化石油气．单价	元/立方米		4.82		5.10	4.50		4.55
数量	立方米	人	0.23		0.53	0.20		0.46
金额	元	人	1.10		2.70	0.91		2.09
（4）管道煤气．单价	元/立方米		2.20	2.20	2.20		2.20	2.20
数量	立方米	人	0.31	0.88	0.08		0.31	0.12
金额	元	人	0.68	1.93	0.18		0.69	0.27
（5）管道天然气．单价	元/立方米		2.23	2.20	2.20	2.20	2.37	2.22
数量	立方米	人	45.44	41.04	44.49	48.83	43.05	52.02
金额	元	人	101.55	90.34	97.96	107.44	102.20	115.41
（6）其它燃料	元	人	0.11					0.65
4. 取暖费	元	人	604.20	395.86	522.41	644.72	647.02	925.89
5. 其它相关支出	元	人	19.59	38.95		51.87	0.34	1.08
（三）居住服务费	元	人	41.66	24.49	27.55	42.62	62.94	60.63
1. 物业管理费	元	人	22.72	14.93	11.01	20.77	33.97	39.19
2. 维修服务费	元	人	13.54	6.14	15.17	18.55	13.15	17.15
3. 其它居住服务费	元	人	5.39	3.42	1.37	3.30	15.82	4.29
二、家庭设备用品及服务	元	人	654.51	362.00	466.18	851.44	756.96	994.99
（一）耐用消费品	元	人	281.60	114.66	166.66	446.63	374.84	386.84
1. 家具	元	人	47.03	1.39	10.30	102.31	62.75	82.06
2. 家庭设备	元	人	234.56	113.26	156.35	344.32	312.09	304.78
（1）洗衣机．单价	元/台		1304.80	1750.00	695.75	1473.00		1856.33
数量	台	百户	3.33	1.67	6.67	3.33		5.00
金额	元	人	16.55	9.04	16.39	19.82		42.67
（2）电冰箱．单价	元/台		2474.33	1875.00		3730.00	2400.00	1643.00
数量	台	百户	3.00	3.33		5.00	1.67	5.00
金额	元	人	28.25	19.36		75.27	16.48	37.77
（3）微波炉．单价	元/台		448.29		353.33	586.48	424.00	354.00
数量	台	百户	5.67		5.00	10.00	5.00	8.33
金额	元	人	9.67		6.24	23.67	8.73	13.56
（4）空调器．单价	元/台		2292.17	2010.60	1589.00	3913.33	1942.17	2317.50
数量	台	百户	6.00	8.33	3.33	5.00	10.00	3.33
金额	元	人	52.34	51.91	18.71	78.97	80.00	35.52

7—3 续表5 （2009年）

指标名称	计量单位		总　计	按相对收入等距5组分组				
				低收入组	较　低 收入组	中　等 收入组	较　高 收入组	高收入组
（5）淋浴热水器．单价	元/台		1276.33	520.00	974.33	1219.20	1291.67	1895.00
数量	台	百户	6.00	1.67	5.00	8.33	10.00	5.00
金额	元	人	29.14	2.69	17.21	41.00	53.20	43.56
（6）消毒碗柜．单价	元/台		150.00			150.00		
数量	台	百户	0.33			1.67		
金额	元	人	0.19			1.01		
（7）其它家庭设备	元	人	98.43	30.27	97.80	104.59	153.68	131.69
（二）室内装饰品	元	人	21.77	21.01	20.09	20.29	12.67	36.95
（三）床上用品	元	人	101.92	60.02	64.15	147.01	106.80	156.43
（四）家庭日用杂品	元	人	198.24	113.89	189.99	196.66	201.43	332.36
（五）家具材料	元	人	18.82	33.77	5.46	12.18	27.14	12.31
（六）家庭服务	元	人	32.17	18.66	19.84	28.66	34.09	70.09
1. 家政服务	元	人	18.01	8.60	8.85	18.78	12.66	48.98
2. 加工维修服务费	元	人	14.16	10.06	10.98	9.88	21.43	21.12
五、医疗保健	元	人	1179.65	1009.34	889.52	994.46	1526.67	1633.59
（一）医疗器具	元	人	10.93	1.52	2.80	19.73	17.37	18.25
（二）保健器具	元	人	24.97	6.79	20.85	15.77	55.18	34.05
（三）药品费	元	人	574.00	371.90	416.09	572.74	856.71	765.32
（四）滋补保健品	元	人	199.38	135.83	167.71	125.58	216.08	400.33
（五）医疗费	元	人	325.87	482.91	259.68	205.94	323.84	317.84
（六）其它医疗保健支出	元	人	44.51	10.39	22.39	54.71	57.49	97.81
六、交通和通讯	元	人	852.74	556.16	839.77	723.09	897.90	1407.07
（一）交通	元	人	300.44	209.07	268.72	208.91	277.82	606.86
1. 家庭交通工具	元	人	62.02	105.12	24.24	73.85	50.92	46.13
助力车．单价	元/辆		2181.47	2016.67	1549.50	2790.00	2076.33	2800.00
数量	辆	百户	6.33	15.00	3.33	5.00	5.00	3.33
金额	元	人	52.58	93.72	18.25	56.30	42.76	42.91
2. 车辆用燃料及零配件	元	人	62.46	12.32	87.68	3.41	49.27	186.06
（1）燃料	元	人	56.55	9.29	82.02	0.94	46.66	167.90
（2）零配件	元	人	2.40	0.26	3.52	2.05	2.22	4.74
（3）其它	元	人	3.51	2.77	2.14	0.42	0.38	13.42

7—3 续表6　　（2009年）

指标名称	计量单位		总计	按相对收入等距5组分组				
				低收入组	较低收入组	中等收入组	较高收入组	高收入组
3. 交通工具服务支出	元	人	23.61	10.80	17.83	11.19	34.30	52.35
（1）维修费	元	人	16.69	10.27	15.94	10.85	19.19	31.07
（2）车辆使用税费	元	人	3.24		1.88		15.10	0.27
（3）其它车辆使用费用	元	人	3.67	0.53		0.34		21.02
4. 交通费	元	人	152.36	80.83	138.98	120.46	143.33	322.32
（1）飞机	元	人	15.73				17.16	75.89
（2）火车	元	人	43.31	21.62	39.08	39.52	29.35	100.87
（3）长途汽车	元	人	13.29	12.69	8.48	12.25	11.18	23.95
（4）市内公共交通	元	人	29.02	22.13	29.77	27.30	27.14	42.33
（5）出租汽车费	元	人	47.93	23.05	57.36	38.99	54.28	75.66
（6）其它交通费	元	人	3.08	1.34	4.29	2.40	4.22	3.61
（二）通信	元	人	552.30	347.09	571.04	514.18	620.08	800.21
1. 通信工具	元	人	68.25	12.99	103.81	63.68	91.79	82.91
（1）电话机．单价	元/部		106.60	85.00		146.50	30.00	93.33
数量	部	百户	3.33	3.33		6.67	1.67	5.00
金额	元	人	1.35	0.88		3.94	0.21	2.15
（2）移动电话．单价	元/部		956.72	516.25	1133.33	676.38	1315.80	880.91
数量	部	百户	17.67	6.67	25.00	21.67	16.67	18.33
金额	元	人	64.32	10.66	100.10	59.15	90.33	74.25
（4）其它通信工具	元	人	2.58	1.45	3.71	0.59	1.25	6.51
2. 通信服务	元	人	484.05	334.10	467.23	450.50	528.29	717.30
（1）电信费	元	人	464.49	323.11	453.12	436.58	498.71	682.73
# 上网费	元	人	99.23	62.15	108.92	110.13	88.67	141.03
（2）邮费	元	人	3.64	0.46	2.22	2.68	2.75	12.31
（3）其它通信服务费	元	人	15.91	10.53	11.90	11.25	26.83	22.26
七、教育文化娱乐服务	元	人	973.33	580.63	730.01	804.84	1045.23	1984.43
（一）文化娱乐用品	元	人	374.80	133.44	250.29	281.78	467.12	897.96
1. 彩色电视机．单价	元/台		3263.36	1700.00	3397.50	3385.00	2539.50	3709.60
数量	台	百户	4.67	1.67	6.67	3.33	3.33	8.33
金额	元	人	57.95	8.78	80.02	45.54	34.87	142.13

7—3 续表7　　（2009年）

指标名称	计量单位		总　　计	按相对收入等距5组分组				
				低收入组	较　低收入组	中　等收入组	较　高收入组	高收入组
2. 家用电脑	元	人	79.96	9.74	41.36	59.90	149.33	179.83
（1）购买整机	元/台		3624.53		2650.00	4100.00	3359.67	4142.00
数量	台	百户	5.00		3.33	3.33	10.00	8.33
金额	元	人	68.97		31.21	55.16	138.38	158.70
（2）计算机外部设备	元	人	8.12	5.06	8.62	3.06	9.65	16.09
（3）各种零配件及耗材	元	人	2.87	4.68	1.53	1.68	1.30	5.04
3. 组合音响．单价	元/台		850.00				850.00	
数量	台	百户	0.67				3.33	
金额	元	人	2.16				11.67	
4. 摄像机．单价	元/架		4320.00					4320.00
数量	架	百户	0.67					3.33
金额	元	人	10.96					66.21
5. 照相机．单价	元/架		1726.24	1413.33	1472.67	2115.00	865.00	2104.00
数量	架	百户	5.67	5.00	5.00	3.33	3.33	11.67
金额	元	人	37.23	21.89	26.01	28.45	11.88	112.86
6. 钢琴．单价	元/架		18800.00					18800.00
数量	架	百户	0.33					1.67
金额	元	人	23.85					144.06
7. 其它中高档乐器．单价	元/件		7000.00				13600.00	400.00
数量	件	百户	0.67				1.67	1.67
金额	元	人	17.76				93.36	3.07
8. 健身器材．单价	元/件		1200.00	1200.00				
数量	件	百户	0.33	1.67				
金额	元	人	1.52	6.20				
9. 电子辞典．单价	元/部		716.27	98.00	259.50	1999.00		948.80
数量	部	百户	3.67	1.67	6.67	1.67		8.33
金额	元	人	9.99	0.51	6.11	13.45		36.35
10. 音像制品及软件	元	人	10.97	13.17	9.50	5.78	17.36	8.42
11. 体育用品	元	人	7.30	7.65	6.02	6.84	9.87	6.08
12. 书报杂志	元	人	73.43	44.97	48.24	74.27	92.38	126.33
13. 纸张文具	元	人	13.59	6.87	11.16	18.62	14.81	19.64
14. 其它文娱用品	元	人	28.13	13.67	21.86	28.92	31.59	52.98

7—3 续表 8　　（2009 年）

指标名称	计量单位		总　计	按相对收入等距 5 组分组				
				低收入组	较低收入组	中等收入组	较高收入组	高收入组
（二）文化娱乐服务	元	人	247.45	93.47	161.55	277.96	251.77	548.20
1. 参观游览	元	人	47.29	9.66	38.92	40.80	58.01	109.46
2. 健身活动	元	人	39.17	24.89	29.18	21.98	33.34	99.48
3. 团体旅游	元	人	114.25	38.56	42.97	175.12	105.09	260.25
4. 其它文娱活动	元	人	37.23	12.78	42.70	29.42	44.85	66.80
5. 文娱用品修理服务费	元	人	9.50	7.59	7.77	10.65	10.48	12.21
（三）教育	元	人	351.07	353.72	318.17	245.10	326.34	538.27
1. 教材	元	人	40.35	46.69	33.56	23.46	40.47	58.90
（1）课本及参考书	元	人	27.95	36.56	23.71	17.81	29.61	30.42
（2）教育软件	元	人	4.69	2.49	1.53	3.06	2.50	16.34
（3）其它教材	元	人	7.71	7.64	8.32	2.60	8.36	12.14
2. 教育费用	元	人	310.72	307.02	284.61	221.64	285.87	479.37
（1）非义务教育学杂费	元	人	52.29	33.04	39.85	73.57	14.07	115.47
（2）义务教育学杂费	元	人	10.47	2.64	8.95	28.89	2.95	11.48
（3）托幼费	元	人	45.76	75.96	60.97	25.35	26.98	25.33
（4）成人教育费	元	人	40.38	12.48	33.39	2.25	74.26	96.49
（5）家教费	元	人	23.69	25.35	4.51	14.80	40.08	38.00
（6）培训班	元	人	101.48	105.95	88.56	50.72	106.35	164.03
（7）学校住宿费	元	人	12.85	28.40	11.25	14.29	4.12	
（8）其它教育费用	元	人	23.80	23.19	37.14	11.77	17.07	28.57
八、其它商品和服务	元	人	454.88	216.58	364.32	523.64	551.70	739.99
（一）其它商品	元	人	250.12	120.93	176.12	292.61	299.29	434.86
1. 金银珠宝饰品	元	人	58.14	25.50	4.15	55.56	104.77	127.76
2. 手表．单价	元/只		399.16	46.33	522.00	901.00	25.00	160.40
数量	只	人	0.02	0.02	0.02	0.03	0.01	0.04
金额	元	人	9.62	0.72	12.29	30.30	0.34	6.15
3. 理发美容用具	元	人	3.01	3.19	2.54	1.38	3.34	4.81
4. 化妆品	元	人	103.67	60.12	95.21	111.49	100.14	174.31
5. 其它杂品	元	人	75.69	31.41	61.92	93.88	90.70	121.83
（二）服务	元	人	204.76	95.65	188.20	231.02	252.41	305.12
1. 旅馆住宿费	元	人	14.21	0.80	40.04	1.21	10.51	19.46
2. 理发洗澡费	元	人	75.98	43.25	68.12	81.77	81.78	121.71
3. 美容费	元	人	33.77	27.23	27.79	35.22	19.72	65.30
4. 其它服务	元	人	80.79	24.37	52.25	112.82	140.40	98.65

城镇居民家庭非现金收入情况

7—4　　(2009年)　　计量单位：元/人

指标名称	总　计	按相对收入等距5组分组				
		低收入组	较低收入组	中等收入组	较高收入组	高收入组
非现金（实物与服务）收入总计	**113.29**	**73.58**	**147.72**	**76.25**	**177.40**	**98.08**
一、食品	46.41	17.26	34.14	63.51	78.24	50.64
（一）粮油类	11.75	4.02	9.03	11.23	20.86	17.16
（二）肉禽蛋水产品类	9.37	5.00	7.27	13.14	15.30	7.68
（三）蔬菜类	1.00			1.96	2.18	1.39
（四）糖烟酒饮料类	7.86	0.93	6.40	13.53	12.84	8.05
（五）干鲜瓜果类	5.01	1.27	3.90	8.89	7.06	5.31
（六）糕点、奶及奶制品	8.14	5.42	5.50	9.43	15.90	5.50
（七）其它食品	2.85	0.62	2.03	3.10	4.10	5.56
（八）饮食服务	0.42			2.23		
二、衣着	1.85	1.32	0.56	2.43	0.74	4.90
三、居住						
四、家庭设备用品及服务	1.33			1.24	0.27	6.31
五、医疗保健	58.57	53.82	111.98	1.00	94.16	21.99
# 医疗基金	17.22	40.14	0.15		39.68	
（一）医疗器具	0.10				0.55	
（二）保健用品	1.70				0.97	9.20
（三）药品费	19.76	10.36	49.65	1.00	34.24	
（四）滋补保健品	2.59	0.31	0.35		1.72	12.80
（五）医疗费	17.20	3.01	61.83		17.00	
六、交通和通讯	0.04	0.15				
七、教育文化娱乐服务	0.52			0.57	2.23	
（一）文化娱乐用品	0.11			0.57		
（二）文化娱乐服务	0.41				2.23	
八、其它商品和服务	4.57	1.03	1.04	7.49	1.76	14.23

城镇居民每百户家庭耐用消费品拥有量

7—5　　(2009年)

指标名称	计量单位	总　计	按相对收入等距5组分组				
			低收入组	较低收入组	中等收入组	较高收入组	高收入组
1. 摩托车	辆	5.00		5.00	6.67	6.67	6.67
2. 助力车	辆	42.00	40.00	38.33	53.33	41.67	36.67
3. 家用汽车	辆	7.33	6.67	3.33	3.33	10.00	13.33
4. 洗衣机	台	97.00	90.00	100.00	96.67	98.33	100.00
5. 电冰箱	台	100.33	93.33	105.00	101.67	95.00	106.67
6. 彩色电视机	台	117.67	105.00	123.33	115.00	121.67	123.33
7. 家用电脑	台	64.33	60.00	60.00	61.67	58.33	81.67
8. 组合音响	套	15.67	8.33	11.67	15.00	16.67	26.67
9. 摄像机	架	7.67	5.00	3.33	8.33	6.67	15.00
10. 照相机	架	41.67	33.33	28.33	36.67	38.33	71.67
11. 钢琴	架	3.67	5.00	1.67	1.67	1.67	8.33
12. 其它中高档乐器	件	3.67	3.33		3.33	3.33	8.33
13. 微波炉	台	68.00	53.33	66.67	66.67	73.33	80.00
14. 空调器	台	115.00	86.67	98.33	120.00	121.67	148.33
15. 淋浴热水器	台	84.00	73.33	86.67	88.33	88.33	83.33
16. 消毒碗柜	台	3.00	1.67	1.67	3.33	3.33	5.00
17. 洗碗机	台	2.33	5.00			3.33	3.33
18. 健身器材	套	3.67		1.67	3.33	3.33	10.00
19. 固定电话	部	72.00	55.00	68.33	71.67	76.67	88.33
20. 移动电话	部	149.00	155.00	155.00	138.33	145.00	151.67
21. 接入互联网的移动电话	部	13.67	13.33	10.00	20.00	6.67	18.33
22. 接入有线电视网络的电视机	台	80.00	73.33	75.00	83.33	90.00	78.33
23. 接入互联网的计算机	台	38.00	35.00	33.33	36.67	38.33	46.67

农村住户调查基本情况

7—6　　（2009 年）

指标名称	计量单位	全　市	矿　区	井陉县	正定县	栾城县
一、调查户数	户	1800	100	100	100	100
二、调查人口	人	7104	368	352	437	431
1. 整半劳动力数	人	5413	243	249	337	315
# 整劳动力	人	3274	164	141	214	197
2. 劳动力文化程度						
（1）不识字或识字很少	人	42		1	10	6
（2）小学程度	人	863	11	20	27	45
（3）初中程度	人	2758	122	142	159	155
（4）高中程度	人	1411	72	64	101	80
（5）中专以上	人	339	38	22	40	29
三、年末生产用固定资产原值	元/人	3317	836	4146	5801	3724
农业	元/人	1375	83	768	824	1638
林业	元/人	8				
牧业	元/人	344	215	335	1235	999
采矿业	元/人	4		28		
制造业	元/人	500		259	229	151
建筑业	元/人	24	8		64	32
交通运输业、仓储和邮政业	元/人	660	470	2290	1525	777
批发和零售贸易业	元/人	150	19	161	562	48
住宿和餐饮业	元/人	75	22		584	
居民服务与其他服务业	元/人	49	20	252	41	5
卫生、社会保障和福利业	元/人	46		53	503	
文化、体育和娱乐业	元/人	5				
其他	元/人	77			235	74
四、年末拥有主要固定资产						
房屋及建筑物	平方米/人	42199	277	1537	5538	1682
小型和手扶拖拉机	台/人	691	2	31	1	64
五、经营耕地面积	亩/人	1		1	1	2
# 有效灌溉面积	亩/人	1			1	2
六、年内新建（购）房屋面积	平方米/人	1				
年末住房面积	平方米/人	40	46	42	32	52
年内新建（购）房屋价值	元/人	583	33	89		383
年末住房价值	元/人	10724	11291	11043	11572	12606

7—6 续表 1　　（2009 年）

指标名称	计量单位	行唐县	灵寿县	高邑县	深泽县	赞皇县
一、调查户数	户	100	100	100	100	100
二、调查人口	人	383	358	429	380	371
1. 整半劳动力数	人	331	270	305	294	290
# 整劳动力	人	191	156	208	153	187
2. 劳动力文化程度						
（1）不识字或识字很少	人			7		
（2）小学程度	人	49	93	48	24	74
（3）初中程度	人	57	128	177	161	168
（4）高中程度	人	217	38	60	83	44
（5）中专以上	人	8	11	13	26	4
三、年末生产用固定资产原值	元/人	3284	870	3618	6426	1375
农业	元/人	1408	562	3559	1161	1108
林业	元/人	8	3			
牧业	元/人	1095	122	17	78	
采矿业	元/人	8	11			
制造业	元/人			21	3005	
建筑业	元/人		3		39	
交通运输业、仓储和邮政业	元/人	227	47	21	1258	267
批发和零售贸易业	元/人	26	17		526	
住宿和餐饮业	元/人		56			
居民服务与其他服务业	元/人		15		245	
卫生、社会保障和福利业	元/人					
文化、体育和娱乐业	元/人		34			
其他	元/人	512			113	
四、年末拥有主要固定资产						
房屋及建筑物	平方米/人	6381	512	3920	4576	
小型和手扶拖拉机	台/人	75	33	60		66
五、经营耕地面积	亩/人	2	1	1	1	1
# 有效灌溉面积	亩/人	2	1	1	1	1
六、年内新建房屋面积	平方米/人	2	2	2		3
年末住房面积	平方米/人	36	30	41	40	31
年内新建房屋价值	元/人	666	782	443	358	1294
年末住房价值	元/人	7171	5763	9946	13000	7042

7—6 续表2　　　　(2009 年)

指标名称	计量单位	无极县	平山县	元氏县	赵　县	辛集市
一、调查户数	户	100	100	100	100	100
二、调查人口	人	419	385	401	438	368
1. 整半劳动力数	人	347	272	319	354	270
# 整劳动力	人	192	173	195	219	165
2. 劳动力文化程度						
（1）不识字或识字很少	人		11		5	2
（2）小学程度	人	68	37	50	53	28
（3）初中程度	人	172	162	203	198	168
（4）高中程度	人	82	48	50	77	58
（5）中专以上	人	25	14	16	21	14
三、年末生产用固定资产原值	元/人	3222	1856	3604	2090	2301
农业	元/人	1145	822	2384	1358	1604
林业	元/人					
牧业	元/人	54	144	185	234	321
采矿业	元/人					
制造业	元/人	1410	99			
建筑业	元/人	10	74	24	18	
交通运输业、仓储和邮政业	元/人	338	319	748	207	226
批发和零售贸易业	元/人	143	234	73	87	82
住宿和餐饮业	元/人	27	160			
居民服务与其他服务业	元/人	38	5	9	80	8
卫生、社会保障和福利业	元/人	17			7	
文化、体育和娱乐业	元/人	7				60
其他	元/人	33		181	100	
四、年末拥有主要固定资产						
房屋及建筑物	平方米/人	1635	1514	1200	2768	1681
小型和手扶拖拉机	台/人	42	33	59	61	49
五、经营耕地面积	亩/人	1	1	1	1	2
# 有效灌溉面积	亩/人	1	1	1	1	2
六、年内新建房屋面积	平方米/人	2	1	3		1
年末住房面积	平方米/人	39	32	43	35	52
年内新建房屋价值	元/人	547	558	2050		1571
年末住房价值	元/人	8329	7822	14481	9913	13466

7—6 续表 3　　（2009 年）

指标名称	计量单位	藁城市	晋州市	新乐市	鹿泉市
一、调查户数	户	100	100	100	100
二、调查人口	人	366	395	407	416
1. 整半劳动力数	人	277	307	322	311
# 整劳动力	人	167	165	207	180
2. 劳动力文化程度					
（1）不识字或识字很少	人				
（2）小学程度	人	64	45	72	55
（3）初中程度	人	139	188	125	134
（4）高中程度	人	56	68	119	94
（5）中专以上	人	18	6	6	28
三、年末生产用固定资产原值	元/人	4770	5970	3397	1978
农业	元/人	1400	1556	2305	669
林业	元/人			123	
牧业	元/人	280	13	299	416
采矿业	元/人			17	7
制造业	元/人	248	3267		321
建筑业	元/人	52	30		77
交通运输业、仓储和邮政业	元/人	2519	585	22	276
批发和零售贸易业	元/人	221	337	130	10
住宿和餐饮业	元/人		25	295	113
居民服务与其他服务业	元/人	41	15	133	2
卫生、社会保障和福利业	元/人	3	127	74	
文化、体育和娱乐业	元/人				
其他	元/人	5	15		87
四、年末拥有主要固定资产					
房屋及建筑物	平方米/人	2778	3170	600	2430
小型和手扶拖拉机	台/人	17	44	17	37
五、经营耕地面积	亩/人	1	1	1	1
# 有效灌溉面积	亩/人	1	1	1	1
六、年内新建房屋面积	平方米/人		1	1	
年末住房面积	平方米/人	42	42	34	43
年内新建房屋价值	元/人	246	1089	563	
年末住房价值	元/人	11567	11204	8204	17838

农村居民每百户家庭耐用消费品拥有量

7—7　　(2009 年)

指标名称	计量单位	全　市	矿　区	井陉县	正定县	栾城县
洗衣机	件	87	105	86	115	114
电冰箱	台	50	50	52	102	84
空调机	台	30	23	15	85	54
抽油烟机	台	10	25	13	22	17
吸尘器	台	1			4	1
微波炉	台	10	2	14	19	13
热水器	台	27	52	30	51	68
# 太阳能热水器	台	20	35	26	43	56
自行车	辆	190	172	123	237	272
# 电动自行车	台	42	13	4	101	86
摩托车	台	63	96	64	74	55
汽车（生活用）	部	4	2		13	6
固定电话机	部	59	31	55	69	50
移动电话	台	121	158	146	216	196
# 接入互联网的	台	11	158	3		6
彩色电视机	台	116	125	121	151	166
# 接入有线电视网的	台	39	120	52	103	16
黑白电视机	台	8		4		2
摄像机	台	2				1
影碟机	台	33	43	55	76	55
照相机	台	6	7	9	7	7
家用计算机	台	12	14	8	21	26
# 接入互联网的	架	6	10	1	18	10
中高档乐器	台	1	1	2		1

7—7 续表1 (2009年)

指标名称	计量单位	行唐县	灵寿县	高邑县	深泽县	赞皇县
洗衣机	件	60	44	94	113	3
电冰箱	台	10	20	45	58	4
空调机	台	5	3	38	45	6
抽油烟机	台		2		8	
吸尘器	台					
微波炉	台	9	2	11	19	
热水器	台	7	8	10	36	4
# 太阳能热水器	台	5			36	2
自行车	辆	148	117	201	215	101
# 电动自行车	台	3	6	19	52	10
摩托车	台	45	52	91	43	61
汽车（生活用）	部	7		8		
固定电话机	部	61	51	90	72	23
移动电话	台	54	48	78	144	46
# 接入互联网的	台				1	
彩色电视机	台	84	76	104	128	100
# 接入有线电视网的	台	14	13	5	44	
黑白电视机	台	7	48	10	4	11
摄像机	台				6	
影碟机	台	11	10	39	19	24
照相机	台	1	3	5	7	
家用计算机	台	2	4	25	11	2
# 接入互联网的	架		3		10	
中高档乐器	台		1	1	1	

7—7 续表2 （2009年）

指标名称	计量单位	无极县	平山县	元氏县	赵　县	辛集市
洗衣机	件	104	63	81	84	101
电冰箱	台	65	37	6	36	63
空调机	台	29	3	5	11	34
抽油烟机	台	16	3	5	3	6
吸尘器	台	1			1	
微波炉	台	1	9		10	13
热水器	台	19	8	5	15	36
# 太阳能热水器	台	14	4		3	36
自行车	辆	201	134	172	200	274
# 电动自行车	台	53	14	40	44	67
摩托车	台	53	72	39	74	61
汽车（生活用）	部	1	1			4
固定电话机	部	68	40	56	76	65
移动电话	台	84	112	56	95	138
# 接入互联网的	台					10
彩色电视机	台	127	100	77	103	135
# 接入有线电视网的	台	46	12	12	5	79
黑白电视机	台	3	4	26	4	1
摄像机	台	1	2	1		
影碟机	台	16	27	11	29	47
照相机	台	10	4	7	5	5
家用计算机	台	8	1	4		26
# 接入互联网的	架					26
中高档乐器	台					2

7—7 续表3　　(2009年)

指标名称	计量单位	藁城市	晋州市	新乐市	鹿泉市
洗衣机	件	90	104	101	101
电冰箱	台	63	51	82	80
空调机	台	29	30	54	77
抽油烟机	台	8	7	12	36
吸尘器	台		3		6
微波炉	台	7	9	22	20
热水器	台	18	35	48	32
# 太阳能热水器	台	7	26	46	26
自行车	辆	202	236	166	256
# 电动自行车	台	38	58	55	84
摩托车	台	64	61	38	82
汽车（生活用）	部	3	7	4	13
固定电话机	部	65	88	59	50
移动电话	台	140	112	154	203
# 接入互联网的	台			6	8
彩色电视机	台	123	124	85	154
# 接入有线电视网的	台	80	21	26	55
黑白电视机	台	12	2		9
摄像机	台	2	7	10	5
影碟机	台	31	68	10	30
照相机	台	7	7	4	18
家用计算机	台	14	11	11	23
# 接入互联网的	架	5	7	9	6
中高档乐器	台				

农村住户粮食收支情况

7—8　(2009 年)　计量单位：千克/人

指标名称	全 市	矿 区	井陉县	正定县	栾城县
一、期初粮食结存	644	239	515	630	652
二、期内粮食收入合计	1030	351	482	1020	1202
(一) 家庭经营生产粮食	927	145	358	985	1105
# 谷物	917	144	354	984	1105
(二) 购入粮食	103	207	123	36	97
# 谷物	101	201	121	35	95
三、期内粮食支出合计	721	357	527	667	1092
(一) 主食用粮	188	167	205	253	147
# 谷物	185	162	201	251	144
(三) 出售粮食	442	92	257	399	855
# 谷物	439	92	257	399	855
(四) 种籽用粮食	14	3	6	11	16
(五) 饲料用粮食	77	95	59	4	74
四、期末粮食结存实际调查数	661	238	426	716	520

7—8 续表 1　(2009 年)　计量单位：千克/人

指标名称	行唐县	灵寿县	高邑县	深泽县	赞皇县
一、期初粮食结存	448	393	607	402	540
二、期内粮食收入合计	1346	600	1237	1045	791
(一) 家庭经营生产粮食	1249	561	1209	1004	760
# 谷物	1172	546	1196	1004	707
(二) 购入粮食	95	39	28	41	31
# 谷物	93	38	27	36	29
三、期内粮食支出合计	1059	325	735	909	603
(一) 主食用粮	239	119	269	234	180
# 谷物	237	117	267	229	177
(三) 出售粮食	703	107	398	665	353
# 谷物	702	106	398	665	318
(四) 种籽用粮食	14	8	14	10	11
(五) 饲料用粮食	102	91	54		58
四、期末粮食结存实际调查数	472	488	579	483	628

7—8 续表 2　　（2009 年）　　计量单位：千克/人

指标名称	无极县	平山县	元氏县	赵　县	辛集市
一、期初粮食结存	1024	556	940	921	826
二、期内粮食收入合计	1014	449	1149	1337	1935
（一）家庭经营生产粮食	889	380	1080	1242	1441
# 谷物	888	375	1079	1242	1436
（二）购入粮食	125	64	69	95	492
# 谷物	122	62	68	93	491
三、期内粮食支出合计	801	449	535	1036	1296
（一）主食用粮	241	200	150	191	187
# 谷物	238	197	149	189	184
（三）出售粮食	444	168	330	774	637
# 谷物	444	168	330	774	635
（四）种籽用粮食	13	5	42	16	15
（五）饲料用粮食	103	76	13	53	457
四、期末粮食结存实际调查数	1016	561	984	848	866

7—8 续表 3　　（2009 年）　　计量单位：千克/人

指标名称	藁城市	晋州市	新乐市	鹿泉市
一、期初粮食结存	762	653	828	535
二、期内粮食收入合计	1253	1199	1082	907
（一）家庭经营生产粮食	1197	1003	1048	839
# 谷物	1195	1003	1046	834
（二）购入粮食	55	195	35	67
# 谷物	54	192	33	65
三、期内粮食支出合计	781	645	550	517
（一）主食用粮	160	208	90	129
# 谷物	160	205	89	126
（三）出售粮食	588	268	444	365
# 谷物	586	268	443	359
（四）种籽用粮食	21	16	9	12
（五）饲料用粮食	12	153	8	12
四、期末粮食结存实际调查数	762	749	995	472

农村住户收入情况

7—9 （2009 年） 计量单位：元/人

指标名称	全　市	矿　区	井陉县	正定县	栾城县
一、全年总收入	8083	8306	7573	12124	9108
（一）工资性收入	3046	5452	2911	4603	2828
1. 在非企业组织中劳动得到收入	343	1208	257	410	227
2. 在本乡地域内劳动得到收入	2154	3865	1199	3054	1866
3. 外出从业得到收入	549	379	1455	1139	734
（二）家庭经营收入	4644	1682	4220	7059	5919
1. 第一产业收入	3311	601	2513	3896	4808
# 农业收入	2076	284	730	1770	2790
牧业收入	1222	314	1774	2126	2018
2. 第二产业收入	390	70	279	195	835
（1）工业收入	310		279	160	671
（2）建筑业收入	79	70		35	164
3. 第三产业收入	944	1010	1428	2968	276
# 交通．运输．邮电业收入	325	588	630	632	84
批零贸易业．饮食业收入	350	321	245	1821	168
社会服务业收入	113	77	424	159	
（三）财产性收入	137	314	96	125	120
（四）转移性收入	256	859	346	338	241
二、全年纯收入	5977	7657	5557	7399	7215
（一）工资性收入	3046	5452	2911	4603	2828
（二）家庭经营纯收入	2552	1035	2214	2355	4053
1. 第一产业纯收入	1847	250	1030	1461	3099
# 农业收入	1449	215	496	1255	1952
牧业收入	388	31	526	207	1150
2. 非农产业纯收入	705	785	1184	894	954
A. 第二产业纯收入	175	49	197	65	759
（1）工业收入	129		197	59	598
（2）建筑业收入	46	49		7	161
B. 第三产业纯收入	530	736	987	829	195
（1）交通．运输．邮电业收入	183	407	317	319	26
（2）批零贸易业．饮食业收入	189	234	203	338	161
（3）社会服务业收入	61	74	389	87	
（4）文教卫生业收入	37	15	79	101	
（5）其他行业收入	60	7		－16	8
（三）财产性纯收入	137	314	96	125	120
（四）转移性纯收入	243	857	336	316	214

7—9 续表 1　　（2009 年）　　计量单位：元/人

指标名称	行唐县	灵寿县	高邑县	深泽县	赞皇县
一、全年总收入	5282	4088	7544	6773	4113
（一）工资性收入	725	1072	3194	2939	1174
1. 在非企业组织中劳动得到收入	70	64	23	261	87
2. 在本乡地域内劳动得到收入	562	779	3027	1578	865
3. 外出从业得到收入	94	229	144	1101	222
（二）家庭经营收入	4322	2752	4078	3310	2831
1. 第一产业收入	4014	1988	3287	2053	2416
# 农业收入	2633	1030	2820	1978	1743
牧业收入	1374	897	460	75	599
2. 第二产业收入	40	336	313	589	
（1）工业收入	7	311	210	537	
（2）建筑业收入	33	25	103	51	
3. 第三产业收入	268	428	478	669	414
# 交通．运输．邮电业收入	28	59	291	164	117
批零贸易业．饮食业收入	73	104	105	323	175
社会服务业收入	60	45	72	181	68
（三）财产性收入	42	128	144	58	10
（四）转移性收入	193	136	129	465	99
二、全年纯收入	3470	2960	5448	5316	2910
（一）工资性收入	725	1072	3194	2939	1174
（二）家庭经营纯收入	2517	1640	1982	1867	1636
1. 第一产业纯收入	2430	1110	2091	1427	1382
# 农业收入	1956	733	2147	1381	1127
牧业收入	474	319	-65	47	201
2. 非农产业纯收入	87	530	-108	440	253
A. 第二产业纯收入	-29	226	-64	97	-2
（1）工业收入	-38	204	-143	65	
（2）建筑业收入	9	22	79	32	-2
B. 第三产业纯收入	116	304	-44	343	256
（1）交通．运输．邮电业收入	-1	45	111	47	75
（2）批零贸易业．饮食业收入	66	57	87	197	65
（3）社会服务业收入	-16	41	-248	109	68
（4）文教卫生业收入	24	138			41
（5）其他行业收入	42	23	6	-9	6
（三）财产性纯收入	42	128	144	58	10
（四）转移性纯收入	186	120	128	451	91

7—9 续表 2　　（2009 年）　　计量单位：元/人

指标名称	无极县	平山县	元氏县	赵　县	辛集市
一、全年总收入	8494	4320	7378	8462	10792
（一）工资性收入	2745	1969	3266	1580	2019
1. 在非企业组织中劳动得到收入	479	388	732	183	340
2. 在本乡地域内劳动得到收入	1160	955	2355	1251	860
3. 外出从业得到收入	1107	625	179	146	820
（二）家庭经营收入	5401	2074	3739	6562	8345
1. 第一产业收入	2562	1250	2279	5589	7816
# 农业收入	1559	894	1833	3987	4198
牧业收入	1003	281	446	1602	3613
2. 第二产业收入	1282	331	174		16
（1）工业收入	1218	14	51		8
（2）建筑业收入	64	317	122		8
3. 第三产业收入	1556	493	1287	973	513
# 交通．运输．邮电业收入	342	90	336	333	142
批零贸易业．饮食业收入	532	324	582	368	88
社会服务业收入	224	21	135	109	155
（三）财产性收入	185	22	210	60	177
（四）转移性收入	163	256	162	261	250
二、全年纯收入	6272	3312	5878	6116	6890
（一）工资性收入	2745	1969	3266	1580	2019
（二）家庭经营纯收入	3205	1075	2258	4225	4448
1. 第一产业纯收入	1328	742	1369	3528	4005
# 农业收入	969	619	1169	2995	2805
牧业收入	360	57	200	532	1203
2. 非农产业纯收入	1877	333	888	697	443
A. 第二产业纯收入	780	103	63	－1	10
（1）工业收入	734		6		8
（2）建筑业收入	46	103	56	－1	2
B. 第三产业纯收入	1098	230	826	698	432
（1）交通．运输．邮电业收入	228	22	174	206	107
（2）批零贸易业．饮食业收入	388	150	430	289	63
（3）社会服务业收入	158	7	78	74	154
（4）文教卫生业收入	129	3	6	16	82
（5）其他行业收入	194	47	138	113	27
（三）财产性纯收入	185	22	210	60	177
（四）转移性纯收入	137	247	144	252	246

7—9 续表 3　　（2009 年）　　计量单位：元/人

指标名称	藁城市	晋州市	新乐市	鹿泉市
一、全年总收入	10552	10597	8507	10294
（一）工资性收入	3560	3662	4884	5768
1. 在非企业组织中劳动得到收入	510	308	314	354
2. 在本乡地域内劳动得到收入	2765	3354	4052	4703
3. 外出从业得到收入	285		518	711
（二）家庭经营收入	6648	6363	3284	4246
1. 第一产业收入	4142	3323	2765	3742
# 农业收入	2710	2545	1817	1596
牧业收入	1427	777	941	2146
2. 第二产业收入	367	1885	3	204
（1）工业收入	182	1795	3	54
（2）建筑业收入	185	90		150
3. 第三产业收入	2139	1155	516	300
# 交通．运输．邮电业收入	1113	520	199	215
批零贸易业．饮食业收入	203	378	282	
社会服务业收入	178	138	28	
（三）财产性收入	102	385	138	154
（四）转移性收入	241	188	201	126
二、全年纯收入	7731	7495	7360	7834
（一）工资性收入	3560	3662	4884	5768
（二）家庭经营纯收入	3882	3262	2141	1787
1. 第一产业纯收入	2246	2045	1744	1587
# 农业收入	1914	1769	1283	955
牧业收入	329	276	463	632
2. 非农产业纯收入	1636	1217	396	200
A. 第二产业纯收入	214	559	2	70
（1）工业收入	93	503	2	-4
（2）建筑业收入	121	56		74
B. 第三产业纯收入	1422	658	394	130
（1）交通．运输．邮电业收入	733	262	162	95
（2）批零贸易业．饮食业收入	160	244	227	-8
（3）社会服务业收入	103	83	4	
（4）文教卫生业收入	23	19	-5	
（5）其他行业收入	402	50	7	44
（三）财产性纯收入	102	385	138	154
（四）转移性纯收入	187	186	196	126

农村住户现金收支情况

7—10　　(2009 年)　　计量单位：元/人

指标名称	全　市	矿　区	井陉县	正定县	栾城县
一、期内现金收入	7226	8202	7277	11238	8460
(一) 工资性收入	3045	5450	2910	4603	2827
1. 在非企业组织中劳动得到收入	343	1208	257	410	227
2. 在本乡地域内劳动得到收入	2154	3863	1199	3054	1866
3. 外出从业得到收入	549	379	1454	1139	734
(二) 家庭经营现金收入	3801	1581	3945	6195	5321
1. 第一产业现金收入	2467	501	2237	3032	4212
# 农业现金收入	1248	184	459	910	2202
牧业现金收入	1206	314	1770	2122	2011
2. 第二产业现金收入	390	70	279	195	833
(1) 工业收入	310		279	160	669
(2) 建筑业收入	79	70		35	164
3. 第三产业现金收入	944	1010	1428	2968	276
# 交通．运输．邮电业收入	325	588	630	632	84
批零贸易业．饮食业收入	350	321	245	1821	168
社会服务业收入	113	77	424	159	
(三) 财产性收入	128	312	90	119	70
(四) 转移性收入	252	859	332	321	241
# 粮食直接补贴收入	58	21	7	18	22
二、非收入现金所得	367	643	620	802	502
(一) 非借贷性现金所得	130	31	428	500	388
(二) 借贷性现金所得	237	612	192	302	114
三、期内现金支出	5299	6388	5328	8217	4945
(一) 生产费用支出	1982	589	1820	4191	1651
# 家庭经营费用支出	1806	589	1701	4189	1577
购置生产性固定资产支出	173		87	2	74
(二) 税费支出	36	2	13	123	16
(三) 生活消费支出	3145	5690	3149	3815	3040
(四) 财产性支出	1			1	2
(五) 转移性支出	134	107	347	86	234
四、非消费性支出	807	1986	787	668	605
五、期末金融资产余额	8873	13896	5846	18226	6766

7—10 续表 1　（2009 年）　计量单位：元/人

指标名称	行唐县	灵寿县	高邑县	深泽县	赞皇县
一、期内现金收入	4024	3274	6042	6179	3274
（一）工资性收入	724	1072	3194	2939	1173
1. 在非企业组织中劳动得到收入	70	64	23	261	87
2. 在本乡地域内劳动得到收入	561	779	3027	1578	865
3. 外出从业得到收入	94	229	144	1101	222
（二）家庭经营现金收入	3069	1939	2580	2716	1996
1. 第一产业现金收入	2766	1175	1790	1458	1581
# 农业现金收入	1420	219	1424	1383	935
牧业现金收入	1338	895	358	75	591
2. 第二产业现金收入	40	336	313	589	
（1）工业收入	7	311	210	537	
（2）建筑业收入	33	25	103	51	
3. 第三产业现金收入	264	428	478	669	414
# 交通．运输．邮电业收入	28	59	291	164	117
批零贸易业．饮食业收入	73	104	105	323	175
社会服务业收入	60	45	72	181	68
（三）财产性收入	37	128	139	58	11
（四）转移性收入	193	135	129	465	94
# 粮食直接补贴收入	112	7	105	94	59
二、非收入现金所得	145	167	32	684	215
（一）非借贷性现金所得	70	83	17	159	13
（二）借贷性现金所得	75	84	16	525	202
三、期内现金支出	4067	2879	5101	5538	4334
（一）生产费用支出	1856	948	2439	1038	1027
# 家庭经营费用支出	1540	935	1784	948	1005
购置生产性固定资产支出	300	14	655	89	21
（二）税费支出	1	5	5	67	
（三）生活消费支出	2167	1881	2618	4311	3249
（四）财产性支出				1	
（五）转移性支出	43	45	39	120	59
四、非消费性支出	200	121	113	1930	233
五、期末金融资产余额	1924	2536	5545	15003	1621

7—10 续表2 （2009年） 计量单位：元/人

指标名称	无极县	平山县	元氏县	赵　县	辛集市
一、期内现金收入	7838	3754	6240	7630	9431
（一）工资性收入	2745	1969	3266	1580	2018
1. 在非企业组织中劳动得到收入	479	388	732	183	338
2. 在本乡地域内劳动得到收入	1160	955	2355	1251	860
3. 外出从业得到收入	1107	625	179	146	820
（二）家庭经营现金收入	4746	1529	2601	5763	6988
1. 第一产业现金收入	1907	706	1140	4790	6458
# 农业现金收入	904	394	728	3193	2855
牧业现金收入	1003	221	413	1598	3599
2. 第二产业现金收入	1282	331	174		16
（1）工业收入	1218	14	51		8
（2）建筑业收入	64	317	122		8
3. 第三产业现金收入	1556	493	1287	973	513
# 交通．运输．邮电业收入	342	90	336	333	142
批零贸易业．饮食业收入	532	324	582	368	88
社会服务业收入	224	21	135	109	155
（三）财产性收入	185	16	210	26	177
（四）转移性收入	162	239	162	261	249
# 粮食直接补贴收入	13	35	101	24	26
二、非收入现金所得	1047	218	82	448	161
（一）非借贷性现金所得	70	161		75	135
（二）借贷性现金所得	977	57	82	373	26
三、期内现金支出	5382	3410	4042	4471	7160
（一）生产费用支出	2020	762	1932	2215	3787
# 家庭经营费用支出	1916	752	1206	2160	3716
购置生产性固定资产支出	104	10	720	55	70
（二）税费支出	50	27	35	17	18
（三）生活消费支出	3218	2457	2011	2203	2653
（四）财产性支出					16
（五）转移性支出	94	164	65	35	685
四、非消费性支出	1885	727	225	1163	237
五、期末金融资产余额	6655	5402	7129	5983	10274

7—10 续表 3　　(2009 年)　　计量单位：元/人

指标名称	藁城市	晋州市	新乐市	鹿泉市
一、期内现金收入	9664	9539	7516	9426
(一) 工资性收入	3560	3662	4884	5768
1. 在非企业组织中劳动得到收入	510	308	314	354
2. 在本乡地域内劳动得到收入	2765	3354	4052	4703
3. 外出从业得到收入	285		518	711
(二) 家庭经营现金收入	5766	5307	2292	3424
1. 第一产业现金收入	3260	2267	1773	2920
# 农业现金收入	1837	1490	826	762
牧业现金收入	1419	777	941	2157
2. 第二产业现金收入	367	1885	3	204
(1) 工业收入	182	1795	3	54
(2) 建筑业收入	185	90		150
3. 第三产业现金收入	2139	1155	516	300
# 交通．运输．邮电业收入	1113	520	199	215
批零贸易业．饮食业收入	203	378	282	
社会服务业收入	178	138	28	
(三) 财产性收入	99	385	138	109
(四) 转移性收入	239	186	201	126
# 粮食直接补贴收入	123	91	109	68
二、非收入现金所得	122	325	205	118
(一) 非借贷性现金所得	25		61	89
(二) 借贷性现金所得	97	325	144	29
三、期内现金支出	6332	6058	5223	6218
(一) 生产费用支出	2278	2606	1734	2317
# 家庭经营费用支出	2264	2606	916	2315
购置生产性固定资产支出	14		818	2
(二) 税费支出	164	95	1	12
(三) 生活消费支出	3800	3315	3359	3805
(四) 财产性支出	4			
(五) 转移性支出	86	42	129	84
四、非消费性支出	1094	1937	263	363
五、期末金融资产余额	15347	17691	6366	12814

农村住户支出情况

7—11 （2009年） 计量单位：元/人

指标名称	全市	矿区	井陉县	正定县	栾城县
总　支　出	**5627**	**6496**	**5632**	**8596**	**5190**
一、家庭经营费用支出	1835	589	1717	4194	1601
1. 第一产业生产费用支出	1344	332	1409	2290	1527
#　农业生产费用支出	531	63	183	459	723
牧业生产费用支出	810	268	1226	1830	801
2. 第二产业生产费用支出	170	20	63	96	53
（1）工业生产费用支出	139		63	72	52
（2）建筑业生产费用支出	31	20		24	
3. 第三产业生产费用支出	322	237	245	1807	22
（1）交通运输邮电业生产费用支出	91	149	151	194	6
（2）批零贸易餐饮业生产费用支出	137	84	30	1345	4
（3）社会服务业生产费用支出	47	1	18	67	
（4）文教卫生业生产费用支出	23	2	46	201	
（5）其他行业生产费用支出	24	1			11
二、购置生产性固定资产支出	173		87	2	74
三、建．造生产性固定资产雇工支出	3		31		
四、税费支出	37	2	13	123	16
五、生活消费支出	3444	5797	3435	4190	3261
#　服务性支出	847	1861	1142	1346	743
1. 食品消费支出	1176	2191	1360	1395	1157
2. 衣着消费支出	219	539	226	292	226
3. 居住消费支出	887	594	649	707	686
4. 家庭设备．用品消费支出	181	300	220	208	296
5. 交通和通讯消费支出	359	582	249	684	291
6. 文化教育．娱乐消费支出	364	704	335	735	249
7. 医疗保健消费支出	186	753	276	105	336
8. 其他商品和服务消费支出	71	134	120	65	20
六、财产性支出	1			1	2
七、转移性支出	134	107	349	86	234

7—11 续表 1　　（2009 年）　　计量单位：元/人

指标名称	行唐县	灵寿县	高邑县	深泽县	赞皇县
总　支　出	**4539**	**3185**	**5629**	**5889**	**4745**
一、家庭经营费用支出	1584	1050	1849	948	1103
1. 第一产业生产费用支出	1417	832	956	544	959
#　农业生产费用支出	584	260	433	519	542
牧业生产费用支出	827	570	523	23	399
2. 第二产业生产费用支出	68	107	375	259	3
（1）工业生产费用支出	44	104	351	245	
（2）建筑业生产费用支出	24	3	24	13	3
3. 第三产业生产费用支出	100	110	519	145	141
（1）交通运输邮电业生产费用支出	14	10	177	25	24
（2）批零贸易餐饮业生产费用支出	5	42	19	70	111
（3）社会服务业生产费用支出	75	3	319	50	
（4）文教卫生业生产费用支出		53			3
（5）其他行业生产费用支出	6	2	4	1	3
二、购置生产性固定资产支出	300	14	655	89	21
三、建．造生产性固定资产雇工支出	16			1	
四、税费支出	1	5	5	67	
五、生活消费支出	2595	2072	3081	4662	3560
#　服务性支出	401	483	346	1635	632
1. 食品消费支出	975	761	1011	1430	916
2. 衣着消费支出	138	123	194	252	160
3. 居住消费支出	955	637	1028	969	1584
4. 家庭设备．用品消费支出	117	83	80	194	232
5. 交通和通讯消费支出	135	141	530	394	155
6. 文化教育．娱乐消费支出	174	207	201	1042	386
7. 医疗保健消费支出	80	88	19	265	113
8. 其他商品和服务消费支出	22	33	18	115	14
六、财产性支出				1	
七、转移性支出	43	45	39	120	61

7—11 续表2 （2009年） 计量单位：元/人

指标名称	无极县	平山县	元氏县	赵　县	辛集市
总　支　出	**5755**	**3994**	**4344**	**4744**	**7471**
一、家庭经营费用支出	1930	848	1206	2181	3725
1. 第一产业生产费用支出	1151	444	737	1955	3679
# 农业生产费用支出	512	220	503	901	1283
牧业生产费用支出	639	215	233	1054	2389
2. 第二产业生产费用支出	383	206	108		6
（1）工业生产费用支出	366	7	43		
（2）建筑业生产费用支出	17	198	64		6
3. 第三产业生产费用支出	395	198	361	225	40
（1）交通运输邮电业生产费用支出	84	45	100	107	16
（2）批零贸易餐饮业生产费用支出	124	136	138	67	9
（3）社会服务业生产费用支出	62	12	50	28	
（4）文教卫生业生产费用支出	56			3	15
（5）其他行业生产费用支出	70	6	74	21	
二、购置生产性固定资产支出	104	10	720	55	70
三、建．造生产性固定资产雇工支出			5		
四、税费支出	51	27	35	17	18
五、生活消费支出	3576	2942	2312	2454	2954
# 服务性支出	609	643	439	547	597
1. 食品消费支出	1414	1229	939	973	908
2. 衣着消费支出	267	111	154	95	170
3. 居住消费支出	1166	772	553	838	995
4. 家庭设备．用品消费支出	97	134	235	100	146
5. 交通和通讯消费支出	259	226	228	198	253
6. 文化教育．娱乐消费支出	191	281	124	151	218
7. 医疗保健消费支出	76	115	48	82	232
8. 其他商品和服务消费支出	107	74	32	16	32
六、财产性支出					16
七、转移性支出	94	167	65	36	687

7—11 续表3　　(2009年)　　计量单位：元/人

指标名称	藁城市	晋州市	新乐市	鹿泉市
总　支　出	**6569**	**6354**	**5380**	**6484**
一、家庭经营费用支出	2284	2607	916	2315
1. 第一产业生产费用支出	1706	1173	839	2083
# 农业生产费用支出	640	673	381	596
牧业生产费用支出	1064	500	458	1486
2. 第二产业生产费用支出	122	1051		103
(1) 工业生产费用支出	68	1021		34
(2) 建筑业生产费用支出	54	31		69
3. 第三产业生产费用支出	456	383	77	130
(1) 交通运输邮电业生产费用支出	177	203	35	99
(2) 批零贸易餐饮业生产费用支出	27	93	26	
(3) 社会服务业生产费用支出	65	50	15	
(4) 文教卫生业生产费用支出	6	11		
(5) 其他行业生产费用支出	180	26		31
二、购置生产性固定资产支出	14		818	2
三、建.造生产性固定资产雇工支出				
四、税费支出	164	95	1	12
五、生活消费支出	4015	3610	3516	4071
# 服务性支出	1653	415	709	1188
1. 食品消费支出	1262	1060	799	1413
2. 衣着消费支出	318	236	200	261
3. 居住消费支出	784	1286	969	787
4. 家庭设备.用品消费支出	153	203	180	289
5. 交通和通讯消费支出	414	553	707	396
6. 文化教育.娱乐消费支出	611	151	386	456
7. 医疗保健消费支出	159	52	219	392
8. 其他商品和服务消费支出	314	68	57	76
六、财产性支出	4			
七、转移性支出	87	42	129	84

分县（市）区农民人均纯收入

7—12 计量单位：元

行政单位	2005 年	2006 年	2007 年	2008 年	2009 年
石家庄市	**4118**	**4456**	**4954**	**5469**	**5977**
矿　　区	5267	5740	6328	7025	7657
井 陉 县	3643	3993	4527	5051	5557
正 定 县	4797	5253	5952	6726	7399
栾 城 县	4667	5006	5788	6541	7215
行 唐 县	2929	3076	3287	3468	3470
灵 寿 县	2681	2787	2898	2956	2960
高 邑 县	3975	4293	4551	4970	5448
深 泽 县	4155	4350	4611	4920	5316
赞 皇 县	2316	2584	2798	2886	2910
无 极 县	4476	4875	5321	5806	6272
平 山 县	2430	2588	2842	2945	3312
元 氏 县	3726	4076	4658	5226	5878
赵　　县	4110	4282	5005	5553	6116
辛 集 县	4467	4874	5514	6291	6890
藁 城 市	5060	5465	6184	6990	7731
晋 州 市	4828	5320	6012	6794	7495
新 乐 市	4872	5391	5984	6642	7360
鹿 泉 市	5313	5866	6460	7106	7834

八、城市公用设施

城市市政公用设施水平

8—1

指标名称	计量单位	2009 年	指标名称	计量单位	2009 年
人均日生活用水量	升	127.39	污水处理率	%	83.28
用水普及率	%	100.00	# 污水处理厂集中处理率	%	83.28
燃气普及率	%	100.00	人均公园绿地面积	平方米	11.50
每万人拥有公交车辆	标台		建成区绿化覆盖率	%	41.52
人均城市道路面积	平方米	15.10	建成区绿地率	%	36.50
排水管道密度	公里/平方公里	9.26	生活垃圾无害化处理率	%	100.00

城市建设用地情况

8—2

指标名称	计量单位	2009 年	指标名称	计量单位	2009 年
市区土地面积	平方公里	455.80	对外交通用地	平方公里	9.35
建成区土地面积	平方公里	201.06	道路广场用地	平方公里	20.44
城市建设用地面积	平方公里	202.37	市政公用设施用地	平方公里	11.19
# 居住用地	平方公里	56.75	绿地	平方公里	26.82
公共设施用地	平方公里	34.32	特殊用地	平方公里	4.62
工业用地	平方公里	31.03	本年征用土地面积	平方公里	7.85
仓储用地	平方公里	7.85	# 耕地	平方公里	3.70

城市供水情况

8—3

指标名称	计量单位	2009 年	指标名称	计量单位	2009 年
综合生产能力	万立方米/日	90	公共服务用水	万立方米	4165
# 地下水	万立方米/日	60	居民家庭用水	万立方米	7525
供水管道长度	公里	1298	用水户数	户	76298
供水总量	万立方米	24353	# 家庭用户	户	70116
# 生产运营用水	万立方米	8057	用水人口	万人	253

城市节约用水情况

8—4

指标名称	计量单位	2009 年	指标名称	计量单位	2009 年
实际用水量	万立方米	100179	重复利用量	万立方米	95871
# 工业	万立方米	99853	# 工业	万立方米	95871
新水取水量	万立方米	4308	节约用水量	万立方米	7100
# 工业	万立方米	3982	# 工业	万立方米	7100

城市燃气情况

8—5

指标名称	计量单位	2009 年	指标名称	计量单位	2009 年
一、人工煤气					
生产能力	万立方米/日	6.00	供气总量	万立方米	9507
储气能力	万立方米	1.50	# 家庭用量	万立方米	1244
供气管道长度	公里	7.50	用气户数	户	413560
购气量	万立方米	1080	# 家庭用户	户	403460
供气总量	万立方米	1520	用气人口	万人	162
# 家庭用量	万立方米	230	三、液化石油气		
用气户数	户	9200	储气能力	吨	1460
# 家庭用户	户	9100	购气量	吨	14790
用气人口	万人	2.81	供气总量	吨	14790
二、天然气			# 家庭用量	吨	12790
储气能力	万立方米	25.20	用气户数	户	150000
供气管道长度	公里	1144.41	# 家庭用户	户	150000
购气量	万立方米	9507.12	用气人口	万人	88

城市集中供热情况

8—6

指标名称	计量单位	2009 年	指标名称	计量单位	2009 年
一、蒸汽			供热能力	兆瓦	3528
供热能力	吨/小时	3555	供热总量	万吉焦	1125
供热总量	万吉焦	3333	管道长度	公里	423
管道长度	公里	334	三、供热面积	万平方米	7161
二、热水			# 住宅	万平方米	5882

城市公共汽车和出租汽车情况

8—7

指标名称	计量单位	2009 年	指标名称	计量单位	2009 年
一、公共汽车			公交专用车道长度	公里	29
公共汽车数	辆	3009	客运总量	万人次	42236
# 天然气燃料车	辆	1698	二、出租汽车		
标准运营车数	标台	3794	出租车数量	辆	6795
运营线路网长度	公里	725	客运总量	万人次	12204

城市市政设施情况

8—8

指标名称	计量单位	2009 年	指标名称	计量单位	2009 年
道路长度	公里	1316	# 污水管道	公里	843
道路面积	万平方米	3813	污水排放量	万立方米	24150
# 人行道面积	万平方米	655	污水处理厂	座	3
桥梁数	座	292	污水处理能力	万立方米/日	76
# 立交桥	座	53	污水处理量	万立方米	20113
路灯盏数	千盏	77100	污水处理总量	万立方米	20113
安装路灯的道路长度	公里	1264	防洪堤长度	公里	32
排水管道长度	公里	1861	# 百年一遇	公里	12

城市园林绿化及风景名胜区情况

8—9

指标名称	计量单位	2009年	指标名称	计量单位	2009年
绿化覆盖面积	公顷	8920	公园个数	个	41
# 建成区	公顷	8348	公园面积	公顷	814
园林绿地面积	公顷	8227	风景名胜区面积	平方公里	439
# 建成区	公顷	7339	# 可游览面积	平方公里	275
公园绿地面积	公顷	2904	游人量	万人次	369

城市市容环境卫生情况

8—10

指标名称	计量单位	2009年	指标名称	计量单位	2009年
道路清扫保洁面积	万平方米	3760			
# 机械化	万平方米	1558	堆肥	吨/日	700
生活垃圾清运量	万吨	119	无害化处理量	万吨	119
无害化处理厂（场）数	座	3	卫生填埋	万吨	94
卫生填埋	座	2	堆肥	万吨	25
堆肥	座	1	粪便清运量	万吨	19
无害化处理能力	吨/日	3500	公厕数	座	531
卫生填埋	吨/日	2800	市容环卫专用车辆总数	台	340

全市工业污染排放及处理利用情况

8—11

指标名称	计量单位	2009 年
一、工业废水		
1. 工业废水治理设施	套	587
2. 工业废水治理设施处理能力	万吨/日	247.75
3. 工业用水重复利用率	%	95.30
4. 工业废水处理量	万吨	54194.06
5. 工业废水排放量	万吨	19020.74
# 排入污水处理厂的	万吨	12768.06
6. 工业废水排放达标量	万吨	18963.41
7. 工业废水排放达标率	%	99.70
8. 工业废水中污染物去除量		
（1）化学需氧量	吨	244396.85
# 当年新增设施去除的	吨	14217.17
（2）氨氮	吨	10308.16
（3）石油类	吨	653.18
（4）挥发酚	吨	78.02
（5）氰化物	吨	69.80
9. 工业废水中污染物排放量		
（1）化学需氧量	吨	40879.99
（2）氨氮	吨	3734.18
（3）石油类	吨	17.45
（4）挥发酚	吨	0.20
（5）氰化物	吨	1.40
（6）六价铬	吨	0.32
二、工业废气		
1. 工业废气排放总量	万标立方米	45504815
# 燃料燃烧过程中排放量	万标立方米	24997527
生产工艺过程中排放量	万标立方米	20507288
2. 废气治理设施数	套	1815
# 脱硫设施数	套	378
3. 废气治理设施处理能力	万标立方米/小时	8603.12
4. 二氧化硫去除量	吨	269024.11
# 燃料燃烧过程中去除量	吨	259011.75
生产工艺过程中去除量	吨	10012.36
# 当年新增设施去除量	吨	998.55

8—11 续表

指标名称	计量单位	2009 年
5. 二氧化硫排放量	吨	143522.93
# 燃料燃烧过程中排放量	吨	125410.17
# 排放达标量	吨	122867.28
生产工艺过程中排放量	吨	18111.76
# 排放达标量	吨	15709.87
6. 烟尘去除量	吨	3948952.65
7. 烟尘排放量	吨	27804.67
# 排放达标量	吨	27706.01
8. 工业粉尘去除量	吨	141831.23
9. 工业粉尘排放量	吨	15441.60
# 排放达标量	吨	15430.47
三、工业固体废物		
1. 工业固体废物产生量	万吨	1269.26
（1）危险废物	吨	194148.97
（2）冶炼废渣	万吨	352.82
（3）粉煤灰	万吨	414.20
（4）炉渣	万吨	167.03
（5）煤矸石	万吨	5.21
（6）尾矿	万吨	30.45
（7）脱硫石膏	万吨	69.67
（8）其他废物	万吨	44.93
2. 工业固定废物综合利用量	万吨	1025.32
（1）危险废物	吨	121713.00
（2）冶炼废渣	万吨	352.43
（3）粉煤灰	万吨	407.16
（4）炉渣	万吨	149.17
（5）煤矸石	万吨	5.21
（6）尾矿	万吨	15.74
（7）脱硫石膏	万吨	74.11
（8）其他废物	万吨	37.07
3. 工业固体废物综合利用率	%	92.48
4. 工业固体废物贮存量	万吨	68.94
5. 工业固体废物处置量	万吨	29.12

全市危险物、污水及生活污染处理情况

8—12

指标名称	计量单位	2009 年
1. 危险废物实际处置能力	吨/日	8.2
2. 危险废物处置量	吨	2952
# 焚烧量	吨	2952
3. 焚烧残渣填埋量	吨	53
4. 污水处理厂处理能力	万吨/日	156
5. 污水处理量	万吨	36545
# 处理工业废水量	万吨	12768
污水再生利用量	万吨	864
6. 化学需氧量去除量	吨	134536
7. 氨氮去除量	吨	9302
8. 总磷去除量	吨	1287
9. 污泥产生量	吨	298650
10. 污泥处置量	吨	287450
11. 污泥利用量	吨	11200
12. 城镇生活污水排放系数	千克/人.日	190
13. 城镇生活污水排放量	万吨	32162
14. 城镇生活污水处理量	万吨	23777
15. 城镇生活污水处理率	%	74
16. 城镇生活污水中氨氮产生量	吨	11849
17. 城镇生活污水中氨氮排放量	吨	6196
18. 生活及其他二氧化硫排放量	吨	37162
19. 生活及其他烟尘排放量	吨	24056

九、农村经济

农村基层组织和基础设施情况

9—1 （2009 年） 计量单位：个

行政单位	一、农村基层组织情况			二、农村基础设施		
	乡镇个数	# 镇个数	村委会个数	自来水受益村	通汽车村数	通电话村数
石家庄市	**221**	**124**	**4419**	**4008**	**4419**	**4418**
长 安 区	3	3	33	33	33	33
桥 东 区	1	1				
桥 西 区			15	15	15	15
新 华 区	4	2	25	25	25	25
裕 华 区	2	2	16	16	16	16
矿　 区	3	2				
高 新 区			9	9	9	9
井 陉 县	17	10	318	268	318	317
正 定 县	9	4	174	174	174	174
栾 城 县	8	5	182	182	182	182
行 唐 县	15	4	330	255	330	330
灵 寿 县	15	6	279	153	279	279
高 邑 县	5	3	107	107	107	107
深 泽 县	6	2	125	125	125	125
赞 皇 县	11	2	212	131	212	212
无 极 县	11	6	213	213	213	213
平 山 县	23	12	717	690	717	717
元 氏 县	15	6	208	157	208	208
赵　 县	11	7	281	281	281	281
辛 集 市	15	8	344	344	344	344
藁 城 市	14	13	239	239	239	239
晋 州 市	10	9	224	224	224	224
新 乐 市	11	8	160	160	160	160
鹿 泉 市	12	9	208	207	208	208

乡村人口与乡村从业人员情况

9—2　　(2009年)　　计量单位：户、人

行政单位	一、乡村户数	二、乡村人口数	三、乡村劳动力资源数	# 劳动年龄内人数	四、乡村从业人员	# 劳动年龄内从业人员数
石家庄市	**1756993**	**6668699**	**3969987**	**3713835**	**3638265**	**3481536**
长安区	27419	88793	49581	49229	48487	46973
桥东区						
桥西区	9054	29458	17752	16544	16708	14890
新华区	21412	70607	50912	28030	35789	21141
裕华区	16847	64496	35370	34305	32937	31809
矿区						
高新区						
井陉县	80617	279763	159497	149922	141892	134173
正定县	98653	381887	242257	226166	223598	210738
栾城县	73378	307873	191480	177335	175566	170619
行唐县	106580	383214	189918	182648	187671	181952
灵寿县	72853	277492	143753	134838	133413	129644
高邑县	40914	161851	93347	90752	91674	90063
深泽县	59788	222893	131979	126895	126053	122636
赞皇县	61287	219565	126994	121234	116965	111196
无极县	115453	445226	261493	259990	248128	237906
平山县	114833	421555	247331	227386	230525	213739
元氏县	94378	375623	277206	245319	232621	231502
赵县	122774	488534	305143	290771	285104	277062
辛集市	152976	549772	335847	298447	299509	283391
藁城市	176506	704914	422722	398529	391261	374158
晋州市	122761	474562	277308	262886	259038	252029
新乐市	97890	390930	215090	207000	195498	188000
鹿泉市	90620	329691	195007	185609	165828	157915

9—2 续表 1 （2009 年） 计量单位：户、人

行政单位	四、乡村从业人员（续）					
	（一）按性别分		（二）按国民经济行业分			
	1. 男	2. 女	1. 农林牧渔业从业人员	# 农业	2. 工业从业人员	# 采矿业
石家庄市	**1926206**	**1712059**	**1464886**	**1250996**	**1027523**	**44298**
长安区	23562	24925	9867	8161	23320	15
桥东区						
桥西区	8541	8167	2016	1785	4727	
新华区	18333	17456	4421	1424	20602	
裕华区	16975	15962	7445	6443	11746	
矿　区						
高新区						
井陉县	77646	64246	60181	52013	40770	13615
正定县	116515	107083	70013	55056	51932	1507
栾城县	92196	83370	50210	47441	56350	32
行唐县	96058	91613	88868	73768	35494	4270
灵寿县	73330	60083	83650	60158	22925	2652
高邑县	47994	43680	45814	42373	20037	50
深泽县	66093	59960	50455	43357	37655	632
赞皇县	67969	48996	48190	31310	18710	2840
无极县	124156	123972	117587	94900	75266	
平山县	136822	93703	157916	142400	42388	9789
元氏县	123803	108818	154733	146015	24479	1490
赵　县	148444	136660	104864	98480	85866	
辛集市	159140	140369	99003	89124	113691	
藁城市	206288	184973	81059	62104	135798	175
晋州市	136201	122837	101149	91282	100812	
新乐市	99598	95900	54100	42200	63850	380
鹿泉市	86542	79286	73345	61202	41105	6851

9—2 续表2 （2009年） 计量单位：户、人

行政单位	四、乡村从业人员（续）					
	（二）按国民经济行业分（续）					
	2. 工业从业人员（续）		3. 建筑业从业人员	4. 交通运输业、仓储业和邮电通讯业从业人员	5. 信息传输、计算机服务和软件业从业人员	6. 批发和零售业从业人员
	制造业	电力、煤气及水的生产和供应业				
石家庄市	**957828**	**25397**	**364294**	**208882**	**13671**	**240545**
长安区	23031	274	6690	1024	182	2721
桥东区						
桥西区	4394	333	1406	836	123	2007
新华区	20602		1513	1154	12	2557
裕华区	11736	10	7093	2491	35	2206
矿区						
高新区						
井陉县	26388	767	9448	10514	291	5724
正定县	47456	2969	38904	16496	1945	15412
栾城县	55457	861	25387	12035	280	12806
行唐县	30208	1016	20669	10684	254	9400
灵寿县	19928	345	5576	4357	4031	4075
高邑县	19703	284	6588	3814	249	4944
深泽县	36104	919	15229	7894	169	8417
赞皇县	15632	238	9429	11546	704	13656
无极县	74412	854	18434	8564	120	18241
平山县	30263	2336	7845	5056	216	7418
元氏县	22267	722	22528	7858	704	5610
赵县	84181	1685	28989	19087	836	15376
辛集市	112825	866	34564	11684	591	13034
藁城市	133268	2355	51817	37694	1813	39760
晋州市	99708	1104	15931	11149	30	16474
新乐市	59000	4470	22350	13800	686	26450
鹿泉市	31265	2989	13904	11145	400	14257

9—2 续表 3　　（2009 年）　　计量单位：户、人

行政单位	四、乡村从业人员（续）					
	（二）按国民经济行业分（续）					
	7. 住宿和餐饮业从业人员	8. 金融业从业人员	9. 房地产业从业人员	10. 租赁和商务服务业从业人员	11. 科学研究、技术服务和地质勘查业从业人员	12. 水利、环境和公共设施管理业从业人员
石家庄市	**84247**	**12704**	**2276**	**32170**	**4248**	**5264**
长安区	2276	204	50	167	56	53
桥东区						
桥西区	594	103	108	682	12	147
新华区	1846	47	42	725		112
裕华区	445	89	36	61	26	46
矿区						
高新区						
井陉县	2282	252	43	591	153	156
正定县	9425	599	270	3070	107	871
栾城县	3484	109		2241		15
行唐县	5361	811	77	1790	210	441
灵寿县	1200	346	49	223	20	610
高邑县	3554	498	7	253	41	83
深泽县	1709	363	9	316	39	40
赞皇县	8884	746	76	441	1270	92
无极县	1212	1183	50	600		104
平山县	519	583	334	1650	860	173
元氏县	4471	439	515	7284	160	321
赵县	7899	1524		352	495	485
辛集市	2571	1408	292	1216	144	575
藁城市	14892	1326	65	8210	269	365
晋州市	3788	781		760	95	237
新乐市	4753	950	234	500	197	138
鹿泉市	3082	343	19	1038	94	200

9—2 续表4 （2009年） 计量单位：户、人

行政单位	四、乡村从业人员（续）					
	（二）按国民经济行业分（续）					（三）按文化程度分
	13. 居民服务和其他服务业从业人员	14. 教育从业人员	15. 卫生、社会保障和社会福利业从业人员	16. 文化、体育和娱乐业从业人员	17. 公共管理和社会组织从业人员	1. 文盲、半文盲从业人员
石家庄市	**80122**	**29415**	**23163**	**20148**	**24707**	**56818**
长安区	980	380	188	31	298	13
桥东区						
桥西区	3103	155	257	159	273	27
新华区	1153	442	72	50	1041	731
裕华区	714	195	93	26	190	30
矿区						
高新区						
井陉县	6244	776	894	2506	1067	4
正定县	3383	2479	3590	2487	2615	3953
栾城县	6520	2521	2292	551	765	
行唐县	7564	1563	1842	820	1823	266
灵寿县	3647	1119	720	483	382	4729
高邑县	4854	327	299	83	229	60
深泽县	983	654	697	490	934	630
赞皇县	201	320	730	675	1295	3000
无极县	2836	100	300	1980	1551	9489
平山县	558	1495	1620	92	1802	18375
元氏县	536	1181	602	419	781	7112
赵县	6547	3006	2719	4808	2251	2277
辛集市	14194	2554	1193	948	1847	2685
藁城市	7379	4336	1630	1468	3380	1802
晋州市	3247	1322	1275	1129	859	174
新乐市	1600	3600	1490	500	300	500
鹿泉市	3879	890	660	443	1024	961

9—2 续表5　　（2009年）　　计量单位：户、人

行政单位	四、乡村从业人员（续）				
	（三）按文化程度分（续）				
	2. 小学文化程度从业人员	3. 初中文化程度从业人员	4. 高中文化程度从业人员	5. 中专文化程度从业人员	6. 大专及大专以上文化程度从业人员
石家庄市	**826184**	**1750195**	**831442**	**110106**	**63520**
长安区	6416	24322	13317	2904	1515
桥东区					
桥西区	1610	5197	5074	2581	2219
新华区	5317	14010	10071	4031	1629
裕华区	6171	15227	8240	2288	981
矿区					
高新区					
井陉县	30737	70919	35438	3869	925
正定县	46362	108437	50960	6241	7645
栾城县	28379	83583	47898	10505	5201
行唐县	42546	94936	47290	1963	670
灵寿县	41303	58480	26159	1968	774
高邑县	17406	38753	29518	4074	1863
深泽县	39159	59517	25177	995	575
赞皇县	25017	69021	18553	1014	360
无极县	93859	96325	44952	2324	1179
平山县	49678	102144	39561	15394	5373
元氏县	61713	105112	42835	10459	5390
赵县	50857	164676	51996	8347	6951
辛集市	69960	151258	65346	6948	3312
藁城市	83392	204609	91829	6234	3395
晋州市	62096	125482	68522	2186	578
新乐市	33500	88898	60500	8000	4100
鹿泉市	30706	69289	48206	7781	8885

农业机械化情况

9—3

(2009 年)

行政单位	农用机械总动力（千瓦）				一、拖拉机及配套农具	
	合　计	1. 柴油发动机动力	2. 汽油发动机动力	3. 电动机动力	大中型拖拉机（台）	大中型拖拉机（千瓦）
石家庄市	**19320495**	**13964343**	**78008**	**5278144**	**23508**	**1021392**
长安区	18606	10026	2570	6010	63	1469
桥东区	7995	4516	379	3100	16	1027
桥西区	19216	14959	145	4112	51	2034
新华区	30688	17758	465	12465	129	7087
裕华区	18624	10864		7760	118	3270
矿　区	25882	18924	94	6864	109	3962
高新区	3528	1748	780	1000	7	128
井陉县	446680	343309	193	103178	510	11366
正定县	1439133	1006958	6350	425825	1818	74807
栾城县	628286	377001	1106	250179	1152	53847
行唐县	1253611	892909	899	359803	1137	57506
灵寿县	499667	410544	8037	81086	898	31871
高邑县	322623	244043	80	78500	1174	40686
深泽县	629113	535759		93354	804	33747
赞皇县	436283	383396		52887	1699	47730
无极县	968452	842324	1390	124738	1563	84269
平山县	918598	724331	9859	184408	1112	41041
元氏县	599218	504192	594	94432	1143	48024
赵　县	2619691	1700635	3426	915630	1545	80695
辛集市	2007855	1491682	27396	488777	1435	70213
藁城市	2164988	1362610	5790	796588	2446	117835
晋州市	1350669	1076688	2302	271679	1309	56800
新乐市	2281377	1570437	5485	705455	2187	110290
鹿泉市	629712	418730	668	210314	1083	41688

9—3 续表 1　　(2009 年)

行政单位	一、拖拉机及配套农具（续）				二、农用排灌机械	
	小型拖拉机		大中型拖拉机配套农具（台）	小型拖拉机配套农具（台）	1. 农用排灌动力机械	
	（台）	（千瓦）			（台）	（千瓦）
石家庄市	**176549**	**1909217**	**54094**	**170052**	**449618**	**4572136**
长安区	164	820	50	60	585	3510
桥东区	168	1900	28	106	200	2700
桥西区	72	769	96	64	294	3506
新华区	235	2544	260	72	749	11210
裕华区	193	1544	85	77	732	7410
矿区	728	7215	146	386	127	5163
高新区			7		20	500
井陉县	17825	148008	352	15102	3740	51623
正定县	7646	67341	3041	5925	32596	350393
栾城县	6427	74627	2214	14862	17755	174493
行唐县	5606	60772	3986	10396	21221	249238
灵寿县	6978	65100	1068	5131	16120	138240
高邑县	7100	94485	1097	6563	10115	102773
深泽县	3000	33097	3422	1670	9088	84690
赞皇县	15985	124683	2550	16620	8105	56599
无极县	11535	149955	2349	2331	29619	266409
平山县	8859	100041	8792	4630	22444	237189
元氏县	12177	129305	4768	13030	20504	165386
赵县	15089	199948	4544	38226	37887	431338
辛集市	17401	227035	3347	10070	47949	561744
藁城市	8900	103700	4130	4640	43210	462600
晋州市	17829	176859	2775	9075	21526	234997
新乐市	4844	56023	3028	5684	96444	874633
鹿泉市	7788	83446	1959	5332	8588	95792

9—3 续表 2 (2009 年)

行政单位	二、农用排灌机械（续）					
	#（1）柴油机		#（2）电动机		2. 农用水泵（台）	3. 节水灌溉机械（套）
	（台）	（千瓦）	（台）	（千瓦）		
石家庄市	**209925**	**2087379**	**239693**	**2484757**	**210306**	**2948**
长安区			585	3510	831	20
桥东区			200	2700	200	
桥西区			294	3506	297	7
新华区			749	11210	741	39
裕华区			732	7410	681	
矿区	7	74	120	5089	120	
高新区			20	500	30	
井陉县	1282	11376	2458	40247	2146	134
正定县	15158	145542	17438	204851	14274	126
栾城县	6540	59661	11215	114832	7092	57
行唐县	10376	119427	10845	129811	14068	724
灵寿县	9340	84060	6780	54180	6030	15
高邑县	4129	36894	5986	65879	3664	
深泽县	3967	35529	5121	49161	5840	42
赞皇县	4656	30730	3449	25869	6721	
无极县	16839	196119	12780	70290	12780	
平山县	11015	116069	11429	121120	5176	49
元氏县	9937	87898	10567	77488	8961	120
赵县	9198	98318	28689	333020	28663	4
辛集市	27288	313812	20661	247932	22958	21
藁城市	15900	151600	27310	311000	18260	1310
晋州市	9356	82277	12170	152720	11002	192
新乐市	54243	509269	42201	365364	34413	18
鹿泉市	694	8724	7894	87068	5358	70

9—3 续表3 （2009年）

行政单位	三、收获机械			四、植保机械		五、农副产品加工机械动力
	联合收割机		机动脱粒机	机动喷雾（粉）机		
	（台）	（千瓦）	（台）	（部）	（千瓦）	（千瓦）
石家庄市	**18276**	**814830**	**31304**	**33475**	**60682**	**3156852**
长安区	25	1420	5			1532
桥东区	11	721		63	379	300
桥西区	13	1194	21	6	19	606
新华区	32	1969	52	128	465	1255
裕华区	14	840	7			14
矿区	110	1246	58	54	94	996
高新区						500
井陉县	358	633	6168	81	193	63573
正定县	1006	43771		730	6350	239690
栾城县	909	43140	3046	257	884	139057
行唐县	1174	67366		402	899	241350
灵寿县	778	38708	450	752	2557	23590
高邑县	551	30290		30	80	7621
深泽县	761	32620				43206
赞皇县	557	11594	3724			29392
无极县	1051	56855		360	1390	32072
平山县	499	13607	6744	2401	8927	132897
元氏县	1499	61217		161	594	34124
赵县	1615	33314	1691	12518	3426	688817
辛集市	1459	78358	3027	8968	20180	241255
藁城市	1855	81828	856	2258	5790	596750
晋州市	1375	72360		1138	2302	108943
新乐市	1902	106671	1262	2754	5485	418856
鹿泉市	722	35108	4193	414	668	110456

9—3 续表 4　　(2009 年)

行政单位	六、农用运输车（包括机动三轮车）		七、其他农业机械动力（千瓦）	八、农业机械化项目水平（公顷）		
	（辆）	（千瓦）		（一）当年实际机耕地面积	（二）当年机械播种面积	（三）当年机械收获面积
石家庄市	**461720**	**7258665**	**522715**	**527273**	**657110**	**419168**
长安区	404	5302	4553	8232	8232	8232
桥东区	56	868	100	444	514	432
桥西区	134	7340	3748	586	586	586
新华区	179	5514	644	3280	3280	1820
裕华区	363	4620	926	4517	4904	3045
矿区	267	5055	1870	1040	1800	1167
高新区	80	1500	900	616	616	616
井陉县	8571	153115	18039	12300	9000	4900
正定县	36518	631122	25659	29770	46290	25730
栾城县	5614	120770	21468	20700	29800	20700
行唐县	38528	513852	62628	40100	40100	24260
灵寿县	16007	151623	47698	15330	13680	8480
高邑县	2586	41688	5000	16600	18400	10100
深泽县	18811	398062	3691	7120	25040	16190
赞皇县	7067	151401	14884	23141	22358	12731
无极县	28463	344153	33349	33080	43670	30270
平山县	14886	376160	7132	15740	19870	9030
元氏县	6634	156378	4190	41034	38867	30332
赵县	68133	1176301	5852	66320	57396	44570
辛集市	41276	751553	57281	55484	86426	45011
藁城市	53500	763168	33317	29060	61390	43790
晋州市	57800	680253	18155	40500	51288	32256
新乐市	48316	594388	115031	42932	42932	24772
鹿泉市	7527	224479	36600	19347	30671	20148

农业主要能源及物资消耗情况

9—4　　（2009年）

行政单位	一、农村用电量（万千瓦时）	二、农用化肥施用量（吨）				
		按实物量计算				
		合　计	氮肥	磷肥	钾肥	复合肥
石家庄市	**647922**	**1695255**	**938388**	**468866**	**57180**	**230821**
长安区	1405	15903	10236	3805	649	1213
桥东区	5190	622	338	92		192
桥西区	7213	1177	547	152	107	371
新华区	9128	2775	1111	488	361	815
裕华区	3815	10801	5335	2400	424	2642
矿　区	12398	4813	3243	396	88	1086
高新区	2890	280	150	60		70
井陉县	14771	40052	25209	9793	262	4788
正定县	16552	167023	98979	39820	4063	24161
栾城县	14531	51979	22813	19461	1923	7782
行唐县	19157	99141	79015	7610	710	11806
灵寿县	26219	56042	32459	15406	822	7355
高邑县	13415	27676	11851	4678	1190	9957
深泽县	23858	50453	24922	13748	1091	10692
赞皇县	27560	33763	14593	6051		13119
无极县	34149	111639	63399	35810	2930	9500
平山县	9774	65831	42879	19585	24	3343
元氏县	13856	107871	52180	35000	2030	18661
赵　县	43482	148368	69286	38682	12817	27583
辛集市	34038	223198	109213	85210	8288	20487
藁城市	88562	219446	119382	66608	8121	25335
晋州市	161410	105467	65309	22892	2331	14935
新乐市	16966	111620	65800	31400	6920	7500
鹿泉市	47583	39315	20139	9719	2029	7428

9—4 续表 1 （2009 年）

行政单位	二、农用化肥施用量（吨）（续）				
	按折纯法计算				
	合　计	氮肥	磷肥	钾肥	复合肥
石家庄市	**478812**	**269398**	**80903**	**26976**	**101535**
长安区	3565	1536	1140	310	579
桥东区	162	78	14		70
桥西区	450	165	29	54	202
新华区	1105	270	119	160	556
裕华区	4330	2396	427	212	1295
矿　区	1440	965	82	3	390
高新区	127	92	20		15
井陉县	10702	6050	2057	105	2490
正定县	44840	25366	6569	2118	10787
栾城县	17088	8647	4189	913	3339
行唐县	23599	16152	1145	360	5942
灵寿县	9923	6441	2026	285	1171
高邑县	11066	4399	832	418	5417
深泽县	15207	7875	1868	547	4917
赞皇县	12004	3647	1816		6541
无极县	28740	18122	5517	1405	3696
平山县	13718	8576	4052	13	1077
元氏县	30228	15664	7005	1030	6529
赵　县	57965	30800	9372	6219	11574
辛集市	62852	39350	12849	3168	7485
藁城市	57232	29846	10657	4061	12668
晋州市	32737	19775	3264	1128	8570
新乐市	25447	15990	3453	3377	2627
鹿泉市	14285	7196	2401	1090	3598

9—4 续表2 （2009年）

行政单位	三、农用塑料薄膜使用情况			四、农用柴油消耗量（吨）	五、农药使用量（吨）
	塑料薄膜使用量（吨）	# 地膜使用量	地膜覆盖面积（公顷）		
石家庄市	**7396**	**2981**	**49052**	**367322**	**13806**
长 安 区	136	17	229	420	476
桥 东 区	8	2	32		17
桥 西 区	6	5	87	238	25
新 华 区	30	27	571	370	470
裕 华 区	20	14	196	470	34
矿 区	9	2	29	193	46
高 新 区				77	8
井 陉 县	58	10	138	9590	199
正 定 县	785	257	3842	35162	501
栾 城 县	116	58	776	9135	301
行 唐 县	258	185	3956	73949	515
灵 寿 县	101	43	631	6205	129
高 邑 县	410	65	866	2288	270
深 泽 县	68	34	569	3428	220
赞 皇 县	332	130	1780	27834	375
无 极 县	470	125	2140	23656	580
平 山 县	137	133	2495	13817	203
元 氏 县	600	380	6445	34832	528
赵 县	231	75	1522	17877	2160
辛 集 市	1090	542	9019	37528	3663
藁 城 市	1008	329	5270	23602	627
晋 州 市	77	32	489	20407	1040
新 乐 市	580	480	7474	18780	680
鹿 泉 市	866	36	496	7464	739

农田水利建设情况

9—5 （2009 年）

行政单位	一、有效灌溉面积（公顷）	二、旱涝保收面积（公顷）	三、机电排灌面积（公顷）	四、机电井年末达到数(眼)	# 已配套机电井
石家庄市	**480660**	**452190**	**447060**	**136970**	**136172**
长安区	4160	4160	4160	1457	1457
桥东区	380	380	380	151	151
桥西区	630	630	630	297	297
新华区	2180	2180	2180	640	640
裕华区	2480		2480	681	681
矿区	1840	840	960	132	132
高新区	300	300	300	180	180
井陉县	12000	8670	3960	587	552
正定县	29890	29890	29890	10721	10721
栾城县	25057	25057	25057	6615	6615
行唐县	28270	26270	26270	8819	8819
灵寿县	17800	8490	10300	2327	2200
高邑县	15958	15958	15958	3173	3173
深泽县	18895	18895	18895	6303	6303
赞皇县	9650	2800	7100	3026	2684
无极县	35200	35200	35200	10826	10826
平山县	17000	13500	8720	2764	2528
元氏县	26530	26530	26530	6018	6018
赵县	48317	48317	48317	12570	12570
辛集市	51680	51680	51680	14637	14637
藁城市	53443	53443	53443	15586	15586
晋州市	27740	27740	27740	11971	11971
新乐市	28010	28010	28870	12418	12418
鹿泉市	23250	23250	18040	5071	5013

耕地情况

9—6 （2009年） 计量单位：公顷

行政单位	一、年初耕地总资源	二、年内减少耕地面积	# 国家基建占地	三、年末耕地总资源	# 常用耕地	# 旱地
石家庄市	582730	1361	1205	582347	540922	540526
长安区	4504	94	94	4420	4420	4420
桥东区	524	17	17	517	380	380
桥西区	774	95	95	679	679	679
新华区	2651			2651	2181	2181
裕华区	2746	115	115	2631	2631	2631
矿区	1994	20	17	1977	1840	1840
高新区	72			72	72	72
井陉县	23543	8		23585	22881	22876
正定县	30457	360	360	30259	29924	29924
栾城县	25214	166	160	25057	25057	25057
行唐县	45938	26	26	45912	35850	35509
灵寿县	31139	23	23	31122	22116	22066
高邑县	15956	35	15	15958	15958	15958
深泽县	18897	19	19	18895	18895	18895
赞皇县	20712	6	6	20857	20857	20857
无极县	36172	14	14	36219	35200	35200
平山县	41128	49	49	41300	30125	30125
元氏县	37826	39	39	37798	35056	35056
赵县	48317	21	7	48317	48317	48317
辛集市	55913	49	18	55935	55935	55935
藁城市	53446	69		53443	53443	53443
晋州市	27744	10	10	27740	27740	27740
新乐市	31925	69	64	31918	28010	28010
鹿泉市	25138	57	57	25085	23355	23355

农业主要产品生产情况

9—7　　(2009 年)　　计量单位：公顷、公斤/公顷、吨

行政单位	农作物总播种面积	一、粮食作物合计			(一) 夏收粮食		
		播种面积	单　产	总产量	播种面积	单　产	总产量
石家庄市	**995547**	**756434**	**6583**	**4979252**	**369939**	**6706**	**2480826**
长 安 区	8232	6286	6324	39753	2385	6525	15562
桥 东 区	733	432	5743	2481	201	5881	1182
桥 西 区	1802	682	6120	4174	341	5894	2010
新 华 区	4588	2558	6275	16051	1272	6392	8131
裕 华 区	6160	5227	4738	24764	2619	6450	16893
矿　区	3040	2493	5718	14256	1034	5564	5753
高 新 区	616	616	4086	2517	308	6672	2055
井 陉 县	31677	25446	4369	111164	8714	4320	37645
正 定 县	56372	42687	7833	334383	21011	7500	157579
栾 城 县	52874	37173	6696	248905	18772	7509	140965
行 唐 县	59214	46366	6613	306617	20100	6057	121750
灵 寿 县	36799	30572	4729	144568	12882	4760	61320
高 邑 县	31332	23208	5775	134025	11734	6675	78324
深 泽 县	34900	27226	6677	181801	12607	6807	85812
赞 皇 县	32231	23004	5123	117847	9667	4950	47850
无 极 县	64401	49485	6671	330098	25667	7215	185187
平 山 县	44692	35811	5828	208697	16592	5930	98386
元 氏 县	60852	51013	6048	308540	24890	5910	147100
赵　县	84344	69152	7365	509333	37840	7710	291746
辛 集 市	94373	71944	6356	457262	38126	6669	254265
藁 城 市	107529	69300	8050	557834	34973	7710	269634
晋 州 市	66444	56425	6799	383623	27490	6900	189681
新 乐 市	64580	44282	7522	333078	24265	6795	164880
鹿 泉 市	47762	35046	5920	207481	16449	5904	97116

9—7 续表 1 （2009 年） 计量单位：公顷、公斤/公顷、吨

行政单位	夏收粮食中：冬小麦			（二）秋收粮食		
	播种面积	单 产	总产量	播种面积	单 产	总产量
石家庄市	**369017**	**6716**	**2478149**	**386495**	**6464**	**2498426**
长 安 区	2385	6525	15562	3901	6201	24191
桥 东 区	201	5881	1182	231	5623	1299
桥 西 区	341	5894	2010	341	6346	2164
新 华 区	1272	6392	8131	1286	6159	7920
裕 华 区	2619	6450	16893	2608	3018	7871
矿　 区	1034	5564	5753	1459	5828	8503
高 新 区	308	6672	2055	308	1500	462
井 陉 县	8714	4320	37645	16732	4394	73519
正 定 县	21011	7500	157579	21676	8157	176804
栾 城 县	18658	7530	140495	18401	5866	107940
行 唐 县	20000	6075	121500	26266	7038	184867
灵 寿 县	12450	4860	60509	17690	4706	83248
高 邑 县	11734	6675	78324	11474	4855	55701
深 泽 县	12565	6817	85656	14619	6566	95989
赞 皇 县	9667	4950	47850	13337	5248	69997
无 极 县	25667	7215	185187	23818	6084	144911
平 山 县	16417	5960	97838	19219	5740	110311
元 氏 县	24890	5910	147100	26123	6180	161440
赵　 县	37840	7710	291746	31312	6949	217587
辛 集 市	38126	6669	254265	33818	6003	202997
藁 城 市	34914	7710	269192	34327	8396	288200
晋 州 市	27490	6900	189681	28935	6703	193942
新 乐 市	24265	6795	164880	20017	8403	168198
鹿 泉 市	16449	5904	97116	18597	5935	110365

9—7 续表 2　　（2009 年）　　计量单位：公顷、公斤/公顷、吨

行政单位	1. 秋收谷物			# （1）玉米		
	播种面积	单　产	总产量	播种面积	单　产	总产量
石家庄市	**345708**	**6672**	**2306450**	**333825**	**6800**	**2269994**
长 安 区	3757	6360	23895	3757	6360	23895
桥 东 区	231	5623	1299	231	5623	1299
桥 西 区	256	7020	1797	256	7020	1797
新 华 区	1279	6169	7890	1279	6169	7890
裕 华 区	2608	3018	7871	2608	3018	7871
矿　区	1421	5865	8334	1421	5865	8334
高 新 区	308	1500	462	308	1500	462
井 陉 县	13444	4568	61409	11873	4884	57986
正 定 县	20204	8386	169433	20204	8386	169433
栾 城 县	17640	6105	107692	17640	6105	107692
行 唐 县	20282	7736	156904	19466	7957	154893
灵 寿 县	14220	4779	67963	13870	4839	67112
高 邑 县	10991	4914	54015	10941	4920	53830
深 泽 县	13075	6682	87365	12790	6750	86334
赞 皇 县	10978	5500	60376	10333	5685	58745
无 极 县	21507	6296	135408	20517	6480	132947
平 山 县	16442	6035	99231	14765	6522	96300
元 氏 县	22721	6009	136533	21334	6180	131840
赵　县	28936	7207	208544	28521	7245	206631
辛 集 市	32275	6087	196445	30942	6195	191684
藁 城 市	31754	8608	273354	31754	8608	273354
晋 州 市	25720	7003	180118	23759	7200	171065
新 乐 市	18695	8460	158160	18695	8460	158160
鹿 泉 市	16964	6010	101952	16561	6065	100440

9—7 续表3　　(2009年)　　计量单位：公顷、公斤/公顷、吨

行政单位	(2)谷子			(3)高粱		
	播种面积	单　产	总产量	播种面积	单　产	总产量
石家庄市	**10631**	**3105**	**33012**	**371**	**3084**	**1144**
长安区						
桥东区						
桥西区						
新华区						
裕华区						
矿　区						
高新区						
井陉县	1353	2125	2875	40	1325	53
正定县						
栾城县						
行唐县	687	2311	1588	54	3815	206
灵寿县	279	2409	672			
高邑县	50	3700	185			
深泽县	285	3618	1031			
赞皇县	500	2990	1495	10	1200	12
无极县	917	2354	2159	20	1700	34
平山县	1257	1354	1702	68	3441	234
元氏县	1237	3375	4175	150	3453	518
赵　县	415	4610	1913			
辛集市	1333	3572	4761			
藁城市						
晋州市	1937	4635	8978	24	3125	75
新乐市						
鹿泉市	381	3879	1478	5	2400	12

9—7 续表 4　　(2009 年)　　计量单位：公顷、公斤/公顷、吨

行政单位	2. 秋收豆类			# 大豆		
	播种面积	单　产	总产量	播种面积	单　产	总产量
石家庄市	**18897**	**3253**	**61470**	**17356**	**3368**	**58461**
长 安 区	111	1288	143	111	1288	143
桥 东 区						
桥 西 区	85	4318	367	85	4318	367
新 华 区	7	4286	30	7	4286	30
裕 华 区						
矿　区	23	1957	45	5	2400	12
高 新 区						
井 陉 县	1881	1712	3221	1157	1777	2056
正 定 县	1105	3897	4306	1105	3897	4306
栾 城 县	597	209	125	597	209	125
行 唐 县	562	3304	1857	538	3374	1815
灵 寿 县	120	2200	264	108	2204	238
高 邑 县	450	3147	1416	428	3180	1361
深 泽 县	941	3316	3120	860	3395	2920
赞 皇 县	691	1250	864	600	1290	774
无 极 县	1020	2333	2380	1020	2333	2380
平 山 县	592	2541	1504	492	2646	1302
元 氏 县	1139	3018	3437	980	3160	3097
赵　县	2079	3225	6705	2079	3225	6705
辛 集 市	1543	4246	6552	1543	4246	6552
藁 城 市	1940	4919	9543	1939	4920	9540
晋 州 市	2441	3756	9168	2305	3856	8888
新 乐 市	587	4579	2688	587	4579	2688
鹿 泉 市	983	3800	3735	810	3904	3162

9—7 续表 5　　(2009 年)　　计量单位：公顷、公斤/公顷、吨

行政单位	3. 秋收薯类			二、油料		
	播种面积	单　产	总产量	播种面积	单　产	总产量
石家庄市	**21890**	**5962**	**130506**	**60585**	**3439**	**208350**
长 安 区	33	4636	153	64	3906	250
桥 东 区						
桥 西 区						
新 华 区				75	3787	284
裕 华 区						
矿　 区	15	8267	124	51	2235	114
高 新 区						
井 陉 县	1407	6318	8889	2660	2289	6090
正 定 县	367	8351	3065	4613	4135	19077
栾 城 县	164	750	123	591	865	511
行 唐 县	5422	4815	26106	6296	3209	20206
灵 寿 县	3350	4484	15021	2411	2055	4954
高 邑 县	33	8182	270	1155	3676	4246
深 泽 县	603	9128	5504	1735	3806	6603
赞 皇 县	1668	5250	8757	6417	2191	14058
无 极 县	1291	5517	7123	4599	3085	14190
平 山 县	2185	4383	9576	3596	2380	8557
元 氏 县	2263	9487	21470	2827	2690	7604
赵　 县	297	7872	2338	906	4302	3898
辛 集 市				7865	4468	35141
藁 城 市	633	8378	5303	2468	4659	11499
晋 州 市	774	6016	4656	3075	3143	9664
新 乐 市	735	10000	7350	8000	4680	37440
鹿 泉 市	650	7197	4678	1181	3356	3964

9—7 续表6 （2009年） 计量单位：公顷、公斤/公顷、吨

行政单位	油料作物中：花生			三、棉花		
	播种面积	单　产	总产量	播种面积	单　产	总产量
石家庄市	**54244**	**3580**	**194207**	**14295**	**1014**	**14494**
长安区	34	3824	130	133	857	114
桥东区				12	1083	13
桥西区						
新华区	15	4200	63	25	2240	56
裕华区						
矿　区	11	2455	27			
高新区						
井陉县	660	2670	1762	122	787	96
正定县	4409	4179	18427	648	835	541
栾城县	294	673	198	101	89	9
行唐县	6113	3240	19805	666	676	450
灵寿县	2317	2109	4886	237	717	170
高邑县	1115	3720	4148	330	1170	386
深泽县	1701	3848	6545	623	986	614
赞皇县	5200	2255	11726	340	700	238
无极县	4599	3085	14190	332	497	165
平山县	2915	2392	6973	621	841	522
元氏县	2400	2833	6800	667	1049	700
赵　县	906	4302	3898	290	510	148
辛集市	7653	4511	34523	7947	1125	8940
藁城市	2468	4659	11499	395	1704	673
晋州市	3060	3153	9648	374	503	188
新乐市	8000	4680	37440	202	980	198
鹿泉市	374	4061	1519	230	1187	273

9—7 续表 7　　(2009 年)　　计量单位：公顷、公斤/公顷、吨

行政单位	棉花作物中：地膜棉			四、蔬菜、瓜类		
	播种面积	单　产	总产量	播种面积	单　产	总产量
石家庄市	**10380**	**1104**	**11464**	**159513**	**76630**	**12223503**
长 安 区				1749	61392	107375
桥 东 区				289	53107	15348
桥 西 区				1067	62653	66851
新 华 区	15	2267	34	1930	57938	111820
裕 华 区				933	75777	70700
矿　　区				487	42437	20667
高 新 区						
井 陉 县				3381	53850	182068
正 定 县	216	838	181	8386	101218	848812
栾 城 县				13174	97328	1282205
行 唐 县	295	824	243	4618	59082	272840
灵 寿 县				3124	56158	175437
高 邑 县	330	1170	386	6639	70159	465784
深 泽 县	472	1011	477	5316	72283	384257
赞 皇 县	77	714	55	2268	51154	116018
无 极 县				9985	73604	734932
平 山 县	55	891	49	4362	36997	161381
元 氏 县	533	1300	693	6335	65853	417176
赵　　县	95	526	50	13837	74428	1029860
辛 集 市	7922	1126	8919	6567	110055	722734
藁 城 市	105	1629	171	35329	76982	2719693
晋 州 市	181	558	101	6435	62609	402890
新 乐 市	84	1250	105	12096	86309	1043990
鹿 泉 市				11206	77696	870665

9—7 续表 8　　(2009 年)　　计量单位：公顷、公斤/公顷、吨

行政单位	(一) 蔬菜 (含菜用瓜)			(二) 瓜类		
	播种面积	单　产	总产量	播种面积	单　产	总产量
石家庄市	**149004**	**78151**	**11644846**	**10509**	**55063**	**578657**
长安区	1706	61500	104919	43	57116	2456
桥东区	270	53974	14573	19	40789	775
桥西区	1067	62653	66851			
新华区	1860	57774	107459	70	62300	4361
裕华区	933	75777	70700			
矿　区	487	42437	20667			
高新区						
井陉县	3381	53850	182068			
正定县	7877	104008	819268	509	58043	29544
栾城县	12782	98529	1259400	392	58176	22805
行唐县	4197	61253	257080	421	37435	15760
灵寿县	2798	59219	165696	326	29880	9741
高邑县	6226	70368	438113	413	67000	27671
深泽县	5177	72623	375969	139	59626	8288
赞皇县	1788	59976	107237	480	18294	8781
无极县	9350	74021	692093	635	67463	42839
平山县	3950	38015	150161	412	27233	11220
元氏县	5520	69005	380908	815	44501	36268
赵　县	12767	75706	966533	1070	59184	63327
辛集市	6544	110260	721543	23	51783	1191
藁城市	34743	77340	2687020	586	55756	32673
晋州市	6367	62925	400645	68	33015	2245
新乐市	8251	96866	799241	3845	63654	244749
鹿泉市	10963	78145	856702	243	57461	13963

9—7 续表 9　　(2009 年)　　计量单位：公顷、公斤/公顷、吨

行政单位	瓜类中：西瓜			五、粮食作物占用耕地		六、蔬菜作物占用耕地
	播种面积	单　产	总产量	面　积	单　产	
石家庄市	**9436**	**57710**	**544548**	**419922**	**11858**	**65519**
长 安 区	43	57116	2456	3901	10190	570
桥 东 区	15	45000	675	231	10740	123
桥 西 区				341	12240	320
新 华 区	70	52300	3661	1286	12481	744
裕 华 区				2613	9477	250
矿　　区				1353	10537	287
高 新 区				308	8172	
井 陉 县				16732	6644	1267
正 定 县	338	68932	23299	20855	16034	3336
栾 城 县	271	64679	17528	18658	13340	5606
行 唐 县	235	42043	9880	27985	10956	2459
灵 寿 县	326	29880	9741	17690	8172	2798
高 邑 县	413	67000	27671	15788	8489	2836
深 泽 县	109	67211	7326	14111	12884	1486
赞 皇 县	280	19986	5596	14750	7990	871
无 极 县	635	67463	42839	27542	11985	2730
平 山 县	310	24032	7450	23920	8725	2392
元 氏 县	600	50022	30013	28944	10660	3634
赵　　县	1070	59184	63327	37840	13460	5194
辛 集 市	8	86750	694	35972	12712	2217
藁 城 市	586	55756	32673	34372	16229	17167
晋 州 市	44	26523	1167	34830	11014	3708
新 乐 市	3841	63689	244629	22195	15007	3010
鹿 泉 市	242	57533	13923	17705	11719	2514

水果生产情况

9—8　　（2009 年）

行政单位	一、水果产量（不含果用瓜）（吨）	# 1. 苹果	# 红富士苹果	国光苹果	2. 梨
石家庄市	**2230639**	**347907**	**255270**	**14697**	**1384097**
长安区	2680				
桥东区	3065				2905
桥西区	98	50	50		
新华区	2641	645	595	50	1686
裕华区	50				
矿区	5650	4250	2000	500	630
井陉县	34824	23583	21697	166	315
正定县	16751	8301	4500	1680	6740
栾城县	2200	750	486		930
行唐县	69069	6000	5350	330	2490
灵寿县	20755	6250	6250		6500
高邑县	1600				650
深泽县	80512	55343	48914	1616	13657
赞皇县	151710	4300	3120		1800
无极县	38540	16000	16000		20000
平山县	53299	18190	11080	490	4120
元氏县	21040	7100	5400		5300
赵县	523070				523000
辛集市	531385	134015	92236	2683	290293
藁城市	182001	27416	13500	4200	142123
晋州市	415884	13180	9226		336340
新乐市	30000	3030	2630	400	23000
鹿泉市	43815	19504	12236	2582	1618

9—8 续表 1

（2009 年）

行政单位	一、水果产量（吨）（续）				
	梨产量中（续）		3. 桃	4. 葡萄	5. 红枣
	雪花梨	鸭梨			
石家庄市	**439681**	**590164**	**106134**	**103572**	**206618**
长安区			2680		
桥东区				160	
桥西区					48
新华区	1406	280	150	150	
裕华区				50	
矿区	280	350	180	40	40
井陉县			635	70	2342
正定县	4718	1942	1153	133	351
栾城县	556	184	13	470	20
行唐县	1700	550	200	270	60000
灵寿县	6500		300	110	450
高邑县			150	80	330
深泽县	1488	323	1786	8763	223
赞皇县	1420		300	50	125000
无极县	10000	10000	1500	450	240
平山县	1700	2420	5582	300	6350
元氏县	2700	2600	200	120	800
赵县	313000	210000	11	30	3
辛集市	18907	60858	79393	14563	1891
藁城市	56416	85707	5084	4923	1788
晋州市	14411	201615	3302	62994	28
新乐市	3400	12800	3200	450	100
鹿泉市	1079	535	315	9396	6614

9—8 续表2　　(2009 年)

行政单位	二、果园面积(公顷)	# 苹果园	梨园	桃园	葡萄园
石家庄市	**166576**	**19920**	**49551**	**5325**	**4263**
长安区	140			140	
桥东区	112		106		6
桥西区	21	5			
新华区	84	28	44	4	7
裕华区	2				2
矿区	300	267	10	7	1
井陉县	2582	1346	3	76	3
正定县	3823	1714	1700	358	46
栾城县	173	42	34	2	81
行唐县	40659	400	87	60	60
灵寿县	3713	240	170	48	10
高邑县	169		9	7	4
深泽县	3937	2210	766	114	750
赞皇县	30493	1210	953	53	34
无极县	2330	1090	1080	90	40
平山县	9371	1885	211	432	40
元氏县	3988	360	310	12	10
赵县	16682		16667	1	10
辛集市	24043	6301	12924	3464	596
藁城市	6422	1267	4642	177	158
晋州市	11929	566	9172	120	2071
新乐市	946	133	600	133	13
鹿泉市	4657	856	63	27	321

林业生产情况

9—9　　(2009 年)

行政单位	一、营林情况（公顷）					
	1. 当年造林面积	# 当年人工造林面积	2. 封山育林面积	3. 当年零星（四旁）植树（万株）	4. 育苗面积	5. 当年苗木产量（万株）
石家庄市	**28871**	**16272**	**59745**	**2142**	**3200**	**7028**
长 安 区	133	133		5	15	
桥 东 区					8	130
桥 西 区				8		
新 华 区				25	50	45
裕 华 区				2	2	
矿　区	267	267	667	10	20	130
井 陉 县	3533	2400	5800	214	200	942
正 定 县	67	67		25	60	180
栾 城 县	133	133		62	213	798
行 唐 县	2400	1800	4933	160	47	280
灵 寿 县	4533	2533	6333	55	60	261
高 邑 县	200	200		60	130	
深 泽 县	133	133		77	36	81
赞 皇 县	5867	2000	13533	100	533	2400
无 极 县	366	366		5	15	20
平 山 县	6600	4267	13840	600	260	100
元 氏 县	2133	800	6706	60	15	45
赵　县				108	24	35
辛 集 市	133	133		226	401	380
藁 城 市	167	167		69	581	180
晋 州 市				120	40	60
新 乐 市				70	41	250
鹿 泉 市	2206	873	7933	81	449	892

9—9 续表　　(2009 年)

行政单位	一、营林情况（公顷）（续）		二、主要林产品产量			三、木材采伐量（立方米）	
	6. 当年幼林抚育作业面积	7. 当年成林抚育面积	1. 干果（吨）	# 核桃	2. 花椒（吨）		# 村及村以下
石家庄市	**104646**	**68387**	**28810**	**21311**	**4026**	**16675**	**16089**
长 安 区						188	188
桥 东 区		33					
桥 西 区							
新 华 区							
裕 华 区							
矿　区	1333	200	55	55	6		
井 陉 县	21446	22226	1230	980	175	850	850
正 定 县						175	175
栾 城 县	7600					3000	3000
行 唐 县	6800	1733	129	100	80	385	385
灵 寿 县	9200	6000	9910	6000	135	2663	2663
高 邑 县						365	365
深 泽 县	752	396			1	1603	1603
赞 皇 县	9999	6666	6390	4800	20	890	890
无 极 县	500	1000				69	69
平 山 县	32400	16050	9710	8000	3600	1200	1200
元 氏 县	2400	3800	530	520		900	900
赵　县	1440	1440					
辛 集 市	1865	1376				1298	1298
藁 城 市						300	300
晋 州 市						276	270
新 乐 市	4000	667				1119	1119
鹿 泉 市	4911	6800	856	856	9	1394	814

畜牧业生产情况

9—10 (2009年)

行政单位	一、当年出售和自宰的（百头、百只）					
	（一）大牲畜	1. 牛	2. 马	3. 驴	4. 骡	（二）猪
石家庄市	**6628**	**5842**	**149**	**528**	**109**	**53111**
长安区	19	19				286
桥东区						49
桥西区	5	5				62
新华区	2	2				180
裕华区	13	13				250
矿区	1	1				255
高新区	1	1				4
井陉县	423	412	3	6	2	1277
正定县	764	764				4630
栾城县	462	462				3429
行唐县	700	657	6	27	10	2606
灵寿县	196	178	5	9	4	2206
高邑县	20	20				930
深泽县	89	78	2	7	2	1942
赞皇县	658	653	2	2	1	1271
无极县	709	617	6	80	6	3420
平山县	113	113				1710
元氏县	571	541		30		2649
赵县	155	146		9		3685
辛集市	275	126	46	75	28	6181
藁城市	553	517	6	18	12	5093
晋州市	275	192	28	36	19	4218
新乐市	493	195	45	228	25	4260
鹿泉市	131	130		1		2518

9—10 续表1　　(2009年)

行政单位	一、当年出售和自宰的（百头、百只）（续）				
	（三）羊	（四）家禽	# 鸡	鸭	（五）兔
石家庄市	**14220**	**1477287**	**1463541**	**13163**	**65457**
长安区	35	2714	2694	20	
桥东区	12	585	585		
桥西区	5	1607	1207	400	50
新华区	29	701	681	20	
裕华区	7	2506	2506		
矿区	16	1500	1500		
高新区	1	120	120		
井陉县	1363	35156	34121	1035	3414
正定县	517	195871	195860	11	100
栾城县	550	178575	178445	130	778
行唐县	633	43382	43320		810
灵寿县	566	22755	22742	13	3134
高邑县	216	21340	21340		5630
深泽县	840	22145	21736	333	941
赞皇县	549	26900	26837	63	10202
无极县	1478	108758	108716	42	4850
平山县	588	14918	14618	300	9000
元氏县	1560	71093	71010	83	3400
赵县	660	86968	86908	60	956
辛集市	1414	201424	201424		4871
藁城市	1402	202075	195307	6768	4587
晋州市	1186	94750	92873	1800	6220
新乐市	196	98904	97915	622	6050
鹿泉市	397	42540	41076	1463	464

9—10 续表2　　(2009年)

行政单位	二、期末存栏（百头、百只）（续）							
	(一)大牲畜	1. 牛	(1) 役用牛	(2) 肉牛	(3) 奶牛	2. 马	3. 驴	4. 骡
石家庄市	**8792**	**7700**	**270**	**3637**	**3793**	**234**	**670**	**188**
长安区	30	30			30			
桥东区	6	6		2	4			
桥西区								
新华区	4	4			4			
裕华区	13	13		6	7			
矿　区	3	3		2	1			
高新区	12	12		10	2			
井陉县	540	505	15	460	30	8	22	5
正定县	942	942		471	471			
栾城县	621	621		173	448			
行唐县	800	782	20	12	750	3	9	6
灵寿县	408	321	47	106	168	19	51	17
高邑县	28	28		7	21			
深泽县	129	104	1	14	89	6	14	5
赞皇县	816	805	20	783	2	4	4	3
无极县	1138	820		420	400	43	188	87
平山县	212	212	26	150	36			
元氏县	661	657	135	292	230		4	
赵　县	196	191		90	101		5	
辛集市	514	281		92	189	55	174	4
藁城市	609	594	1	309	284	4	6	5
晋州市	360	250		190	60	34	41	35
新乐市	513	284		24	260	58	151	20
鹿泉市	237	235	5	24	206		1	1

9—10 续表3　　(2009年)

行政单位	二、期末存栏（百头、百只）（续）				
	（二）猪	（三）羊	（四）家禽	# 鸡	（五）兔
石家庄市	**33213**	**12575**	**1134964**	**1126509**	**34632**
长安区	227	32	2850	2830	
桥东区	55	30	500	500	
桥西区	48	2	1026	931	50
新华区	138	33	2365	2364	
裕华区	124	8	1374	1374	
矿区	210	22	2050	2050	
高新区	7	9	600	600	
井陉县	802	1145	26303	25148	1969
正定县	3020	437	150065	150065	120
栾城县	2022	466	129303	129231	451
行唐县	1680	590	34270	34095	385
灵寿县	1383	480	17107	17073	1797
高邑县	552	166	14695	14695	1580
深泽县	1192	736	17788	17249	753
赞皇县	799	495	23500	23500	3551
无极县	2183	1251	82212	82212	3910
平山县	1252	550	12246	12018	2200
元氏县	1728	1373	54687	54643	2300
赵县	2126	534	61190	61190	806
辛集市	3644	1473	160763	160763	1808
藁城市	3092	1203	151293	147732	2568
晋州市	2658	1036	71986	71569	4130
新乐市	3010	169	77313	76540	5900
鹿泉市	1261	335	39478	38137	354

9—10 续表 4 (2009 年)

行政单位	三、肉类产量(吨)	#1. 牛肉	2. 驴肉	3. 猪肉	4. 羊肉	5. 家禽肉	6. 兔肉
石家庄市	**712916**	**94351**	**4304**	**403245**	**19484**	**177643**	**9709**
长安区	2846	301		2162	47	336	
桥东区	451			372	15	64	
桥西区	797	80		460	7	241	8
新华区	1548	33		1383	45	87	
裕华区	2448	210		1904	9	325	
矿区	2122	12		1913	22	175	
高新区	68	16		33	1	18	
井陉县	23083	6668	54	9705	1839	4247	510
正定县	72005	12380		35237	673	23700	15
栾城县	56138	7382		25718	750	21385	103
行唐县	36828	10416	216	19800	833	5289	103
灵寿县	23663	2888	66	16766	746	2706	383
高邑县	11057	315		6968	296	2578	900
深泽县	20104	1255	61	14762	1186	2661	144
赞皇县	25736	10579	18	9659	686	3228	1530
无极县	52370	9983	480	25951	2045	13071	714
平山县	18812	1808		12995	861	1798	1350
元氏县	40167	8760	225	20153	2072	8447	510
赵县	42001	2365	70	28007	923	10436	200
辛集市	77350	2039	672	46972	1960	24189	647
藁城市	74207	8349	112	38697	1952	24213	687
晋州市	50740	3247	270	32057	1706	11522	933
新乐市	51459	3159	2056	32435	274	11868	900
鹿泉市	26916	2106	4	19136	536	5059	72

9—10 续表 5　　(2009 年)

行政单位	四、其他畜产品产量（吨）				
	1. 奶类产量	# 牛奶产量	2. 蜂蜜产量	3. 禽蛋产量	# 鸡蛋
石家庄市	**1067370**	**1064855**	**1899**	**994571**	**987521**
长 安 区	10570	10570		2710	2710
桥 东 区	111	111		632	632
桥 西 区				1125	1125
新 华 区	140	140		1578	1578
裕 华 区	2850	2850		1437	1437
矿　区	200	200	4	1540	1540
高 新 区	210	210		162	162
井 陉 县	11200	11200	79	23468	22481
正 定 县	102000	102000		126173	126173
栾 城 县	125458	125458		108316	108217
行 唐 县	233328	232366	3	29645	29600
灵 寿 县	32000	32000	94	14860	14816
高 邑 县	6000	6000		12735	12735
深 泽 县	33007	33007		16102	15635
赞 皇 县	400	400	689	18480	18480
无 极 县	94252	94252	70	73216	73216
平 山 县	11471	11471	610	10714	10501
元 氏 县	70300	70300	148	47213	47157
赵　县	35002	35002	150	55010	54920
辛 集 市	55000	55000		142256	142256
藁 城 市	84094	84054		137341	134271
晋 州 市	19300	19300	26	66588	66278
新 乐 市	81194	79744		68880	68302
鹿 泉 市	59283	59220	26	34390	33299

渔业生产情况

9—11 （2009 年）

行政单位	水产品总产量（吨）	#内陆养殖	#鱼类	水产品养殖面积（公顷）	#池塘养殖	水库养殖
石家庄市	**34487**	**22032**	**20682**	**15552**	**861**	**14618**
长安区	20	20	15	6	6	
桥东区	8	8	8	1	1	
桥西区	20	20	20	1	1	
新华区	60	60	54	15	15	
裕华区	20	20	20	2	2	
矿　区	35	35	35	7	3	4
井陉县	458	458	458	136	35	101
正定县	1600	1600	1467	233	166	
栾城县	60	60	60	3	3	
行唐县	1993	1720	1619	695	12	683
灵寿县	8000	3300	3296	2733	36	2697
高邑县	4	4	4	1	1	
深泽县	62	62	36	7	7	
赞皇县	1200	1050	1050	616	10	600
无极县	65	65		4	4	
平山县	13520	7568	6848	8850	137	8713
元氏县	1000	890	890	247	4	243
赵　县	50	50	25	8	8	
辛集市	152	152	152	23	23	
藁城市	76	76	76	1	1	
晋州市	44	44	44	6	6	
新乐市	20	20		6	6	
鹿泉市	6020	4750	4505	1951	374	1577

农林牧渔业总产值

9—12　　(2009 年)　　计量单位：万元

行政单位	农林牧渔业总产值	一、农业产值	(一) 谷物及其他作物产值				
			总计	1. 谷物	2. 薯类	3. 油料	4. 豆类
石家庄市	**5477617**	**2845448**	**1054614**	**845489**	**70648**	**84309**	**24654**
长安区	34323	23517	7205	6740	83	123	57
桥东区	8381	3225	454	431			
桥西区	15273	12279	809	661			148
新华区	24982	17997	3075	2817		150	12
裕华区	22942	12085	4475	4475			
矿区	10970	5930	2546	2417	67	47	15
井陉县	135572	51193	26408	17331	4818	2889	1214
正定县	460943	200958	69152	57090	1661	7708	1732
栾城县	428245	204073	44697	44341	17	158	166
行唐县	282354	120037	72752	48455	14149	8182	868
灵寿县	169852	77735	34258	22502	8442	2000	105
高邑县	124557	93567	27912	24844	145	1672	564
深泽县	153769	94683	38494	30504	2993	2636	1260
赞皇县	162231	78056	30683	18965	4746	5866	339
无极县	334468	146917	68064	57351	3839	5626	958
平山县	249745	145586	47854	34913	5195	3693	592
元氏县	275684	130183	67288	50190	11486	3016	1353
赵县	387892	255545	95057	90054	187	1553	2696
辛集市	617385	341466	121969	87320		14011	2635
藁城市	766857	502199	104491	93504	1438	4552	3798
晋州市	328272	182958	76884	66514	2524	3859	3653
新乐市	345383	182624	77090	56944	3791	14921	1082
鹿泉市	260613	153212	40748	34451	2521	1867	1428

9—12 续表 1　　(2009 年)　　计量单位：万元

行政单位	一、农业产值（续）						
	(一)谷物及其他作物产值(续)		(二）蔬菜园艺作物			(三）水果、坚果	(四）中药材
	5. 棉花	6. 烟草	1. 蔬菜	2. 花卉	3. 其他园艺作物		
石家庄市	**25752**	**742**	**1355779**	**312**	**2982**	**411635**	**20126**
长安区	202		14883			1429	
桥东区	23		2285			486	
桥西区			8598		2846	26	
新华区	96		13339	3	780	800	
裕华区			7592			18	
矿区			2117		265	977	25
井陉县	156		17558		30	7107	90
正定县	961		125544	6	180	5934	142
栾城县	15		150643		5751	2794	188
行唐县	800	298	20444			24132	2709
灵寿县	302	906	39977			3500	
高邑县	687		62968	44	60	2583	
深泽县	1101		39609		20	16560	
赞皇县	524		10871			36012	490
无极县	290		69138			9715	
平山县	927		20750	75	55550	12098	9259
元氏县	1243		48865		257	9528	4245
赵县	263		90875		130	69483	
辛集市	16151		103794		1999	112931	773
藁城市	1195		367536	122	278	29772	
晋州市	334		38104			67970	
新乐市	352		80622			24912	
鹿泉市	481		100167	67	230	11985	15

9—12 续表 2　　(2009 年)　　计量单位：万元

行政单位	二、林业产值			
	合　计	(一) 林木的培育和种植	(二) 竹木采运	(三) 林产品
石家庄市	**88271**	**24717**	**833**	**62721**
长安区	85	76	9	
桥东区	3	3		
桥西区	122	122		
新华区	125	125		
裕华区	10	10		
矿　区	403	254		149
井陉县	8190	5268	43	2879
正定县	200	191	9	
栾城县	1146	996	150	
行唐县	2473	2120	19	334
灵寿县	20757	2553	133	18071
高邑县	574	556	18	
深泽县	602	521	80	1
赞皇县	12961	1365	8	11588
无极县	283	280	3	
平山县	31798	8179	60	23559
元氏县	2462	1241	45	1176
赵　县	750	750		
辛集市	1923	1510	65	348
藁城市	633	618	15	
晋州市	644	630	14	
新乐市	460	452	8	
鹿泉市	3921	1927	70	1924

9—12 续表3 （2009年） 计量单位：万元

行政单位	三、牧业产值						
	合 计	（一）牲畜饲养	（1）牛	（2）羊	（3）其他牲畜	（4）奶产品	（5）毛绒产品
石家庄市	**2283834**	**642957**	**276911**	**78068**	**12727**	**272016**	**3235**
长安区	9403	3788	901	192		2695	
桥东区	1187	94		66		28	
桥西区	2356	264	237	27			
新华区	3532	290	95	159		36	
裕华区	5729	1381	616	38		727	
矿区	4449	187	47	88		51	1
井陉县	69560	30295	19529	7483	69	2856	358
正定县	239880	65096	36214	2838		26010	34
栾城县	209724	55635	21899	1693		31992	51
行唐县	152999	94587	31142	3475	411	59498	61
灵寿县	60049	19662	8437	2503	171	8160	391
高邑县	27546	3509	948	1186		1350	25
深泽县	54481	16995	3697	4611	84	8417	186
赞皇县	69015	33850	30691	3014	43	102	
无极县	172153	62487	29246	8114	874	24034	219
平山县	43809	11564	5356	3228		2925	55
元氏县	129040	52849	25643	8565	450	17927	264
赵县	116003	19762	6920	3623	139	8926	154
辛集市	257213	30030	5972	7763	2045	14025	225
藁城市	248790	54093	24506	7697	225	21442	223
晋州市	134140	22118	9101	6511	784	4922	800
新乐市	148729	33825	9243	1076	2821	20610	75
鹿泉市	86452	23074	6162	1766	10	15113	23

9—12 续表 4　　　　（2009 年）　　　　计量单位：万元

行政单位	三、牧业产值（续）					
	（二）猪的饲养	（三）家禽饲养	1. 肉禽	2. 禽蛋	（四）其他畜牧业	# 兔
石家庄市	**619274**	**940569**	**311081**	**629488**	**81034**	**10687**
长 安 区	3335	2280	570	1710		
桥 东 区	571	522	123	399		
桥 西 区	723	1047	337	710	322	7
新 华 区	2099	1143	147	996		
裕 华 区	2915	1433	526	907		
矿　　区	2973	1287	315	972	2	
井 陉 县	14890	22649	7476	15173	726	683
正 定 县	53986	120748	41133	79615	50	50
栾 城 县	39982	107139	38100	69039	6968	93
行 唐 县	30386	27820	9113	18707	206	203
灵 寿 县	25722	14153	4780	9373	512	445
高 邑 县	10844	12517	4481	8036	676	676
深 泽 县	22644	14594	4211	10383	248	139
赞 皇 县	14820	17310	5649	11661	3035	2346
无 极 县	39877	69037	22838	46199	752	716
平 山 县	19939	9874	3133	6741	2432	1328
元 氏 县	30887	44720	14929	29791	584	476
赵　　县	42967	52976	18264	34712	298	223
辛 集 市	90606	132063	42299	89764	4514	908
藁 城 市	59385	129464	42485	86979	5848	677
晋 州 市	49182	62135	20136	41999	705	684
新 乐 市	49672	64339	20875	43464	893	893
鹿 泉 市	29360	30535	8933	21602	3483	69

9—12 续表 5　　(2009 年)　　计量单位：万元

行政单位	四、渔业产值	# 鱼类	甲壳类	五、农林牧渔服务业产值
石家庄市	**37538**	**24555**	**5631**	**222526**
长安区	17	13		1301
桥东区	9	9		3957
桥西区	16	16		500
新华区	87	51	36	3241
裕华区	18	18		5100
矿　区	28	28		160
井陉县	1302	1302		5327
正定县	2269	1471		17636
栾城县	40	40		13262
行唐县	1695	1315	146	5150
灵寿县	8333	6953	1368	2978
高邑县	5	5		2865
深泽县	186	30		3817
赞皇县	949	925	24	1250
无极县	390			14725
平山县	18365	9714	4894	10187
元氏县	899	898	1	13100
赵　县	174	24		15420
辛集市	148	148		16635
藁城市	20	20		15215
晋州市	40	40		10490
新乐市	20			13550
鹿泉市	7004	5474	60	10024

农林牧渔业中间消耗

9—13　　(2009年)　　计量单位：万元

行政单位	农林牧渔业中间消耗总计	一、农业中间消耗			二、林业中间消耗		
		合计	1. 物质消耗	2. 生产服务支出	合计	1. 物质消耗	2. 生产服务支出
石家庄市	**2394506**	**1019524**	**799088**	**220436**	**17389**	**11958**	**5431**
长安区	12983	6599	5484	1115	48	48	
桥东区	3447	770	653	117	1		1
桥西区	7164	5289	4051	1238	66	55	11
新华区	8446	4500	3100	1400	68	58	10
裕华区	10657	4805	3791	1014	7	6	1
矿区	5170	2750	2250	500	100	86	14
井陉县	57906	18783	15544	3239	3262	2456	806
正定县	238521	75576	60120	15456	128	115	13
栾城县	192234	83746	76796	6950	493	410	83
行唐县	131813	43453	34102	9351	873	749	124
灵寿县	76988	32647	24686	7961	6226	4157	2069
高邑县	55596	38439	29734	8705	85	68	17
深泽县	69476	35581	28511	7070	217	168	49
赞皇县	62451	27481	22279	5202	4433	3362	1071
无极县	160663	58914	46103	12811	141	108	33
平山县	97750	58235	45967	12268	6678	4667	2011
元氏县	126750	45317	35690	9627	918	709	209
赵县	160734	90258	69611	20647	364	273	91
辛集市	291934	147342	141422	5920	835	820	15
藁城市	348536	200377	152286	48091	335	280	55
晋州市	151728	72815	72815		235	189	46
新乐市	155216	68182	58217	9965	127	110	17
鹿泉市	108226	55156	44339	10817	1537	1239	298

9—13 续表　　（2009年）　　计量单位：万元

行政单位	三、牧业中间消耗			四、渔业中间消耗			五、农林牧渔服务业中间消耗
	合　计	1. 物质消耗	2. 生产服务支出	合　计	1. 物质消耗	2. 生产服务支出	
石家庄市	**1226275**	**1168518**	**57757**	**16873**	**13960**	**2913**	**114445**
长安区	5697	5448	249	8	7	1	631
桥东区	622	588	34	4	3	1	2050
桥西区	1552	1461	91	5	3	2	252
新华区	2189	1800	389	36	30	6	1653
裕华区	3266	3109	157	9	8	1	2570
矿　区	2215	2095	120	15	13	2	90
井陉县	33041	30995	2046	531	424	107	2289
正定县	153313	146699	6614	1215	1024	191	8289
栾城县	101291	96606	4685	20	17	3	6684
行唐县	84149	78267	5882	763	491	272	2575
灵寿县	33027	31442	1585	3587	2956	631	1501
高邑县	15656	14637	1019	5	4	1	1411
深泽县	31681	31009	672	73	62	11	1924
赞皇县	29816	28040	1776	439	381	58	282
无极县	93996	89005	4991	191	100	91	7421
平山县	20152	19199	953	7897	6506	1391	4788
元氏县	73514	69985	3529	399	333	66	6602
赵　县	62201	59216	2985	143	114	29	7768
辛集市	134008	125473	8535	101	80	21	9648
藁城市	140069	131664	8405	11	10	1	7744
晋州市	73373	69703	3670	19	17	2	5286
新乐市	80067	78015	2052	9	5	4	6831
鹿泉市	43762	41661	2101	3260	2686	574	4511

农林牧渔业增加值

9—14　　（2009年）　　计量单位：万元

行政单位	农林牧渔业增加值	1. 农业	2. 林业	3. 牧业	4. 渔业	5. 农林牧渔服务业
石家庄市	**3083111**	**1825924**	**70882**	**1057559**	**20665**	**108081**
长安区	21340	16918	37	3706	9	670
桥东区	4934	2455	2	565	5	1907
桥西区	8109	6990	56	804	11	248
新华区	16536	13497	57	1343	51	1588
裕华区	12285	7280	3	2463	9	2530
矿区	5800	3180	303	2234	13	70
井陉县	77666	32410	4928	36519	771	3038
正定县	222422	125382	72	86567	1054	9347
栾城县	236011	120327	653	108433	20	6578
行唐县	150541	76584	1600	68850	932	2575
灵寿县	92864	45088	14531	27022	4746	1477
高邑县	68961	55128	489	11890		1454
深泽县	84293	59102	385	22800	113	1893
赞皇县	99780	50575	8528	39199	510	968
无极县	173805	88003	142	78157	199	7304
平山县	151995	87351	25120	23657	10468	5399
元氏县	148934	84866	1544	55526	500	6498
赵县	227158	165287	386	53802	31	7652
辛集市	325451	194124	1088	123205	47	6987
藁城市	418321	301822	298	108721	9	7471
晋州市	176544	110143	409	60767	21	5204
新乐市	190167	114442	333	68662	11	6719
鹿泉市	152387	98056	2384	42690	3744	5513

农林牧渔业商品产值

9—15 （2009年） 计量单位：万元

行政单位	农林牧渔业商品产值	一、农业商品产值			
		合计	（一）谷物及其他作物		
			小计	1. 谷物	2. 薯类
石家庄市	**3887112**	**1906932**	**495234**	**372857**	**44312**
长安区	17459	17459	4459	4224	76
桥东区	2642	2642	346	324	
桥西区	10019	10019	30	30	
新华区	15541	15541	1501	1327	
裕华区	10710	3112	3166	3166	
矿区	3112	10710	1011	1011	
井陉县	23673	23673	10858	7102	2488
正定县	131145	131145	37048	29624	753
栾城县	162839	162839	26772	26711	
行唐县	85568	85568	47673	27180	13690
灵寿县	45669	45669	8807	1138	5604
高邑县	78482	78482	15338	13279	
深泽县	70443	70443	21722	17341	1873
赞皇县	56507	56507	15949	10047	4003
无极县	80232	80232	32676	25769	1873
平山县	85617	85617	25047	19386	2662
元氏县	80471	80471	38591	26891	8083
赵县	185583	185583	67285	64189	153
辛集市	229449	229449	82621	61028	
藁城市	405446	405446	73524	65404	891
晋州市	111470	111470	33597	30667	302
新乐市	117861	117861	42034	25317	3327
鹿泉市	110575	110575	18499	16355	278

9—15 续表1 （2009年） 计量单位：万元

行政单位	一、农业商品产值（续）				
	（一）谷物及其他作物（续）				
	3. 油料	4. 豆类	5. 棉花	6. 烟叶	7. 其他农作物
石家庄市	**49623**	**13044**	**14565**	**721**	**111**
长安区	75	43	41		
桥东区			22		
桥西区					
新华区	130	12	32		
裕华区					
矿区					
井陉县	574	694			
正定县	4947	920	804		
栾城县	32	29			
行唐县	5433	703	436	231	
灵寿县	1603	70	46	346	
高邑县	1410	481	168		
深泽县	1261	717	530		
赞皇县	1710	132	57		
无极县	4668	280	86		
平山县	2463	169	224		143
元氏县	1879	548	1190		
赵县	1228	1589	126		
辛集市	5512	1323	14758		
藁城市	3171	3015	1043		
晋州市	1265	1230	133		
新乐市	12582	541	267		
鹿泉市	1136	285	445		

9—15 续表2 （2009年） 计量单位：万元

行政单位	一、农业商品产值（续）					
	（二）蔬菜、园艺作物				（三）水果、坚果、饮料和香料作物	（四）中药材
	合计	1. 蔬菜	2. 花卉	3. 其他园艺作物		
石家庄市	**1047507**	**1044213**	**312**	**2982**	**345630**	**18561**
长安区	11636	11636			1364	
桥东区	1833	1833			463	
桥西区	9965	7577		2388	24	
新华区	13318	12535	3	780	722	
裕华区	7526	7526			18	
矿区	1223	1218		5	853	25
井陉县	6977	6977			5766	72
正定县	89144	88958	6	180	4811	142
栾城县	133452	127764		5688	2430	185
行唐县	12341	12341			22946	2608
灵寿县	34001	34001			2861	
高邑县	60792	60688	44	60	2352	
深泽县	32858	32838		20	15863	
赞皇县	6107	6107			33961	490
无极县	38144	38144			9412	
平山县	43809	11246	73	32490	9554	7207
元氏县	30980	30766		214	6748	4152
赵县	56794	56664		130	61504	
辛集市	57241	55242		1999	88889	698
藁城市	305407	305056	115	236	26515	
晋州市	19617	19617			58256	
新乐市	59082	59082			16745	
鹿泉市	80435	80138	67	230	11626	15

9—15 续表 3　　（2009 年）　　计量单位：万元

行政单位	二、林业商品产值		三、牧业商品产值		
	总　计	林产品	总　计	（一）牲畜的饲养	
				合　计	1. 牛
石家庄市	**54850**	**53065**	**1898998**	**532268**	**222128**
长 安 区			8469	3032	851
桥 东 区			1187	94	
桥 西 区			1879	225	204
新 华 区	75		3528	290	95
裕 华 区			5023	1381	616
矿　　区	69	69	4089	175	47
井 陉 县	2693	2402	64362	28641	18770
正 定 县	9		213406	59551	32237
栾 城 县	372		204798	52269	21737
行 唐 县	307	307	136517	79851	17372
灵 寿 县	17203	17203	33036	5257	
高 邑 县	10		20833	2858	905
深 泽 县	601		45296	10417	1732
赞 皇 县	10776	10354	63716	33468	30380
无 极 县			158770	57566	27302
平 山 县	21230	20873	37879	7159	1783
元 氏 县	1115	1074	86406	29389	12993
赵　　县			105093	18368	6323
辛 集 市	1259	270	213000	25618	5686
藁 城 市	15		221238	48672	22055
晋 州 市	14		108658	17129	5370
新 乐 市	288		117593	27858	7205
鹿 泉 市	1843	1633	79798	22610	6026

9—15 续表4　　（2009年）　　计量单位：万元

行政单位	三、牧业商品产值（续）				
	（一）牲畜的饲养（续）				（二）猪的饲养
	2. 羊	3. 其他牲畜	4. 奶类	5. 毛绒类	
石家庄市	**60560**	**5810**	**240833**	**2937**	**490589**
长安区	186		1995		3268
桥东区	66		28		571
桥西区	21				564
新华区	159		36		2099
裕华区	38		727		2215
矿　区	79		48	1	2798
井陉县	6863	57	2627	324	13572
正定县	2694		24587	33	41218
栾城县	1660		28821	51	39922
行唐县	3319	411	58688	61	28995
灵寿县			4883	374	17480
高邑县	847		1081	25	6760
深泽县		84	8415	186	20347
赞皇县	2953	43	92		13084
无极县	7362	836	21854	212	38128
平山县	3034		2287	55	19757
元氏县	444	368	15365	219	16293
赵　县	3442	124	8479		37697
辛集市	6382	1905	11452	193	83352
藁城市	6928	202	19297	190	53446
晋州市	6058	784	4117	800	41313
新乐市	787	2219	17578	69	39644
鹿泉市	1664	10	14887	23	25719

9—15 续表 5　　（2009 年）　　计量单位：万元

行政单位	三、牧业商品产值（续）				四、渔业商品产值
	（三）家禽的饲养（续）			（四）其他畜牧业	
	合 计	1. 肉禽	2. 禽蛋		
石家庄市	**824107**	**248331**	**575776**	**52034**	**26332**
长 安 区	2169	545	1624		17
桥 东 区	522	123	399		9
桥 西 区	839	285	554	251	13
新 华 区	1139	143	996		87
裕 华 区	1427	525	902		18
矿 区	1114	294	820	2	25
井 陉 县	20647	6696	13951	702	1197
正 定 县	112589	35049	77540	48	1921
栾 城 县	105836	37761	68075	6771	40
行 唐 县	27468	9014	18454	203	1693
灵 寿 县	9813	3422	6391	486	2808
高 邑 县	10660	2772	7888	555	5
深 泽 县	14393	4040	10353	139	186
赞 皇 县	14236	5478	8758	2928	700
无 极 县	62382	20294	42088	694	360
平 山 县	8657	2268	6389	2306	17073
元 氏 县	40720	13744	26976	4	562
赵 县	48737	16803	31934	291	160
辛 集 市	103316	31605	71711	714	143
藁 城 市	116095	37813	78282	3025	17
晋 州 市	49540	15600	33940	676	40
新 乐 市	49344	15503	33841	747	14
鹿 泉 市	28055	8865	19190	3414	6881

十、工 业

全市全部工业企业主要产品产量

10—1

产品名称	计量单位	2009年	2008年	增长速度（%）
原煤	吨	2880238	1398667	105.93
洗煤	吨	6382479	5989813	6.56
铁矿石原矿量	吨	3519881	2071444	69.92
大米	吨	64150	63434	1.13
小麦粉	万吨	301.75	269.81	11.84
配混合饲料	吨	3432452	3440923	-0.25
食用植物油	吨	131219	96253	36.33
鲜、冻畜肉	吨	84164	66993	25.63
糖果	吨	9516	1316	623.10
糕点	吨	530	368	43.77
饼干	吨	33412	20790	60.71
乳制品	吨	353303	188691	87.24
罐头	吨	10588	8448	25.33
酱油	吨	34410	34497	-0.25
冷冻饮品	吨	17013	13487	26.15
饮料酒	吨	197226	220270	-10.46
白酒	吨	11055	9788	12.94
啤酒	吨	185764	210139	-11.60
软饮料	吨	254583	185463	37.27
#果汁及果汁饮料	吨	35078	27996	25.29
瓶（罐）装饮用水	吨	75126	67978	10.52
液体乳	吨	278803	124528	123.89
卷烟	万支	2225000	2125000	4.71

10—1 续表 1

产品名称	计量单位	2009 年	2008 年	增长速度（%）
纱	吨	370119	301964	22.57
布	万米	243503	226874	7.33
棉布	万米	197951	181491	9.07
混纺交织布	万米	44488	44316	0.39
纯化纤布	万米	1064	1066	-0.19
印染布	万米	115764	104607	10.67
服装	万件	11433	9696	17.91
#梭织服装	万件	7602	6432	18.18
# 西服及西服套装	万件	26	24	8.00
衬衫	万件	127	109	17.14
儿童服装	万件	27	31	-12.74
针织服装	万件	3832	3264	17.38
羽绒服装	万件	250	258	-3.14
轻革	平方米	175384691	181359260	-3.29
皮鞋	万双	558	191	191.88
革皮服装	件	18920658	15842405	19.43
人造板	立方米	5169321	4766294	8.46
#胶合板	立方米	4053105	3952324	2.55
纤维板	立方米	517533	412287	25.53
刨花板	立方米	519440	322863	60.89
家具	件	1506012	1363154	10.48
#木制家具	件	1225370	1120517	9.36
软体家具（包括床垫、沙发）	件	11943	12841	-6.99

10—1 续表 2

产品名称	计量单位	2009 年	2008 年	增长速度（%）
机制纸	吨	740609	757890	-2.28
#新闻纸	吨	224248	301545	-25.63
纸制品	吨	370166	322992	14.61
# 纸箱	吨	144490	134176	7.69
本册	万本	4930	3967	24.30
原油加工量	吨	3554549	3819661	-6.94
#汽油	吨	787463	785908	0.20
煤油	吨	70530	120965	-41.69
柴油	吨	1597679	1716928	-6.95
润滑油	吨	31095	22547	37.91
燃料油	吨	33073	57324	-42.31
液化石油气	吨	196278	198595	-1.17
焦炭	吨	2209224	2726436	-18.97
硫酸（折 100%）	吨	25784	104475	-75.32
浓硝酸（折 100%）	吨	16201	14492	11.79
盐酸（含量 31% 以上）	吨	70849	89320	-20.68
氢氧化钠（烧碱）（折 100%）	吨	30503	45488	-32.94
碳酸纳（纯碱）	吨	353205	335876	5.16
合成氨	吨	1338534	1318169	1.54
农用氮、磷、钾化学肥料	吨	719947	636948	13.03
#氮肥（折含 N100%）	吨	670578	593571	12.97
# 尿素	吨	459286	375503	22.31
磷肥（折含 P205100%）	吨	49369	43377	13.81

10—1 续表3

产品名称	计量单位	2009 年	2008 年	增长速度（%）
化学农药	吨	8624	12279	-29.77
#杀虫剂	吨	4835	8574	-43.61
除草剂	吨	3356	3280	2.32
纯苯	吨	13047	33536	-61.10
精甲醇	吨	149593	400457	-62.64
冰醋酸	吨	13719	62793	-78.15
涂料	吨	45734	45003	1.62
# 建筑涂料	吨	16520	16807	-1.71
颜料	吨	107606	74783	43.89
塑料树脂及共聚物	吨	43420	48742	-10.92
# 聚丙烯树脂	吨	42608	44490	-4.23
合成纤维单体	吨	57425	66446	-13.58
合成纤维聚合物	吨	26288	30321	-13.30
肥皂	吨	166551	110789	50.33
合成洗涤剂	吨	151759	132615	14.44
香精	吨	701	405	73.09
化学原料药	吨	172456	249794	-30.96
中成药	吨	14895	9421	58.10
轮胎外胎	条	33700	33500	0.60
塑料制品	吨	541534	500232	8.26
#塑料薄膜	吨	86382	77444	11.54
塑料板片材	吨	33163	44758	-25.91
塑料丝及纺织制品	吨	67614	72091	-6.21

10—1 续表 4

产品名称	计量单位	2009 年	2008 年	增长速度（%）
泡沫塑料	吨	14893	13485	10.44
塑料包装箱及容器	吨	229	240	-4.59
日用塑料制品	吨	124664	124724	-0.05
水泥	万吨	3627	3125	16.08
水泥排水管	千米	480	425	12.94
水泥预制管桩	米	954746	920128	3.76
砖（折标准砖）	万块	1019952	875443	16.51
大理石板材	平方米	1467679	1270415	15.53
花岗石板材	平方米	43173	52466	-17.71
日用玻璃制品	吨	180019	169594	6.15
瓷质砖	平方米	70698720	95541459	-26.00
日有陶瓷	万件	2256	2325	-2.97
耐火材料制品	吨	231	222	4.05
石墨及碳素制品	吨	52209	70651	-26.10
生铁	吨	8142094	7248230	12.33
钢	吨	7975851	7259031	9.87
成品钢材	吨	7065046	6321690	11.76
黄金	千克	426	377	13.09
铝材	吨	1945	9385	-79.28
金属切削工具	万件	5078	5060	0.36
模具	套	16597	12578	31.95
发动机	千瓦	474285	433402	9.43
金属切削机床	台	2	56	-96.43

10—1 续表 5

产品名称	计量单位	2009 年	2008 年	增长速度（%）
泵	台	9449	10615	-10.98
风机	台	7231	10258	-29.51
减速机	台	7071	8726	-18.97
滚动轴承	万套	1167	1317	-11.38
阀门	吨	53384	61590	-13.32
液压元件	件	19180	19321	-0.73
塑料加工设备	吨	5830	7799	-25.25
粮食加工机械	台	4247	9565	-55.60
铁路机车	辆	38	32	18.75
改装汽车	辆	6607	7918	-16.56
摩托车	辆	49558	27751	78.58
交流电动机	千瓦	2960000	3685000	-19.67
变压器	千伏安	182700	386050	-52.67
电力电缆	千米	106177	87483	21.37
光缆（光纤通讯电缆）	芯千米	415283	248657	67.01
绝缘制品	吨	6091	5570	9.35
铅酸蓄电池	千伏安时	916186	908106	0.89
数字程控交换机	线	118100	114700	2.96
半导体分立器件	万只	44	42	4.74
钟	只	219900	294910	-25.43
发电量	万千瓦时	3396127	2812160	20.77
火电	万千瓦时	3350837	2779067	20.57
水电	万千瓦时	31060	26710	16.29
煤气	万立方米	831	37873	-97.81

全市规模以上工业企业主要经济指标

10—2　　(2009年)　　计量单位：千元

项目名称	工业企业单位数（个）	工业企业总产值	工业企业销售产值	资产合计	#流动资产小计
总　计	**2469**	**446285243**	**438000429**	**235075405**	**89105198**
一、按登记注册类型分组					
内资企业	2331	404989858	396852339	196194724	70448093
国有企业	63	53042445	53047947	51988779	19674585
集体企业	103	19605660	19147113	4017074	1736692
股份合作企业	15	1513594	1485905	934354	487736
联营企业	2	210196	209754	109150	83488
有限责任公司	296	56033823	54794701	58389021	19496172
股份有限公司	113	25378115	25020383	20698152	7763727
私营企业	1739	249206025	243146536	60058194	21205693
港、澳、台商投资企业	54	23354983	23255421	23197266	10469114
外商投资企业	84	17940402	17892669	15683415	8187991
二、按经济组织类型分组					
独资企业	721	150552250	148927874	88009460	35893933
合作、合伙企业	182	17137054	16872087	4421231	1764907
股份有限公司	212	66342441	64361516	34695914	12111137
有限责任公司	1354	212253498	207838952	107948800	39335221
三、在总计中：亏损企业	161	32448718	31938020	49175784	13279441
在总计中：国有控股企业	118	74441303	74310511	99286892	32104447
在总计中：农村工业	71	17725427	17348356	10258637	4163824
在总计中：轻工业	1124	186131457	182997010	81499382	36496155
重工业	1345	260153786	255003419	153576023	52609043
在总计中：大型企业	27	110368861	108838355	99188343	39081655
中型企业	199	81002263	79406067	67191552	26026746
小型企业	2243	254914119	249756007	68695510	23996797

10—2 续表 1　　（2009 年）　　计量单位：千元

项目名称	固定资产小计	固定资产原价	累计折旧	固定资产净值
总　计	**124432833**	**167331156**	**58477361**	**107777130**
一、按登记注册类型分组				
内资企业	109374069	146194419	51076968	94040786
国有企业	28522923	41352849	17574310	23778539
集体企业	2145224	2184029	703439	1480590
股份合作企业	278891	455132	203605	251527
联营企业	25662	31235	5661	25574
有限责任公司	33667287	47399651	17022571	29300765
股份有限公司	11654139	17686425	7339096	10347329
私营企业	33079943	37085098	8228286	28856462
港、澳、台商投资企业	8322776	13241256	5504455	7736801
外商投资企业	6735988	7895481	1895938	5999543
二、按经济组织类型分组				
独资企业	43993261	60908391	23610195	37298196
合作、合伙企业	2242626	2838374	681570	2156804
股份有限公司	20880166	26751500	9493957	17257543
有限责任公司	57316780	76832891	24691639	51064587
三、在总计中：亏损企业	31551373	51255043	20884967	29293411
在总计中：国有控股企业	60425671	91053193	37117365	52859513
在总计中：农村工业	4905656	4216587	1213464	3003123
在总计中：轻工业	35586928	45721060	15492451	30228259
重工业	88845905	121610096	42984910	77548871
在总计中：大型企业	50085267	69326806	27453283	40796858
中型企业	35668459	53411895	22087704	31324191
小型企业	38679107	44592455	8936374	35656081

10—2 续表 2　　　　（2009 年）　　　　计量单位：千元

项目名称	负债合计	# 流动负债	长期负债	所有者权益	# 实收资本
总　　计	**134287960**	**100685123**	**30405741**	**100239762**	**55741790**
一、按登记注册类型分组					
内资企业	114099210	84697791	26368426	81766222	45870586
国有企业	38220096	29168477	8646720	13729830	10492709
集体企业	1858748	1437593	242676	2113462	804137
股份合作企业	604160	452069	151875	325192	164560
联营企业	70943	70943		37937	9412
有限责任公司	39264305	25188720	13717069	19355841	16383581
股份有限公司	7732768	6536889	1007592	12965081	2884430
私营企业	26348190	21843100	2602494	33238879	15131757
港、澳、台商投资企业	12495702	9559271	2820137	10684403	5661378
外商投资企业	7693048	6428061	1217178	7789137	4209826
二、按经济组织类型分组					
独资企业	54363899	41390399	11748780	33367975	18070044
合作、合伙企业	2083712	1560145	307056	2323633	1403029
股份有限公司	14578470	13106083	1234664	20102347	4431455
有限责任公司	63261879	44628496	17115241	44445807	31837262
三、在总计中：亏损企业	37974264	24831366	12880144	11288004	14533280
在总计中：国有控股企业	68490079	47513486	20561692	31015343	23218771
在总计中：农村工业	4915693	3361928	1417447	5339852	2003019
在总计中：轻工业	41338313	33028714	6785745	39695042	22249324
重工业	92949647	67656409	23619996	60544720	33492466
在总计中：大型企业	63378891	48792387	14281749	36066847	19666009
中型企业	37104624	29169658	7255035	29908859	14940295
小型企业	33804445	22723078	8868957	34264056	21135486

10—2 续表 3 （2009 年） 计量单位：千元

项目名称	实收资本中：		主营业务收入	# 主营业务成本	主营业务税金及附加
	# 国家资本	集体资本			
总　　计	**8468396**	**2582541**	**437779945**	**367133303**	**7158255**
一、按登记注册类型分组					
内资企业	7636547	2464225	394241182	332321777	7071187
国有企业	3448811	38496	52894545	42115005	4558397
集体企业		631552	18899276	16655440	101438
股份合作企业		97572	1529563	1199940	4334
联营企业			205232	139773	5182
有限责任公司	3727285	1651326	54362919	46068210	389966
股份有限公司	460451	34799	26358715	22843688	110697
私营企业		10480	239990932	203299721	1901173
港、澳、台商投资企业	511853	83962	25047000	20372687	39096
外商投资企业	319996	34354	18491763	14438839	47972
二、按经济组织类型分组					
独资企业	3448811	670048	151375432	123010599	5308685
合作、合伙企业		97990	16864356	13910173	165465
股份有限公司	460451	34799	64135407	57163418	214122
有限责任公司	4559134	1779704	205404750	173049113	1469983
三、在总计中：亏损企业	3479299	200759	31617463	30645406	93689
在总计中：国有控股企业	7721453	43166	75819573	62260033	4640209
在总计中：农村工业		1781463	17136145	14942639	123275
在总计中：轻工业	2749090	636823	187294203	150238571	2876242
重工业	5719306	1945718	250485742	216894732	4282013
在总计中：大型企业	2961806	1378125	110029262	92076764	4711635
中型企业	3648998	666209	80015489	66760231	607314
小型企业	1857592	538207	247735194	208296308	1839306

10—2 续表 4　　（2009 年）　　计量单位：千元

项目名称	管理费用	# 税金	财务费用	# 利息支出	营业利润
总　　计	**12754691**	**570723**	**5041518**	**4575642**	**31674538**
一、按登记注册类型分组					
内资企业	10625065	479489	4537551	4157588	27590293
国有企业	2453841	68290	895059	880578	2171516
集体企业	297429	20308	85067	72872	1345997
股份合作企业	88171	2424	16320	15345	117892
联营企业	4492	7	4012	4012	23683
有限责任公司	2785863	113875	1300588	1246849	748154
股份有限公司	741867	71079	396639	373032	1842979
私营企业	4253402	203506	1839866	1564900	21340072
港、澳、台商投资企业	1278090	59217	295449	270859	2128362
外商投资企业	851536	32017	208518	147195	1955883
二、按经济组织类型分组					
独资企业	4655328	167518	1490427	1360589	12689509
合作、合伙企业	363036	11726	139431	104939	1725991
股份有限公司	1165171	114024	649060	600131	3510581
有限责任公司	6571156	277455	2762600	2509983	13748457
三、在总计中：亏损企业	1678506	67399	1027148	926808	－4298357
在总计中：国有控股企业	4015782	156646	1966460	1941679	152470
在总计中：农村工业	361955	23124	189452	170985	1320293
在总计中：轻工业	6381059	257526	1920776	1643789	18028872
重工业	6373632	313197	3120742	2931853	13645666
在总计中：大型企业	3901792	172778	1612787	1569216	3587038
中型企业	3675345	150141	1388126	1361490	4264053
小型企业	5177554	247804	2040605	1644936	23823447

10—2 续表 5　　(2009 年)　　计量单位：千元

项目名称	投资收益	利润总额	应交所得税	利税总额	本年应付工资总额
总　　计	**375419**	**29323772**	**3445926**	**47815988**	**14488270**
一、按登记注册类型分组					
内资企业	336981	25190840	2911170	42291183	12722786
国有企业	506346	2078457	401804	8095197	2680163
集体企业	26483	1356967	224122	1846794	423257
股份合作企业	1567	113308	1154	164520	58164
联营企业		23367	3804	38062	439
有限责任公司	23441	1073204	388791	3281945	2956136
股份有限公司	-147389	1277278	126802	2055911	1159364
私营企业	-73467	19268259	1764693	26808754	5445263
港、澳、台商投资企业	46186	2139512	296233	2828590	1089556
外商投资企业	-7748	1993420	238523	2696215	675928
二、按经济组织类型分组					
独资企业	447391	11471446	1345985	20677593	5280575
合作、合伙企业	1512	1508037	124984	2136092	463642
股份有限公司	-139196	2884434	292235	4645924	1822384
有限责任公司	65712	13459855	1682722	20356379	6921669
三、在总计中：亏损企业	16054	-3990462	-13733	-3126101	2086976
在总计中：国有控股企业	511938	560876	508067	7613316	4337849
在总计中：农村工业	13044	1338875	106812	1804628	749290
在总计中：轻工业	491910	16755361	1947066	24681068	6591169
重工业	-116491	12568411	1498860	23134920	7897101
在总计中：大型企业	446357	3913901	807238	11454539	4471214
中型企业	49983	4583483	785658	7552512	4426593
小型企业	-120921	20826388	1853030	28808937	5590463

10—2 续表 6　　　　（2009 年）　　　　计量单位：千元

项目名称	本年应付福利费总额	本年应交增值税	本年进项税额	本年销项税额	全部从业人员年平均人数（人）
总　计	**729327**	**11333961**	**50111547**	**63723945**	**559515**
一、按登记注册类型分组					
内资企业	613775	10029156	45067394	57767959	497710
国有企业	112743	1458343	4777897	8226166	81232
集体企业	28275	388389	2505986	2623363	22998
股份合作企业	2467	46878	176690	214011	3763
联营企业	37	9513	15988	29159	41
有限责任公司	139434	1818775	5901451	7971064	108082
股份有限公司	32552	667936	3035626	3605445	48188
私营企业	298267	5639322	28653756	35098751	233406
港、澳、台商投资企业	72591	649982	3130937	3557131	33899
外商投资企业	42961	654823	1913216	2398855	27906
二、按经济组织类型分组					
独资企业	300254	3897462	15566037	21570908	187593
合作、合伙企业	25791	462590	1955036	2366582	22486
股份有限公司	47925	1547368	8345376	9675379	73870
有限责任公司	355357	5426541	24245098	30111076	275566
三、在总计中：亏损企业	67206	770672	4183054	5018308	79288
在总计中：国有控股企业	166476	2412231	7341051	11752719	140614
在总计中：农村工业	40982	342478	2107037	2413782	26770
在总计中：轻工业	325627	5049465	20734084	25693416	267765
重工业	403700	6284496	29377463	38030529	291750
在总计中：大型企业	191563	2829003	12853830	17520651	135317
中型企业	152648	2361715	8834439	11689133	160934
小型企业	385116	6143243	28423278	34514161	263264

市区规模以上工业企业主要经济指标

10—3　　　　（2009 年）　　　　计量单位：千元

项目名称	工业企业单位数（个）	工业企业总产值	工业企业销售产值	资产合计	# 流动资产小计
总　计	**280**	**92917470**	**92240196**	**106579058**	**42672483**
一、按登记注册类型分组					
内资企业	234	70997044	70258182	80735609	30518238
国有企业	30	41700197	41679394	40835726	13563147
集体企业	24	2407345	2307596	1614940	1117213
股份合作企业	6	383789	387005	531746	271828
联营企业	1	12800	12362	71520	69768
有限责任公司	74	12091472	11890693	24167440	8220387
股份有限公司	18	4469889	4426416	7662739	4002009
私营企业	81	9931552	9554716	5851498	3273886
港、澳、台商投资企业	20	17122396	17201663	19987124	9018589
外商投资企业	26	4798030	4780351	5856325	3135656
二、按经济组织类型分组					
独资企业	71	55208251	55125449	56997746	21530457
合作、合伙企业	10	472302	484058	711664	423170
股份有限公司	27	8688973	8534868	10424301	5658886
有限责任公司	172	28547944	28095821	38445347	15059970
三、在总计中：亏损企业	72	21713132	21551449	31572364	7121904
在总计中：国有控股企业	53	50261272	50416376	64331469	21083704
在总计中：农村工业	18	2890679	2832270	2034912	1098965
在总计中：轻工业	96	28021829	27812984	40461597	19814628
重工业	184	64895641	64427212	66117461	22857855
在总计中：大型企业	16	60778149	60791259	68353312	25557968
中型企业	69	20446113	20089785	24866928	11139710
小型企业	195	11693208	11359152	13358818	5974805

10—3 续表 1　　　　(2009 年)　　　　计量单位：千元

项目名称	固定资产小计	固定资产原价	累计折旧	固定资产净值
总　　计	**52692117**	**78972725**	**32608577**	**45287483**
一、按登记注册类型分组				
内资企业	43505860	64535885	26556571	36902649
国有企业	24224527	35892298	15482967	20409331
集体企业	422623	778287	387210	391077
股份合作企业	123736	203848	102336	101512
联营企业	1752	2197	533	1664
有限责任公司	13788395	21557743	8149665	12331763
股份有限公司	3037724	3734588	1776485	1958103
私营企业	1907103	2366924	657375	1709199
港、澳、台商投资企业	6866988	11496540	5039889	6456651
外商投资企业	2319269	2940300	1012117	1928183
二、按经济组织类型分组				
独资企业	29150679	43784582	18884878	24899704
合作、合伙企业	150895	272699	145569	127130
股份有限公司	4074817	4897966	2186886	2711080
有限责任公司	19315726	30017478	11391244	17549569
三、在总计中：亏损企业	21209905	35474484	14542173	19855646
在总计中：国有控股企业	38251177	57307045	23729679	32501051
在总计中：农村工业	873544	1144369	515676	628693
在总计中：轻工业	15393804	23543843	10658324	12885169
重工业	37298313	55428882	21950253	32402314
在总计中：大型企业	34455404	53952189	23186388	29689136
中型企业	11775182	17145331	7624746	9520585
小型企业	6461531	7875205	1797443	6077762

10—3 续表 2 （2009 年） 计量单位：千元

项目名称	负债合计	# 流动负债	长期负债	所有者权益	# 实收资本
总 计	**72605820**	**54292205**	**17736289**	**34219758**	**25909432**
一、按登记注册类型分组					
内资企业	59239690	43832504	14834860	21744495	19700869
国有企业	32194317	24471352	7613743	8643072	8025755
集体企业	1136559	909371	98372	478381	329600
股份合作企业	325023	187325	137698	206722	71544
联营企业	67543	67543		3707	5500
有限责任公司	18435243	12108000	6275110	5989588	8124482
股份有限公司	3882607	3359750	472713	3779883	1413713
私营企业	3198398	2729163	237224	2643142	1730275
港、澳、台商投资企业	10841356	8132906	2703450	9145716	4771947
外商投资企业	2524774	2326795	197979	3329547	1436616
二、按经济组织类型分组					
独资企业	40919582	31024839	9510349	16079826	10896979
合作、合伙企业	471028	332701	138327	206722	71544
股份有限公司	4686062	4092353	539509	5735989	1919989
有限责任公司	26529148	18842312	7548104	12163580	12977946
三、在总计中：亏损企业	24944470	16028836	8915626	6885288	9604165
在总计中：国有控股企业	49755426	35729458	13916745	14835100	15828516
在总计中：农村工业	1134927	866277	148835	899935	404506
在总计中：轻工业	24944640	20172237	4449405	15512048	10297130
重工业	47661180	34119968	13286884	18707710	15612302
在总计中：大型企业	48306972	35585234	12616664	20303737	15639362
中型企业	15002792	12622502	2127873	9862080	6533062
小型企业	9296056	6084469	2991752	4053941	3737008

10—3 续表 3　　（2009 年）　　计量单位：千元

项目名称	实收资本中：		主营业务收入	# 主营业务成本	主营业务税金及附加
	# 国家资本	集体资本			
总　计	**4474283**	**715830**	**94284812**	**77649481**	**3228772**
一、按登记注册类型分组					
内资企业	3919410	632930	69917230	57985467	3201493
国有企业	2158545	37396	41641205	34095870	3003053
集体企业		301353	2147756	1852201	29123
股份合作企业		14736	411618	326722	2022
联营企业			7840	7445	
有限责任公司	1363121	267447	11569275	9955171	87974
股份有限公司	397744	11570	5715043	5118140	23362
私营企业		428	8424493	6629918	55959
港、澳、台商投资企业	404873	82900	19032263	15353156	20827
外商投资企业	150000		5335319	4310858	6452
二、按经济组织类型分组					
独资企业	2158545	338749	57387103	46181830	3046199
合作、合伙企业		14736	503252	410678	2150
股份有限公司	397744	11570	9503742	7708826	52094
有限责任公司	1917994	350357	26890715	23348147	128329
三、在总计中：亏损企业	1463532	173230	21436463	20854959	60761
在总计中：国有控股企业	3919168	42066	51680543	43271647	3039668
在总计中：农村工业		291648	2804403	2382317	30909
在总计中：轻工业	2257292	413826	31148796	22741582	147850
重工业	2216991	302004	63136016	54907899	3080922
在总计中：大型企业	2793173	12946	63755273	52290122	3033120
中型企业	872344	466143	19833667	16430107	122963
小型企业	808766	236741	10695872	8929252	72689

10—3 续表 4　　(2009 年)　　计量单位：千元

项目名称	管理费用	# 税金	财务费用	# 利息支出	营业利润
总　计	**4899619**	**200814**	**1826312**	**1780341**	**1716946**
一、按登记注册类型分组					
内资企业	3599846	137047	1554629	1524964	-367330
国有企业	1781628	52709	842436	838032	1197400
集体企业	96466	4616	17634	13874	116875
股份合作企业	46761	812	10020	9500	4300
联营企业	79	5			316
有限责任公司	1089072	30118	520091	509577	-2198218
股份有限公司	307643	33518	110214	109995	9252
私营企业	278197	15269	54234	43986	502745
港、澳、台商投资企业	1010654	49219	237965	215145	1590055
外商投资企业	289119	14548	33718	40232	494221
二、按经济组织类型分组					
独资企业	2759096	90300	999442	973615	2863643
合作、合伙企业	55493	1050	10565	9737	883
股份有限公司	435218	39594	119412	118231	481831
有限责任公司	1649812	69870	696893	678758	-1629411
三、在总计中：亏损企业	945664	33758	718171	704191	-3335328
在总计中：国有控股企业	2627341	88716	1365405	1355042	-1300442
在总计中：农村工业	117901	8598	34891	27759	215378
在总计中：轻工业	2537427	105015	597054	554393	2762870
重工业	2362192	95799	1229258	1225948	-1045924
在总计中：大型企业	2961697	127732	1270769	1246642	688514
中型企业	1353225	45060	356700	355904	396656
小型企业	584697	28022	198843	177795	631776

10—3 续表 5　　　　（2009 年）　　　　计量单位：千元

项目名称	投资收益	利润总额	应交所得税	利税总额	本年应付工资总额
总　　计	**567656**	**2140014**	**694762**	**8186692**	**5413701**
一、按登记注册类型分组					
内资企业	523424	18685	410244	5308201	4281676
国有企业	499237	1239791	236583	5173377	1937999
集体企业	260	112550	146757	1232638	990742
股份合作企业	1567	7829	7459	190657	148417
联营企业			26	28073	27635
有限责任公司	11120	－2009842	67647	－1405359	1172324
股份有限公司	－359	124464	15123	317447	475593
私营企业	11599	543893	83406	1003614	519701
港、澳、台商投资企业	44583	1610125	213348	2186252	862667
外商投资企业	－351	511204	71170	692239	269358
二、按经济组织类型分组					
独资企业	564151	2932737	459704	7349508	2751983
合作、合伙企业	1567	4091	56	26213	44050
股份有限公司	－342	602524	84156	1073328	712986
有限责任公司	2280	－1399338	150846	－262357	1904682
三、在总计中：亏损企业	12468	－3164418	3588	－2600014	1484192
在总计中：国有控股企业	504696	－995458	263421	3310804	2975199
在总计中：农村工业	58	215738	34911	322335	143850
在总计中：轻工业	555405	2971585	522070	4209303	2229606
重工业	12251	－831571	172692	3977389	3184095
在总计中：大型企业	526013	1003783	388000	5590341	3274016
中型企业	22054	489009	230816	1392403	1581186
小型企业	19589	647222	75946	1203948	558499

10—3 续表 6　　（2009 年）　　计量单位：千元

项目名称	本年应付福利费总额	本年应交增值税	本年进项税额	本年销项税额	全部从业人员年平均人数（人）
总　　计	**245271**	**2817906**	**9632618**	**14577695**	**183778**
一、按登记注册类型分组					
内资企业	169281	2088023	6561371	11064209	150999
国有企业	81465	930533	3458485	6752441	54981
集体企业	8849	48984	244132	286792	11171
股份合作企业	2219	18222	64290	71958	1815
联营企业		392			1
有限责任公司	59393	516509	1104046	1771511	40990
股份有限公司	5184	169621	766550	893335	24582
私营企业	12171	403762	923868	1288172	17459
港、澳、台商投资企业	60538	555300	2407413	2745608	22426
外商投资企业	15452	174583	663834	767878	10353
二、按经济组织类型分组					
独资企业	154250	1370572	4997283	8580397	84651
合作、合伙企业	2392	19972	71209	77561	2533
股份有限公司	6485	418710	1173184	1517042	29566
有限责任公司	82144	1008652	3390942	4402695	67028
三、在总计中：亏损企业	50784	503643	2994166	3621477	50362
在总计中：国有控股企业	118306	1266594	4489596	8151746	95103
在总计中：农村工业	7366	75688	316787	382197	10638
在总计中：轻工业	118800	1089868	3178061	4298721	88856
重工业	126471	1728038	6454557	10278974	94922
在总计中：大型企业	144314	1553438	6262316	10025816	94747
中型企业	65933	780431	2222007	2961193	56182
小型企业	35024	484037	1148295	1590686	32849

全市规模以上工业企业分行业主要经济指标

10—4 （2009 年） 计量单位：千元

项目名称	工业企业单位数（个）	工业企业总产值	工业企业销售产值	工业企业增加值	资产合计	# 流动资产小计
总 计	**2469**	**446285243**	**438000429**	**110173000**	**235075405**	**89105198**
采矿业	121	15001880	14727250	3606278	6136995	2726475
煤炭开采和洗选业	52	9461328	9331691	2098735	4897593	2373376
黑色金属矿采选业	42	3682938	3598828	897983	674144	248125
有色金属矿采选业	1	187310	184843	61329	35120	12350
非金属矿采选业	26	1670304	1611888	548231	530138	92624
制造业	2321	404956086	397286445	101975920	186400651	81530845
农副食品加工业	180	34236687	33948767	7436979	6468883	2483834
食品制造业	58	6527383	6355547	1708363	3117139	1055382
饮料制造业	25	4176493	4139330	1161577	1374625	452341
烟草制品业	2	3690690	3684828	2825306	3567192	2146383
纺织业	248	29518687	29135218	6163471	10751807	4602197
纺织服装、鞋、帽制造业	78	7743294	7537634	2129580	2108440	1104458
皮革、毛皮、羽毛（绒）及其制品业	176	37703850	36644362	12458200	7293430	2760681
木材加工及木、竹、藤、棕、草制品业	47	9627223	9552957	1756222	2058462	797137
家具制造业	24	2333865	2300151	435785	383652	109627
造纸及纸制品业	55	6849689	6766953	1687917	3614026	822753
印刷业和记录媒介的复制	23	2592884	2571750	1154929	2140043	824629
文教体育用品制造业	1	5650	5424	192	5025	1390
石油加工、炼焦及核燃料加工业	20	18973838	18846447	5193566	8781854	4087221
化学原料及化学制品制造业	318	41694992	40808261	7756207	23992216	10078967
医药制造业	75	27161007	26779056	9026214	32223113	16888410
化学纤维制造业	14	1999678	2029392	460313	856512	339501
橡胶制品业	20	4607490	4614012	1446395	1310312	764288
塑料制品业	92	10895833	10653691	1978928	2369720	997183
非金属矿物制品业	260	35618005	34958816	8901741	16958561	5722929
黑色金属冶炼及压延加工业	17	42417390	41102924	9432262	21314367	7289709
有色金属冶炼及压延加工业	26	2451888	2449174	947710	584134	242410
金属制品业	119	15758990	15278588	3448559	4787491	2302580
通用设备制造业	174	21166841	20704152	5309120	10260568	5191636
专用设备制造业	74	9771584	9556423	2448002	4824026	2501327
交通运输设备制造业	46	7232578	7060015	1803968	6389859	3690512
电气机械及器材制造业	86	10907785	10731724	2382506	2531356	1329811
通信设备、计算机及其他电子设备	29	3888975	3790402	948220	4761911	2295778
仪器仪表及文化、办公用机械制造	15	1455027	1365030	413406	770055	450897
工艺品及其他制造业	15	3388851	3358587	1006226	745857	173616
废弃资源和废旧材料回收加工业	4	558939	556830	154056	56015	23258
电力、燃气及水的生产和供应业	27	26327277	25986734	4590802	42537759	4847878
电力、热力的生产和供应业	20	24884733	24567376	4057015	39584216	4043572
燃气生产和供应业	2	870281	858601	281120	1059956	302371
水的生产和供应业	5	572263	560757	252667	1893587	501935

10—4 续表 1 （2009 年） 计量单位：千元

项目名称	固定资产小计	固定资产原价	累计折旧	固定资产净值
总　计	**124432833**	**167331156**	**58477361**	**107777130**
采矿业	2049870	2404190	426627	1977563
煤炭开采和洗选业	1348098	1630710	285798	1344912
黑色金属矿采选业	323661	364746	58430	306316
有色金属矿采选业	18210	24195	7610	16585
非金属矿采选业	359901	384539	74789	309750
制造业	86919727	109586484	37320512	72265622
农副食品加工业	3503315	3225634	713817	2511817
食品制造业	1489742	1667689	278468	1388871
饮料制造业	870330	1247027	403689	843338
烟草制品业	1280609	1353407	301788	1051619
纺织业	5339309	5818195	1813023	4005172
纺织服装、鞋、帽制造业	891144	952369	284836	667533
皮革、毛皮、羽毛（绒）及其制品业	2643479	3032116	613767	2418349
木材加工及木、竹、藤、棕、草制品业	990743	1317534	357182	960352
家具制造业	238293	243557	43006	200551
造纸及纸制品业	2753003	2942455	312924	2629531
印刷业和记录媒介的复制	1149477	2190503	1069687	1120816
文教体育用品制造业	3635	3715	80	3635
石油加工、炼焦及核燃料加工业	4303059	5358828	2685648	2673180
化学原料及化学制品制造业	11804190	16278149	5809897	10468252
医药制造业	11142989	17107717	7631783	9475934
化学纤维制造业	443107	635392	239771	395621
橡胶制品业	484749	829074	367403	461671
塑料制品业	1156450	1518069	426466	1091603
非金属矿物制品业	9229180	9515314	2439136	7076178
黑色金属冶炼及压延加工业	12856081	15206149	4740295	10465854
有色金属冶炼及压延加工业	271217	352186	102024	250162
金属制品业	1895564	2314031	669059	1644972
通用设备制造业	4069788	4875293	1555527	3319766
专用设备制造业	1968851	2262699	699208	1563491
交通运输设备制造业	2058503	2656709	999582	1657127
电气机械及器材制造业	936081	1264928	355587	909341
通信设备、计算机及其他电子设备	2358070	4437236	2193248	2243988
仪器仪表及文化、办公用机械制造	213834	328717	124452	204265
工艺品及其他制造业	549629	622268	84712	537556
废弃资源和废旧材料回收加工业	25306	29524	4447	25077
电力、燃气及水的生产和供应业	35463236	55340482	20730222	33533945
电力、热力的生产和供应业	33591123	52681022	19760519	31844188
燃气生产和供应业	609047	747114	210286	536828
水的生产和供应业	1263066	1912346	759417	1152929

10—4 续表2　　（2009 年）　　计量单位：千元

项目名称	负债合计	# 流动负债	长期负债	所有者权益	# 实收资本
总　　计	**134287960**	**100685123**	**30405741**	**100239762**	**55741790**
采矿业	4167305	3521527	324569	1911786	734773
煤炭开采和洗选业	3676647	3298296	209118	1210059	498885
黑色金属矿采选业	233943	120881	34245	440201	141912
有色金属矿采选业	27210	9345	13417	7910	5075
非金属矿采选业	229505	93005	67789	253616	88901
制造业	101833670	83954395	15015273	83792670	46914300
农副食品加工业	2819104	2413318	228323	3564704	1891556
食品制造业	946384	833423	55070	2151218	1708374
饮料制造业	889644	789749	86156	453030	449552
烟草制品业	737994	737994		2829198	1003473
纺织业	5005553	4147441	708891	5700413	2844178
纺织服装、鞋、帽制造业	1080619	743123	72419	1027812	503292
皮革、毛皮、羽毛（绒）及其制品业	2462396	1682148	487096	4742088	1057848
木材加工及木、竹、藤、棕、草制品业	785784	671522	84183	1259660	955588
家具制造业	111244	70450	20996	271103	186175
造纸及纸制品业	2446573	1390196	914146	993657	1292344
印刷业和记录媒介的复制	535270	478306	56963	1604739	820286
文教体育用品制造业	1763			3262	3850
石油加工、炼焦及核燃料加工业	6952362	6877205	61282	1826192	1528042
化学原料及化学制品制造业	15520597	12707382	2263865	8447388	5945338
医药制造业	20170975	16663439	3254830	12050433	7436239
化学纤维制造业	419542	395967	4401	436970	149219
橡胶制品业	799636	641972	131938	494096	268487
塑料制品业	995530	864211	101190	1370653	817149
非金属矿物制品业	8126914	4975213	2781545	8756481	4721757
黑色金属冶炼及压延加工业	11726640	10285890	1432174	9587725	2776390
有色金属冶炼及压延加工业	277516	99871	144914	306612	158305
金属制品业	1792010	1625232	123897	2913393	1554073
通用设备制造业	6346765	5353624	837672	3897639	1879758
专用设备制造业	2685520	2479456	105425	2109580	1378720
交通运输设备制造业	4528772	3768647	748009	1857876	1628409
电气机械及器材制造业	1216818	1073125	64161	1293489	725793
通信设备、计算机及其他电子设备	1882282	1657597	204374	2851479	2437843
仪器仪表及文化、办公用机械制造	343966	309732	34224	415405	307923
工艺品及其他制造业	216927	210489	6232	528930	439520
废弃资源和废旧材料回收加工业	8570	7673	897	47445	44819
电力、燃气及水的生产和供应业	28286985	13209201	15065899	14535306	8092717
电力、热力的生产和供应业	26670923	12322374	14348549	13197825	6742969
燃气生产和供应业	598040	460805	125350	461916	305000
水的生产和供应业	1018022	426022	592000	875565	1044748

10—4 续表 3　　（2009 年）　　计量单位：千元

项目名称	实收资本中：国家资本	实收资本中：集体资本	主营业务收入	# 主营业务成　本	主营业务税金及附加
总　计	**8468396**	**2582541**	**437779945**	**367133303**	**7158255**
采矿业	186033	35000	13639054	11694114	80094
煤炭开采和洗选业	172897	6025	8289758	7236693	45142
黑色金属矿采选业		23900	3561089	2948057	28219
有色金属矿采选业		5075	185275	156384	131
非金属矿采选业	13136		1602932	1352980	6602
制造业	6399756	2547541	398119168	330847065	6990273
农副食品加工业	2081	215317	34313926	29377234	182316
食品制造业	46500	9700	7166345	5805064	48917
饮料制造业	77560		4160310	3368482	91646
烟草制品业	3473		3564034	1239236	1536050
纺织业	506128	5960	30342215	26440118	196198
纺织服装、鞋、帽制造业		33790	7713204	6596145	68439
皮革、毛皮、羽毛（绒）及其制品业	87214	31840	36666678	29712759	235222
木材加工及木、竹、藤、棕、草制品业			9570700	8127750	161095
家具制造业		2330	2285488	1815768	32171
造纸及纸制品业	171647		6624674	5615086	54869
印刷业和记录媒介的复制	583609	43994	2573800	1871838	15437
文教体育用品制造业			5424	3904	379
石油加工、炼焦及核燃料加工业		970	19041190	14887872	2898224
化学原料及化学制品制造业	218344	170766	39720827	34431593	249765
医药制造业	1051821	193448	28898388	19908041	103347
化学纤维制造业	80078	2400	1952447	1684407	13611
橡胶制品业		3000	4579170	3902674	8423
塑料制品业	12308	11107	10648767	9182085	70938
非金属矿物制品业	992090	1416591	34027043	28331731	241560
黑色金属冶炼及压延加工业	400000	10052	39750994	37501898	58764
有色金属冶炼及压延加工业	15270	9550	2362256	1788785	10829
金属制品业		34005	15299394	13010217	177342
通用设备制造业	433507	164355	20685059	17034526	124009
专用设备制造业	284789	128005	9565139	7828439	93230
交通运输设备制造业	886508	21580	6836705	5804857	30727
电气机械及器材制造业		31505	10808908	8940678	131227
通信设备、计算机及其他电子设备	545829		3730503	3094049	15659
仪器仪表及文化、办公用机械制造	1000	7276	1291575	1023535	13914
工艺品及其他制造业			3381667	2097119	122172
废弃资源和废旧材料回收加工业			552338	421175	3793
电力、燃气及水的生产和供应业	546829	7276	8403745	6214703	151745
电力、热力的生产和供应业	1562550		24628114	23559888	75160
燃气生产和供应业	120000		828152	597526	10023
水的生产和供应业	200057		565457	434710	2705

10—4 续表4 （2009年） 计量单位：千元

项目名称	管理费用	# 税金	财务费用	# 利息支出	营业利润
总　计	**12754691**	**570723**	**5041518**	**4575642**	**31674538**
采矿业	350610	22778	162393	146679	946359
煤炭开采和洗选业	258985	19117	85946	82422	327409
黑色金属矿采选业	64645	949	57308	50095	352798
有色金属矿采选业	155	28	110	105	39425
非金属矿采选业	26825	2684	19029	14057	226727
制造业	11855296	510034	3740803	3278428	32236542
农副食品加工业	411644	22921	181311	146910	2760146
食品制造业	198380	7634	69156	33987	427670
饮料制造业	99960	6103	31577	16036	410751
烟草制品业	294418	7259	-536	-6	484376
纺织业	532980	42483	202438	156903	2359531
纺织服装、鞋、帽制造业	117356	4760	37956	25511	735429
皮革、毛皮、羽毛（绒）及其制品业	1402791	33415	566487	548302	3783242
木材加工及木、竹、藤、棕、草制品业	201673	3594	48423	40318	760793
家具制造业	75172	2850	15186	9802	222631
造纸及纸制品业	177481	7949	118579	49521	485715
印刷业和记录媒介的复制	229268	8511	7643	7338	394890
文教体育用品制造业	296	60	175		128
石油加工、炼焦及核燃料加工业	422952	4623	132306	127901	667601
化学原料及化学制品制造业	1387371	73196	513726	456282	1715007
医药制造业	2189279	84964	517905	489237	3680283
化学纤维制造业	68237	3793	12409	11179	143468
橡胶制品业	112608	4564	52389	56731	403261
塑料制品业	187049	10353	62332	52196	903939
非金属矿物制品业	693985	37419	358958	324388	3630344
黑色金属冶炼及压延加工业	360813	47758	327236	307159	1307456
有色金属冶炼及压延加工业	44220	2217	8093	5848	371733
金属制品业	297185	19381	81331	68798	1347852
通用设备制造业	878233	26049	171264	153612	1783628
专用设备制造业	469399	15953	49255	39441	796861
交通运输设备制造业	387446	13816	65395	57802	443951
电气机械及器材制造业	179356	10876	66387	52172	1236270
通信设备、计算机及其他电子设备	354347	6018	23213	22583	120960
仪器仪表及文化、办公用机械制造	60099	952	7036	6432	146896
工艺品及其他制造业	14603	181	10997	9869	608116
废弃资源和废旧材料回收加工业	6695	382	2176	2176	103614
电力、燃气及水的生产和供应业	548785	37911	1138322	1150535	-1508363
电力、热力的生产和供应业	383972	35109	1111514	1105093	-1618750
燃气生产和供应业	64383	2096	3818	22484	123740
水的生产和供应业	100430	706	22990	22958	-13353

10—4 续表 5　　（2009 年）　　计量单位：千元

项目名称	投资收益	利润总额	应交所得税	利税总额	本年应付工资总额
总　计	**375419**	**29323772**	**3445926**	**47815988**	**14488270**
采矿业	17	863066	59444	1487559	425179
煤炭开采和洗选业	17	291366	20331	724163	352240
黑色金属矿采选业		352798	21842	490289	44406
有色金属矿采选业		32315		36936	920
非金属矿采选业		186587	17271	236171	27613
制造业	358974	29901433	3267672	46660020	12789470
农副食品加工业	41395	2275917	323489	3006867	420788
食品制造业	5954	359277	60078	594091	233769
饮料制造业	4448	409533	23183	634949	91944
烟草制品业	1290	484736	127822	2390087	141190
纺织业	-28139	2182318	159389	3154361	948005
纺织服装、鞋、帽制造业	1245	586266	28219	806790	554008
皮革、毛皮、羽毛（绒）及其制品业	-88496	3656487	188073	4801942	1361196
木材加工及木、竹、藤、棕、草制品业	864	694777	82967	1022573	186563
家具制造业		209112	13446	281149	38308
造纸及纸制品业	3232	373407	53161	635458	195791
印刷业和记录媒介的复制	3051	387139	94775	534439	155431
文教体育用品制造业		128		635	384
石油加工、炼焦及核燃料加工业	-26535	622944	17639	3623504	225523
化学原料及化学制品制造业	5073	1663795	327393	2876839	1365312
医药制造业	542853	3731239	566557	4910998	1678944
化学纤维制造业		136887	15448	214555	69422
橡胶制品业	-275	400946	40171	567042	109863
塑料制品业	-394	872488	89793	1171598	278026
非金属矿物制品业	15275	3515263	287609	4654202	1031356
黑色金属冶炼及压延加工业	-116502	1186837	21855	2033399	736879
有色金属冶炼及压延加工业	-509	223075	9998	269678	45871
金属制品业		1162005	154323	1677674	399625
通用设备制造业	2028	1668733	176925	2384589	1006770
专用设备制造业	-14297	745169	80884	1087136	430487
交通运输设备制造业	8085	458839	58266	667664	505979
电气机械及器材制造业	-2854	1002920	109401	1366114	216643
通信设备、计算机及其他电子设备	-257	196596	16847	339012	238910
仪器仪表及文化、办公用机械制造	2439	143462	27636	221111	72452
工艺品及其他制造业		511731	111378	676177	37618
废弃资源和废旧材料回收加工业		39407	947	55387	12413
电力、燃气及水的生产和供应业	16428	-1440727	118810	-331591	1273621
电力、热力的生产和供应业	16428	-1555946	90610	-485107	1107761
燃气生产和供应业		128341	27872	159008	50380
水的生产和供应业		-13122	328	-5492	115480

10—4 续表6 （2009年） 计量单位：千元

项目名称	本年应付福利费总额	本年应交增值税	本年进项税额	本年销项税额	全部从业人员年平均人数（人）
总计	**729327**	**11333961**	**50111547**	**63723945**	**559515**
采矿业	20967	544399	1437782	1960014	16546
煤炭开采和洗选业	15175	387655	882685	1251875	11617
黑色金属矿采选业	2456	109272	369701	479850	3419
有色金属矿采选业	103	4490	19310	25455	46
非金属矿采选业	3233	42982	166086	202834	1464
制造业	689325	9768314	45380438	57492050	520791
农副食品加工业	26727	548634	4255800	4494270	24590
食品制造业	10179	185897	903358	1070692	10998
饮料制造业	5188	133770	382135	565829	4005
烟草制品业	13840	369301	620047	605741	2604
纺织业	36073	775845	3937913	4502700	59147
纺织服装、鞋、帽制造业	8976	152085	713848	924252	18741
皮革、毛皮、羽毛（绒）及其制品业	52529	910233	2939117	4626944	37812
木材加工及木、竹、藤、棕、草制品业	7226	166701	1234155	1461129	8260
家具制造业	4382	39866	295858	322394	2482
造纸及纸制品业	13778	207182	848798	953958	7686
印刷业和记录媒介的复制	10470	131863	273854	399925	6145
文教体育用品制造业		128	631	759	40
石油加工、炼焦及核燃料加工业	21945	102336	373400	2814485	5468
化学原料及化学制品制造业	66442	963279	4708776	5813957	60529
医药制造业	94936	1076412	2805634	3948979	54280
化学纤维制造业	3773	64057	262570	307590	3773
橡胶制品业	7314	157673	488054	561014	7038
塑料制品业	20844	228172	1403806	1593653	12311
非金属矿物制品业	57192	897379	3905654	4740815	44345
黑色金属冶炼及压延加工业	15838	787798	6251764	6996555	24552
有色金属冶炼及压延加工业	1467	35774	221053	333174	3371
金属制品业	25430	338327	1817393	2349394	18720
通用设备制造业	80038	591847	2622103	3043128	40897
专用设备制造业	30982	248737	1087573	1317991	16750
交通运输设备制造业	45222	178098	707021	825874	18567
电气机械及器材制造业	11226	231967	1309833	1579197	10970
通信设备、计算机及其他电子设备	11041	126757	409202	542818	9750
仪器仪表及文化、办公用机械制造	2335	63735	147556	221815	3404
工艺品及其他制造业	3094	42274	393763	490037	3196
废弃资源和废旧材料回收加工业	838	12187	59769	82981	360
电力、燃气及水的生产和供应业	19035	1021248	3293327	4271881	22178
电力、热力的生产和供应业	6451	995679	3191156	4126629	16319
燃气生产和供应业	2550	20644	75155	95270	1162
水的生产和供应业	10034	4925	27016	49982	4697

市区规模以上工业企业分行业主要经济指标

10—5　　(2009 年)　　计量单位：千元

项目名称	工业企业单位数（个）	工业企业总产值	工业企业销售产值	资产合计	# 流动资产小计
总　计	**280**	**92917470**	**92240196**	**106579058**	**42672483**
采矿业	31	6139714	6139904	4223183	2019814
煤炭开采和洗选业	31	6139714	6139904	4223183	2019814
制造业	241	69250499	68579839	77485132	38314547
农副食品加工业	9	799775	789394	739324	398381
食品制造业	4	906044	796575	1350655	502506
饮料制造业	2	215173	215361	179507	53287
烟草制品业	1	53722	55616	11212	9593
纺织业	13	2454718	2606328	5526578	2664293
纺织服装、鞋、帽制造业	6	625404	570599	143628	98583
皮革、毛皮、羽毛（绒）及其制品业	1	6343	6343	22704	16510
家具制造业	3	54188	51037	82493	28329
造纸及纸制品业	3	151688	153619	170031	65600
印刷业和记录媒介的复制	12	1630053	1608337	1757997	648137
石油加工、炼焦及核燃料加工业	3	16647273	16574698	7412326	3434055
化学原料及化学制品制造业	31	4942727	4937890	7650294	2991028
医药制造业	19	19248526	19120055	27198804	13922543
化学纤维制造业	1	47291	49299	13560	2434
橡胶制品业	3	286798	290472	289928	237220
塑料制品业	9	416488	406290	432057	244979
非金属矿物制品业	15	765876	745430	662830	417761
黑色金属冶炼及压延加工业	4	8487436	8535501	6924696	2874653
有色金属冶炼及压延加工业	2	334143	331561	49816	32278
金属制品业	20	2093280	1958113	2130880	1477964
通用设备制造业	27	2448715	2315978	4295755	2356179
专用设备制造业	15	1619250	1542009	2143205	1284146
交通运输设备制造业	13	2839251	2842052	3982940	2319822
电气机械及器材制造业	8	513591	501189	417226	303181
通信设备、计算机及其他电子设备	9	1199166	1162635	3411567	1570206
仪器仪表及文化、办公用机械制造	8	463580	413458	485119	360879
电力、燃气及水的生产和供应业	8	17527257	17520453	24870743	2338122
电力、热力的生产和供应业	5	16724422	16718309	22201850	1623209
燃气生产和供应业	1	470387	470387	960151	290021
水的生产和供应业	2	332448	331757	1708742	424892

10—5 续表1 （2009年） 计量单位：千元

项目名称	固定资产小计	固定资产原价	累计折旧	固定资产净值
总　　计	**52692117**	**78972725**	**32608577**	**45287483**
采矿业	1145382	1366525	224329	1142196
煤炭开采和洗选业	1145382	1366525	224329	1142196
制造业	30387522	46343242	21582575	24760317
农副食品加工业	267806	282455	113074	169381
食品制造业	580561	628681	48948	579383
饮料制造业	126219	369911	252186	117725
烟草制品业	1619	2427	808	1619
纺织业	2363636	2552861	1124794	1428067
纺织服装、鞋、帽制造业	35114	60562	25625	34937
皮革、毛皮、羽毛（绒）及其制品业	5402	10049	5250	4799
家具制造业	29813	44230	18437	25793
造纸及纸制品业	104431	140294	35952	104342
印刷业和记录媒介的复制	994007	1974699	992011	982688
石油加工、炼焦及核燃料加工业	3897951	4878519	2591835	2286684
化学原料及化学制品制造业	3534896	5748386	2699190	3049196
医药制造业	9342586	14991766	6945455	8046311
化学纤维制造业	3808	6808	3000	3808
橡胶制品业	47488	172171	127675	44496
塑料制品业	186971	301125	128961	172164
非金属矿物制品业	225070	455400	239725	215675
黑色金属冶炼及压延加工业	3029074	5047700	2296630	2751070
有色金属冶炼及压延加工业	758	1469	711	758
金属制品业	433973	671984	264312	407672
通用设备制造业	1433499	1753300	507573	1245727
专用设备制造业	712617	721024	332270	388754
交通运输设备制造业	1115635	1439711	608919	830792
电气机械及器材制造业	88510	156683	75542	81141
通信设备、计算机及其他电子设备	1754011	3774433	2059162	1715271
仪器仪表及文化、办公用机械制造	72067	156594	84530	72064
电力、燃气及水的生产和供应业	21159213	31262958	10801673	19384970
电力、热力的生产和供应业	19468422	28827686	9875003	17876368
燃气生产和供应业	535527	665094	201786	463308
水的生产和供应业	1155264	1770178	724884	1045294

10—5 续表 2　　(2009 年)　　计量单位：千元

项目名称	负债合计	# 流动负债	长期负债	所有者权益	# 实收资本
总　　计	**72605820**	**54292205**	**17736289**	**34219758**	**25909432**
采矿业	3313666	2974824	176459	905811	340825
煤炭开采和洗选业	3313666	2974824	176459	905811	340825
制造业	50137894	42611019	7111932	27312921	20477149
农副食品加工业	459655	446231	13424	273001	117250
食品制造业	296768	292164	4603	1053887	1181126
饮料制造业	152720	152720		26787	64856
烟草制品业	5764	5764		5448	3473
纺织业	2973569	2486566	487000	2553008	951546
纺织服装、鞋、帽制造业	103651	63612	32239	39968	55832
皮革、毛皮、羽毛（绒）及其制品业	35952	35323	629	－13248	7528
家具制造业	52014	35951	16063	30478	14552
造纸及纸制品业	105138	53021		66717	67231
印刷业和记录媒介的复制	363171	334636	28534	1394825	707293
石油加工、炼焦及核燃料加工业	6146253	6113825	30146	1264072	1334444
化学原料及化学制品制造业	6634686	5544904	1089780	1015604	2533864
医药制造业	18382479	15002256	3139033	8816272	5857081
化学纤维制造业	7319	4259	3060	6241	6000
橡胶制品业	276438	145442	130996	13490	17600
塑料制品业	237156	210070	5200	194900	58644
非金属矿物制品业	557619	388490	147628	104963	147097
黑色金属冶炼及压延加工业	3738112	2712515	1025597	3186583	2299997
有色金属冶炼及压延加工业	30173	16173		19643	10550
金属制品业	803576	802633	943	1327304	486870
通用设备制造业	2805941	2541810	214129	1489809	543008
专用设备制造业	1092202	1063728	28474	1051002	600625
交通运输设备制造业	2908280	2385041	519095	1074658	968602
电气机械及器材制造业	173973	158626	15344	243254	134991
通信设备、计算机及其他电子设备	1515674	1364772	150901	1868747	2129064
仪器仪表及文化、办公用机械制造	279611	250487	29114	205508	178025
电力、燃气及水的生产和供应业	19154260	8706362	10447898	6001026	5091458
电力、热力的生产和供应业	17687135	7901237	9785898	4799258	3861625
燃气生产和供应业	510755	440755	70000	449396	300000
水的生产和供应业	956370	364370	592000	752372	929833

10—5 续表 3 （2009 年） 计量单位：千元

项目名称	实收资本中：		主营业务收入	# 主营业务成本	主营业务税金及附加
	国家资本	集体资本			
总　计	**4474283**	**715830**	**94284812**	**77649481**	**3228772**
采矿业	172897	365	5401293	4620798	36149
煤炭开采和洗选业	172897	365	5401293	4620798	36149
制造业	3776244	715465	71381110	56008289	3132155
农副食品加工业		83729	789488	701805	1341
食品制造业	30000		824915	617949	1963
饮料制造业	4856		234516	149744	39348
烟草制品业	3473		55616	40206	360
纺织业	493768		3882528	3670297	14145
纺织服装、鞋、帽制造业		28690	544039	483018	8861
皮革、毛皮、羽毛（绒）及其制品业			5986	5519	
家具制造业		2330	60191	49541	210
造纸及纸制品业	1651		157734	130849	576
印刷业和记录媒介的复制	583609	41794	1605313	1072335	12843
石油加工、炼焦及核燃料加工业			16815696	12977961	2891928
化学原料及化学制品制造业	47608	78442	4846711	4351204	18784
医药制造业	1035871	165941	21174718	14358872	60675
化学纤维制造业			40236	39804	132
橡胶制品业			287700	238234	1372
塑料制品业		5835	412266	348889	588
非金属矿物制品业	25750	28632	609547	512541	1740
黑色金属冶炼及压延加工业	400000		8305443	7555177	1510
有色金属冶炼及压延加工业		9550	248622	228884	742
金属制品业		32785	1927189	1627704	21132
通用设备制造业	97813	101227	2352414	1792760	12140
专用设备制造业	51800	89425	1529146	1148404	12393
交通运输设备制造业	471934	15580	2657358	2249138	12847
电气机械及器材制造业		31505	471855	400484	1971
通信设备、计算机及其他电子设备	527111		1161705	994912	4534
仪器仪表及文化、办公用机械制造	1000		380178	262058	10020
电力、燃气及水的生产和供应业	525142		17502409	17020394	60468
电力、热力的生产和供应业	320000		16725523	16485048	52101
燃气生产和供应业	120000		439938	300836	6143
水的生产和供应业	85142		336948	234510	2224

10—5 续表 4 （2009 年） 计量单位：千元

项目名称	管理费用	# 税金	财务费用	# 利息支出	营业利润
总　　计	**4899619**	**200814**	**1826312**	**1780341**	**1716946**
采矿业	238651	14309	63071	62529	325242
煤炭开采和洗选业	238651	14309	63071	62529	325242
制造业	4480120	183027	1080357	1019843	2988714
农副食品加工业	25682	1016	6923	5535	27661
食品制造业	73592	2918	13572	5298	-137565
饮料制造业	31495	1463	1580	1733	-8407
烟草制品业	11698	559	-6	-6	3358
纺织业	119718	19787	48645	44937	-2831
纺织服装、鞋、帽制造业	29271	709	7636	5163	49994
皮革、毛皮、羽毛（绒）及其制品业	518	55	56	30	-158
家具制造业	5901	865	1537	1550	547
造纸及纸制品业	7851	545	962	690	15724
印刷业和记录媒介的复制	213371	7089	2925	2705	302687
石油加工、炼焦及核燃料加工业	348054	3342	93310	89525	439043
化学原料及化学制品制造业	347633	16335	206295	201975	-872489
医药制造业	1818852	67108	473084	447413	2501860
化学纤维制造业	1159	5	2		-938
橡胶制品业	20163	557	13929	19089	4956
塑料制品业	15753	941	2368	2079	29710
非金属矿物制品业	54441	1989	6096	5480	948
黑色金属冶炼及压延加工业	168675	19446	107615	104377	345366
有色金属冶炼及压延加工业	5452	51	636	155	10197
金属制品业	83448	6346	19290	15430	124342
通用设备制造业	309359	9909	34588	32040	100747
专用设备制造业	212053	4894	5165	4777	58450
交通运输设备制造业	229863	9671	23530	20686	104242
电气机械及器材制造业	31693	2489	3088	2918	16645
通信设备、计算机及其他电子设备	279840	4524	4346	3538	-173126
仪器仪表及文化、办公用机械制造	34585	414	3185	2726	47751
电力、燃气及水的生产和供应业	180848	3478	682884	697969	-1597010
电力、热力的生产和供应业	36708	920	668202	664653	-1645353
燃气生产和供应业	46142	2046	-7828	10838	86084
水的生产和供应业	97998	512	22510	22478	-37741

10—5 续表 5　　　　(2009 年)　　　　计量单位：千元

项目名称	投资收益	利润总额	应交所得税	利税总额	本年应付工资总额
总　计	**567656**	**2140014**	**694762**	**8186692**	**5413701**
采矿业	17	317377	13877	653536	338976
煤炭开采和洗选业	17	317377	13877	653536	338976
制造业	551211	3415273	634298	8532291	4188189
农副食品加工业		35291	4981	48293	24668
食品制造业		-130799	4033	-104045	83452
饮料制造业	4448	-1128	800	52672	20938
烟草制品业		3358	732	6559	7982
纺织业	571	93212	1697	205734	271817
纺织服装、鞋、帽制造业	198	50691	482	60893	14643
皮革、毛皮、羽毛（绒）及其制品业		-175		-165	127
家具制造业		526	199	2198	6875
造纸及纸制品业		6377	660	11835	7358
印刷业和记录媒介的复制	3051	294246	73308	416373	134917
石油加工、炼焦及核燃料加工业	121	460440	2262	3397795	181607
化学原料及化学制品制造业	5653	-841378	15569	-709439	355002
医药制造业	542759	2603069	422759	3439304	1398617
化学纤维制造业		-938		168	1800
橡胶制品业		3263	23	19712	17533
塑料制品业		29663	7776	37243	30191
非金属矿物制品业		6	1765	24160	48913
黑色金属冶炼及压延加工业	-19822	338019	11025	650411	349417
有色金属冶炼及压延加工业		9862	2	13928	3790
金属制品业		128539	18394	198249	151370
通用设备制造业	246	112807	22796	248567	335495
专用设备制造业	1062	66760	13705	154878	193507
交通运输设备制造业	9462	123364	17853	214746	308942
电气机械及器材制造业	0	20646	2608	44269	35083
通信设备、计算机及其他电子设备	1019	-46174	4607	10125	165058
仪器仪表及文化、办公用机械制造	2443	55726	6262	87828	39087
电力、燃气及水的生产和供应业	16428	-1592636	46587	-999135	886536
电力、热力的生产和供应业	16428	-1645800	27801	-1066195	738885
燃气生产和供应业		90685	18458	101061	38230
水的生产和供应业		-37521	328	-34001	109421

10—5 续表 6　　（2009 年）　　计量单位：千元

项目名称	本年应付福利费总额	本年应交增值税	本年进项税额	本年销项税额	全部从业人员年平均人数（人）
总　　计	**245271**	**2817906**	**9632618**	**14577695**	**183778**
采矿业	14015	300010	592488	794019	10542
煤炭开采和洗选业	14015	300010	592488	794019	10542
制造业	217974	1984863	6690510	10915695	156911
农副食品加工业	1310	11661	90312	81635	2230
食品制造业	2553	24791	123535	147928	3442
饮料制造业	11	14452	28722	42483	1161
烟草制品业	230	2841	6469	9310	172
纺织业	761	98377	493544	559445	18581
纺织服装、鞋、帽制造业	1217	1341	14882	8040	1816
皮革、毛皮、羽毛（绒）及其制品业		10	825	835	30
家具制造业	573	1462	7652	8420	555
造纸及纸制品业	92	4882	21147	26029	741
印刷业和记录媒介的复制	8958	109284	163465	269187	4473
石油加工、炼焦及核燃料加工业	15089	45427	222540	2566238	3143
化学原料及化学制品制造业	17466	113155	627744	798099	13168
医药制造业	86548	775560	2053782	2913450	43171
化学纤维制造业		974	5866	6840	110
橡胶制品业	941	15077	34384	49179	895
塑料制品业	2238	6992	39267	40861	2346
非金属矿物制品业	2475	22414	58495	69422	3623
黑色金属冶炼及压延加工业	10309	310882	1417627	1694227	6209
有色金属冶炼及压延加工业	305	3324	41850	39120	940
金属制品业	3929	48578	234387	386923	7453
通用设备制造业	12213	123620	328670	349868	14574
专用设备制造业	12384	75725	163442	230548	6574
交通运输设备制造业	27744	78535	307596	339959	11676
电气机械及器材制造业	1581	21652	54092	77249	1638
通信设备、计算机及其他电子设备	7505	51765	113182	135787	6583
仪器仪表及文化、办公用机械制造	1542	22082	37033	64613	1607
电力、燃气及水的生产和供应业	13282	533033	2349620	2867981	16325
电力、热力的生产和供应业	1448	527504	2324050	2819729	10847
燃气生产和供应业	1800	4233	25570	29274	1032
水的生产和供应业	10034	1296		18978	4446

分县（市）区规模以上工业企业主要经济指标

10—6 （2009年） 计量单位：千元

行政单位	企业单位数（个）	工业总产值	工业销售产值	资产合计	#流动资产小计
全市总计	**2469**	**446285243**	**438000429**	**235075405**	**89105198**
市区合计	280	92917470	92240196	106579058	42672483
#长安区	46	15439511	15707214	20585868	8448799
桥东区	28	2914500	2638204	4156330	1926939
桥西区	34	10340116	10327020	15797616	7152170
新华区	32	3625674	3562409	4869176	2748539
裕华区	41	6433271	6353515	7677352	2948336
矿 区	52	8343341	8244540	3644108	2034386
高新区	39	6869465	6467373	8740057	4973488
井陉县	84	18120355	17678295	11755260	2805887
正定县	148	32628415	31923878	5777118	1616225
栾城县	165	14424466	14045392	10049058	4445376
行唐县	100	17059275	16862642	3304916	825304
灵寿县	68	8718073	8509205	3113088	1089075
高邑县	70	5054205	4954714	1599713	630153
深泽县	50	7564741	7351136	1207338	417005
赞皇县	60	8509540	8460714	2195433	723495
无极县	87	15948963	15430921	3878376	1373526
平山县	65	33606546	31971961	18310765	4133839
元氏县	67	11463344	11252426	3695548	2104411
赵 县	116	21959810	21769832	5410214	748780
辛集市	250	34564948	33591111	12531484	5589174
藁城市	318	47255494	46853353	17491423	8290801
晋州市	184	20786966	20511763	5452113	2599124
新乐市	125	18984214	18646426	4993499	1874185
鹿泉市	232	36718418	35946464	17731001	7166355

10—6 续表1　　（2009年）　　计量单位：千元

行政单位	固定资产小计	固定资产原价	累计折旧	固定资产净值
全市总计	**124432833**	**167331156**	**58477361**	**107777130**
市区合计	52692117	78972725	32608577	45287483
#长安区	10240207	13214972	5856332	7358640
桥东区	1994924	3153045	1439673	1713372
桥西区	4909108	7761286	3310373	4450913
新华区	1464182	2081384	898535	1182499
裕华区	3655875	7760926	3133578	3551033
矿　区	1275316	1544462	446452	1098010
高新区	2694039	3374530	987120	2387410
井陉县	8121008	13376447	5469414	7907033
正定县	3034015	3810355	1172432	2637923
栾城县	5161727	5661268	1070272	4590996
行唐县	2361805	2920597	641482	2279115
灵寿县	1682027	2118532	655713	1462819
高邑县	958446	1153267	204332	948935
深泽县	770994	867401	146739	720662
赞皇县	834223	1118871	286258	832613
无极县	2086185	2126393	294375	1832018
平山县	13724575	18404380	6646977	11757403
元氏县	1386803	1585046	309271	1275775
赵　县	4610677	3567310	361778	3205532
辛集市	5033633	6300981	1840872	4460109
藁城市	8303343	9458000	2028949	7429051
晋州市	2697512	3510086	832100	2677986
新乐市	2602312	3583927	1091890	2492037
鹿泉市	8371431	8795570	2815930	5979640

10—6 续表 2 （2009 年） 计量单位：千元

行政单位	负债合计	# 流动负债	长期负债	所有者权益合计	# 实收资本
全市总计	**134287960**	**100685123**	**30405741**	**100239762**	**55741790**
市区合计	72605820	54292205	17736289	34219758	25909432
#长安区	11572758	7935921	3443222	9013058	5144166
桥东区	3200651	2273795	850911	955677	1696125
桥西区	8481803	6479243	2002553	7315812	3381023
新华区	2872589	2414739	457849	1998407	1768813
裕华区	5965457	3817054	2096286	1989770	1415608
矿 区	2605604	2386203	68844	1032539	582341
高新区	3921076	3614187	306878	4818973	1782520
井陉县	3596792	2654818	730319	8150275	856569
正定县	1709336	1401141	307676	4023089	2972089
栾城县	4880370	2831815	1913128	5113980	2228250
行唐县	1192941	927700	248151	2014988	842592
灵寿县	1657771	989604	515040	1392731	641320
高邑县	365632	275021	90611	1233651	1189014
深泽县	745512	491198	240616	461103	81961
赞皇县	1025927	603857	48666	1164506	653625
无极县	1190692	771652	410458	2666350	585746
平山县	11168204	8659109	2490646	7142469	2890828
元氏县	1881194	1668110	206935	1812032	534025
赵 县	2443571	1362854	925500	2745554	1547463
辛集市	6014767	5126528	512540	6447769	1468421
藁城市	8666853	7446699	941342	8801068	5639850
晋州市	2892560	2078640	196820	2488228	1480431
新乐市	2547709	2462760	76948	2363690	1949135
鹿泉市	9702309	6641412	2814056	7998521	4271039

10—6 续表3　　（2009年）　　计量单位：千元

行政单位	实收资本中：		主营业务收入		
	#国家资本	集体资本		#主营业务成　本	主营业务税金及附加
全市总计	**8468396**	**2582541**	**437779945**	**367133303**	**7158255**
市区合计	4474283	715830	94284812	77649481	3228772
#长安区	800555	270024	17003215	15265589	41005
桥东区	526003	98261	2311341	1845759	61954
桥西区	223953	108386	12506947	9456040	20193
新华区	12064	122394	3625607	3054352	14293
裕华区	897434	12564	6701625	5657862	47987
矿　区	15347	3905	7309195	6608749	20407
高新区	286268	87350	5909164	3692227	48229
井陉县	65896	17740	16634933	15062291	72905
正定县	2690	2071	31895640	28257346	207214
栾城县	97115	9220	14387144	11442147	41327
行唐县		61030	16859038	14269772	93786
灵寿县	42805	6884	8475259	7280992	23384
高邑县			4883760	4445979	12028
深泽县			7167981	6151172	97962
赞皇县	300000	59373	8321943	6755830	11723
无极县	700	62230	15354046	13877408	201581
平山县	1031116	34882	30889291	29295829	57649
元氏县			9945082	8753151	63957
赵　县	216225	126574	21826866	18078401	60382
辛集市	116430	6520	33831101	27020254	87644
藁城市	685511	30388	46808735	35489913	2102588
晋州市	86443	14269	20459823	17781965	239147
新乐市	361914	7276	18921491	14947426	393833
鹿泉市	987268	1428254	36863000	30573946	162373

10—6 续表 4　　（2009 年）　　计量单位：千元

行政单位	管理费用	# 税金	财务费用	# 利息支出	营业利润
全市总计	**12754691**	**570723**	**5041518**	**4575642**	**31674538**
市区合计	4899619	200814	1826312	1780341	1716946
#长安区	635352	59943	323726	311328	421513
桥东区	301264	4977	41972	40997	-3436
桥西区	953131	40664	177758	151744	1113366
新华区	302615	12067	38190	31030	-57918
裕华区	396770	13687	213177	213456	-907626
矿　区	144162	9811	39238	30124	354649
高新区	534010	18042	42552	55649	846420
井陉县	289984	37995	239431	234439	576175
正定县	602122	15531	138636	137066	2053734
栾城县	422811	20728	120563	97926	1827983
行唐县	211473	5729	124296	101856	1855783
灵寿县	127194	10921	36963	27405	1366507
高邑县	16006	1624	6469	6474	371610
深泽县	410497	26193	53576	53519	207441
赞皇县	225658	7871	145824	139178	862786
无极县	86796	3810	50801	34047	1050754
平山县	441315	43644	456613	432002	594815
元氏县	154987	3369	93097	67255	697550
赵　县	282758	31935	144841	72941	1625866
辛集市	1628265	37679	632405	617808	3442087
藁城市	1243589	65767	392802	241040	5910219
晋州市	126993	2256	71988	40116	2139042
新乐市	257952	22938	122578	119268	2158276
鹿泉市	1326672	31919	384323	372961	3246964

10—6 续表 5　　（2009 年）　　计量单位：千元

行政单位	投资收益	利润总额	应交所得税	利税总额	本年应付工资总额
全市总计	**375419**	**29323772**	**3445926**	**47815988**	**14488270**
市区合计	567656	2140014	694762	8186692	5413701
#长安区	-3831	555193	86702	1189260	1083403
桥东区	6653	11253	6548	132304	336763
桥西区	71832	1149967	181263	1490333	695327
新华区	205	-41276	18680	77493	357335
裕华区	1283	-910878	93773	-610644	448798
矿　区	140	368954	21962	760655	339090
高新区	12472	899550	134355	1312851	577113
井陉县	1269	609008	107218	1145268	544692
正定县		2055001	160999	2790101	569180
栾城县	86	1789849	140666	2534376	546402
行唐县		1852039	322745	2698212	298978
灵寿县	435	958088	34960	1200079	185943
高邑县		371589	116899	505199	253311
深泽县		207441	6438	429069	164242
赞皇县		862786	17012	1049057	164076
无极县	1703	1016044	3291	1377723	603008
平山县		625060	44079	1337380	519115
元氏县		707700	109353	925216	480317
赵　县	42717	1485381	410839	2090322	216926
辛集市	-266378	3261512	223053	4297920	1330145
藁城市	3608	3744855	220880	6826094	1016504
晋州市		2144867	33795	3143898	434503
新乐市	100	2161398	530967	2976828	360380
鹿泉市	24223	3391140	267970	4362554	1380447

10—6 续表 6 （2009 年） 计量单位：千元

行政单位	本年应付福利费总额	本年应交增值税	本年进项税额	本年销项税额	全部从业人员年平均人数（人）
全市总计	**729327**	**11333961**	**50111547**	**63723945**	**559515**
市区合计	245271	2817906	9632618	14577695	183778
#长安区	33023	593062	2463378	3006972	44040
桥东区	17866	59097	225740	279760	14934
桥西区	69271	320173	1265149	1433628	25374
新华区	23062	104476	451579	453813	15461
裕华区	12930	252247	815941	1130600	16540
矿 区	13014	371294	810560	1110050	9011
高新区	19495	365072	555608	827607	18180
井陉县	13025	463355	2095113	2484034	19304
正定县	33664	527886	4312514	4832534	19751
栾城县	10061	703200	1818048	2468404	25550
行唐县	18897	752387	1610442	2358886	10225
灵寿县	12851	218607	676329	854808	7170
高邑县	17823	121582	611616	733154	11771
深泽县	16838	123666	986755	1105487	7502
赞皇县	2014	174548	974647	1149195	9473
无极县	27045	160098	1957631	2323062	12736
平山县	11199	654671	4713497	5380556	24641
元氏县	5304	153559	1079715	1195434	10872
赵 县	28360	544559	3463526	2907721	15320
辛集市	54534	948764	1923667	3663055	52676
藁城市	53959	978651	5590905	6940875	55909
晋州市	3841	759884	2648517	3366334	30088
新乐市	14389	421597	2373095	2844425	21717
鹿泉市	160052	809041	3642912	4418286	41032

分县（市）区规模以上国有控股工业企业主要经济指标

10—7 （2009 年） 计量单位：千元

行政单位	企业单位数（个）	工业总产值	工业销售产值	资产合计	# 流动资产 小 计
全市总计	**118**	**74441303**	**74310511**	**99286892**	**32104447**
市区合计	53	50261272	50416376	64331469	21083704
# 矿 区	4	570212	572556	505299	348608
高新区	7	895301	901261	1858225	958045
井 陉 县	5	5152893	5179821	8687616	1806740
正 定 县	1	22476	21154	37517	15683
栾 城 县	5	661706	680127	3535118	533019
行 唐 县	3	379037	375916	59446	19713
灵 寿 县	5	1990131	1943537	722901	128144
高 邑 县					
深 泽 县					
赞 皇 县	1	611171	647091	346980	85247
无 极 县	1	96330	93195	21594	12600
平 山 县	5	3986376	3674326	6368804	906181
元 氏 县					
赵 县	4	162188	170654	172145	45759
辛 集 市	4	487804	486000	920844	515983
藁 城 市	10	6313311	6332350	7346403	4279368
晋 州 市	2	145620	143474	371148	129832
新 乐 市	3	631817	605408	916747	391510
鹿 泉 市	16	3539171	3541082	5448160	2150964

10—7 续表1　　　　(2009 年)　　　　计量单位：千元

行政单位	固定资产小计	固定资产原价	累计折旧	固定资产净值
全市总计	**60425671**	**91053193**	**37117365**	**52859513**
市区合计	38251177	57307045	23729679	32501051
# 矿 区	135913	194447	59548	134899
高新区	602611	748066	204288	543778
井 陉 县	6318817	11155210	5040557	6114653
正 定 县	17557	27825	10268	17557
栾 城 县	2932074	3245214	491314	2753900
行 唐 县	39733	40392	3942	36450
灵 寿 县	495603	613970	185656	428314
高 邑 县				
深 泽 县				
赞 皇 县	205815	230175	24360	205815
无 极 县	8216	8800	584	8216
平 山 县	5165699	10000031	4834906	5165125
元 氏 县				
赵 县	110601	139658	36359	103299
辛 集 市	402539	506222	299950	206272
藁 城 市	2794013	3232393	1034624	2197769
晋 州 市	238362	281748	55475	226273
新 乐 市	482755	834373	367602	466771
鹿 泉 市	2962710	3430137	1002089	2428048

10—7 续表2　　(2009年)　　计量单位：千元

行政单位	负债合计	# 流动负债	长期负债	所有者权益合计	# 实收资本
全市总计	**68490079**	**47513486**	**20561692**	**31015343**	**23218771**
市区合计	49755426	35729458	13916745	14835100	15828516
# 矿　区	427637	421878	5759	77503	70347
高新区	994622	952326	42296	863600	319410
井 陉 县	2710251	1928247	582323	5977355	328054
正 定 县	51561	51561		－14044	830
栾 城 县	2664384	804748	1859636	870734	891365
行 唐 县	5306	2225	3081	54140	3302
灵 寿 县	418761	153614	179813	263625	91482
高 邑 县					
深 泽 县					
赞 皇 县	43502	40456		303478	300000
无 极 县	9700	9700		11894	11700
平 山 县	4329856	2093560	2236296	2038948	1931116
元 氏 县					
赵　县	155898	147811	6420	16247	48744
辛 集 市	762616	696460	66156	158228	174276
藁 城 市	3518670	3213267	305403	3827733	1682911
晋 州 市	356303	262989	77368	14844	86443
新 乐 市	674164	614484	59680	242583	431479
鹿 泉 市	3033681	1764906	1268771	2414478	1408553

10—7 续表3　　（2009年）　　计量单位：千元

行政单位	实收资本中：国家资本	主营业务收入	#主营业务成本	主营业务税金及附加
全市总计	**7721453**	**75819573**	**62260033**	**4640209**
市区合计	3919168	51680543	43271647	3039668
# 矿　区	15347	532764	405244	5426
高新区	166268	865743	626162	1485
井 陉 县	64744	5332027	4904192	2133
正 定 县	830	21154	13122	206
栾 城 县	97115	694625	618425	3143
行 唐 县		375943	312350	3215
灵 寿 县	29575	1949889	1698919	2086
高 邑 县				
深 泽 县				
赞 皇 县	300000	619432	533954	911
无 极 县	700	93210	82817	170
平 山 县	1031116	3715661	3172005	19531
元 氏 县				
赵　县	44339	181914	175927	1669
辛 集 市	116430	702463	638889	1684
藁 城 市	681811	6140867	3436116	1542307
晋 州 市	86443	124970	129235	1574
新 乐 市	361914	624350	555686	2127
鹿 泉 市	987268	3592525	2716749	19785

10—7 续表 4 （2009 年） 计量单位：千元

行政单位	管理费用	# 税金	财务费用	# 利息支出	营业利润
全市总计	**4015782**	**156646**	**1966460**	**1941679**	**152470**
市区合计	2627341	88716	1365405	1355042	－1300442
# 矿 区	59322	1916	935	915	21916
高新区	101812	2857	11729	10659	93483
井 陉 县	149433	21706	170444	170289	78024
正 定 县	3531	518	2		1060
栾 城 县	59853	3622	23722	24103	－31088
行 唐 县	5486	423	5224	1847	44124
灵 寿 县	38100	855	7423	7305	363059
高 邑 县					
深 泽 县					
赞 皇 县	7945	265	643		72679
无 极 县	625	20	620		8782
平 山 县	213868	11708	239615	236482	61663
元 氏 县					
赵 县	14635	3202	3929	3673	－17768
辛 集 市	68656	999	32763	26265	－44229
藁 城 市	503196	14263	29269	29185	566408
晋 州 市	16213	1	12804	12804	－36270
新 乐 市	46305	3648	29781	29775	－15375
鹿 泉 市	260595	6700	44816	44909	431843

10—7 续表5 （2009年） 计量单位：千元

行政单位	投资收益	利润总额	应交所得税	利税总额	本年应付工资总额
全市总计	**511938**	**560876**	**508067**	**7613316**	**4337849**
市区合计	504696	-995458	263421	3310804	2975199
# 矿 区		17819	3179	65729	58813
高新区	-227	94563	10859	133938	96125
井 陉 县	1244	104029	47940	339566	425447
正 定 县		1732		3228	2357
栾 城 县		-6914	7414	10261	76148
行 唐 县		44124	9958	67065	5960
灵 寿 县		195447	9890	249051	41561
高 邑 县					
深 泽 县					
赞 皇 县		72679	2465	88538	18063
无 极 县		1445		2860	1400
平 山 县		68865	18387	312113	132174
元 氏 县					
赵 县		-10375	120	-4543	16520
辛 集 市	33	58346	10606	70160	57950
藁 城 市	2039	603175	128075	2572329	257843
晋 州 市		-30183		-19483	13147
新 乐 市	100	-6722	634	14732	57106
鹿 泉 市	3826	520686	9157	656635	250574

10—7 续表 6　　(2009 年)　　计量单位：千元

行政单位	本年应付福利费总额	本年应交增值税	本年进项税额	本年销项税额	全部从业人员年平均人数（人）
全市总计	**166476**	**2412231**	**7341051**	**11752719**	**140614**
市区合计	118306	1266594	4489596	8151746	95103
# 矿　区	3245	42484	46851	89336	2392
高新区	3610	37890	146189	86155	4070
井 陉 县	3019	233404	566271	725437	9168
正 定 县		1290	1307	3597	117
栾 城 县	1145	14032	79112	80925	2318
行 唐 县	728	19726	38672	58398	266
灵 寿 县	2276	51518	200193	253351	935
高 邑 县					
深 泽 县					
赞 皇 县	172	14948	77852	92800	200
无 极 县	29	1245	12736	13981	148
平 山 县	5069	223717	407267	630963	2564
元 氏 县					
赵　县	290	4163	25885	25986	1699
辛 集 市	3135	10130	128425	130664	2906
藁 城 市	14220	426847	914581	960700	11976
晋 州 市		9126	10132	19258	983
新 乐 市	510	19327	81425	97082	3131
鹿 泉 市	17377	116164	307597	387831	9100

分县（市）区规模以上集体工业企业主要经济指标

10—8　　（2009 年）　　计量单位：千元

行政单位	企业单位数（个）	工业总产值	工业销售产值	资产合计	# 流动资产小　计
全市总计	**103**	**19605660**	**19147113**	**4017074**	**1736692**
市区合计	24	2407345	2307596	1614940	1117213
#长安区	4	446154	456812	543829	313780
桥东区	5	1065973	978362	549402	431143
桥西区	9	231938	228406	376392	292117
新华区	1	21271	24867	27940	18016
裕华区	3	546187	526513	66774	27237
矿　区	2	95822	92636	50603	34920
井陉县	3	1426885	1406579	263884	52306
正定县	3	175653	171692	31131	12260
栾城县	5	764587	745100	155299	88035
行唐县	6	1447935	1445625	334599	45452
灵寿县	2	229911	225486	40460	14470
高邑县					
深泽县					
赞皇县	4	119671	119101	30087	14330
无极县	4	1127454	1068519	127941	72783
平山县	15	259151	252745	98636	41938
元氏县					
赵　县	12	8765175	8622060	863144	36862
辛集市	1	33823	33823	2300	1650
藁城市	10	1278837	1226895	250859	126502
晋州市	2	90202	89132	58138	45596
新乐市	1	27986	27986	20925	17060
鹿泉市	11	1451045	1404774	124731	50235

10—8 续表 1　　（2009 年）　　计量单位：千元

行政单位	固定资产小计	固定资产原价	累计折旧	固定资产净值
全市总计	**2145224**	**2184029**	**703439**	**1480590**
市区合计	422623	778287	387210	391077
#长安区	176159	344303	194679	149624
桥东区	100805	171684	70994	100690
桥西区	80772	157727	79187	78540
新华区	9924	21874	11950	9924
裕华区	39285	58913	22127	36786
矿　区	15678	23786	8273	15513
井陉县	211578	226178	14600	211578
正定县	7928	19348	11420	7928
栾城县	66608	92121	37074	55047
行唐县	286147	359491	83344	276147
灵寿县	20543	27055	8137	18918
高邑县				
深泽县				
赞皇县	5978	7150	1172	5978
无极县	54568	60011	8310	51701
平山县	56190	66650	10460	56190
元氏县				
赵　县	817735	249645	38749	210896
辛集市	650	710	60	650
藁城市	124357	187354	62997	124357
晋州市	12542	19978	7436	12542
新乐市	664	1096	432	664
鹿泉市	57113	88955	32038	56917

10—8 续表2　　(2009年)　　计量单位：千元

行政单位	负债合计	#流动负债	长期负债	所有者权益合计	#实收资本
全市总计	**1858748**	**1437593**	**242676**	**2113462**	**804137**
市区合计	1136559	909371	98372	478381	329600
#长安区	287826	148235	32576	256003	85630
桥东区	418660	396860		130742	86691
桥西区	285927	253119	32807	90465	120841
新华区	41303	15064	26239	-13363	18690
裕华区	56141	56141		10633	13853
矿　区	46702	39952	6750	3901	3895
井陉县	54328	34028	20300	209556	17740
正定县	6591	5041	1550	21540	18741
栾城县	48011	41200	6811	107288	9008
行唐县	103846	87546	16210	227753	62730
灵寿县	30730	11165	15117	9730	6884
高邑县					
深泽县					
赞皇县	24520	10710	2500	5567	4100
无极县	52839	50209	1760	75102	34253
平山县	56842	34916	19365	41794	30330
元氏县					
赵　县	130236	68322	37675	695045	131204
辛集市	360	360		1940	970
藁城市	106529	98308	8221	144330	97258
晋州市	46069	40533	5435	12069	7069
新乐市	3894	3894		17031	7276
鹿泉市	57394	41990	9360	66336	46974

10—8 续表3 （2009年） 计量单位：千元

行政单位	实收资本中：集体资本	主营业务收入	#主营业务成本	主营业务税金及附加
全市总计	**631552**	**18899276**	**16655440**	**101438**
市区合计	301353	2147756	1852201	29123
#长安区	78672	458328	380303	2300
桥东区	86691	816063	715973	10062
桥西区	100841	232781	193355	1508
新华区	18690	24868	23261	26
裕华区	12564	528126	460569	14809
矿　区	3895	87590	78740	418
井陉县	17740	1247910	1161633	3950
正定县	2071	169563	143698	537
栾城县	8158	753888	616413	1346
行唐县	61030	1456415	1262222	4815
灵寿县	6884	225790	193460	131
高邑县				
深泽县				
赞皇县	4100	118928	90735	254
无极县	23423	1071611	975203	22670
平山县	24830	251872	224339	409
元氏县				
赵　县	126574	8678546	7750340	25706
辛集市	970	33823	33253	36
藁城市	5000	1226408	1139382	3585
晋州市	7069	94130	83403	476
新乐市	7276	27986	12089	692
鹿泉市	35074	1394650	1117069	7708

10—8 续表 4　　(2009 年)　　计量单位：千元

行政单位	管理费用	#税金	财务费用	#利息支出	营业利润
全市总计	**297429**	**20308**	**85067**	**72872**	**1345997**
市区合计	96466	4616	17634	13874	116875
#长安区	30638	1448	6877	6515	24442
桥东区	30162	766	4211	3903	58797
桥西区	18359	1512	2297	2386	62
新华区	2560	3	25		-562
裕华区	7269	800	4003	881	32416
矿　区	7478	87	221	189	1720
井陉县	4600	613	2367	2263	56060
正定县	3324	412	1818	1818	16339
栾城县	6052	636	3017	2952	124322
行唐县	8330	25	6018	2448	166711
灵寿县	187	29	145	140	42740
高邑县					
深泽县					
赞皇县	4662	42	4338	4251	13806
无极县	4561	173	1429	1044	63992
平山县	5124	240	3547	3561	12970
元氏县					
赵　县	87523	10793	28769	24993	473815
辛集市	162	10	25	25	191
藁城市	4530	1713	2363	2327	97638
晋州市	441	15	58	58	2912
新乐市	6726	7	-31	-31	3808
鹿泉市	64741	984	13570	13149	153818

10—8 续表5　　　　(2009年)　　　　计量单位：千元

行政单位	投资收益	利润总额	应交所得税	利税总额	本年应付工资总额
全市总计	**26483**	**1356967**	**224122**	**1846794**	**423257**
市区合计	260	112550	146757	1232638	990742
#长安区	51	24556	6934	37274	57297
桥东区		59291		75407	41255
桥西区	209	-4966	351	6019	23257
新华区		-467		-86	3093
裕华区		32416	174	64066	8927
矿　区		1720		7977	14588
井陉县		56060		77728	3635
正定县		16339	229	18670	3385
栾城县		108322	232	149403	23062
行唐县		166711	44125	240565	20484
灵寿县		35630		40336	1771
高邑县					
深泽县					
赞皇县		13806		14822	2227
无极县		64089	1046	94165	96860
平山县		12970	2467	16991	16503
元氏县					
赵　县	27608	536433	134823	694559	42275
辛集市	-146	45		126	128
藁城市	-1239	73474	20439	99199	15024
晋州市		2912		8022	9051
新乐市		3808	952	5344	2417
鹿泉市		153818	12350	196207	38018

10—8 续表6　　（2009年）　　计量单位：千元

行政单位	本年应付福利费总额	本年应交增值税	本年进项税额	本年销项税额	全部从业人员年平均人数（人）
全市总计	**28275**	**388389**	**2505986**	**2623363**	**22998**
市区合计	8849	48984	244132	286792	11171
#长安区	3421	10418	64222	74362	4204
桥东区	3740	6054	67980	68064	3286
桥西区	1040	9477	26297	35767	1730
新华区	433	355	3167	3453	270
裕华区	215	16841	72922	89763	872
矿　区		5839	9544	15383	809
井陉县	133	17718	177087	194805	298
正定县	298	1794	26239	28033	161
栾城县	480	39735	89646	129388	845
行唐县	1384	69039	138839	212287	706
灵寿县	103	4575	19310	25455	81
高邑县					
深泽县					
赞皇县		762	14698	15460	255
无极县	2324	7406	157325	165074	1469
平山县	873	3612	36057	34423	1892
元氏县					
赵　县	6065	132420	1297945	1163525	2872
辛集市		45			15
藁城市	984	22140	153680	175960	946
晋州市		4634	8769	13377	797
新乐市		844	23281	24125	104
鹿泉市	6782	34681	118978	154659	1386

历年规模以上工业总产值、工业增加值指数

10—9　　（上年=100）　　计量单位:%

年份	工业总产值	年份	工业总产值	工业增加值
1953	131.85			
1954	132.48	1982	104.17	
1955	119.29	1983	109.92	
1956	119.97	1984	116.80	
1957	109.47	1985	113.55	
1958	157.78	1986	108.66	
1959	167.58	1987	117.69	
1960	110.79	1988	117.15	
1961	59.75	1989	106.14	
1962	68.62	1990	103.07	
1963	100.13	1991	115.30	
1964	121.64	1992	115.41	
1965	134.86	1993	119.56	117.11
1966	113.18	1994	112.20	110.67
1967	104.34	1995	117.01	114.89
1968	131.46	1996	123.51	120.57
1969	118.92	1997	119.10	116.71
1970	115.84	1998	102.73	102.39
1971	96.74	1999	117.40	115.23
1972	97.12	2000	112.82	111.22
1973	111.47	2001	114.79	112.94
1974	108.05	2002	116.91	114.80
1975	118.80	2003	124.23	121.20
1976	111.41	2004	128.62	125.04
1977	114.86	2005	127.94	122.85
1978	98.54	2006	126.60	119.80
1979	103.44	2007	128.63	120.40
1980	105.44	2008	107.99	113.00
1981	103.20	2009	107.99	113.00

十一、贸易　外经

全市限额以上住宿和餐饮企业经营状况

11—1　　　　（2009年）

指标名称	法人企业（个）	年末从业人员（人）	营业额（万元）	# 客房收入	餐费收入	商品销售收入	其他收入
总　计	**101**	**20106**	**176823**	**49951**	**111662**	**2403**	**12807**
一、住宿业	68	15064	131420	48412	68648	2132	12227
1. 按登记注册类型分组							
内资企业	66	14750	128627	46492	67941	2132	12062
国有企业	31	7218	65563	22384	35560	1355	6264
集体企业	5	656	5022	3309	1219		493
有限责任公司	17	4253	37117	14033	18238	458	4388
股份有限公司	1	446	9276	1826	6897	30	522
私营企业	12	2177	11649	4940	6028	289	394
港、澳、台商投资企业	1	202	1220	443	707		69
外商投资企业	1	112	1573	1478			96
2. 按国民经济行业分组							
旅游饭店	55	13457	121785	44711	63656	1765	11654
一般旅馆	12	1551	9218	3564	4717	368	570
其他住宿服务	1	56	416	137	276		3
二、餐饮业	33	5042	45403	1538	43014	271	580
1. 按登记注册类型分组							
内资企业	32	4953	43839	1538	41450	271	580
国有企业	10	1553	10829	1178	9161	20	469
有限责任公司	5	942	13234		13177		57
私营企业	17	2458	19776	360	19112	251	54
港、澳、台商投资企业	1	89	1565		1565		
2. 按国民经济行业分组							
正餐服务业	33	5042	45403	1538	43014	271	580

市区限额以上住宿和餐饮企业经营状况

11—2　　（2009年）

指标名称	法人企业（个）	年末从业人员（人）	营业额（万元）	# 客房收入	餐费收入	商品销售收入	其他收入
总　计	**66**	**15817**	**151642**	**40876**	**99177**	**1759**	**9830**
一、住宿业	37	11162	107423	39599	57027	1493	9304
1. 按登记注册类型分组							
内资企业	36	11050	105850	38122	57027	1493	9208
国有企业	16	5621	56858	19123	30585	978	6173
集体企业	5	656	5022	3309	1219		493
有限责任公司	10	3356	28794	11023	15606	224	1942
股份有限公司	1	446	9276	1826	6897	30	522
私营企业	4	971	5900	2841	2721	261	77
外商投资企业	1	112	1573	1478			96
2. 按国民经济行业分组							
旅游饭店	34	10624	103490	37732	55292	1493	8973
一般旅馆	3	538	3933	1867	1735		331
二、餐饮业	29	4655	44219	1277	42150	266	526
1. 按登记注册类型分组							
内资企业	28	4566	42654	1277	40585	266	526
国有企业	9	1478	10566	1117	8960	20	469
有限责任公司	5	942	13234		13177		57
私营企业	14	2146	18854	160	18448	246	
港、澳、台商投资企业	1	89	1565		1565		
2. 按国民经济行业分组							
正餐服务业	29	4655	44219	1277	42150	266	526

商品交易市场基本情况

11—3　　（2009年）　　计量单位：个、万元

项　　目	期末商品市场个数	成交额	投资额
石家庄市	**690**	**16160276**	**258408**
一、消费品市场	630	14624728	258356
1. 综合市场	408	6613240	54743
2. 农副产品市场	115	2298383	32253
3. 工业消费品市场	79	5291273	168360
4. 其他市场	28	421832	3000
二、生产资料市场	60	1535548	52
1. 综合市场	7	400830	
2. 工业生产资料市场	42	1101050	52
3. 农业生产资料市场	5	11953	
4. 其他市场	6	21715	
市　　区	189	10632783	103553
一、消费品市场	168	10093257	103553
1. 综合市场	59	3750817	14368
2. 农副产品市场	32	1061918	6675
3. 工业消费品市场	69	5022392	82360
4. 其他市场	8	258130	150
二、生产资料市场	21	539526	
1. 综合市场	5	30240	
2. 工业生产资料市场	12	500278	
3. 农业生产资料市场	2	253	
4. 其他市场	2	8755	

全市限额以上批发贸易业商品购销存总额

11—4　　（2009 年）　　计量单位：万元

项　　目	法人企业（个）	购进总额	销售总额	# 批发	零售	年末库存总　额
总　　计	**150**	**7475120**	**8042608**	**7472349**	**570259**	**427000**
1. 按登记注册类型分组						
内资企业	148	7422961	7975867	7407740	568127	426826
国有企业	18	2815720	2903861	2901814	2047	107034
集体企业	12	52123	60181	59923	258	7469
股份合作企业	1	10	13	13		223
有限责任公司	40	2127700	2190822	2184725	6097	138862
股份有限公司	13	1428555	1649752	1134452	515300	79066
私营企业	64	998853	1171238	1126814	44425	94172
港、澳、台商投资企业	1	4338	7393	5260	2132	11
外商投资企业	1	47821	59349	59349		163
2. 按国民经济行业分组						
农畜产品批发	10	118139	113636	113636		23646
食品、饮料及烟草制品批发	17	1666126	1835244	1833294	1950	76846
米、面制品及食用油批发	7	91568	102691	102691		15002
烟草制品批发	2	1461364	1588629	1588629		32289
纺织、服装及日用品批发	11	128049	142144	127490	14654	9549
服装批发	4	27245	31911	29778	2132	1277
文化、体育用品及器材批发	3	182785	160495	160143	352	23222
医药及医疗器材批发	27	1019668	1188770	979535	209235	74628
矿产品、建材及化工产品批发	61	4085234	4221166	3882081	339085	156421
煤炭及制品批发	19	1394371	1410035	1408702	1334	28309
石油及制品批发	6	906774	959507	622230	337277	3484
金属及金属矿批发	20	1273039	1303418	1303418		45625
化肥批发	7	312335	334741	334439	302	52544
机械设备、五金交电及电子产品批发	20	274296	380086	375102	4984	62283
汽车、摩托车及零配件批发	3	4852	24499	24399	100	5822
家用电器批发	1	3399	3205	3205		1193
计算机、软件及辅助设备批发	2	5900	51949	47129	4820	731
其他批发	1	823	1067	1067		406

全市限额以上零售贸易业商品购销存总额

11—5 (2009年) 计量单位：万元

项目	法人企业（个）	购进总额	销售总额	#批发	零售	年末库存总额
总计	150	2450072	2732487	227144	2505342	146590
1. 按登记注册类型分组						
内资企业	149	2447468	2729503	227144	2502358	146215
国有企业	20	39525	61670	431	61239	11042
集体企业	13	53293	60323	230	60093	3638
股份合作企业	2	4662	4849		4849	665
有限责任公司	42	666665	815116	57289	757827	49316
股份有限公司	7	1149407	1198260	142713	1055547	28044
私营企业	65	533917	589284	26481	562803	53510
外商投资企业	1	2604	2984		2984	375
2. 按国民经济行业分组						
综合零售	44	1454381	1639506	179399	1460108	56094
百货零售	21	1189223	1345602	143499	1202103	33814
超级市场零售	18	248012	255822	35900	219923	15735
食品、饮料及烟草制品专门零售	3	2821	4063		4063	527
纺织、服装及日用品专门零售	8	26657	30577	13940	16637	3995
服装零售	5	10543	11168	1986	9182	1379
文化、体育用品及器材专门零售	15	21965	29145	45	29100	8889
图书零售	12	18348	22408	45	22363	5323
医药及医疗器材专门零售	13	43036	56679	804	55875	9082
药品零售	12	43035	56679	803	55875	9082
汽车、摩托车、燃料及零配件专门零售	47	729277	765425	18314	747111	60285
汽车零售	40	696738	727410	5736	721674	60003
家用电器及电子产品专门零售	13	142741	173277	14431	158846	6245
家用电器零售	7	68256	91460	2309	89151	1515
计算机、软件及辅助设备零售	2	4920	5713	1084	4629	688
通信设备零售	3	68864	75357	11039	64318	3952
五金、家具及室内装修材料专门零售	3	21096	24304		24304	1048
无店铺及其他零售	4	8099	9510	211	9299	423

市区限额以上批发贸易业商品购销存总额

11—6　　　　（2009年）　　　　计量单位：万元

项　目	法人企业（个）	购进总额	销售总额	# 批发	零售	年末库存总　额
总　计	**118**	**7166198**	**7704353**	**7162919**	**541434**	**392302**
1. 按登记注册类型分组						
内资企业	116	7114039	7637611	7098310	539301	392128
国有企业	14	2805559	2894031	2893097	934	101371
集体企业	7	34178	41377	41119	258	6333
股份合作企业	1	10	13	13		223
有限责任公司	32	2093518	2153229	2147987	5242	129627
股份有限公司	12	1424821	1645661	1130663	514998	78833
私营企业	50	755955	903301	885431	17870	75741
港、澳、台商投资企业	1	4338	7393	5260	2132	11
外商投资企业	1	47821	59349	59349		163
2. 按国民经济行业分组						
农畜产品批发	5	107035	99861	99861		16319
食品、饮料及烟草制品批发	14	1655727	1825729	1823780	1950	70109
米、面制品及食用油批发	4	81168	93177	93177		8265
烟草制品批发	2	1461364	1588629	1588629		32289
纺织、服装及日用品批发	11	128049	142144	127490	14654	9549
服装批发	4	27245	31911	29778	2132	1277
文化、体育用品及器材批发	3	182785	160495	160143	352	23222
医药及医疗器材批发	24	1013739	1182919	975653	207267	74261
矿产品、建材及化工产品批发	42	3805420	3932461	3620134	312328	140712
煤炭及制品批发	7	1236457	1244685	1244302	383	16121
石油及制品批发	5	841463	894363	582590	311774	3317
金属及金属矿批发	20	1273039	1303418	1303418		45625
化肥批发	2	292008	313224	313224		51174
机械设备、五金交电及电子产品批发	18	272621	359676	354792	4884	57725
汽车、摩托车及零配件批发	2	4852	5668	5668		2211
家用电器批发	1	3399	3205	3205		1193
计算机、软件及辅助设备批发	2	5900	51949	47129	4820	731
其他批发	1	823	1067	1067		406

市区限额以上零售贸易业商品购销存总额

11—7　　　　（2009 年）　　　　计量单位：万元

项　目	法人企业（个）	购进总额	销售总额	# 批发	零售	年末库存总　额
总　计	**98**	**2352901**	**2631052**	**225988**	**2405064**	**133738**
1. 按登记注册类型分组						
内资企业	97	2350297	2628068	225988	2402080	133363
国有企业	5	23005	43559		43559	8677
集体企业	7	19984	22728		22728	1152
股份合作企业	1	3719	3740		3740	15
有限责任公司	38	650746	801746	57289	744456	45789
股份有限公司	7	1149407	1198260	142713	1055547	28044
私营企业	39	503436	558035	25986	532050	49688
外商投资企业	1	2604	2984		2984	375
2. 按国民经济行业分组						
综合零售	21	1383895	1567010	179379	1387630	47418
百货零售	7	1138358	1294956	143499	1151457	27492
超级市场零售	9	228391	233971	35880	198091	13381
食品、饮料及烟草制品专门零售	2	1402	3019		3019	96
纺织、服装及日用品专门零售	6	25335	28789	13940	14849	3667
服装零售	3	9221	9380	1986	7394	1051
文化、体育用品及器材专门零售	4	13264	18689		18689	7715
图书零售	1	9647	11952		11952	4149
医药及医疗器材专门零售	9	36792	49891	1	49890	8117
药品零售	8	36791	49890		49890	8116
汽车、摩托车、燃料及零配件专门零售	47	729277	765425	18314	747111	60285
汽车零售	40	696738	727410	5736	721674	60003
家用电器及电子产品专门零售	6	138236	168843	14353	154490	5429
家用电器零售	2	64603	88111	2309	85802	761
计算机、软件及辅助设备零售	1	4388	5029	1006	4023	653
通信设备零售	2	68545	74957	11039	63918	3925
五金、家具及室内装修材料专门零售	2	19285	22488		22488	990
无店铺及其他零售	1	5416	6897		6897	21

分县（市）区限额以上批发零售贸易业商品购销存总额

11—8　　　　（2009 年）　　　　计量单位：万元

行政单位	法人企业（个）	购进总额	销售总额			年末库存总额
				# 批发	零售	
全市总计	**300**	**9925193**	**10775095**	**7699493**	**3075602**	**573590**
市区合计	216	9519099	10335405	7388907	2946498	526040
# 长安区	47	696727	890255	528086	362169	62985
桥东区	56	2116135	2279674	1067074	1212601	167413
桥西区	35	2201641	2422145	2093968	328177	134319
新华区	38	2876297	3031440	2714823	316617	87836
裕华区	39	1623413	1706720	980169	726551	73193
矿　区	1	4887	5171	4788	383	295
井陉县	9	154732	153398	124220	29178	9952
正定县	5	19589	39955	23366	16589	8050
栾城县	5	4901	4688		4688	848
行唐县	4	9918	12144	9636	2509	1008
灵寿县	5	10442	10958	2717	8241	2136
高邑县						
深泽县	2	954	4259	3996	262	49
赞皇县	3	1465	1798	597	1202	650
无极县	3	16042	17703	4703	13000	778
平山县	19	81890	90536	82016	8520	7031
元氏县						
赵　县	1	127	1125		1125	14
辛集市	9	64411	63568	42729	20839	7766
藁城市	2	13813	11497	1579	9918	3942
晋州市	2	5686	5275	4271	1004	529
新乐市	7	8195	8048	2610	5438	756
鹿泉市	8	13928	14738	8146	6591	4041

全市限额以上批发贸易企业财务状况

11—9　　　　（2009 年）　　　　计量单位：万元

项　　目	企业数（个）	流动资产合　　计	# 存货	固定资产原　　价	累计折旧	# 本年折旧
总　　计	**150**	**2163762**	**385551**	**324510**	**97602**	**16712**
1. 按登记注册类型分组						
内资企业	148	2149810	385379	324012	97365	16662
国有企业	18	707153	99349	84988	23279	2821
集体企业	12	57949	12153	15944	5297	543
股份合作企业	1	630	223	38	35	3
有限责任公司	40	513896	121915	43245	16984	2574
股份有限公司	13	476740	77462	157613	43625	8445
私营企业	64	393442	74277	22183	8146	2276
港、澳、台商投资企业	1	991	9	346	221	39
外商投资企业	1	12961	163	152	17	12
2. 按国民经济行业分组						
农畜产品批发	10	54318	21724	15012	4469	304
食品、饮料及烟草制品批发	17	433881	61467	52733	18392	1275
米、面制品及食用油批发	7	35902	10372	8308	1771	254
烟草制品批发	2	331896	27647	32933	10769	469
纺织、服装及日用品批发	11	44056	8437	8616	1933	391
服装批发	4	19398	1221	6325	1232	151
文化、体育用品及器材批发	3	60600	14873	18400	6168	815
医药及医疗器材批发	27	376512	76527	17860	7784	1045
矿产品、建材及化工产品批发	61	1035204	142673	198209	52198	10698
煤炭及制品批发	19	286204	18058	11541	4788	980
石油及制品批发	6	188543	10772	145674	36445	7743
金属及金属矿批发	20	416039	55427	13607	3345	766
化肥批发	7	88232	49969	13197	4185	356
机械设备、五金交电及电子产品批发	20	153196	59138	11207	5966	1953
汽车、摩托车及零配件批发	3	27921	5794	1658	514	242
家用电器批发	1	1053	1020	66	58	4
计算机、软件及辅助设备批发	2	2653	589	151	88	2
其他批发	1	5995	712	2474	693	231

11—9 续表1　　（2009 年）　　计量单位：万元

项　目	资产总计	负债合计	所有者权益合　计	# 实收资本
总　计	**2803315**	**1907396**	**895919**	**310921**
1. 按登记注册类型分组				
内资企业	2788590	1890477	898113	310521
国有企业	1051057	533822	517235	128514
集体企业	80322	62315	18007	11909
股份合作企业	640	632	8	55
有限责任公司	567360	463829	103531	51168
股份有限公司	658872	473634	185238	62667
私营企业	430340	356246	74094	56208
港、澳、台商投资企业	1612	1689	-77	100
外商投资企业	13112	15229	-2117	300
2. 按国民经济行业分组				
农畜产品批发	67537	52934	14603	7952
食品、饮料及烟草制品批发	688733	256789	431943	62043
米、面制品及食用油批发	43883	39513	4371	3871
烟草制品批发	557190	160002	397188	39307
纺织、服装及日用品批发	57929	25999	31930	34017
服装批发	30707	6651	24056	28196
文化、体育用品及器材批发	102913	70021	32892	7142
医药及医疗器材批发	401523	425698	-24175	64613
矿产品、建材及化工产品批发	1313037	948295	364742	116522
煤炭及制品批发	308079	273542	34538	23580
石油及制品批发	331276	118850	212426	4776
金属及金属矿批发	447598	392371	55227	33090
化肥批发	107195	92931	14264	7325
机械设备、五金交电及电子产品批发	162771	119901	42870	17547
汽车、摩托车及零配件批发	29830	25383	4446	3916
家用电器批发	1061	586	475	528
计算机、软件及辅助设备批发	2935	1677	1259	1160
其他批发	8873	7758	1114	1084

11—9 续表2　　（2009 年）　　计量单位：万元

项　　目	主营业务收入	主营业务成本	主营业务税金及附加	主营业务利润
总　　计	**7204335**	**6775889**	**21137**	**368462**
1. 按登记注册类型分组				
内资企业	7138667	6716326	21137	362357
国有企业	2548059	2401865	15767	130112
集体企业	52676	47345	240	5091
股份合作企业	13	11		2
有限责任公司	1951197	1886249	2964	61984
股份有限公司	1493863	1346563	1518	107449
私营企业	1092860	1034294	648	57720
港、澳、台商投资企业	6319	4737		1582
外商投资企业	59349	54826		4523
2. 按国民经济行业分组				
农畜产品批发	105047	103294	14	1739
食品、饮料及烟草制品批发	1603564	1457945	15552	130067
米、面制品及食用油批发	110451	102504	7	7939
烟草制品批发	1360063	1249969	15202	94892
纺织、服装及日用品批发	131705	119595	126	11984
服装批发	29941	26623	3	3316
文化、体育用品及器材批发	96373	88032	55	8286
医药及医疗器材批发	1030676	979318	862	50181
矿产品、建材及化工产品批发	3865781	3681105	4159	141985
煤炭及制品批发	1225677	1186868	562	38049
石油及制品批发	888942	799727	665	50217
金属及金属矿批发	1231961	1204365	340	27257
化肥批发	325204	313600	2139	9465
机械设备、五金交电及电子产品批发	370795	346271	362	24163
汽车、摩托车及零配件批发	37853	36711	12	1131
家用电器批发	2342	2193		149
计算机、软件及辅助设备批发	44401	43922	6	473
其他批发	394	330	7	57

11—9 续表3　　（2009 年）　　计量单位：万元

项　　目	其他业务利　润	营业费用	管理费用	# 税金	财务费用	# 利息支出
总　　计	**10439**	**166610**	**94117**	**3350**	**19851**	**13787**
1. 按登记注册类型分组						
内资企业	10427	165222	93172	3318	18926	12967
国有企业	5967	25221	39153	1193	3001	2441
集体企业	1649	3902	2633	71	135	72
股份合作企业			2			
有限责任公司	1868	26314	16013	514	8479	6034
股份有限公司	32	69612	22592	1036	5133	2642
私营企业	911	40174	12779	504	2179	1778
港、澳、台商投资企业		920	668	2	6	
外商投资企业	12	467	277	30	918	820
2. 按国民经济行业分组						
农畜产品批发	1042	2019	2026	226	1037	787
食品、饮料及烟草制品批发	5430	29492	31531	780	1974	1797
米、面制品及食用油批发	349	3846	1381	64	1565	1425
烟草制品批发	4674	10102	23228	602	435	435
纺织、服装及日用品批发	275	6958	4532	53	521	115
服装批发	10	2088	1495	9	156	1
文化、体育用品及器材批发		2535	5121	149	-1	-1
医药及医疗器材批发	461	29947	9952	328	4151	2299
矿产品、建材及化工产品批发	2255	79771	34772	1729	12006	8748
煤炭及制品批发	339	20413	6390	382	5883	5724
石油及制品批发	-337	36294	7895	660	167	-92
金属及金属矿批发	1752	11107	7910	374	2707	2146
化肥批发	387	2683	3110	43	2074	20
机械设备、五金交电及电子产品批发	458	15647	5809	83	137	36
汽车、摩托车及零配件批发		442	412	15	108	105
家用电器批发	11	190	1			
计算机、软件及辅助设备批发	11	334	129	6	-3	-5
其他批发	519	241	374	1	26	5

11—9 续表4　　(2009年)　　计量单位：万元

项　　目	营业利润	利润总额	应交所得税	劳动、失业保险费	住房公积金和住房补贴
总　　计	**61562**	**68465**	**29775**	**3454**	**3245**
1. 按登记注册类型分组					
内资企业	58702	65208	29775	3450	3239
国有企业	67744	68520	19355	1647	1712
集体企业	70	532	271	185	111
股份合作企业					
有限责任公司	13173	15425	5034	438	541
股份有限公司	-26380	-23757	3381	1042	746
私营企业	4096	4488	1734	138	130
港、澳、台商投资企业	-13	-19		3	
外商投资企业	2873	3276		1	6
2. 按国民经济行业分组					
农畜产品批发	-2301	-595	58	17	100
食品、饮料及烟草制品批发	72501	73603	18847	1128	1524
米、面制品及食用油批发	1496	3165	44	71	49
烟草制品批发	65802	64960	17053	626	1152
纺织、服装及日用品批发	248	438	248	47	96
服装批发	-413	-364		28	43
文化、体育用品及器材批发	632	543		608	227
医药及医疗器材批发	-32235	-32292	2511	911	353
矿产品、建材及化工产品批发	19706	23472	7139	556	699
煤炭及制品批发	5901	5878	1670	46	98
石油及制品批发	7825	7978	1366	54	238
金属及金属矿批发	7684	8527	1981	195	182
化肥批发	2110	3264	841	18	61
机械设备、五金交电及电子产品批发	3077	3282	967	170	238
汽车、摩托车及零配件批发	168	129	27		
家用电器批发	-31	-34			
计算机、软件及辅助设备批发	24	24	7	1	4
其他批发	-65	14	6	19	8

11—9 续表5　　（2009年）　　计量单位：万元

项　　目	本年应付工资总额（贷方累计发生额）	本年应付福利费总额（贷方累计发生额）	本年应交增值税	全部从业人员年平均人数（人）
总　　计	**51260**	**3204**	**61558**	**16664**
1. 按登记注册类型分组				
内资企业	50588	3192	61009	16497
国有企业	19417	1153	26886	2844
集体企业	1612	102	1156	1198
股份合作企业	6			8
有限责任公司	10357	516	8238	3058
股份有限公司	11106	778	19045	6283
私营企业	8091	644	5684	3106
港、澳、台商投资企业	539		329	135
外商投资企业	133	12	220	32
2. 按国民经济行业分组				
农畜产品批发	1094	31	159	606
食品、饮料及烟草制品批发	16415	706	28495	3098
米、面制品及食用油批发	1641	140	586	457
烟草制品批发	10391	490	24760	990
纺织、服装及日用品批发	3863	171	1117	1036
服装批发	1000		381	290
文化、体育用品及器材批发	2387	272	631	429
医药及医疗器材批发	7595	548	9598	3486
矿产品、建材及化工产品批发	13865	1404	19015	6343
煤炭及制品批发	1761	175	4363	655
石油及制品批发	3317	381	11251	3420
金属及金属矿批发	3496	292	2182	849
化肥批发	1853	33	385	653
机械设备、五金交电及电子产品批发	5973	57	2541	1414
汽车、摩托车及零配件批发	246	12	110	150
家用电器批发	61		18	36
计算机、软件及辅助设备批发	110	15	55	54
其他批发	68	17	2	252

全市限额以上零售贸易企业财务状况

11—10　　（2009 年）　　计量单位：万元

项　　目	企业数（个）	流动资产合　　计	# 存货	固定资产原　　价	累计折旧	# 本年折旧
总　　计	**150**	**797524**	**155630**	**393845**	**118256**	**19043**
1. 按登记注册类型分组						
内资企业	149	796886	155253	391094	117110	17897
国有企业	20	24406	9812	28170	12016	815
集体企业	13	9677	877	8477	3226	559
股份合作企业	2	421	14	205	139	13
有限责任公司	42	251014	48720	166535	57695	7167
股份有限公司	7	326797	38424	156720	36144	7361
私营企业	65	184572	57406	30988	7890	1984
外商投资企业	1	638	378	2750	1146	1146
2. 按国民经济行业分组						
综合零售	44	477066	64506	317116	92224	14742
百货零售	21	362616	41268	247257	59370	9986
超级市场零售	18	97851	18740	57802	28722	3968
食品、饮料及烟草制品专门零售	3	2882	1310	479	213	34
纺织、服装及日用品专门零售	8	7476	3758	2151	223	64
服装零售	5	2647	1291	1809	103	38
文化、体育用品及器材专门零售	15	19910	7897	15229	5110	663
图书零售	12	13881	4599	13954	4579	592
医药及医疗器材专门零售	13	26716	8701	2683	1110	256
药品零售	12	26666	8701	2683	1110	256
汽车、摩托车、燃料及零配件专门零售	47	197219	54670	39141	10498	2630
汽车零售	40	194001	54402	34160	9360	2379
家用电器及电子产品专门零售	13	61757	13338	3248	773	251
家用电器零售	7	39365	8620	898	406	122
计算机、软件及辅助设备零售	2	1437	688	61	30	8
通信设备零售	3	20705	3952	2287	336	121
五金、家具及室内装修材料专门零售	3	1680	1248	3532	1424	228
无店铺及其他零售	4	2818	203	10266	6681	175

11—10 续表 1　　（2009 年）　　计量单位：万元

项　　目	资产总计	负债合计	所有者权益合　　计	# 实收资本
总　　计	**1177016**	**971516**	**205500**	**172399**
1. 按登记注册类型分组				
内资企业	1174774	967513	207260	170475
国有企业	45268	35862	9406	22241
集体企业	16365	10499	5866	5332
股份合作企业	1209	325	885	291
有限责任公司	414858	321538	93320	73312
股份有限公司	475069	431641	43428	18972
私营企业	222004	167649	54355	50328
外商投资企业	2242	4002	－1760	1924
2. 按国民经济行业分组				
综合零售	764632	670151	94481	74187
百货零售	579409	490994	88416	50182
超级市场零售	139742	141850	－2108	22048
食品、饮料及烟草制品专门零售	3427	3119	308	260
纺织、服装及日用品专门零售	10663	9546	1117	1599
服装零售	5610	4857	754	1146
文化、体育用品及器材专门零售	36339	24100	12239	7751
图书零售	26023	19142	6881	2392
医药及医疗器材专门零售	38582	15216	23366	15043
药品零售	38532	15216	23316	14993
汽车、摩托车、燃料及零配件专门零售	242033	191747	50286	53690
汽车零售	233156	186096	47060	53019
家用电器及电子产品专门零售	68462	50384	18078	11571
家用电器零售	41351	35513	5838	1601
计算机、软件及辅助设备零售	1473	379	1095	1051
通信设备零售	25385	14341	11044	8819
五金、家具及室内装修材料专门零售	6297	4427	1870	400
无店铺及其他零售	6581	2827	3754	7898

11—10 续表2 (2009年) 计量单位：万元

项　　目	主营业务收入	主营业务成本	主营业务税金及附加	主营业务利润
总　　计	**2127812**	**1964688**	**7038**	**156086**
1. 按登记注册类型分组				
内资企业	2124826	1962081	7028	155717
国有企业	53689	47447	97	6145
集体企业	52176	48634	74	3468
股份合作企业	4145	3629	10	505
有限责任公司	680575	623514	1708	55353
股份有限公司	805450	748158	4513	52778
私营企业	528792	490698	625	37469
外商投资企业	2987	2607	11	369
2. 按国民经济行业分组				
综合零售	1145300	1053978	5798	85524
百货零售	901109	829568	5284	66257
超级市场零售	217983	200816	442	16724
食品、饮料及烟草制品专门零售	2965	3253	3	-291
纺织、服装及日用品专门零售	26598	23546	57	2995
服装零售	10143	8614	45	1485
文化、体育用品及器材专门零售	25079	19802	67	5210
图书零售	18819	14276	59	4484
医药及医疗器材专门零售	47410	39396	121	7894
药品零售	47410	39396	121	7893
汽车、摩托车、燃料及零配件专门零售	688718	652048	586	36083
汽车零售	654814	622304	548	31962
家用电器及电子产品专门零售	158917	143568	252	15097
家用电器零售	78506	68810	148	9548
计算机、软件及辅助设备零售	4886	4476	14	397
通信设备零售	74266	69115	89	5063
五金、家具及室内装修材料专门零售	24216	20648	140	3428
无店铺及其他零售	8610	8449	15	146

11—10 续表 3　　(2009 年)　　计量单位：万元

项　目	其他业务利　润	营业费用	管理费用	# 税金	财务费用	# 利息支出
总　计	**63786**	**100099**	**94401**	**2858**	**10127**	**6452**
1. 按登记注册类型分组						
内资企业	63704	98231	94341	2858	10124	6452
国有企业	1524	3002	5749	155	215	105
集体企业	203	1786	1548	89	98	74
股份合作企业	9	106	135	8		
有限责任公司	17980	41247	27642	1201	1742	440
股份有限公司	37578	30735	46837	1121	5982	4739
私营企业	6409	21356	12432	284	2086	1094
外商投资企业	82	1868	59		3	
2. 按国民经济行业分组						
综合零售	55762	59896	69710	2068	6837	4747
百货零售	43602	33136	58607	1645	6855	4683
超级市场零售	8657	25218	6541	349	-620	-459
食品、饮料及烟草制品专门零售		160	210	4	-1	-93
纺织、服装及日用品专门零售	18	2319	705	37	145	15
服装零售	5	941	603	31	131	4
文化、体育用品及器材专门零售	656	1659	3503	146	86	68
图书零售	558	1259	3158	133	27	19
医药及医疗器材专门零售	84	5936	3007	25	114	104
药品零售	84	5936	3007	25	114	104
汽车、摩托车、燃料及零配件专门零售	423	17107	11930	541	2234	1454
汽车零售	428	15663	10961	492	2103	1330
家用电器及电子产品专门零售	6689	9992	3763	24	434	127
家用电器零售	5747	7224	2170	7	31	-32
计算机、软件及辅助设备零售		351	34		3	
通信设备零售	941	2389	1496	15	399	159
五金、家具及室内装修材料专门零售		2281	415	4	241	
无店铺及其他零售	154	749	1159	9	38	31

11—10 续表 4　　　　(2009 年)　　　　计量单位：万元

项　　目	营业利润	利润总额	应交所得税	劳动、失业保险费	住房公积金和住房补贴
总　　计	**15452**	**16597**	**6127**	**3001**	**1410**
1. 按登记注册类型分组					
内资企业	16931	18078	6127	3001	1395
国有企业	-1298	176	365	377	220
集体企业	240	286	41	48	25
股份合作企业	274	255	64	4	
有限责任公司	2908	3163	2038	2236	639
股份有限公司	6802	10569	2536	197	422
私营企业	8005	3630	1084	139	90
外商投资企业	-1479	-1481			15
2. 按国民经济行业分组					
综合零售	5049	8933	3829	2172	948
百货零售	11261	14618	3738	292	674
超级市场零售	-5551	-5923	49	1794	80
食品、饮料及烟草制品专门零售	-660	-58	4	1	
纺织、服装及日用品专门零售	-156	-132	24	30	14
服装零售	-185	-185	13	7	14
文化、体育用品及器材专门零售	618	943	327	329	95
图书零售	598	924	323	327	95
医药及医疗器材专门零售	-1080	-114	131	146	32
药品零售	-1080	-114	131	146	32
汽车、摩托车、燃料及零配件专门零售	5237	4825	1115	289	101
汽车零售	3663	3283	886	206	63
家用电器及电子产品专门零售	7599	2238	695	26	114
家用电器零售	5870	246	196	16	114
计算机、软件及辅助设备零售	9	9		1	
通信设备零售	1720	1983	498	9	
五金、家具及室内装修材料专门零售	492	493		1	
无店铺及其他零售	-1645	-531	2	7	106

11—10 续表 5　　(2009 年)　　计量单位：万元

项　　目	本年应付工资总额（贷方累计发生额）	本年应付福利费总额（贷方累计发生额）	本年应交增值税	全部从业人员年平均人数（人）
总　　计	**46621**	**2892**	**28885**	**24764**
1. 按登记注册类型分组				
内资企业	46329	2828	28865	24573
国有企业	4373	168	850	2254
集体企业	1291	23	582	1075
股份合作企业	93		91	72
有限责任公司	16107	1055	7326	9861
股份有限公司	16091	1286	9944	5867
私营企业	8374	296	10072	5444
外商投资企业	292	64	20	191
2. 按国民经济行业分组				
综合零售	28266	2087	14403	14527
百货零售	19164	1695	12752	8519
超级市场零售	6764	300	1188	4510
食品、饮料及烟草制品专门零售	201	27	13	170
纺织、服装及日用品专门零售	804	86	601	599
服装零售	383	34	488	355
文化、体育用品及器材专门零售	1497	54	575	706
图书零售	1331	44	547	622
医药及医疗器材专门零售	2544	151	876	1918
药品零售	2540	151	876	1915
汽车、摩托车、燃料及零配件专门零售	7543	325	9806	3424
汽车零售	6430	264	9230	2968
家用电器及电子产品专门零售	2960	156	2105	1825
家用电器零售	2096	101	825	1448
计算机、软件及辅助设备零售	14	11	25	27
通信设备零售	817	40	1243	333
五金、家具及室内装修材料专门零售	805	2	133	897
无店铺及其他零售	2000	3	373	698

市区限额以上批发贸易企业财务状况

11—11　　（2009年）　　计量单位：万元

项　　目	企业数（个）	流动资产合　　计	#存货	固定资产原　　价	累计折旧	#本年折旧
总　　计	**118**	**2051869**	**351942**	**306310**	**92822**	**15842**
1. 按登记注册类型分组						
内资企业	116	2037917	351771	305812	92584	15792
国有企业	14	699169	93686	80855	22723	2725
集体企业	7	55473	11351	14507	5170	527
股份合作企业	1	630	223	38	35	3
有限责任公司	32	499018	113457	38758	15623	2439
股份有限公司	12	476686	77460	157274	43497	8445
私营企业	50	306941	55594	14379	5536	1653
港、澳、台商投资企业	1	991	9	346	221	39
外商投资企业	1	12961	163	152	17	12
2. 按国民经济行业分组						
农畜产品批发	5	44644	15031	9061	3134	165
食品、饮料及烟草制品批发	14	425824	54726	51100	17990	1218
米、面制品及食用油批发	4	27845	3631	6675	1369	197
烟草制品批发	2	331896	27647	32933	10769	469
纺织、服装及日用品批发	11	44056	8437	8616	1933	391
服装批发	4	19398	1221	6325	1232	151
文化、体育用品及器材批发	3	60600	14873	18400	6168	815
医药及医疗器材批发	24	375132	76271	17019	7641	1026
矿产品、建材及化工产品批发	42	966340	127281	189271	49522	10095
煤炭及制品批发	7	230077	6317	7280	3428	569
石油及制品批发	5	185757	10605	145502	36420	7734
金属及金属矿批发	20	416039	55427	13607	3345	766
化肥批发	2	85848	49166	11421	3931	340
机械设备、五金交电及电子产品批发	18	129279	54612	10369	5741	1900
汽车、摩托车及零配件批发	2	6379	2214	833	293	192
家用电器批发	1	1053	1020	66	58	4
计算机、软件及辅助设备批发	2	2653	589	151	88	2
其他批发	1	5995	712	2474	693	231

11—11 续表1　　　　(2009年)　　　　计量单位：万元

项　　目	资产总计	负债合计	所有者权益合　　计	# 实收资本
总　　计	**2667189**	**1794709**	**872481**	**293376**
1. 按登记注册类型分组				
内资企业	2652465	1777790	874675	292976
国有企业	1039054	525016	514039	127028
集体企业	74262	57602	16659	10388
股份合作企业	640	632	8	55
有限责任公司	548725	449031	99695	47662
股份有限公司	658336	473330	185006	62436
私营企业	331448	272180	59268	45408
港、澳、台商投资企业	1612	1689	－77	100
外商投资企业	13112	15229	－2117	300
2. 按国民经济行业分组				
农畜产品批发	52572	42342	10230	5684
食品、饮料及烟草制品批发	679357	248392	430965	61437
米、面制品及食用油批发	34508	31115	3393	3264
烟草制品批发	557190	160002	397188	39307
纺织、服装及日用品批发	57929	25999	31930	34017
服装批发	30707	6651	24056	28196
文化、体育用品及器材批发	102913	70021	32892	7142
医药及医疗器材批发	399136	423318	－24182	64164
矿产品、建材及化工产品批发	1228855	880767	348089	103460
煤炭及制品批发	243831	218656	25175	13600
石油及制品批发	328343	118559	209784	4276
金属及金属矿批发	447598	392371	55227	33090
化肥批发	100744	88030	12715	5603
机械设备、五金交电及电子产品批发	137555	96112	41443	16387
汽车、摩托车及零配件批发	7000	3821	3179	2916
家用电器批发	1061	586	475	528
计算机、软件及辅助设备批发	2935	1677	1259	1160
其他批发	8873	7758	1114	1084

11—11 续表2　　（2009年）　　计量单位：万元

项　　目	主营业务收入	主营业务成本	主营业务税金及附加	主营业务利润
总　　计	**6873841**	**6472739**	**20781**	**341473**
1. 按登记注册类型分组				
内资企业	6808174	6413177	20781	335369
国有企业	2538308	2392328	15764	129900
集体企业	39623	34665	157	4801
股份合作企业	13	11		2
有限责任公司	1916675	1853182	2952	60541
股份有限公司	1493559	1346380	1518	107328
私营企业	819997	786611	390	32797
港、澳、台商投资企业	6319	4737		1582
外商投资企业	59349	54826		4523
2. 按国民经济行业分组				
农畜产品批发	90138	88508	13	1618
食品、饮料及烟草制品批发	1594049	1448403	15552	130094
米、面制品及食用油批发	100937	92963	7	7967
烟草制品批发	1360063	1249969	15202	94892
纺织、服装及日用品批发	131705	119595	126	11984
服装批发	29941	26623	3	3316
文化、体育用品及器材批发	96373	88032	55	8286
医药及医疗器材批发	1026566	975360	859	50033
矿产品、建材及化工产品批发	3592550	3434278	3812	115928
煤炭及制品批发	1065196	1047460	353	17184
石油及制品批发	820007	734584	627	46464
金属及金属矿批发	1231961	1204365	340	27257
化肥批发	313224	302089	2057	9079
机械设备、五金交电及电子产品批发	342067	318235	358	23474
汽车、摩托车及零配件批发	10930	10253	10	667
家用电器批发	2342	2193		149
计算机、软件及辅助设备批发	44401	43922	6	473
其他批发	394	330	7	57

11—11 续表 3　　（2009 年）　　计量单位：万元

项　　目	其他业务利　润	营业费用	管理费用	# 税金	财务费用	# 利息支出
总　　计	**10413**	**145104**	**89292**	**2999**	**18050**	**12139**
1. 按登记注册类型分组						
内资企业	10401	143716	88348	2967	17126	11319
国有企业	5974	24958	38706	1174	2646	2086
集体企业	1615	3799	2508	71	98	67
股份合作企业			2			
有限责任公司	1868	24647	14836	416	8040	5774
股份有限公司	32	69612	22491	1029	5114	2624
私营企业	912	20701	9805	278	1229	768
港、澳、台商投资企业		920	668	2	6	
外商投资企业	12	467	277	30	918	820
2. 按国民经济行业分组						
农畜产品批发	1054	1450	1480	128	647	575
食品、饮料及烟草制品批发	5430	29084	31071	772	1623	1447
米、面制品及食用油批发	349	3438	922	56	1214	1075
烟草制品批发	4674	10102	23228	602	435	435
纺织、服装及日用品批发	275	6958	4532	53	521	115
服装批发	10	2088	1495	9	156	1
文化、体育用品及器材批发		2535	5121	149	-1	-1
医药及医疗器材批发	456	29919	9801	328	4098	2246
矿产品、建材及化工产品批发	2222	59356	31343	1495	11104	7819
煤炭及制品批发	339	2795	3510	206	5147	5048
石油及制品批发	-337	34549	8292	660	286	-92
金属及金属矿批发	1752	11107	7910	374	2707	2146
化肥批发	353	2600	2889	37	2018	-4
机械设备、五金交电及电子产品批发	458	15561	5571	73	33	-68
汽车、摩托车及零配件批发		356	265	5	3	
家用电器批发	11	190	1			
计算机、软件及辅助设备批发	11	334	129	6	-3	-5
其他批发	519	241	374	1	26	5

11—11 续表 4　　　　（2009 年）　　　　计量单位：万元

项　　目	营业利润	利润总额	应交所得税	劳动、失业保险费	住房公积金和住房补贴
总　　计	**62678**	**67818**	**28930**	**3302**	**3169**
1. 按登记注册类型分组					
内资企业	59818	64561	28930	3298	3163
国有企业	68604	68541	19346	1609	1707
集体企业	11	389	267	185	111
股份合作企业					
有限责任公司	15013	16447	4985	393	478
股份有限公司	-26381	-23758	3380	1041	746
私营企业	2572	2942	952	69	122
港、澳、台商投资企业	-13	-19		3	
外商投资企业	2873	3276		1	6
2. 按国民经济行业分组					
农畜产品批发	-904	58	12	16	37
食品、饮料及烟草制品批发	73746	73947	18846	1065	1519
米、面制品及食用油批发	2742	3508	43	9	44
烟草制品批发	65802	64960	17053	626	1152
纺织、服装及日用品批发	248	438	248	47	96
服装批发	-413	-364		28	43
文化、体育用品及器材批发	632	543		608	227
医药及医疗器材批发	-32157	-32225	2505	891	353
矿产品、建材及化工产品批发	18362	21982	6377	487	699
煤炭及制品批发	6269	6250	1544	46	98
石油及制品批发	5302	5455	734	54	238
金属及金属矿批发	7684	8527	1981	195	182
化肥批发	2051	3121	837	17	61
机械设备、五金交电及电子产品批发	2817	3062	937	170	231
汽车、摩托车及零配件批发	42	45			
家用电器批发	-31	-34			
计算机、软件及辅助设备批发	24	24	7	1	4
其他批发	-65	14	6	19	8

11—11 续表 5　　(2009 年)　　计量单位：万元

项　　目	本年应付工资总额（贷方累计发生额）	本年应付福利费总额（贷方累计发生额）	本年应交增值税	全部从业人员年平均人数（人）
总　　计	**49280**	**3132**	**58113**	**14937**
1. 按登记注册类型分组				
内资企业	48608	3120	57564	14770
国有企业	19078	1142	26853	2481
集体企业	1535	94	803	910
股份合作企业	6			8
有限责任公司	9842	495	7767	2638
股份有限公司	11087	773	19031	6268
私营企业	7061	615	3110	2465
港、澳、台商投资企业	539		329	135
外商投资企业	133	12	220	32
2. 按国民经济行业分组				
农畜产品批发	692	11	114	326
食品、饮料及烟草制品批发	16212	705	28194	2899
米、面制品及食用油批发	1437	139	284	258
烟草制品批发	10391	490	24760	990
纺织、服装及日用品批发	3863	171	1117	1036
服装批发	1000		381	290
文化、体育用品及器材批发	2387	272	631	429
医药及医疗器材批发	7396	547	9559	3225
矿产品、建材及化工产品批发	12795	1353	15991	5396
煤炭及制品批发	1140	148	2615	283
石油及制品批发	3137	381	10498	3300
金属及金属矿批发	3496	292	2182	849
化肥批发	1778	22	22	358
机械设备、五金交电及电子产品批发	5867	57	2505	1374
汽车、摩托车及零配件批发	191	12	92	120
家用电器批发	61		18	36
计算机、软件及辅助设备批发	110	15	55	54
其他批发	68	17	2	252

市区限额以上零售贸易企业财务状况

11—12　　（2009 年）　　计量单位：万元

项　目	企业数（个）	流动资产合　计	# 存货	固定资产原　价	累计折旧	# 本年折旧
总　计	**98**	**772110**	**147129**	**363926**	**112701**	**18131**
1. 按登记注册类型分组						
内资企业	97	771472	146751	361175	111555	16985
国有企业	5	17343	7621	23685	10781	692
集体企业	7	2518	529	1800	784	249
股份合作企业	1	390	12	172	109	12
有限责任公司	38	246594	46042	156515	56986	6913
股份有限公司	7	326797	38424	156720	36144	7361
私营企业	39	177829	54123	22284	6751	1760
外商投资企业	1	638	378	2750	1146	1146
2. 按国民经济行业分组						
综合零售	21	462822	60203	293927	88169	14010
百货零售	7	354605	37893	230773	57740	9578
超级市场零售	9	91618	17812	51096	26296	3643
食品、饮料及烟草制品专门零售	2	2013	879	135	98	8
纺织、服装及日用品专门零售	6	7094	3443	472	157	49
服装零售	3	2265	977	130	37	22
文化、体育用品及器材专门零售	4	14062	6643	12352	4077	553
图书零售	1	8033	3345	11078	3545	482
医药及医疗器材专门零售	9	25451	7736	1512	1051	254
药品零售	8	25401	7736	1512	1051	254
汽车、摩托车、燃料及零配件专门零售	47	197219	54670	39141	10498	2630
汽车零售	40	194001	54402	34160	9360	2379
家用电器及电子产品专门零售	6	60725	12541	3148	746	241
家用电器零售	2	38460	7886	846	401	122
计算机、软件及辅助设备零售	1	1357	653	41	24	7
通信设备零售	2	20657	3925	2259	319	112
五金、家具及室内装修材料专门零售	2	1383	994	3299	1285	228
无店铺及其他零售	1	1340	19	9940	6620	160

11—12 续表 1　　(2009 年)　　计量单位：万元

项　目	资产总计	负债合计	所有者权益合　计	# 实收资本
总　计	**1119093**	**930566**	**188527**	**160809**
1. 按登记注册类型分组				
内资企业	1116850	926564	190287	158885
国有企业	34202	29016	5186	21648
集体企业	3657	2434	1223	689
股份合作企业	754	275	479	43
有限责任公司	397440	305023	92417	71736
股份有限公司	475069	431641	43428	18972
私营企业	205728	158174	47554	45799
外商投资企业	2242	4002	－1760	1924
2. 按国民经济行业分组				
综合零售	724667	640407	84259	64275
百货零售	551240	467337	83903	45693
超级市场零售	127946	135763	－7817	16624
食品、饮料及烟草制品专门零售	2099	1915	185	200
纺织、服装及日用品专门零售	8526	7730	796	1153
服装零售	3472	3040	432	700
文化、体育用品及器材专门零售	28018	19464	8554	7359
图书零售	17702	14507	3196	2000
医药及医疗器材专门零售	36174	13525	22649	14755
药品零售	36124	13525	22599	14705
汽车、摩托车、燃料及零配件专门零售	242033	191747	50286	53690
汽车零售	233156	186096	47060	53019
家用电器及电子产品专门零售	67347	49630	17717	11380
家用电器零售	40395	34787	5608	1500
计算机、软件及辅助设备零售	1373	370	1004	1001
通信设备零售	25326	14322	11004	8779
五金、家具及室内装修材料专门零售	5521	3667	1854	350
无店铺及其他零售	4709	2482	2227	7648

11—12 续表2 （2009年） 计量单位：万元

项　目	主营业务收入	主营业务成本	主营业务税金及附加	主营业务利润
总　计	**2036556**	**1883884**	**6757**	**145915**
1. 按登记注册类型分组				
内资企业	2033569	1881277	6747	145545
国有企业	37462	34084	60	3317
集体企业	20276	18615	29	1632
股份合作企业	3197	2723	10	464
有限责任公司	667472	612190	1652	53630
股份有限公司	805450	748158	4513	52778
私营企业	499713	465506	483	33724
外商投资企业	2987	2607	11	369
2. 按国民经济行业分组				
综合零售	1080244	995607	5603	79034
百货零售	852661	785485	5145	62031
超级市场零售	201375	186528	387	14460
食品、饮料及烟草制品专门零售	1921	1821	3	98
纺织、服装及日用品专门零售	24858	22247	43	2567
服装零售	8403	7316	31	1057
文化、体育用品及器材专门零售	15797	13075	45	2677
图书零售	9536	7548	37	1951
医药及医疗器材专门零售	41452	33855	102	7496
药品零售	41452	33854	102	7496
汽车、摩托车、燃料及零配件专门零售	688718	652048	586	36083
汽车零售	654814	622304	548	31962
家用电器及电子产品专门零售	154794	139780	236	14777
家用电器零售	75359	65931	144	9284
计算机、软件及辅助设备零售	4298	3920	8	370
通信设备零售	73877	68761	83	5033
五金、家具及室内装修材料专门零售	22668	19170	138	3360
无店铺及其他零售	6104	6282		－178

11—12 续表 3　　　　（2009 年）　　　　计量单位：万元

项　　目	其他业务利润	营业费用	管理费用	# 税金	财务费用	# 利息支出
总　　计	**63327**	**97006**	**87857**	**2586**	**9418**	**6100**
1. 按登记注册类型分组						
内资企业	63245	95138	87798	2586	9415	6100
国有企业	1406	2336	4191	110	233	123
集体企业	153	864	760	52	7	
股份合作企业	9	105	110	6		
有限责任公司	17704	41077	25139	1087	1360	223
股份有限公司	37578	30735	46837	1121	5982	4739
私营企业	6394	20022	10761	210	1832	1016
外商投资企业	82	1868	59		3	
2. 按国民经济行业分组						
综合零售	55426	58003	65203	1874	6284	4355
百货零售	43328	32611	54812	1483	6345	4309
超级市场零售	8596	23851	5830	317	-664	-477
食品、饮料及烟草制品专门零售		38	43	1		
纺织、服装及日用品专门零售	13	2213	511	9	48	12
服装零售		835	409	3	33	
文化、体育用品及器材专门零售	540	1141	2231	114	105	86
图书零售	442	741	1887	101	46	37
医药及医疗器材专门零售	82	5664	2747	16	112	104
药品零售	82	5664	2746	16	112	104
汽车、摩托车、燃料及零配件专门零售	423	17107	11930	541	2234	1454
汽车零售	428	15663	10961	492	2103	1330
家用电器及电子产品专门零售	6689	9896	3662	21	396	92
家用电器零售	5747	7156	2083	5	-4	-68
计算机、软件及辅助设备零售		341	28		1	
通信设备零售	941	2371	1488	15	399	159
五金、家具及室内装修材料专门零售		2240	384	1	241	
无店铺及其他零售	154	704	1146	9	-1	-1

11—12 续表 4　　(2009 年)　　计量单位：万元

项　　目	营业利润	利润总额	应交所得税	劳动、失业保险费	住房公积金和住房补贴
总　　计	**15167**	**15724**	**5709**	**2923**	**1381**
1. 按登记注册类型分组					
内资企业	16646	17205	5709	2923	1365
国有企业	-2038	-593	41	315	190
集体企业	155	191	35	46	25
股份合作企业	259	254	64		
有限责任公司	3965	3610	2038	2234	639
股份有限公司	6802	10569	2536	197	422
私营企业	7503	3174	995	132	90
外商投资企业	-1479	-1481			15
2. 按国民经济行业分组					
综合零售	5176	9026	3766	2150	948
百货零售	11591	14930	3700	270	674
超级市场零售	-5755	-6143	25	1794	80
食品、饮料及烟草制品专门零售	17	9	4		
纺织、服装及日用品专门零售	-191	-167	11	26	14
服装零售	-220	-220		3	14
文化、体育用品及器材专门零售	-261	33	3	279	66
图书零售	-281	14		277	66
医药及医疗器材专门零售	-945	24	131	146	32
药品零售	-945	24	131	146	32
汽车、摩托车、燃料及零配件专门零售	5237	4825	1115	289	101
汽车零售	3663	3283	886	206	63
家用电器及电子产品专门零售	7513	2180	677	26	114
家用电器零售	5796	200	179	16	114
计算机、软件及辅助设备零售	1	1		1	
通信设备零售	1716	1979	498	9	
五金、家具及室内装修材料专门零售	495	495			
无店铺及其他零售	-1873	-702		7	106

11—12 续表 5　　（2009 年）　　计量单位：万元

项　　目	本年应付工资总额（贷方累计发生额）	本年应付福利费总额（贷方累计发生额）	本年应交增值税	全部从业人员年平均人数（人）
总　　计	**42603**	**2716**	**26772**	**20906**
1. 按登记注册类型分组				
内资企业	42311	2651	26752	20715
国有企业	3540	91	585	1604
集体企业	615	20	236	370
股份合作企业	75		82	23
有限责任公司	14947	1043	6796	8774
股份有限公司	16091	1286	9944	5867
私营企业	7042	212	9109	4077
外商投资企业	292	64	20	191
2. 按国民经济行业分组				
综合零售	25573	2010	13266	11765
百货零售	17388	1632	12027	6605
超级市场零售	5847	285	776	3662
食品、饮料及烟草制品专门零售	140	19	13	141
纺织、服装及日用品专门零售	580	65	236	356
服装零售	159	13	123	112
文化、体育用品及器材专门零售	932	10	323	429
图书零售	766		295	345
医药及医疗器材专门零售	2250	131	829	1566
药品零售	2246	131	829	1563
汽车、摩托车、燃料及零配件专门零售	7543	325	9806	3424
汽车零售	6430	264	9230	2968
家用电器及电子产品专门零售	2806	156	2068	1686
家用电器零售	1984	101	805	1346
计算机、软件及辅助设备零售	2	11	20	13
通信设备零售	787	40	1232	310
五金、家具及室内装修材料专门零售	794		120	874
无店铺及其他零售	1985		112	665

分县（市）区限额以上批发零售贸易企业财务状况

11—13　　　　（2009 年）　　　　计量单位：万元

行政单位	资产总计	负债合计	主营业务收入	主营业务利润	其他业务利润
全市总计	**3980331**	**2878912**	**9332147**	**524548**	**74225**
市区合计	3786282	2725275	8910397	487388	73740
#长安区	277284	295341	761997	52295	6085
桥东区	976310	849962	1878040	107390	38408
桥西区	966641	451765	1983059	150408	15884
新华区	829633	656800	2711344	91110	5502
裕华区	734805	470354	1570788	86106	7860
矿　区	1610	1054	5171	79	
井陉县	55246	47013	163443	16678	19
正定县	39373	30530	42967	2250	62
栾城县	2519	1877	4254	543	
行唐县	4558	3728	7161	1238	17
灵寿县	6695	3082	9531	2186	2
高邑县					
深泽县	3165	2570	6532	-619	2
赞皇县	1140	905	1695	400	14
无极县	914	746	17058	211	33
平山县	23161	15403	78249	8613	17
元氏县					
赵　县	848	566	1171	310	
辛集市	27084	21757	57415	2305	18
藁城市	14731	13865	11724	2166	276
晋州市	2773	2205	4834	190	14
新乐市	2473	2336	7948	723	9
鹿泉市	9368	7055	7769	-32	5

11—13 续表　　（2009 年）　　计量单位：万元

行政单位	管理费用	财务费用	利润总额	本年应付工资总额（贷方累计发生额）	本年应交增值税
全市总计	**188517**	**29978**	**85062**	**97881**	**90443**
市区合计	177149	27468	83542	91883	84885
#长安区	19430	3358	-37999	12218	7965
桥东区	57816	9335	29693	25032	22810
桥西区	48881	3749	68823	22855	30605
新华区	30760	8691	11524	18293	8271
裕华区	20242	2313	11465	13470	15183
矿　区	21	22	36	15	50
井陉县	845	526	2441	493	1607
正定县	966	263	319	813	366
栾城县	173	9	130	201	32
行唐县	453	93	-4	449	494
灵寿县	871	111	445	449	458
高邑县					
深泽县	195	68	-895	136	12
赞皇县	145	32	181	81	19
无极县	133	21	1	28	13
平山县	2128	235	-26	796	940
元氏县					
赵　县	89	-2	87	54	49
辛集市	1926	583	-1154	757	709
藁城市	2374	310	-242	1115	391
晋州市	114	-1	161	50	347
新乐市	408	76	131	343	71
鹿泉市	551	186	-56	234	50

社会消费品零售总额

11—14　　（2009 年）　　计量单位：万元

行政单位	社会消费品零售总额	按销售单位所在地分组		
		市	县	县以下
全市总计	**11905536**	**6854273**	**1846043**	**3205220**
市区合计	4952250	4746875		205375
#长安区	769778	769778		
桥东区	491076	396194		94881
桥西区	351389	336152		15236
新华区	998907	899016		99891
裕华区	567520	567458		62
矿　区	57818	57818		
井陉县	197815		88601	109215
正定县	525715		339660	186055
栾城县	344925		187275	157650
行唐县	269896		147452	122444
灵寿县	179922		106978	72945
高邑县	148043		83954	64089
深泽县	190783		95707	95076
赞皇县	183648		139669	43979
无极县	519968		241919	278049
平山县	243032		119419	123613
元氏县	234095		131694	102401
赵　县	499957		230355	269603
辛集市	1165083	723912		441172
藁城市	783099	339059		444040
晋州市	503417	267880		235537
新乐市	466431	280611		185820
鹿泉市	550642	287745		262897

11—14 续表　　(2009 年)　　计量单位：万元

行政单位	按行业分组			
	批发业	零售业	住宿和餐饮业	其他
全市总计	**1956961**	**8574501**	**1227523**	**146551**
市区合计	1035515	3468342	440265	8128
#长安区	47061	673255	47611	1851
桥东区	118284	263962	108829	
桥西区	44849	251075	51594	3870
新华区	273601	579687	145619	
裕华区	35507	455512	76501	
矿　区	5163	46237	4011	2407
井 陉 县	45317	117587	24250	10661
正 定 县	11397	481774	23967	8577
栾 城 县	95770	172381	62590	14185
行 唐 县	18928	208439	26174	16355
灵 寿 县	6535	146373	24387	2627
高 邑 县		126719	5325	15999
深 泽 县	9056	173884	6977	866
赞 皇 县	66916	77970	20614	18148
无 极 县	48945	419356	48770	2898
平 山 县	41017	154667	43683	3665
元 氏 县	50315	155615	18635	9530
赵　县	140852	264054	87145	7906
辛 集 市	178258	899361	64457	23008
藁 城 市	113395	555947	97307	16451
晋 州 市	10162	470224	19469	3562
新 乐 市	852	420833	35046	9700
鹿 泉 市	23267	481877	43231	2267

分县（市）区实际利用外资情况

11—15　　　　（2009 年）　　　　计量单位：万美元

行政单位	实际利用外资	比上年增长（%）	实际利用外资中：	
			直接利用外资	比上年增长（%）
全市总计	**56322**	**10.8**	**54350**	**18.6**
市　　区	44302	45.2	42330	66.0
#长安区	813	-89.6	813	-89.6
桥东区	641	1.2 倍	641	1.2 倍
桥西区	9436	1.5 倍	9436	1.5 倍
新华区	144	-82.3	144	-82.3
裕华区	306	16.8	306	16.8
矿　区				
高 新 区	6190	17.5	6190	17.5
井 陉 县	38	-90.9	38	-90.9
正 定 县				
栾 城 县	3260	15.3 倍	3260	15.3 倍
行 唐 县	800	-44.8	800	-44.8
灵 寿 县	24		24	
高 邑 县				
深 泽 县	3	-25.0	3	-25.0
赞 皇 县	625	3.3	625	3.3
无 极 县	50	-87.8	50	-87.8
平 山 县	258	-53.9	258	-53.9
元 氏 县				
赵　　县	9400	-5.4	9400	-5.4
辛 集 市				
藁 城 市	2738	7.7	2738	7.7
晋 州 市	42	-71.2	42	-71.2
新 乐 市				
鹿 泉 市	41	-93.1	41	-93.1

外国和港澳台地区在石投资情况

11—16 （2009 年） 计量单位：万美元

指标名称	新批合同			新注册三资企业	
	项目个数（个）	项目投资总额	合同外资额	注册户数（户）	项目投资总额
合计	**31**	**64219**	**27986**	**27**	**38024**
# 国有企业与客商兴办的合资、合作企业	2	140	163	1	36
# 投资总额 500 万美元以上项目	11	62029	26607	10	37517
#开发区合计	5	22101	3822	4	14118
1. 国家级开发区	4	14755	1296	3	14015
2. 省级开发区	1	7346	2526	1	103
一、按投资方式分组					
（一）港、澳、台投资经济	11	27414	8991	9	21999
1. 港澳台合资经营企业	4	6707	3427	3	2441
2. 港澳台合作经营企业	1	15	9	1	15
3. 港澳台独资经营企业	6	20692	5555	5	19543
（二）外商投资经济	20	36805	18995	18	16025
1. 中外合资经营企业	11	13132	4229	10	7145
2. 中外合作经营企业	1	36	18	1	36
3. 外资企业	8	23637	14748	7	8844
二、按产业分组					
第一产业	1	1000	475	1	1000
第二产业	14	55824	29190	11	30273
第三产业	16	7395	-1679	15	6751
三、按国民经济行业分组					
农、林、牧、渔业	1	1000	475	1	1000
制 造 业	10	47967	25583	9	26821
# 农副食品加工业		5415	1720		
皮革、皮毛、羽毛（绒）及其制品业		117	83		
印刷业和记录媒介的复制		997	377		
化学原料及化学制品制造业	1	977	738	1	585
医药制造业	1	19360	5049	1	9506
塑料制品业	1	8097	3028	1	8000

11—16 续表 1　　　　（2009 年）　　　　计量单位：万美元

指标名称	新批合同			新注册三资企业	
	项目个数（个）	项目投资总额	合同外资额	注册户数（户）	项目投资总额
非金属矿物制品业		22	55		
有色金属冶炼及压延加工业			-57		
专用设备制造业	1	6029	2029	1	6000
交通运输设备制造业	1	1171	141	1	1171
电力、煤气及水的生产和供应业	3	3556	1785	2	3452
建筑业		301	39		
信息传输、计算机服务和软件业		600	329		
批发和零售业	11	2317	1185	10	2321
住宿和餐饮业	1	1	1	1	1
房地产业		4417	-3229		4369
租赁和商务服务业	2	17	10	2	17
科学研究、技术服务和地质勘查业	2	43	25	2	43
四、按投资国别、地区分组					
1. 亚洲	22	41424	24434	18	27428
# 香港	8	27232	8863	7	21985
台湾	3	182	128	2	14
日本	3	1382	398	3	1382
新加坡	4	12581	14969	3	4037
韩国	1	1	1	1	1
东南亚联盟	6	12590	14974	5	4046
2. 欧洲	2	298	120	2	44
# 欧盟	1	283	111	1	29
3. 拉丁美洲	1	22227	3042	1	10369
4. 北美洲	6	183	132	6	183
# 美国	4	145	170	4	145
5. 大洋洲		87	258		
五、高新技术产业	4	27847	8295	3	16091
六、并购	6	11185	4384	3	5170

11—16 续表 2　　（2009 年）　　计量单位：万美元

指标名称	新注册三资企业（续）		期末实有三资企业（个）		
	注册资本	外　方注册资本		# 开工在建	投产企业
合　　计	**31053**	**25366**	**481**	**1**	**382**
# 国有企业与客商兴办的合资、合作企业	25	105	83		56
# 投资总额 500 万美元以上项目	29461	24400	155		109
#开发区合计	4318	3515	107		89
1. 国家级开发区	1253	1205	68		55
2. 省级开发区	3065	2310	39		34
一、按投资方式分组					
（一）港、澳、台投资经济	9841	7198	193		155
1. 港澳台合资经营企业	2233	1644	125		105
2. 港澳台合作经营企业	15	9	16		11
3. 港澳台独资经营企业	7593	5545	52		39
（二）外商投资经济	21212	18168	288	1	227
1. 中外合资经营企业	6192	3417	180	1	151
2. 中外合作经营企业	25	18	29		10
3. 外资企业	14995	14733	78		66
二、按产业分组					
第一产业	500	475	8		4
第二产业	31092	26834	344	1	287
第三产业	-539	-1943	129		91
三、按国民经济行业分组					
农、林、牧、渔业	500	475	8		4
制造业	29000	25068	322	1	274
# 农副食品加工业	2166	1504	9		6
食品制造业	1273	1248	8		6
饮料制造业			5		4
纺织业			22		19

11—16 续表 3　　　　(2009 年)　　　　计量单位：万美元

指标名称	新注册三资企业（续）		期末实有三资企业（个）		
	注册资本	外　方注册资本		# 开工在建	投产企业
纺织服装、鞋、帽制造业	34	5	24		23
皮革、皮毛、羽毛（绒）及其制品业	98	83	31		28
木材加工及木、竹、藤、棕、草制品业			1		
造纸及纸制品业	9400	9400	2		2
印刷业和记录媒介的复制	377	377	2		2
文教体育用品制造业			2		1
石油加工、炼焦及核燃料加工			1		1
化学原料及化学制品制造业	772	530	42		33
医药制造业	6997	5049	48		42
橡胶制品业			5		5
塑料制品业	3070	3028	29		26
非金属矿物制品业	22	55	16		10
黑色金属冶炼及压延加工业			4		4
有色金属冶炼及压延加工业		-57	3	1	1
金属制品业	7	3	12		12
通用设备制造业			14		14
专用设备制造业	2029	2029	7		6
交通运输设备制造业	638	141	8		7
电气机械及器材制造业			5		5
通信设备、计算机及其他电子设备制造业	668	668	8		5
仪器仪表及文化、办公用机械制造业			7		6
工艺品及其他制造业	1449	1005	7		6
电力、煤气及水的生产和供应业	1791	1727	7		5
建筑业	301	39	15		8
交通运输、仓储和邮政业			14		5
信息传输、计算机服务和软件业	300	329	6		6

11—16 续表 4　　　　（2009 年）　　　　计量单位：万美元

指标名称	新注册三资企业（续）		期末实有三资企业（个）		
	注册资本	外方注册资本		# 开工在建	投产企业
批发和零售业	1053	921	34		23
住宿和餐饮业	1	1	5		4
房地产业	-1942	-3229	37		30
租赁和商务服务业	17	10	20		13
科学研究、技术服务和地质勘查业	32	25	6		5
居民服务和其他服务业			3		3
教育			1		1
卫生、社会保障和社会福利业			1		1
文化、体育和娱乐业			2		
四、按投资国别、地区分组					
1. 亚　洲	26144	21896	284		230
# 香　港	9643	7080	155		124
台　湾	198	118	38		31
日　本	733	150	23		17
新 加 坡	15538	14487	31		27
韩　国	1	1	18		15
东南亚联盟	15547	14492	42		35
2. 非　洲			2		2
3. 欧　洲	89	38	47		33
# 欧　盟	74	29	38		28
4. 拉丁美洲	4396	3042	49		33
5. 北美洲	137	132	84	1	70
# 加拿大	27	-38	13	1	11
美　国	110	170	71		59
6. 大洋洲	287	258	15		14
五、高新技术产业	10058	7996	87	1	68
六、并购	3418	1996	28		26

11—16 续表 5　　(2009 年)　　计量单位：万美元

指标名称	客商直接投资	# 现金	利润再投资	中方投资
合　计	**54350**	**51425**	**330**	**2725**
# 国有企业与客商兴办的合资、合作企业	25778	25778	34	
# 投资总额 500 万美元以上项目	52117	49817	193	2562
#开发区合计	2731	1681	237	2569
1. 国家级开发区	1449	899	159	2482
2. 省级开发区	1282	782	78	87
一、按投资方式分组				
（一）港、澳、台投资经济	9682	9682	193	14
1. 港澳台合资经营企业	200	200	159	4
2. 港澳台合作经营企业	34	34	34	
3. 港澳台独资经营企业	9448	9448		10
（二）外商投资经济	44668	41743	137	2711
1. 中外合资经营企业	29171	27496	98	229
2. 中外合作经营企业				
3. 外资企业	14757	13507	39	
二、按产业分组				
第一产业				
第二产业	52680	50205	330	2705
第三产业	1670	1220		20
三、按国民经济行业分组				
制 造 业	27803	25328	291	2705
# 农副食品加工业	1197	697		
食品制造业	883	83		28
皮革、皮毛、羽毛（绒）及其制品业	30	30	20	15
化学原料及化学制品制造业	680	680	78	171
医药制造业	13999	13449		

11—16 续表 6　　　　（2009 年）　　　　计量单位：万美元

指标名称	客商直接投资	# 现金	利　润再投资	中方投资
塑料制品业	625			
非金属矿物制品业	38	38		
有色金属冶炼及压延加工业	740	740		2482
金属制品业	3	3		4
通用设备制造业	34	34	34	
交通运输设备制造业	159	159	159	
电力、煤气及水的生产和供应业	24800	24800		
建 筑 业	77	77	39	
信息传输、计算机服务和软件业	750	300		
批发和零售业	486	486		20
房地产业	425	425		
租赁和商务服务业	2	2		
四、按投资国别、地区分组				
1. 亚　　洲	23222	21372	232	2496
# 香　　港	9483	9483		
台　　湾	199	199	193	14
日　　本	1033	1033		2482
新 加 坡	12498	10648	39	
东南亚联盟	12502	10652	39	
2. 欧　　洲	127	127	20	57
# 欧　　盟	51	51	20	35
3. 拉丁美洲	4588	4138	78	161
4. 北美洲	26413	25788		11
# 美　国	26413	25788		11
五、高新技术产业	15291	14741		2572
六、并购	2011	2011		2482

11—16 续表 7　　　　（2009 年）　　　　计量单位：万美元

指标名称			企业境外借款	# 外方股东借款	外商其它投资
	# 现金	实物			
合　　计	**2725**		**2925**	**2925**	
#国有企业与客商兴办的合资、合作企业					
#投资总额 500 万美元以上项目	2562		2300	2300	
#开发区合计	2569		1050	1050	
1. 国家级开发区	2482		550	550	
2. 省级开发区	87		500	500	
一、按投资方式分组					
（一）港、澳、台投资经济	14				
1. 港澳台合资经营企业	4				
3. 港澳台独资经营企业	10				
（二）外商投资经济	2711		2925	2925	
1. 中外合资经营企业	229		1675	1675	
2. 中外合作经营企业					
3. 外资企业			1250	1250	
二、按产业分组					
第一产业					
第二产业	2705		2475	2475	
第三产业	20		450	450	
三、按国民经济行业分组					
制 造 业	2705		2475	2475	
# 农副食品加工业			500	500	
食品制造业	28		800	800	
皮革、皮毛、羽毛（绒）及其制品业	15				
化学原料及化学制品制造业	171				
医药制造业			550	550	

11—16 续表8 （2009年） 计量单位：万美元

指标名称			企业境外借款		外商其它投资
	# 现金	实物		# 外方股东借款	
塑料制品业			625	625	
有色金属冶炼及压延加工业	2482				
信息传输、计算机服务和软件业			450	450	
批发和零售业	20				
四、按投资国别、地区分组					
1. 亚　　洲	2496		1850	1850	
# 香　　港					
台　　湾	14				
日　　本	2482				
新 加 坡			1850	1850	
韩　　国					
东南亚联盟			1850	1850	
2. 欧　　洲	57				
# 欧　　盟	35				
3. 拉丁美洲	161		450	450	
4. 北美洲	11		625	625	
# 美　国	11		625	625	
6. 大洋洲					
五、高新技术产业	2572		550	550	
六、并购	2482				

外国和港澳台地区在石投资企业主要经济指标

11—17　　(2009 年)

行业名称	期末投产企业个数(个)	# 亏损企业	总产值(现价)(千元)	期末从业人员(人)
合　计	**382**	**165**	**32897859**	**90406**
#国有企业与客商兴办的合资、合作企业	57	25	8366979	15796
# 以原有企业为依托的合资、合作企业	97	33	11872741	30373
一、按投资方式分组				
（一）港、澳、台投资经济	157	74	12101231	40397
1. 港澳台合资经营企业	105	48	5417302	24623
2. 港澳台合作经营企业	11	9	2542259	7262
3. 港澳台独资经营企业	41	17	4141670	8512
（二）外商投资经济	225	91	20796628	50009
1. 中外合资经营企业	149	64	16223516	33555
2. 中外合作经营企业	10	1	820594	6301
3. 外资企业	66	26	3752518	10153
二、按产业分组				
第一产业	4	3		98
第二产业	286	105	32897859	82267
第三产业	92	57		8041
三、按国民经济行业分组				
农、林、牧、渔业	4	3		98
制造业	273	102	29090672	79940
# 农副食品加工业	6	3	250401	1192
食品制造业	6	3	553896	1612
饮料制造业	4	3	25388	372
纺织业	19	8	719661	3499
纺织服装、鞋、帽制造业	22	7	521887	6679
皮革、皮毛、羽毛（绒）及其制品业	27	9	1229015	7221
造纸及纸制品业	2		8140	51
印刷业和记录媒介的复制	2		3425	31
文教体育用品制造业	1	1	73	56
石油加工、炼焦及核燃料加工	1		9932	99

11—17 续表 1　　(2009 年)

行业名称	期末投产企业个数(个)	# 亏损企业	总产值(现价)(千元)	期末从业人员(人)
化学原料及化学制品制造业	34	12	2887822	9622
医药制造业	41	13	10488052	20749
橡胶制品业	5		590475	1073
塑料制品业	26	6	1882551	11164
非金属矿物制品业	9	4	135974	550
黑色金属冶炼及压延加工业	4	1	6612467	4434
有色金属冶炼及压延加工业	1		1702	14
金属制品业	12	9	1072379	2356
通用设备制造业	14	7	285217	2365
专用设备制造业	6	2	123218	816
交通运输设备制造业	7	1	926490	1869
电气机械及器材制造业	5	3	486167	1692
通信设备、计算机及其他电子设备制造业	6	3	139422	608
仪器仪表及文化、办公用机械制造业	7	4	79715	1213
工艺品及其他制造业	6	3	57203	603
电力、煤气及水的生产和供应业	5	1	3807187	1143
建 筑 业	8	2		1184
交通运输、仓储和邮政业	5	1		2382
信息传输、计算机服务和软件业	5	2		526
批发和零售业	24	16		615
住宿和餐饮业	4	2		421
房地产业	29	22		1390
租赁和商务服务业	14	8		835
科学研究、技术服务和地质勘查业	6	4		1656
居民服务和其他服务业	3	1		40
教育	1			86
卫生、社会保障和社会福利业	1	1		90
四、高新技术产业	69	23	11588298	24281

11—17 续表 2　　　　(2009 年)

行业名称	期末从业人员(续) # 外方及港澳台人员	期末从业人员劳动报酬（千元）	# 外方及港澳台人员	所有者权益（千元）	# 实收资本（千美元）
合　计	**160**	**1772141**	**4547**	**26878722**	**3486074**
#国有企业与客商兴办的合资、合作企业	7	506058	291	10424368	1256929
# 以原有企业为依托的合资、合作企业	34	511930	1173	5418399	811611
一、按投资方式分组					
（一）港、澳、台投资经济	31	805469	931	8560113	1002439
1. 港澳台合资经营企业	15	357771	280	4010245	436128
2. 港澳台合作经营企业	3	223909	139	646303	174622
3. 港澳台独资经营企业	13	223789	512	3903565	391689
（二）外商投资经济	129	966672	3616	18318609	2483635
1. 中外合资经营企业	81	628905	1779	11451013	1684130
2. 中外合作经营企业	6	154829	112	2753014	323145
3. 外资企业	42	182938	1725	4114582	476360
二、按产业分组					
第一产业	2	604		42237	221955
第二产业	132	1539761	3310	21510009	2757502
第三产业	26	231776	1237	5326476	506617
三、按国民经济行业分组					
农、林、牧、渔业	2	604		42237	221955
制造业	130	1470257	3126	15551264	1785853
# 农副食品加工业		13863		137544	18451
食品制造业	10	12822	278	502174	126392
饮料制造业		1723		3795	2953
纺织业	2	47133	140	140363	19506
纺织服装、鞋、帽制造业	3	33100	94	72167	5793
皮革、皮毛、羽毛（绒）及其制品业	11	89725	204	176047	86507
造纸及纸制品业		443		6377	351
印刷业和记录媒介的复制	2	255	72	17471	2361
文教体育用品制造业		810		16831	10664
石油加工、炼焦及核燃料加工		952		9154	1202

11—17 续表3　　(2009年)

行业名称	期末从业人员(续) # 外方及港澳台人员	期末从业人员劳动报酬(千元)	# 外方及港澳台人员	所有者权益(千元)	# 实收资本(千美元)
化学原料及化学制品制造业	39	114258	304	1720441	152880
医药制造业	6	592412	161	7239226	583884
橡胶制品业	25	17568		143229	7690
塑料制品业	5	140492	304	620924	56301
非金属矿物制品业	6	6843	379	39776	26886
黑色金属冶炼及压延加工业		172701		2173604	268641
有色金属冶炼及压延加工业		111		4612	600
金属制品业	2	40813	120	665721	89096
通用设备制造业	7	38594	56	237702	118585
专用设备制造业	4	14148	56	74719	50372
交通运输设备制造业	8	45887	958	625038	72163
电气机械及器材制造业		49751		469835	45048
通信设备、计算机及其他电子设备制造业		11623		381118	31644
仪器仪表及文化、办公用机械制造业		15362		44116	6002
工艺品及其他制造业		8868		29280	1881
电力、煤气及水的生产和供应业		46422		5637336	931074
建筑业	2	23082	184	321409	40575
交通运输、仓储和邮政业		98938		2762576	116444
信息传输、计算机服务和软件业	2	29556	328	413407	31470
批发和零售业	7	28059	107	281320	53878
住宿和餐饮业	1	7359		8143	4980
房地产业	7	33622	727	1570423	221939
租赁和商务服务业	4	22267	48	213514	49386
科学研究、技术服务和地质勘查业	3	8099	8	40559	6467
居民服务和其他服务业	2	770	19	21480	2410
教育		2360		10090	16610
卫生、社会保障和社会福利业		746		4964	3033
四、高新技术产业	19	661635	585	8134400	656687

11—17 续表 4　　　　(2009 年)

行业名称	所有者权益（续） 实收资本（续） 中方	外方	资产总额（千元）	# 流动资产	# 固定资产原值
合　计	**1337034**	**2149040**	**59129271**	**29685797**	**34247339**
# 国有企业与客商兴办的合资、合作企业	642766	614163	18258335	6066312	16562397
# 以原有企业为依托的合资、合作企业	433243	378368	15185892	8062680	9385836
一、按投资方式分组					
（一）港、澳、台投资经济	339831	662608	21935711	12296905	9609184
1. 港澳台合资经营企业	209950	226178	11171164	6674915	5798459
2. 港澳台合作经营企业	127199	47423	3276948	1925619	1944029
3. 港澳台独资经营企业	2682	389007	7487599	3696371	1866696
（二）外商投资经济	997203	1486432	37193560	17388892	24638155
1. 中外合资经营企业	778517	905613	22838253	8851462	15554020
2. 中外合作经营企业	211031	112114	4739256	1366856	6721867
3. 外资企业	7655	468705	9616051	7170574	2362268
二、按产业分组					
第一产业	150440	71515	75983	26682	67886
第二产业	1054131	1703371	43512387	19313828	25611270
第三产业	132463	374154	15540901	10345287	8568183
三、按国民经济行业分组					
农、林、牧、渔业	150440	71515	75983	26682	67886
制造业	631080	1154773	35686228	18044570	19187709
# 农副食品加工业	2297	16154	265812	155342	125161
食品制造业	5813	120579	696954	229830	344440
饮料制造业	2093	860	100688	5827	48473
纺织业	10101	9405	504025	296079	242639
纺织服装、鞋、帽制造业	1973	3820	330259	261882	73850
皮革、皮毛、羽毛（绒）及其制品业	8069	78438	1266430	980543	284829
造纸及纸制品业	249	102	16460	12934	6137
印刷业和记录媒介的复制		2361	30476	12100	19593
文教体育用品制造业	7998	2666	19855	4967	22375
石油加工、炼焦及核燃料加工	589	613	11278	2124	9664

11—17 续表 5　　　　(2009 年)

行业名称	所有者权益（续） 实收资本（续） 中方	外方	资产总额（千元）	# 流动资产	# 固定资产原值
化学原料及化学制品制造业	100318	52562	3968564	1831983	1985116
医药制造业	97947	485937	14983834	7158257	7769579
橡胶制品业	3850	3840	344229	243504	165434
塑料制品业	31730	24571	1695774	1093724	1170914
非金属矿物制品业	20909	5977	124758	71557	91729
黑色金属冶炼及压延加工业	134684	133957	5633954	2178768	4624809
有色金属冶炼及压延加工业	450	150	8560	4398	7104
金属制品业	24080	65016	1600884	1132040	576250
通用设备制造业	83545	35040	715965	502226	183385
专用设备制造业	5903	44469	224676	149994	76795
交通运输设备制造业	48189	23974	1308799	1050992	320110
电气机械及器材制造业	22797	22251	1007002	326646	682651
通信设备、计算机及其他电子设备制造业	12870	18774	672202	219812	303829
仪器仪表及文化、办公用机械制造业	3834	2168	96540	70665	33278
工艺品及其他制造业	792	1089	58250	48376	19565
电力、煤气及水的生产和供应业	402389	528685	7210910	961637	5930117
建 筑 业	20662	19913	615249	307621	493444
交通运输、仓储和邮政业	55632	60812	4512917	1143796	6545401
信息传输、计算机服务和软件业	4837	26633	911717	771980	75364
批发和零售业	811	53067	614831	478549	41599
住宿和餐饮业	3565	1415	69078	19655	84986
房地产业	52960	168979	7860301	7185856	754378
租赁和商务服务业	12314	37072	1410926	650031	977174
科学研究、技术服务和地质勘查业	290	6177	91008	68547	30671
居民服务和其他服务业	174	2236	30632	21791	11259
教育		16610	18880	1400	24173
卫生、社会保障和社会福利业	1880	1153	20611	3682	23178
四、高新技术产业	131719	524968	16799588	8050492	8567787

11—17 续表 6　　　　（2009 年）

行业名称	资产总额（续） 无形资产	负债总额（千元）	# 流动负债	# 长期负债	主营业务收入（千元）
合　计	**2148278**	**32250549**	**25492092**	**5648297**	**41082151**
# 国有企业与客商兴办的合资、合作企业	497433	7833967	5885481	1599563	11646218
# 以原有企业为依托的合资、合作企业	933362	9767493	8048962	1708830	11786707
一、按投资方式分组					
（一）港、澳、台投资经济	589101	13375598	10994655	1632483	14425631
1. 港澳台合资经营企业	348134	7160919	6059989	1089323	7348939
2. 港澳台合作经营企业	23830	2630645	2428457	202188	2476440
3. 港澳台独资经营企业	217137	3584034	2506209	340972	4600252
（二）外商投资经济	1559177	18874951	14497437	4015814	26656520
1. 中外合资经营企业	1194197	11387240	8957778	2070049	18053086
2. 中外合作经营企业	70445	1986242	755883	1230359	3408574
3. 外资企业	294535	5501469	4783776	715406	5194860
二、按产业分组					
第一产业	2734	33746	33746		7781
第二产业	2000008	22002378	18278047	2614171	34617612
第三产业	145536	10214425	7180299	3034126	6456758
三、按国民经济行业分组					
农、林、牧、渔业	2734	33746	33746		7781
制造业	1678340	20134964	16914266	2456118	30362123
# 农副食品加工业	1671	128268	108593	17300	262335
食品制造业	124226	194780	184311	10469	495011
饮料制造业	8161	96893	96893		27168
纺织业	27859	363662	342752	20910	801250
纺织服装、鞋、帽制造业	11826	258092	240107	7500	506096
皮革、皮毛、羽毛（绒）及其制品业	32043	1090383	951620	138763	1243265
造纸及纸制品业	351	10083	10083		9191
印刷业和记录媒介的复制		13005	13005		11589
文教体育用品制造业		3024	3024		73
石油加工、炼焦及核燃料加工	670	2124	2124		9576

11—17 续表7 （2009 年）

行业名称	资产总额（续）	负债总额（千元）			主营业务收入（千元）
	无形资产		# 流动负债	# 长期负债	
化学原料及化学制品制造业	285901	2248123	2153122	83420	3043508
医药制造业	416830	7744608	6207965	799789	11082098
橡胶制品业	6906	201000	201000		583861
塑料制品业	7435	1074850	1072475	2375	2283889
非金属矿物制品业	1133	84982	51377	33599	82531
黑色金属冶炼及压延加工业	559516	3460350	2463030	997320	6598236
有色金属冶炼及压延加工业		3948	3948		1549
金属制品业	49244	935163	831217	101659	1244106
通用设备制造业	8693	478263	429946	48317	308132
专用设备制造业	14681	149957	146152	3780	126784
交通运输设备制造业	38651	683761	680778	2983	897889
电气机械及器材制造业	53523	537167	416167	121000	483828
通信设备、计算机及其他电了设备制造业	28515	291084	234162	56922	106732
仪器仪表及文化、办公用机械制造业	256	52424	41445	10012	98409
工艺品及其他制造业	249	28970	28970		55017
电力、煤气及水的生产和供应业	263830	1573574	1142537	85457	3818092
建 筑 业	57838	293840	221244	72596	437397
交通运输、仓储和邮政业	5171	1750341	441537	1308804	3775954
信息传输、计算机服务和软件业	82592	498310	438283	60027	476543
批发和零售业	44	333511	331215	2296	723782
住宿和餐饮业	95	60935	55510	5425	44336
房地产业	51098	6289878	5231865	1058013	635202
租赁和商务服务业	22	1197412	603721	593691	764843
科学研究、技术服务和地质勘查业		50449	50449		22657
居民服务和其他服务业		9152	9152		2239
教育	4473	8790	2920	5870	9740
卫生、社会保障和社会福利业	2041	15647	15647		1462
四、高新技术产业	516896	8665188	7065350	857711	12201878

11—17 续表 8　　(2009 年)

行业名称	主营业务收入(续) # 出口销售收入（千美元）	主营业务成本（千元）	主营业务税金（千元）	三项费用（千元）	# 销售费用
合　计	**1242497**	**31443851**	**152477**	**4404339**	**1421326**
# 国有企业与客商兴办的合资、合作企业	296035	7873730	86156	1107395	177805
# 以原有企业为依托的合资、合作企业	259572	10455146	25591	944246	224518
一、按投资方式分组					
（一）港、澳、台投资经济	614935	10703423	28055	2129035	729004
1. 港澳台合资经营企业	192449	6384103	24019	805851	138533
2. 港澳台合作经营企业	156572	1624696	993	335843	52137
3. 港澳台独资经营企业	265914	2694624	3043	987341	538334
（二）外商投资经济	627562	20740428	124422	2275304	692322
1. 中外合资经营企业	492528	15571889	33548	1496245	381549
2. 中外合作经营企业	61575	1330922	81378	116062	15376
3. 外资企业	73459	3837617	9496	662997	295397
二、按产业分组					
第一产业		5400		6668	718
第二产业	1233271	27684670	29614	3775681	1238523
第三产业	9226	3753781	122863	621990	182085
三、按国民经济行业分组					
农、林、牧、渔业		5400		6668	718
制造业	1233271	23863845	17461	3468266	1238437
# 农副食品加工业	5038	231173	23	23215	8245
食品制造业	1863	353663	4	85583	26731
饮料制造业		53117		4161	609
纺织业	54966	762865	9	36794	8494
纺织服装、鞋、帽制造业	23387	449355		48917	21803
皮革、皮毛、羽毛（绒）及其制品业	56585	1234547	704	53262	10300
造纸及纸制品业		8055		1098	93
印刷业和记录媒介的复制		10894		477	
文教体育用品制造业		98		210	1
石油加工、炼焦及核燃料加工		9206		353	

11—17 续表 9　　(2009 年)

行业名称	主营业务收入(续) # 出口销售收入 (千美元)	主营业务成本 (千元)	主营业务税金 (千元)	三项费用 (千元)	# 销售费用
化学原料及化学制品制造业	23192	2637455	139	241616	36646
医药制造业	527624	7084646	2480	2011762	848712
橡胶制品业	84300	476729		31602	12728
塑料制品业	273382	1936631	312	131493	51990
非金属矿物制品业	6374	78233	9	13952	4181
黑色金属冶炼及压延加工业	87835	6005851	506	329328	94646
有色金属冶炼及压延加工业		1158		365	94
金属制品业	47512	1000370		114962	36978
通用设备制造业	16551	263400	3	54140	15390
专用设备制造业	1072	100365	370	22915	6941
交通运输设备制造业	2271	605714	6749	137923	29797
电气机械及器材制造业	2726	341472	6143	73430	10381
通信设备、计算机及其他电子设备制造业	5089	86525		28783	5151
仪器仪表及文化、办公用机械制造业	5601	83332		14214	4932
工艺品及其他制造业	7903	48991	10	7711	3594
电力、煤气及水的生产和供应业		3467136	252	264986	86
建 筑 业		353689	11901	42429	
交通运输、仓储和邮政业		1550152	78978	102415	406
信息传输、计算机服务和软件业	627	352617	1171	74248	34640
批发和零售业	8095	669885	178	49476	33658
住宿和餐饮业		13030	2239	28684	16622
房地产业		481600	36975	198503	45135
租赁和商务服务业	504	668543	2813	149723	45225
科学研究、技术服务和地质勘查业		16796	108	6714	656
居民服务和其他服务业		99	108	2630	153
教育			290	8787	5590
卫生、社会保障和社会福利业		1059	3	810	
四、高新技术产业	548391	8024889	2509	2128038	877869

11—17 续表 10　　(2009 年)

行业名称	三项费用（续）			营业利润（千元）	利润总额（千元）
	# 管理费用	# 财务费用	# 利息支出		
合　　计	**2315688**	**667325**	**306152**	**5122610**	**5241650**
# 国有企业与客商兴办的合资、合作企业	688205	241385	64937	2559418	2575023
# 以原有企业为依托的合资、合作企业	538778	180950	147829	335810	391030
一、按投资方式分组					
（一）港、澳、台投资经济	1169603	230428	78166	1616243	1667728
1. 港澳台合资经营企业	549316	118002	39337	150108	191856
2. 港澳台合作经营企业	249172	34534	23818	482225	488846
3. 港澳台独资经营企业	371115	77892	15011	983910	987026
（二）外商投资经济	1146085	436897	227986	3506367	3573922
1. 中外合资经营企业	724390	390306	186643	888353	918537
2. 中外合作经营企业	90937	9749	7983	1893569	1898209
3. 外资企业	330758	36842	33360	724445	757176
二、按产业分组					
第一产业	5907	43		-3816	-3854
第二产业	1932510	604648	287165	3111140	3236977
第三产业	377271	62634	18987	2015286	2008527
三、按国民经济行业分组					
农、林、牧、渔业	5907	43		-3816	-3854
制造业	1798245	431584	277027	2986919	3084707
# 农副食品加工业	10985	3985	3140	8567	6474
食品制造业	46076	12776	3980	56151	56636
饮料制造业	3552			-30109	-29758
纺织业	22541	5759	4314	4258	1401
纺织服装、鞋、帽制造业	22341	4773	2278	8350	7889
皮革、皮毛、羽毛（绒）及其制品业	32392	10570	1421	-35945	-31791
造纸及纸制品业	908	97		233	257
印刷业和记录媒介的复制	612	-135	-136	214	214
文教体育用品制造业	205	4		-235	-235
石油加工、炼焦及核燃料加工	352	1		17	17

11—17 续表 11　　(2009 年)

行业名称	三项费用（续）			营业利润（千元）	利润总额（千元）
	# 管理费用	# 财务费用	# 利息支出		
化学原料及化学制品制造业	169927	35043	29195	196519	227966
医药制造业	988629	174421	94350	2013460	2084141
橡胶制品业	17517	1357	411	57136	57446
塑料制品业	67622	11881	2580	177524	177285
非金属矿物制品业	7268	2503	2503	-9254	-8566
黑色金属冶炼及压延加工业	130324	104358	102539	240780	231758
有色金属冶炼及压延加工业	271			24	20
金属制品业	65246	12738	10602	129324	124396
通用设备制造业	34529	4221	3912	-7574	-5349
专用设备制造业	15682	292	101	3110	3075
交通运输设备制造业	78161	29965	-911	98066	100503
电气机械及器材制造业	51915	11134	11132	83067	88098
通信设备、计算机及其他电子设备制造业	18643	4989	4963	-8297	-6450
仪器仪表及文化、办公用机械制造业	8494	788	654	921	872
工艺品及其他制造业	4053	64	-1	612	-1592
电力、煤气及水的生产和供应业	97099	167801	5541	94257	120619
建 筑 业	37166	5263	4597	29964	31651
交通运输、仓储和邮政业	86382	15627	2660	2052582	2055724
信息传输、计算机服务和软件业	39670	-62	-79	49498	50778
批发和零售业	6520	9298	8783	12605	15734
住宿和餐饮业	11182	880	782	401	458
房地产业	129464	23904	7614	-96232	-110320
租赁和商务服务业	91530	12968	-769	-2284	-2482
科学研究、技术服务和地质勘查业	6034	24	1	-958	-1131
居民服务和其他服务业	2479	-2	-2	-586	-484
教育	3200	-3	-3	670	660
卫生、社会保障和社会福利业	810			-410	-410
四、高新技术产业	1068286	181883	101243	2077826	2154496

11—17 续表 12　　　　(2009 年)

行业名称	应交税金（千元）	# 增值税消费税营业税	# 所得税	净利润（千元）
合　计	**2341327**	**1268614**	**910809**	**4330841**
# 国有企业与客商兴办的合资、合作企业	919252	345527	499669	2075354
# 以原有企业为依托的合资、合作企业	481775	351273	101488	289542
一、按投资方式分组				
（一）港、澳、台投资经济	648063	330968	295337	1372391
1. 港澳台合资经营企业	193538	130958	54257	137599
2. 港澳台合作经营企业	147092	36958	99570	389276
3. 港澳台独资经营企业	307433	163052	141510	845516
（二）外商投资经济	1693264	937646	615472	2958450
1. 中外合资经营企业	881577	637436	130267	788270
2. 中外合作经营企业	481345	96405	383813	1514396
3. 外资企业	330342	203805	101392	655784
二、按产业分组				
第一产业				-3854
第二产业	1785897	1121431	518749	2718228
第三产业	555430	147183	392060	1616467
三、按国民经济行业分组				
农、林、牧、渔业				-3854
制造业	1470568	894458	493034	2591673
# 农副食品加工业	1612	429	1183	5291
食品制造业	20411	18753	16	56620
饮料制造业	259			-29758
纺织业	8809	5114	2661	-1260
纺织服装、鞋、帽制造业	7716	6479	796	7093
皮革、皮毛、羽毛（绒）及其制品业	50599	33568	5975	-37766
造纸及纸制品业	357	324	33	224
印刷业和记录媒介的复制	365	355	10	204
文教体育用品制造业				-235
石油加工、炼焦及核燃料加工	167	165	2	15

11—17 续表 13　　(2009 年)

行业名称	应交税金（千元）	# 增值税消费税营业税	# 所得税	净利润（千元）
化学原料及化学制品制造业	130425	85111	44166	183800
医药制造业	695166	362391	316217	1767924
橡胶制品业	21354	14700	6654	50792
塑料制品业	56990	11080	37608	139677
非金属矿物制品业	2596	616	1	-8567
黑色金属冶炼及压延加工业	290825	247419	25168	206590
有色金属冶炼及压延加工业	45	34		20
金属制品业	68638	38310	13714	110682
通用设备制造业	4199	3890	298	-5647
专用设备制造业	5076	3835	677	2398
交通运输设备制造业	63514	41186	17606	82897
电气机械及器材制造业	34262	15456	18467	69631
通信设备、计算机及其他电子设备制造业	2105	565	1409	-7859
仪器仪表及文化、办公用机械制造业	4969	4574	368	504
工艺品及其他制造业	109	104	5	-1597
电力、煤气及水的生产和供应业	303989	222709	18641	101978
建 筑 业	11340	4264	7074	24577
交通运输、仓储和邮政业	502954	128320	368911	1686813
信息传输、计算机服务和软件业	11381	4533	6848	43930
批发和零售业	9412	1781	7048	8686
住宿和餐饮业	3240	1397	1031	-573
房地产业	13081	1834	8027	-118347
租赁和商务服务业	14603	9200	191	-2673
科学研究、技术服务和地质勘查业	90	88	2	-1133
居民服务和其他服务业	171	1	2	-486
教育	491	29		660
卫生、社会保障和社会福利业	7			-410
四、高新技术产业	760179	406696	331977	1822519

省级及以上开发区主要经济指标

11—18

指标名称	计量单位	2009年	2008年
一、全部实有企业数	个	2880	2868
全部投产（开业）企业数	个	1664	1640
全部投产企业期末人数	人	158312	142234
二、期末实有三资企业数	个	107	109
# 投产（开业）	个	89	85
外方注册资本	万美元	3515	1716
本期外商实际投资	万美元	2731	7178
三、工业企业销售收入	万元	12444319	9681120
# 三资企业销售收入	万元	1897612	1162236
工业企业交纳各项税金总额	万元	298900	220880
四、外贸出口总值	万美元	118129	85104
# 三资企业出口总值	万美元	68498	30402
五、固定资产投资总额	万元	5637259	4360926

涉外旅游情况

11—19

指标名称	2009年	2008年	增长速度（%）
一、入境游客人数合计（人次）	106303	98149	8.31
1. 外国人	93458	85589	9.19
2. 香港同胞	6674	5884	13.43
3. 澳门同胞	837	1254	-33.25
4. 台湾同胞	5334	5422	-1.62
二、入境游客人天数合计（人天）	214732	199797	7.48
1. 外国人	186093	174781	6.47
2. 香港同胞	14682	11818	24.23
3. 澳门同胞	1674	2446	-31.56
4. 台湾同胞	12283	10752	14.24
三、创汇金额（万美元）	4000	3703	8.00

按贸易方式及企业性质分进出口总值

11—20　　(2009 年)　　计量单位：千美元、%

贸易方式	进出口	比上年增长	其中：			
			出口	比上年增长	进口	比上年增长
合　计	**5508454**	**-21.2**	**4308685**	**-23.0**	**1199769**	**-13.9**
一、按进出口贸易方式分组						
一般贸易	4844928	-21.1	3792797	-23.7	1052131	-10.1
国家间、国际组织援助赠送物资	193		193			
加工贸易	652242	-20.5	511052	-17.9	141190	-28.7
来料加工装配贸易	49798	-74.4	37550	-73.0	12248	-78.0
进料加工贸易	602443	-3.7	473502	-2.0	128941	-9.5
加工贸易进口的设备	27	-79.8			27	-79.8
对外承包工程货物	4499	118.3	4499	118.3		
外商投资企业投资进口的设备物品	4720	-73.5			4720	-73.5
保税仓库进出境货物	225	-95.1	54		170	-96.3
其他	1620	-17.2	90	-78.0	1531	-1.1
二、按进出口企业性质分组						
国有企业	827861	-28.2	567423	-34.4	260438	-9.8
外商投资企业	1730864	-24.5	1334792	-25.3	396072	-21.5
中外合作企业	205978	-22.8	175886	-13.9	30093	-51.9
中外合资企业	1111765	-26.9	819089	-31.2	292676	-11.1
外商独资企业	413121	-18.3	339817	-13.5	73304	-35.0
集体企业	239415	-67.5	130426	-71.0	108989	-62.0
私营企业	2696786	-3.7	2262540	-9.1	434246	38.9
个体工商户	13504	168.4	13504	170.4		-100
其他企业	25	-90.3			25	-90.3

按国别（地区）分进出口总值

11—21　　（2009年）　　计量单位：千美元、%

国别地区	进出口	比上年增长	其中：			
			出口	比上年增长	进口	比上年增长
合计	**5508454**	**-21.2**	**4308685**	**-23.0**	**1199769**	**-13.9**
亚洲	1887935	-24.3	1475964	-24.9	411971	-22.4
阿富汗	1378	78.5	1378	78.5		
巴林	1115	-52.7	1115	-52.7		
孟加拉国	41488	15.7	39841	14.1	1647	73.6
文莱	1107	90.7	1107	90.7		
缅甸	3712	56.4	3712	71.8		-100.0
柬埔寨	3784	-37.9	3765	-37.7	19	64.8
塞浦路斯	2878	-58.1	2878	-58.1		
朝鲜	645	63.7	602	52.8	43	
中国香港	71986	-11.4	69170	-8.8	2816	-47.7
印度	235659	-32.5	198672		36987	-75.4
印度尼西亚	110950	-11.6	95273	-15.9	15677	28.0
伊朗	47736	-15.8	39333	1.3	8403	-53.0
伊拉克	4707	40.5	4706	40.4	1	
以色列	49102	-41.0	38315	-51.4	10786	150.0
日本	330410	-5.6	195959	-21.4	134450	33.1
约旦	9767	-15.9	9767	-15.9		
科威特	4745	-54.9	4745	-54.9		
老挝	11	-65.9	11	-65.9		
黎巴嫩	6444	14.1	6444	14.1		
中国澳门	696	-5.6	695	-5.7	1	
马来西亚	100828	-2.4	84130	-5.9	16698	19.6
马尔代夫	198	-13.3	198	-13.3		
蒙古	2815	39.8	1711	50.6	1104	25.9
尼泊尔	484	93.8	484	93.8		
阿曼	6313	-49.4	4508	-31.9	1805	-69.2

11—21 续表 1　　（2009 年）　　计量单位：千美元、%

国别地区	进出口	比上年增长	其中：			
			出口	比上年增长	进口	比上年增长
巴基斯坦	46315	-8.6	44714	1.3	1601	-75.6
巴勒斯坦	277	-57.8	277	-57.8		
菲律宾	41346	-13.0	40975	-10.3	370	-80.0
卡塔尔	2100	-19.7	2030	-18.2	70	-47.7
沙特阿拉伯	62670	-26.8	61486	-28.1	1184	1025.1
新加坡	49687	9.9	33812	-7.3	15875	82.3
韩国	233749	-48.3	170395	-55.9	63354	-4.1
斯里兰卡	11725	-12.8	9986	-15.3	1739	5.8
叙利亚	9279	-18.3	9279	-18.2		-100.0
泰国	81861	-15.6	72414	-18.5	9447	16.9
土耳其	33214	-60.2	27837	-43.1	5376	-84.4
阿联酋	55354	-36.2	52809	-38.5	2545	185.6
也门共和国	14028	-42.0	14028	-42.0		
越南	56175	-24.8	55861	-25.1	313	784.6
台澎金马关税区	106230	-17.3	38108	-38.4	68122	2.3
哈萨克斯坦	19857	-24.7	9470	117.5	10388	-52.9
吉尔吉斯斯坦	12146	538.2	12146	538.2		
塔吉克斯坦	1983	205.0	1983	205.0		
土库曼斯坦	1412	-18.7	1349	-22.4	63	
乌兹别克斯坦	8484	-6.5	8484	-6.5		
非洲	337980	-10.7	308945	-12.9	29035	22.0
阿尔及利亚	16985	19.5	16955	19.3	30	
安哥拉	16566	-26.2	16566	-26.2		
贝宁	7157	-3.2	7157	-3.2		

11—21 续表2 (2009年) 计量单位：千美元、%

国别地区	进出口	比上年增长	其中：			
			出口	比上年增长	进口	比上年增长
博茨瓦那	278	-69.0	278	-69.0		
布隆迪	681	-24.1	681	-24.1		
喀麦隆	6203	49.8	5066	88.2	1137	-21.5
加那利群岛	81	-4.1	81	-4.1		
佛得角	523	67.6	523	67.6		
乍得	146	9.1	146	9.1		
科摩罗	223	-61.4	223	-61.4		
刚果	731	-81.8	731	-81.8		
吉布提	1863	69.9	1863	69.9		
埃及	34874	5.8	31596	-2.7	3277	559.0
赤道几内亚	1898	46.8	1898	46.8		
埃塞俄比亚	18692	37.2	12433	-8.5	6258	21308.7
加蓬	517	-5.5	517	-5.5		
冈比亚	1950	104.3	1950	104.3		
加纳	19494	-12.6	19494	-12.6		
几内亚	1134	-36.1	1134	-36.1		
几内亚（比绍）	252	710.9	252	710.9		
科特迪瓦	1569	-29.8	1569	-23.1		-100
肯尼亚	17591	-30.8	17591	-30.8		
利比里亚	1494	-79.3	1494	-79.3		
利比亚	9038	74.3	9038	74.3		
马达加斯加	8801	-9.7	7961	-3.4	841	-44.2
马拉维	738	-74.4	738	-74.4		
马里	1500	-45.4	1500	-3.2		-100
毛里塔尼亚	2752	12.7	2752	12.7		
毛里求斯	7859	1.9	7859	1.9		

11—21 续表 3　　(2009 年)　　计量单位：千美元、%

国别地区	进出口	比上年增长	其中：			
			出口	比上年增长	进口	比上年增长
摩洛哥	14263	19.9	14263	21.4		-100
莫桑比克	5897	-0.1	2693	-50.9	3203	656.9
纳米比亚	1008	240.8	1008	240.8		
尼日尔	258	-44.0	258	-44.0		
尼日利亚	29137	-14.0	28977	-14.4	160	
留尼汪	577	-16.3	577	-16.3		
卢旺达	219	10.8	219	10.8		
圣多美和普林西比	113	-47.9	113	-47.9		
塞内加尔	2602	-46.8	2478	-49.4	124	
塞舌尔	105	594.1	105	594.1		
塞拉利昂	2556	-23.3	2556	-23.3		
索马里	175	26.7	118	106.7	57	-29.3
南非	42761	-26.6	30822	-27.7	11939	-23.4
苏丹	17130	17.4	15249	5.4	1882	1442.1
坦桑尼亚	8937	-36.7	8937	-36.7		
多哥	6701	-13.1	6614	-14.2	87	
突尼斯	4298	-23.8	4298	-13.3		-100
乌干达	1934	-32.9	1934	-32.9		
布基纳法索	424	-90.9	385	-91.7	39	
民主刚果	15241	82.7	15241	82.7		
赞比亚	389	-74.6	389	-72.3		-100
津巴布韦	1103	-57.2	1103	36.3		-100
斯威士兰	351	-40.9	351	-40.9		
厄立特里亚	93	64.1	93	64.1		
马约特岛	116	202.9	116	202.9		
欧洲	1590170	-23.1	1341964	-22.5	248206	-26.3

11—21 续表 4　　　　（2009 年）　　　　计量单位：千美元、%

国别地区	进出口	比上年增　长	其中：			
			出口	比上年增　长	进口	比上年增　长
比利时	78999	-43.0	70290	-39.0	8709	-62.6
丹麦	27880	-39.9	19950	-29.0	7930	-56.6
英国	146129	-26.8	131323	-27.6	14807	-19.4
德国	317875	-5.9	226346	-11.6	91529	12.0
法国	82530	-28.9	76469	-23.8	6062	-61.3
爱尔兰	14332	-50.8	11951	-50.9	2381	-50.1
意大利	175998	-42.4	138759	-32.0	37239	-63.2
卢森堡	1272	-43.8	1265	-43.7	6	-54.6
荷兰	108107	-29.8	98998	-29.5	9110	-32.4
希腊	11317	-56.6	10932	-50.3	385	-90.5
葡萄牙	17449	-5.3	16515	-6.0	933	7.6
西班牙	86748	-24.8	80703	-27.6	6045	58.0
阿尔巴尼亚	902	72.2	902	72.2		
奥地利	6328	-9.5	3848	-22.0	2480	20.7
保加利亚	1998	-73.4	1998	-72.0		-100
芬兰	37044	-14.7	36379	-11.8	665	-69.3
匈牙利	7196	-52.0	6952	-53.2	244	82.0
冰岛	91	-70.5	91	-70.5		
马耳他	230	-51.1	229	-51.2		
摩纳哥	32	319.1	32	319.1		
挪威	7248	-32.7	6718	-36.7	530	228.6
波兰	23145	-31.1	21738	-34.8	1407	490.6
罗马尼亚	3754	-62.3	3727	-62.5	27	96.7
瑞典	29889	-31.8	22889	-13.9	7000	-59.4
瑞士	12386	70.5	4901	21.8	7484	130.9
爱沙尼亚	1248	-45.8	1220	-46.2	28	-21.4

11—21 续表5　　（2009年）　　计量单位：千美元、%

国别地区	进出口	比上年增长	其中：			
			出口	比上年增长	进口	比上年增长
拉脱维亚	2102	-46.4	2040	-45.7	62	-61.4
立陶宛	6197	-18.1	5860	-14.7	337	-51.3
格鲁吉亚	1340	-56.9	1340	-56.9		
亚美尼亚	1108	-12.9	1108	-12.9		
阿塞拜疆	448	3978.3	448	3978.3		
白俄罗斯	6967	152.7	6967	152.7		
摩尔多瓦	384	-58.4	384	-58.4		-100
俄罗斯联邦	340486	9.5	298703	0.1	41783	233.8
乌克兰	15696	-60.9	15102	-46.6	594	-95.0
斯洛文尼亚	2627	-47.2	2627	-46.8		-100
克罗地亚	2858	-55.3	2858	-55.3		
捷克共和国	7902	-35.0	7489	-37.0	413	51.4
斯洛伐克	559	-56.6	543	-56.9	16	-43.0
马其顿	21	-93.1	21	-93.1		
波斯尼亚-黑塞哥维那共和	71	-72.4	71	-70.7		-100
塞尔维亚	820	21.7	820	21.7		
黑山	457	-38.8	457	-38.8		
拉丁美洲	336432	-32.1	247249	-35.8	89183	-19.2
安提瓜和巴布达	58	125.0	58	125.0		
阿根廷	16774	-54.9	15517	-57.8	1257	203.5
阿鲁巴岛	4		4			
巴哈马	15	-76.3	15	-76.3		
巴巴多斯	125	-56.3	125	-56.3		
伯利兹	75	-44.2	75	-44.2		
玻利维亚	661	-6.9	661	-6.9		
巴西	154041	-23.3	69398	-24.2	84643	-22.6
智利	39037	-54.9	37705	-56.4	1332	3368.7

11—21 续表6　　　　（2009 年）　　　　计量单位：千美元、%

国别地区	进出口	比上年增　长	其中：			
			出口	比上年增　长	进口	比上年增　长
哥伦比亚	10860	-9.0	10860	-9.0		
多米尼亚共和国	345	-54.8	345	-54.8		
哥斯达黎加	4003	-45.6	4003	-45.3		-99.6
古巴	1562	-64.4	1562	-64.2		-100
库腊索岛	2		2			
多米尼加共和国	6248	-5.9	6248	-5.7		-100
厄瓜多尔	5606	-15.8	5606	-15.8		
格林纳达	30	62.9	30	62.9		
瓜德罗普	53	-18.0	53	-18.0		
危地马拉	6461	-29.1	6461	-29.1		
圭亚那	442	-54.3	442	-54.3		
海地	5200	38.3	5200	38.3		
洪都拉斯	1325	-70.8	1325	-70.8		
牙买加	1002	-40.7	1002	-40.7		
马提尼克	1		1			
墨西哥	25121	-12.7	23639	-17.3	1481	653.1
尼加拉瓜	9596	6.1	9596	6.1		
巴拿马	11891	-21.9	11891	-21.9		
巴拉圭	1058	-59.2	990	-61.9	68	
秘鲁	10321	-52.5	10165	-53.3	156	4664.0
波多黎各	3623	-65.6	3622	-65.6		
圣卢西亚	10		10			
圣马丁岛	65		65			
圣文森特和格林纳丁斯	1		1			
萨尔瓦多	2365	-3.6	2365	-3.6		
苏里南	1095	35.4	1095	35.4		
特立尼达和多巴哥	4398	-10.1	4388	-10.3	11	

11—21 续表 7　　　　（2009 年）　　　　计量单位：千美元、%

国别地区	进出口	比上年增　长	其中：			
			出口	比上年增　长	进口	比上年增　长
乌拉圭	3797	-54.2	3562	-55.5	235	-19.2
委内瑞拉	9120	21.2	9120	21.2		
英属维尔京群岛	20		20			
圣其茨-尼维斯	2		2			
荷属安地列斯群岛	20	-65.2	20	-65.2		
北美洲	976660	-19.1	842049	-18.4	134611	-23.5
加拿大	106652	-5.6	75985	-27.3	30667	266.0
美国	870008	-20.5	766064	-17.4	103944	-37.9
大洋洲	379278	10.5	92515	-27.8	286764	33.3
澳大利亚	359197	17.6	75124	-19.0	284073	33.6
斐济	1194	-47.0	1194	-47.0		
新喀里多尼亚	259	-18.4	259	-18.4		
瓦努阿图	68	-72.3	68	-72.3		
新西兰	12148	-59.5	9457	-65.6	2691	8.2
巴布亚新几内亚	5734	28.1	5734	28.1		
社会群岛	48	438.6	48	438.6		
所罗门群岛	105	-44.1	105	-44.1		
汤加	56	800.5	56	800.5		
萨摩亚	188	234.3	188	234.3		
密克罗尼西亚联邦	64	-39.8	64	-39.8		
马绍尔群岛	9		9			
法属波利尼西亚	178	68.1	178	68.1		
瓦利斯和浮图纳	16	-10.5	16	-10.5		
大洋洲其他国家（地区）	14	110.1	14	110.1		
东南亚国家联盟	449461	-10.5	391061	-14.4	58400	29.4
欧盟 25 国	1195981	-28.4	998193	-26.7	197788	-35.9
欧盟 27 国	1201732	-28.8	1003918	-27.2	197815	-36.0

按商品构成分进出口总值

11—22　　　　（2009 年）　　　　计量单位：千美元、%

商品构成	出口	比上年增　长	进口	比上年增　长
合计	**4308685**	**-23.0**	**1199769**	**-13.9**
一．初级产品	279395	-17.5	621699	-16.2
第 0 类　食品及活动物	215015	7.6	7560	190.6
00 章　活动物	2	-79.4	36	
01 章　肉及肉制品	24852	-13.3	3075	88.9
02 章　乳品及蛋品		-100	1175	
03 章　鱼，甲壳及软体类动物及制品	1717	22.5	645	-27.3
04 章　谷物及其制品	1723	-63.3	1851	
05 章　蔬菜及水果	145183	18.2	88	392.3
06 章　糖，糖制品及蜂蜜	10799	-7.2	22	
07 章　咖啡，茶，可可，调味料及制品	19681	42.8	194	432.6
08 章　饲料（不包括未碾磨谷物）	6467	-51.7	12	-63.6
09 章　杂项食品	4591	35.3	463	191978.0
第 1 类　饮料及烟类	506	-22.7	1500	472.0
11 章　饮料	506	-22.7	1500	472.0
第 2 类　非食用原料（燃料除外）	51919	-18.7	490261	-33.3
21 章　生皮及生毛皮	424	41.1	61702	-27.0
22 章　油籽及含油果实	10869	-27.7	15410	457.3
23 章　生橡胶（包括合成及再生橡胶）	292	39.9	11343	-49.3
24 章　软木及木材	341	-78.2	354	20.4
25 章　纸浆及废纸			24815	-60.9
26 章　纺织纤维（羊毛条除外）及废料	18132	-9.7	14643	-47.1
27 章　天然肥料及矿物（除煤，石油，宝石）	13014	-9.8	5544	-71.9
28 章　金属矿砂及金属废料	457	-64.2	355734	-30.8
29 章　其他动，植物原料	8389	-23.5	715	132.3

11—22 续表 1　　(2009 年)　　计量单位：千美元、%

商品构成	出口	比上年增长	进口	比上年增长
第 3 类　矿物燃料，润滑油及有关原料	10665	-85.4	122345	3297
32 章　煤，焦炭及煤砖			118785	131747
33 章　石油，石油产品及有关原料	10665	-85.4	3560	1
第 4 类　动植物油，脂及蜡	1290	18.2	34	-85
41 章　动物油，脂	50			-100
42 章　植物油，脂	53	43.5	34	
43 章　已加工的动植物油，脂及动植物腊	1187	12.5		
二. 工业制品	4029290	-23.4	578070	-11
第 5 类　化学成品及有关产品	1173992	-13.3	242583	11
51 章　有机化学品	262284	-28.6	77375	20
52 章　无机化学品	39945	-30.3	4815	189
53 章　染料，鞣料及着色料	31672	-19.0	6279	19
54 章　医药品	765269	-2.8	34571	9
55 章　精油，香料及盥洗，光洁制品	2686	91.4	2905	57
56 章　制成肥料	581	-77.9		-65
57 章　初级形状的塑料	5758	10.0	89612	6
58 章　非初级形状的塑料	10510	-18.4	2671	-15
59 章　其他化学原料及产品	55289	-32.0	24356	-7
第 6 类　按原料分类的制成品	1215109	-41.5	70365	-29
61 章　皮革，皮革制品及已鞣毛皮	16825	38.9	9362	-37
62 章　橡胶制品	3603	-31.1	670	-56
63 章　软木及木制品（家具除外）	7067	-16.3	1070	-21
64 章　纸及纸板；纸浆，纸及纸板制品	8095	-45.3	2249	-13
65 章　纺纱，织物，制成品及有关产品	349439	-8.5	10432	-16
66 章　非金属矿物制品	118479	-28.4	2801	-19

11—22 续表2　　　　(2009年)　　　　计量单位：千美元、%

商品构成	出口	比上年增长	进口	比上年增长
67章　钢铁	346752	-63.8	40149	-20.6
68章　有色金属	3334	-46.0	1505	20.3
69章　金属制品	361515	-31.2	2128	-80.7
第7类　机械及运输设备	352711	-37.9	230423	-23.6
71章　动力机械及设备	35182	-48.6	1913	-70.2
72章　特种工业专用机械	74535	-12.1	54046	-52.8
73章　金工机械	23267	-34.3	5183	-33.7
74章　通用工业机械设备及零件	126072	-35.7	113441	12.3
75章　办公用机械及自动数据处理设备	853	82.1	6392	201.5
76章　电信及声音的录制及重放装置设备	9236	-11.3	8251	53.9
77章　电力机械，器具及其电气零件	35510	-46.8	36332	-39.2
78章　陆路车辆（包括气垫式）	45203	-56.4	4147	14.4
79章　其他运输设备	2852	60.1	718	-32.9
第8类　杂项制品	1287372	2.4	34698	10.3
81章　活动房屋；卫生，供热，照明装置	12635	-11.8	11	-12.5
82章　家具及零件；褥垫及类似填充制品	14937	-65.3	69	-50.4
83章　旅行用品，手提包及类似品	19571	29.7	1	-77.1
84章　服装及衣着附件	1072346	5.9	242	-43.2
85章　鞋靴	42602	21.2	10	2047.6
87章　专业，科学及控制用仪器和装置	15029	-12.2	28518	11.4
88章　摄影器材，光学物品及钟表	6581	-9.1	1569	27.1
89章　杂项制品	103671	-7.9	4278	5.9
第9类　未分类的商品	106	-71.8		

出口主要商品统计情况

11—23 (2009年)

商品构成	计量单位	数量	比上年增长(%)	金额(千美元)	比上年增长(%)
肉及杂碎	吨	2182	43.8	10164	16.7
冻鸡	吨	75	50.0	129	36.1
水海产品	吨	348	-8.1	932	-4.9
冻鱼、冻鱼片	吨	326	-7.8	833	-2.9
粮食	吨	74900	44.1	58238	54.1
谷物及谷物粉	吨	2885	-75.9	1392	-67.6
淀粉块茎及薯类	吨	123	233.1	54	54.0
豆类	吨	71892	79.9	56792	69.8
蔬菜	吨	28509	0.9	21425	-8.0
鲜或冷藏蔬菜	吨	10238	42.2	3881	43.4
干的食用菌类	吨	74	49.0	425	164.2
鲜、干水果及坚果	吨	65921	22.1	30929	15.9
橘、橙	吨	26		12	
苹果	吨	986	2061.3	645	2248.5
梨	吨	63784	20.9	28467	16.4
乳品	吨		-100.0		-100.0
果蔬汁	吨	1225	-38.5	1691	6.8
食用油籽	吨	10480	-11.8	9830	-31.1
大豆	吨	431	-47.4	308	-44.5
花生、花生仁	吨	8420	-10.9	7510	-35.7
食用植物油	吨	9		37	
豆油	吨	2		5	
花生油	吨	5		20	
烘焙花生	吨	635	-51.7	736	-65.1
天然蜂蜜	吨	244	-63.6	351	-67.0
辣椒干	吨	2946	23.6	4962	-1.2
蘑菇罐头	吨	49	-55.9	84	-48.3
肠衣	吨	109	-16.9	2722	-27.6
填充用羽毛；羽绒	吨	16	-38.2	454	76.9
药材	吨	1209	-38.5	3188	-3.7
肥料	吨	9297	-21.4	1563	-41.7
矿物肥料及化肥	吨	4274	-63.5	767	-70.7
尿素	吨	40		12	
锯材	立方米	436	-68.2	293	-78.6
胶合板及类似多层板	立方米	6919	-18.1	2755	-25.1
印刷品	吨	529	24.2	2585	-3.7
山羊绒	吨	161	34.2	8897	-8.8
粘土及其他耐火矿物	吨	10313	-20.8	2351	-15.0
天然石墨	吨	1331	94.7	416	158.2
天然碳酸镁；氧化镁	吨	419	3334.3	130	777.6

11—23 续表 1 （2009 年）

商品构成	计量单位	数量	比上年增长（%）	金额（千美元）	比上年增长（%）
天然硫酸钡（重晶石）	吨	220	2100.0	37	1176.9
石蜡	吨	60		76	
稀土	吨	3728	-69.4	631	-66.5
氧化铝	吨	47	-55.8	384	-58.0
钨品	吨	22	-79.6	334	-83.7
氧化锌及过氧化锌	吨	685	-72.6	762	-83.6
碳酸钠（纯碱）	吨	1552	229.5	298	68.1
柠檬酸	吨	5	-98.8	4	-99.1
合成有机染料	吨	3300	75.8	7171	-3.9
锌钡白（立德粉）	吨	1570	360.3	787	280.6
医药品	吨	61606	-11.3	765277	-2.8
维生素 C	吨	27044	-25.4	299297	-11.0
抗菌素（制剂除外）	吨	8936	1.6	219900	-7.5
中式成药	吨	64	-8.9	1319	-7.6
医用敷料	吨	301	-13.7	1794	-10.2
洗衣粉	吨	593	386.2	289	259.3
烟花、爆竹	吨	1186	41.1	1829	94.3
农药	吨	4836	-30.1	22177	-45.8
初级形状的聚氯乙烯	吨	58	1846.0	73	841.3
新的充气橡胶轮胎	万条	33	-32.8	594	11.5
家用或装饰用木制品	吨	88	-5.6	189	-16.2
纸及纸板（未切成形的）	吨	592	-95.2	484	-93.2
牛皮纸	吨	6	-97.9	1	-99.2
纺织纱线、织物及制品				350009	-8.5
毯子及旅行毯	万条	26	-36.3	992	-20.3
床上餐桌盥洗厨房织物制品	万件	6553	-11.0	44761	-19.4
毛纺机织物	万米	21	5.0	4090	24.8
棉机织物	万米	4620	-15.6	68703	-14.4
亚麻及苎麻机织物	万米	19	-61.6	456	-60.2
合成短纤与棉混纺机织物	万米	14964	0.5	80651	-9.6
地毯	万平方米	944	-16.0	32219	-18.8
塑料编织袋（周转袋除外）	万条	2226	-22.6	5294	-35.0
水泥	吨	21297	-57.8	2338	-49.8
花岗岩石材及制品	吨	6551	-7.9	4376	-10.7
平板玻璃	万平方米	321	464.9	966	-45.7
玻璃制品				17941	-46.9
家用陶瓷器皿	吨	17176	-37.2	14833	-37.0
铁合金	吨	1889	-75.0	3066	-78.5
钢材	吨	430901	-54.3	343676	-63.5
钢铁棒材	吨	129794	-63.0	78378	-75.0

11—23 续表 2　　　　（2009 年）

商品构成	计量单位	数量	比上年增长（%）	金额（千美元）	比上年增长（%）
角钢及型钢	吨	35045	-40.3	34060	-40.2
钢铁板材	吨	97922	-67.6	58944	-79.2
钢铁线材	吨	61237	-38.2	49973	-47.6
钢铁管配件	吨	58313	-26.7	80078	-38.5
废钢	吨	44	120.0	16	22.4
未锻造的铜及铜材	吨	103	-14.6	741	-33.0
铜材	吨	103	73.3	741	23.2
未锻造的铝及铝材	吨	419	-56.8	1637	-52.0
铝材	吨	419	-22.1	1637	-30.3
钢铁或铜制标准紧固件	吨	3823	-54.6	4795	-56.8
不锈钢厨具、餐具等家用器具	吨	36	-44.9	215	-49.7
餐桌、厨房及其他家用搪瓷器	吨	184	-14.1	456	-33.9
手用或机用工具	吨	9776	-25.9	28835	-52.6
电扇	台	78224	394.5	1700	279.6
空气调节器	台	234	63.6	2042	-12.3
冰箱	台	7431	-54.2	557	-65.3
洗衣机	台	9		1	
纺织机械及零件				1840	-35.3
工业用缝纫机	台	4	-33.3	8	849.7
金属加工机床	台	21261	-44.0	2653	-42.9
车床	台	7	-70.8	91	23.4
电子计算器	台	223040		234	
自动数据处理设备及其部件	台	10708	11.7	1311	-11.4
自动数据处理设备	台	15	-96.3	9	-83.3
便携式电脑	台	3		2	
微型电脑	台	12	1100.0	7	1177.3
显示器	台	10533	22.6	1161	-8.4
液晶显示器	台		-100.0		-100.0
阴极射线管显示器	台	10533	276.0	1161	193.1
存储部件	台	7	-98.6	2	-96.7
自动数据处理设备的零件	吨		-2.4	96	486.4
打印机（包括多功能一体机）	台	10	900.0	3	1527.3
液晶显示板	万个	1459	26.1	8318	-5.6
轴承	万套	421	29.1	1412	-6.6
电动机及发电机	台	544109	-30.6	26294	-43.3
变压器	万个		-96.5	6612	228.6
静止式变流器	万个		-57.9	118	-38.5
原电池	万个	89	-94.5	81	-95.1
蓄电池	万个	2	8843.8	75	125.7
电话机	台	56		6	

11—23 续表 3　　（2009 年）

商品构成	计量单位	数量	比上年增长（%）	金额（千美元）	比上年增长（%）
扬声器	万个	17	30.5	872	-1.9
录、放像机	台	10	-95.7	2	-97.1
DVD 播放机	台	5			
电视、收音机及无线电讯设备的零附件	吨	1745	-25.6	4433	-36.1
电容器	吨	1	1005.5	20	956.6
印刷电路	万块	55	-19.7	717	41.9
通断保护电路装置及零件				3225	-36.2
节能灯	万只	9	55.6	86	-36.3
二极管及类似半导体器件	万个	178	198.9	1994	113.0
集成电路	万个	230	210.3	623	623.6
处理器及控制器	万个	1	5678.2	12	334.7
电线和电缆	吨	312	-30.2	992	-32.8
集装箱	个	9	-95.6	1256	-95.6
汽车（包括整套散件）	辆	92	-87.1	2045	-86.1
四轮驱动轻型越野车	辆	1		29	
小客车（九座及以下的）	辆	73		1429	
货车（包括整套散件）	辆	1	-95.7	17	-97.8
汽车零件				31732	-39.3
摩托车	万辆			33	-68.0
自行车	万辆	16	-4.4	4717	17.2
摩托车及自行车的零件				6690	45.7
船舶	艘	24	380.0	753	405.2
医疗仪器及器械				3541	-9.0
日用钟	万只	37	-14.6	210	-42.4
家具及其零件				11441	-67.2
床垫、寝具及类似品				3496	-57.5
灯具、照明装置及类似品				4726	-26.8
箱包及类似容器				19563	29.7
体育用品及设备				2935	-50.1
服装及衣着附件				1063369	5.8
织物制服装				524104	17.1
非针织钩编织物服装				414731	16.1
针织或钩编的服装				109374	21.4
皮革服装	万件	71	8.6	70061	6.6
裘皮服装	吨	91	39.8	29486	318.2
皮革手套	万双	158	11.6	3431	29.8
PVC 手套	万双	927714	-5.8	313665	-12.3
织物制袜子	万双	74	890.6	239	136.2
帽类	万个	6130	-22.6	26117	-20.9
鞋类				42602	21.2

11—23 续表 4　　（2009 年）

商品构成	计量单位	数量	比上年增长（%）	金额（千美元）	比上年增长（%）
鞋	万双	242	-76.8	42158	23.6
外底及鞋面均以橡胶或塑料制的鞋	万双	21	-73.3	921	-28.3
皮面鞋	万双	135	-15.9	37012	28.8
橡胶或塑料底纺织材料为面的鞋	万双	20	-42.9	1073	87.6
鞋靴零件；护腿及类似品	吨	119	-75.1	444	-56.5
塑料制品	吨	9947	-6.6	25953	-3.1
玩具				187	-70.4
圣诞用品				393	75.8
伞	万把	1	-90.4	37	-47.5
竹编结品	吨	1		5	
藤编结品	吨	10	-69.8	37	-63.0
草编结品	吨	117	-62.3	593	-65.7
柳编结品	吨	297	-35.8	726	-52.8
*农产品				242196	2.9
*机电产品				838314	-34.9
金属制品				443412	-32.6
机械设备				228398	-30.0
电器及电子产品				75471	-44.4
运输工具				48209	-54.6
仪器仪表				21446	-11.1
其他				21378	-43.0
*高新技术产品				168215	-28.0
生物技术				848	2491.6
生命科学技术				134740	-23.2
光电技术				8791	-0.8
计算机与通信技术				5129	9.1
电子技术				12376	-65.6
计算机集成制造技术				4391	-37.7
材料技术				1541	30.2
航空航天技术				396	5.6
其他技术				3	1064.3
瓷砖	万平方米	210	-4.3	9925	4.6
陶瓷卫生设备				1852	-25.6
装饰陶瓷	吨	3		5	
镁及其制品	吨	6	-98.4	16	-99.0
*光伏电池及组件（85414）	万个			33	-81.7
钢丝布、网、篱、格栅	吨	57109	-19.0	71089	-30.5
食品工业残渣	吨	3882	-86.3	794	-87.0
饲料添加剂	吨	907	-48.1	5484	-23.4
葡萄糖及葡萄糖浆	吨	8438	-17.6	5077	-21.9

十二、教育　科技　文化

普通高等学校基本情况

12—1 （2009年） 计量单位：人

行政单位	招生人数	在校学生数	毕业生数	教职工数	# 专任教师
合　计	**104270**	**343854**	**91105**	**31639**	**20203**
石家庄经济学院	3858	16617	5657	1464	902
河北科技大学	4361	18143	5105	2495	1312
河北医科大学	2237	11180	5353	2480	1501
河北师范大学	5319	20162	5384	2957	1495
石家庄学院	4439	16033	4805	1090	752
石家庄铁道学院	3265	12598	3455	1442	811
河北工业职业技术学院	3974	10354	2634	634	450
石家庄职业技术学院	3843	11293	3599	673	538
河北经贸大学	4089	16115	4126	1870	1063
河北政法职业学院	4336	12506	3640	687	500
石家庄铁路职业技术学院	2183	6477	1762	431	308
石家庄计算机职业学院	1700	4969	1253	388	262
石家庄外国语职业学院	1362	4337	939	299	193
河北传媒学院	3120	8506	1488	977	785
石家庄法商职业学院	2690	8361	2338	478	418
河北省艺术职业学院	867	2365	502	302	186
石家庄外经贸职业学院	1580	4540	1126	293	199
河北交通职业技术学院	3022	8752	2501	547	443
河北化工医药职业技术学院	3342	9615	2650	679	510
石家庄信息工程职业学院	3293	9911	3213	1456	616
河北经贸大学经济管理学院	3397	10805	1856	613	495

12—1 续表 （2009 年） 计量单位：人

行政单位	招生人数	在校学生数	毕业生数	教职工数	# 专任教师
河北医科大学临床学院	2434	10018	1974	373	277
石家庄铁道学院四方学院	2422	8210	1476	684	473
石家庄经济学院华信学院	2234	7552	1685	487	362
河北女子职业技术学院	1744	5023	948	298	213
石家庄医学高等专科学校	3861	13410	3799	1240	838
石家庄外事职业学院	1467	4249	911	419	280
石家庄科技信息职业学院	1802	4505	939	431	276
河北劳动关系职业学院	903	1115		129	76
石家庄科技职业学院	700	886		134	94
石家庄东方美术职业学院	1274	6252	1438	674	530
河北公安警察职业学院	672	2211	900	220	108
石家庄工商职业学院	1308	3478	714	181	156
石家庄理工职业学院	2215	6218	941	525	315
石家庄外语翻译职业学院	2061	6989	2037	531	366
河北科技大学理工学院	3458	11822	2292	615	476
河北师范大学汇华学院	3103	10973	2191	837	637
石家庄邮电职业技术学院	2542	8059	2594	565	412
河北司法警官职业学院	1338	4043	2028	414	200
冀中职业学院	875	2171	220	225	150
石家庄人民医学高等专科学校	788	788		232	99
石家庄科技工程职业学院	792	2243	632	170	126

中等专业学校基本情况

12—2 （2009年） 计量单位：人

行政单位	毕业生数	招生人数	在校学生数	教职工数	# 专任教师
全市总计	**89167**	**116395**	**273538**	**14994**	**9940**
市区合计	44026	48748	111044	4122	2508
#长安区	2459	2275	6555	498	314
桥东区	1785	1814	5034	451	319
桥西区	5609	11263	27739	2227	1112
新华区	5898	6364	16875	1018	651
裕华区	4993	6456	17175	1168	648
矿 区	553	477	1471	89	70
井陉县	910	1481	3267	176	154
正定县	2498	2109	5004	454	354
栾城县	1336	2044	4876	441	394
行唐县	545	1706	3023	314	216
灵寿县	1294	4581	7951	391	258
高邑县	43	1794	2512	133	111
深泽县	202	1124	1997	95	70
赞皇县	197	1700	2501	117	78
无极县	884	2708	8137	281	229
平山县	1254	2477	5483	271	237
元氏县	482	786	1839	153	129
赵 县	3208	3329	8632	503	471
辛集市	2789	2325	7909	480	401
藁城市	2921	3646	8843	489	372
晋州市	1950	1888	5006	413	321
新乐市	257	2158	3481	220	171
鹿泉市	3074	3142	7184	490	352

技工学校基本情况

12—3　　(2009年)　　计量单位：人

行政单位	毕业生数	招生人数	在校学生数	教职工数	# 专任教师
全市合计	**13492**	**11283**	**29319**	**2165**	**1100**
石家庄铁路高级技工学校	3467	3804	9355	408	164
石家庄市高级技工学校	950	811	2603	155	87
行唐县劳动技工学校	221	30	114	18	12
西柏坡劳动技工学校	325	111	474	34	25
正定县劳动技工学校	411	174	658	67	30
藁城市劳动技工学校	364	259	470	32	22
鹿泉市劳动技工学校	109	127	503	55	37
元氏县劳动技工学校	107	28	98	27	15
赞皇县劳动技工学校	63	14	100	9	6
赵县劳动技工学校			91	33	19
栾城县劳动技工学校	130	63	123	21	15
井陉矿区劳动技工学校	174	294	966	37	30
无极县劳动技工学校	115	38	91	20	15
辛集市劳动技工学校	160	105	182	45	31
河北省地勘局技工学校	242	194	604	134	45
河北省交通职业技术学校	378	412	946	107	44
河北省机电技工学校	520	27	499	42	19
河北旅游饭店管理中等专业学校技工班	19		11	8	3
石家庄市机械技工学校	756	516	1612	123	66
石家庄市轻工技工学校	268	44	151	56	32
石家庄市交通技工学校	169	58	260	72	17

12—3 续表 （2009 年） 计量单位：人

行政单位	毕业生数	招生人数	在校学生数	教职工数	# 专任教师
石家庄市粮食技工学校	27			21	12
石家庄市供销技工学校	40		20	20	5
石家庄市电子技工学校	189	190	662	65	50
石家庄市第一职业中专技工班	23	6	99	23	10
石家庄市饮食集团公司技工学校	97	91	165	14	10
石家庄市国大集团技工学校	32	18	36	9	6
华北制药集团有限责任公司技工学校	405	324	1024	54	31
石家庄钢铁有限责任公司技工学校	66		91	13	11
石家庄工业工程技工学校	89	25	135	17	11
石家庄金钢内燃机零部件集团有限公司技工学校	108	144	373	15	13
石家庄泵业集团有限责任公司技工学校	45	16	80	7	5
石家庄市阀门三厂技工学校	50	69	158	13	9
中国人民解放军通用装备职业技术学校	408	303	807	65	47
河北省新力技工学校	501	708	1031	51	25
河北省新华冶金技工学校	290	278	339	48	20
河北省工业数控技工学校	81	76	241	20	9
河北省工贸技工学校	607	369	1171	44	40
石家庄市长安机电技工学校	534	356	828	25	11
石家庄市铁路职业技工学校	584	1087	1829	110	27
石家庄市燕春技工学校	368	114	319	28	14

普通中学基本情况

12—4　　(2009 年)　　计量单位：人

行政单位	学校数（所）	毕业生数			招生人数		
			普通初中	普通高中		普通初中	普通高中
全市总计	**487**	**210343**	**135818**	**74525**	**177812**	**104815**	**72997**
市区合计	97	48579	25252	23327	50066	25912	24154
#长安区	18	7204	3707	3497	6902	3824	3078
桥东区	14	4166	2809	1357	3465	2738	727
桥西区	13	7766	4230	3536	8391	4641	3750
新华区	18	8584	6467	2117	8332	5898	2434
裕华区	15	9166	6661	2505	9950	7174	2776
矿　区	4	1701	942	759	1088	731	357
井陉县	21	5986	4383	1603	5887	4055	1832
正定县	30	8927	5310	3617	8245	5310	2935
栾城县	15	7227	5916	1311	5983	3947	2036
行唐县	21	9615	5701	3914	7571	4672	2899
灵寿县	21	7212	5318	1894	5147	3129	2018
高邑县	9	3881	2460	1421	2910	1448	1462
深泽县	12	5404	3856	1548	3753	2403	1350
赞皇县	14	5207	3812	1395	2961	1902	1059
无极县	21	8384	6414	1970	7554	4706	2848
平山县	29	9329	6273	3056	8183	5304	2879
元氏县	14	8407	6156	2251	7785	5902	1883
赵　县	34	13808	9872	3936	12849	7679	5170
辛集市	36	17900	11797	6103	11778	6571	5207
藁城市	36	19009	12178	6831	13127	7245	5882
晋州市	28	12137	8873	3264	7985	5183	2802
新乐市	31	11341	7435	3906	9715	5626	4089
鹿泉市	18	7990	4812	3178	6313	3821	2492

12—4 续表　　　　(2009 年)　　　　计量单位：人

行政单位	在校学生数			教职工数	
		普通初中	普通高中		#专任教师
全市总计	**567788**	**357150**	**210638**	**43236**	**37103**
市区合计	153965	83457	70508	10898	8916
#长安区	22049	12521	9528	1546	1390
桥东区	11685	8929	2756	1275	992
桥西区	25417	14495	10922	1577	1253
新华区	26922	20058	6864	1715	1448
裕华区	30536	23072	7464	2335	1905
矿　区	3866	2609	1257	376	330
井陉县	18170	13380	4790	1372	1161
正定县	25929	17734	8195	2538	2147
栾城县	19416	14404	5012	1796	1498
行唐县	25034	15805	9229	1859	1485
灵寿县	17519	12681	4838	1271	1126
高邑县	9413	5489	3924	843	684
深泽县	12158	8438	3720	852	725
赞皇县	10408	7143	3265	1005	910
无极县	24111	16247	7864	1775	1502
平山县	25617	17551	8066	2061	1879
元氏县	22298	16110	6188	1633	1503
赵　县	40111	26529	13582	2742	2514
辛集市	41087	25290	15797	3159	2836
藁城市	43992	26286	17706	3256	2756
晋州市	25853	17600	8253	2085	1914
新乐市	32086	20229	11857	2148	1837
鹿泉市	20621	12777	7844	1943	1710

职业中学基本情况

12—5　　(2009 年)　　计量单位：人

行政单位	学校数（所）	毕业生数	招生人数	在校学生数	教职工数	# 专任教师
全市总计	**201**	**89167**	**116395**	**273538**	**14994**	**9940**
市区合计	131	65323	77397	185893	9573	5622
# 长安区	12	2459	2275	6555	498	314
桥东区	12	1785	1814	5034	451	319
桥西区	33	5609	11263	27739	2227	1112
新华区	21	5898	6364	16875	1018	651
裕华区	29	4993	6456	17175	1168	648
矿　区	2	553	477	1471	89	70
井陉县	1	910	1481	3267	176	154
正定县	7	2498	2109	5004	454	354
栾城县	4	1336	2044	4876	441	394
行唐县	3	545	1706	3023	314	216
灵寿县	4	1294	4581	7951	391	258
高邑县	2	43	1794	2512	133	111
深泽县	2	202	1124	1997	95	70
赞皇县	2	197	1700	2501	117	78
无极县	3	884	2708	8137	281	229
平山县	4	1254	2477	5483	271	237
元氏县	4	482	786	1839	153	129
赵　县	4	3208	3329	8632	503	471
辛集市	5	2789	2325	7909	480	401
藁城市	8	2921	3646	8843	489	372
晋州市	6	1950	1888	5006	413	321
新乐市	4	257	2158	3481	220	171
鹿泉市	7	3074	3142	7184	490	352

小学基本情况

12—6　　(2009 年)　　计量单位：人

行政单位	学校数（所）	毕业生数	招生人数	在校学生数	教职工数	# 专任教师
全市总计	**1825**	**103101**	**110982**	**647386**	**43908**	**41574**
市区合计	218	24820	25405	161891	8253	7651
#长安区	37	4100	4501	27676	1401	1341
桥东区	28	3282	3075	20836	1163	1064
桥西区	38	5038	5173	32643	1382	1286
新华区	47	5794	5573	36812	1862	1750
裕华区	52	5521	6357	38581	1892	1702
矿　区	16	950	639	4673	520	481
井陉县	67	4173	3466	21294	1620	1521
正定县	106	4607	5342	30703	2256	2191
栾城县	61	4061	4057	19117	1944	1853
行唐县	111	4724	7605	36706	2103	1906
灵寿县	88	3129	5511	25221	1857	1749
高邑县	45	1468	2163	10353	1088	1060
深泽县	37	2422	2218	13973	1183	1161
赞皇县	90	2315	4020	20108	1252	1224
无极县	123	4831	4965	30033	2530	2431
平山县	157	5304	5323	31236	2301	2258
元氏县	131	5676	6503	37846	2244	2093
赵　县	121	7707	6476	40607	2329	2282
辛集市	118	6244	5831	36560	2892	2689
藁城市	106	7047	7539	42239	3664	3448
晋州市	102	5188	4894	31634	2132	2077
新乐市	76	5626	5498	33888	2280	2116
鹿泉市	68	3759	4166	23977	1980	1864

全市专业技术人员情况

12—7　　　　(2009 年)　　　　计量单位：人

行业名称	中专以上学历人员	无学历有职称人员
总　　计	**476023**	**12667**
Ⅰ、国有经济单位合计	382391	8356
一、按隶属关系分组		
1. 中央	64241	1639
2. 地方	318150	6717
二、按企业、事业、机关分组		
(一) 企业	118105	3717
1. 中央	51961	1430
2. 地方	66144	2287
(二) 事业	184964	3589
1. 中央	7075	190
2. 地方	177889	3399
(三) 机关	79322	1050
1. 中央	5205	19
2. 地方	74117	1031
三、按国民经济行业分组		
(一) 农、林、牧、渔业	2520	167
(二) 采矿业	1394	
(三) 制造业	40422	1729
(四) 电力、燃气及水的生产和供应业	9516	48
(五) 建筑业	12011	556
(六) 交通运输、仓储和邮政业	23523	162
(七) 信息传输、计算机服务和软件业	5059	29
(八) 批发和零售业	16957	860
(九) 住宿和餐饮业	4409	82
(十) 金融业	5414	138
(十一) 房地产业	2024	95
(十二) 租赁和商务服务业	2424	36
(十三) 科学研究、技术服务和地质勘查业	16038	399
(十四) 水利、环境和公共设施管理业	6682	226
(十五) 居民服务和其他服务业	1088	38
(十六) 教育	107316	889
(十七) 卫生、社会保障和社会福利业	31025	1271
(十八) 文化、体育和娱乐业	7103	314
(十九) 公共管理和社会组织	87466	1317
Ⅱ、城镇及集体经济单位合计	19532	1644
一、按企业、事业、机关分组		
1. 企业	16091	1401
2. 事业	3201	243
3. 机关	240	
二、按国民经济行业分组		
(一) 农、林、牧、渔业	74	
(三) 制造业	4688	463
(四) 电力、燃气及水的生产和供应业	62	
(五) 建筑业	717	255

12—7 续表　　(2009 年)　　计量单位：人

行业名称	中专以上学历人员	无学历有职称人员
(六) 交通运输、仓储和邮政业	535	92
(七) 信息传输、计算机服务和软件业	14	5
(八) 批发和零售业	3763	285
(九) 住宿和餐饮业	820	8
(十) 金融业	4267	249
(十一) 房地产业	24	4
(十二) 租赁和商务服务业	811	29
(十三) 科学研究、技术服务和地质	29	2
(十四) 水利、环境和公共设施管理业	187	
(十五) 居民服务和其他服务业	323	14
(十六) 教育	624	2
(十七) 卫生、社会保障和社会福利业	1925	138
(十八) 文化、体育和娱乐业	318	89
(十九) 公共管理和社会组织	351	9
Ⅲ、其他各种单位合计	74100	2667
一、按登记注册类型分组		
(一) 内资	58779	2490
1. 股份合作	2749	133
2. 联营	46	
3. 有限责任公司	22973	1595
4. 股份有限公司	32605	762
5. 其他	406	
(二) 港澳台投资经济	7957	83
(三) 外商投资	7364	94
二、按企业、事业分组		
1. 企业	73550	2667
2. 事业	550	
三、按国民经济行业分组		
(一) 农、林、牧、渔业	6	
(二) 采矿业	42	
(三) 制造业	37365	1401
(四) 电力、燃气及水的生产和供应	4793	42
(五) 建筑业	4615	924
(六) 交通运输、仓储和邮政业	1360	29
(七) 信息传输、计算机服务和软件	1397	5
(八) 批发和零售业	4704	33
(九) 住宿和餐饮业	947	3
(十) 金融业	16933	176
(十一) 房地产业	231	11
(十二) 租赁和商务服务业	988	
(十三) 科学研究、技术服务和地质	254	8
(十四) 水利、环境和公共设施管理业	57	
(十五) 居民服务和其他服务业	26	
(十六) 教育	377	35
(十八) 文化、体育和娱乐业	5	

分县（市）区人才资源调查情况

12—8　　　　（2009年）　　　　计量单位：人

行政单位	人才总数	国有单位	非国有单位	城镇集体单位	非公职（农民技术员）	劳动年龄人口数	人才密度指数（%）
石家庄市	**777212**	**397774**	**372071**	**3684**	**3683**	**6583292**	**11.81**
市区合计	379113	224542	152289	1213	1069	1780948	21.29
#长安区	44674	5287	39238	49	100	286792	15.58
桥东区	10609	5123	5160	326		268088	3.96
桥西区	21546	6291	15142	98	15	380090	5.67
新华区	17423	6231	11066	126		349404	4.99
裕华区	40663	5600	35029	24	10	359551	11.31
矿　区	7058	2401	4443	49	165	63172	11.17
高新区	23083	5365	17718			34235	67.43
井陉县	15878	12890	2873	51	64	222605	7.13
正定县	43813	12281	30409	945	178	309177	14.17
栾城县	19437	8791	10278	183	185	222246	8.75
行唐县	13654	9415	4119		120	295769	4.62
灵寿县	10203	8068	2080	35	20	224859	4.54
高邑县	14005	4879	8969	34	123	122944	11.39
深泽县	8086	5198	2716	94	78	170786	4.73
赞皇县	8810	7152	1627	31		156426	5.63
无极县	16588	9798	6740	10	40	343891	4.82
平山县	20332	11029	9102	75	126	312561	6.50
元氏县	15762	9718	5771	65	208	272228	5.79
赵　县	19109	11276	6340	638	855	308323	6.20
辛集市	39205	13816	25279	50	60	417697	9.39
藁城市	66792	13968	52631	8	185	522287	12.79
晋州市	35556	11351	24182	23		318875	11.15
新乐市	17168	10279	6703	26	160	325940	5.27
鹿泉市	33701	13323	19963	203	212	255730	13.18

全市高新技术产业主要经济指标

12—9　　（2009 年）　　计量单位：万元

指标名称	单位数（个）	总产值	高新技术产品产值	增加值	主营业务收　入
总　计	**936**	**6637709**	**1899925**	**1761744**	**6751233**
一、按单位来源分组					
规模以上工业企业	298	6055493	1660349	1604242	6123298
大中型	55	3566839	1220275	991536	3714507
大型企业	8	2211753	742503	654999	2360917
中型企业	47	1355086	477772	336537	1353590
小型企业	243	2488654	440074	612706	2408791
规模以下工业企业	553	297579	68171	71585	327495
软件开发单位	59	88998	38989	29788	86612
省科委认定的高新技术企业	26	195639	132416	56129	213828
二、按登记注册类型分组					
内资企业	885	4887523	1430401	1269802	4715236
国有企业	21	930020	387926	269586	917099
集体企业	21	72268	1075	16151	69985
股份合作企业	7	81651	21409	20159	82792
有限责任公司	125	1193202	324534	291892	1142299
国有独资公司	6	177164	76159	44271	178332
其他有限责任公司	119	1016039	248375	247621	963967
股份有限公司	45	481866	220822	123395	472353
私营企业	641	2112510	470125	545031	2016638
私营独资企业	246	437549	33700	107776	424969
私营合伙企业	52	134727	1341	38640	132962
私营有限责任公司	308	1103459	210749	263076	1074095
私营股份有限公司	35	436775	224334	135539	384614
其他企业	25	16005	4510	3588	14070
港、澳、台商投资企业	23	1233150	260003	329724	1484047
合资经营企业（港或澳、台资）	16	383598	205829	93969	421801
港、澳、台商独资经营企业	7	849552	54173	235755	1062246
外商投资企业	28	517036	209522	162218	551950
中外合资经营企业	20	118666	50876	30910	102743
外资企业	8	398370	158645	131308	449207

注：本表按登记注册类型分组指标不包括规模以上工业高新技术产业目录外企业数据。

12—9 续表 （2009 年） 计量单位：万元

指标名称	高新技术产品销售收入	利润总额	从业人员年平均人数（人）	从事科技活动人员（人）	科技活动经费内部支出
总　计	**1816437**	**586398**	**141270**	**16312**	**153792**
一、按单位来源分组					
规模以上工业企业	1573912	544576	117040	12394	127301
大中型	1165323	319164	90648	10766	111425
大型企业	707235	287760	50728	5624	65230
中型企业	458089	31404	39920	5142	46195
小型企业	408589	225412	26392	1628	15876
规模以下工业企业	66130	28209	17437	1217	10793
软件开发单位	39193	1808	2682	1453	7694
省科委认定的高新技术企业	137202	11805	4111	1248	8004
二、按登记注册类型分组					
内资企业	1364053	316029	115605	13896	117865
国有企业	396004	94634	30703	3990	39810
集体企业	1115	7421	1722	53	159
股份合作企业	21209	5327	1870	296	1275
有限责任公司	304128	－25212	33335	4446	28476
国有独资公司	72118	－5212	10541	1260	7750
其他有限责任公司	232010	－20000	22794	3186	20726
股份有限公司	212502	26243	12178	1852	18695
私营企业	424922	206630	35100	3231	28650
私营独资企业	32753	48098	9664	378	5172
私营合伙企业	1306	15008	1875	41	555
私营有限责任公司	202887	91309	17644	1675	9556
私营股份有限公司	187975	52215	5917	1137	13367
其他企业	4173	986	697	28	800
港、澳、台商投资企业	258485	154219	17335	1683	15729
合资经营企业（港或澳、台资）	206714	33115	4361	247	3171
港、澳、台商独资经营企业	51770	121104	12974	1436	12558
外商投资企业	193899	116150	8330	733	20198
中外合资经营企业	36256	10853	2039	220	2784
外资企业	157643	105297	6291	513	17414

注：本表按登记注册类型分组指标不包括规模以上工业高新技术产业目录外企业数据。

文化、广播、电视事业基本情况

12—10 （2009年）

指标名称	计量单位	全　市	指标名称	计量单位	全　市
一、艺术表演团体	个	21	总流通人次	人次	2309718
艺术表演团体人数	人	865	# 书刊文献外借人次	人次	1526390
本团原创首演剧目	台	8	书刊文献外借册次	册	1756989
演出场次	场	4566	为读者举办各种活动	次	204
# 农村演出场次	场	3420	参加人数	人次	21430
演出观众人次	千人次	4920	本年新购藏量	册、件、套	134470
# 农村观众人次	千人次	3907	公用房屋建筑面积	平方米	44370
二、艺术表演场馆	个	16	# 书库	平方米	7971
艺术表演场馆人数	人	230	阅览室	平方米	9831
座席数	个	12756	# 书刊阅览室	平方米	6108
演（映）出场次合计	场	2135	电子阅览室	平方米	2061
# 艺术演出场次	场	105	阅览室座席数	个	3767
观众人次合计	千人次	126	# 少儿阅览室座席数	个	1211
# 艺术演出观众人次	千人次	54	四、群众艺术馆、文化馆	个	25
三、公共图书馆	个	24	群众艺术馆、文化馆人数	人	339
公共图书馆人数	人	231	举办展览个数	个	163
#高级职称	人	20	组织文艺活动次数	次	1166
中级职称	人	69	藏书	册	84000
藏书量	册、件、套	2893409	举办训练班班次	次	509
# 图书	册、件、套	2556612	组织各类理论研讨活动次数	次	29
# 古籍	册、件、套	177088	五、文化站	个	282
善本	册、件、套	1698	从业人员	人	485
报刊	册、件、套	303861	举办展览个数	个	612
视听文献、缩微制品	册、件、套	8466	组织文艺活动次数	次	3125
当年购买的报刊种类	种	3009	藏书量	册	639874
书架单层总长度	米	67383	计算机	台	62
累计发放有效借书证数	个	101594	举办训练班班次	次	2335

12—10 续表　　　　(2009 年)

指标名称	计量单位	全　市	指标名称	计量单位	全　市
六、广播节目套数	套	12	1. 转中央台	小时	4010
全年公共广播节目播出时间	小时	58670	2. 转省级台	小时	2806
(一) 按节目类型分			3. 自制作	小时	25035
1. 新闻咨询	小时	8906	#首播	小时	11703
2. 专题服务	小时	13338	4. 购买交换	小时	49431
3. 综艺益智	小时	24054	八、有线广播电视传输干线网络总长	公里	11146.08
4. 广播剧	小时	757	自建干线网总长	公里	10718.08
5. 广告	小时	9868	租用干线网总长	公里	428.00
6. 其他	小时	1747	有线广播电视用户数	户	879248
(二) 按节目来源分			九、广播综合覆盖率	%	99.43
1. 转中央台	小时	2150	# 中央广播节目覆盖率	%	99.07
2. 转省级台	小时	1298	省级广播节目覆盖率	%	99.21
3. 转市级	小时	182	地市级台覆盖率	%	95.63
3. 自制节目	小时	42691	县级台覆盖率	%	27.65
#首播	小时	39103	无线广播综合覆盖率	%	99.25
4. 购买交换节目	小时	12349	# 中央广播覆盖率	%	98.89
七、电视播出节目套数	套	22	电视综合覆盖率	%	99.43
全年公共电视节目播出时间	小时	81281	# 中央台电视节目覆盖率	%	99.42
(一) 按节目类型分			省级电视节目覆盖率	%	98.01
1. 新闻资讯	小时	10398	地市级台覆盖率	%	93.68
2. 专题服务	小时	6732	县级台覆盖率	%	65.79
3. 综艺益智	小时	6566	无线电视综合覆盖率	%	97.89
4. 影视剧	小时	42200	# 中央电视覆盖率	%	97.4
5. 广告	小时	14030	省级电视覆盖率	%	97.55
6. 其他	小时	1355	地市级台覆盖率	%	92.62
(二) 按节目来源分			县级台覆盖率	%	63.04

十三、体育　卫生　民政

全市体育事业基本情况

13—1

指标名称	计量单位	2009 年	指标名称	计量单位	2009 年
等级裁判员	人	181	健美操	人	35
# 男	人	122	武术	人	61
女	人	59	国际象棋	人	4
等级运动员	人	525	中国象棋	人	4
# 男	人	348	轮滑	人	5
女	人	177	社会指导员	人	100
等级运动员中：	人	525	# 二级	人	100
田径	人	187	地市级群众现代体育项目活动		
游泳	人	37	活动次数	次	70
举重	人	3	活动人数	万人	410
拳击	人	9	# 现代体育项目活动		
跆拳道	人	7	活动次数	次	60
射击	人	6	活动人数	万人	20
足球	人	61	民间传统体育活动		
篮球	人	43	活动次数	次	10
排球	人	30	活动人数	万人	390
乒乓球	人	3	本年度体质受监测人数	人	2000
羽毛球	人	24	# 体质监测达标人数	人	1760

全市卫生机构、床位和人员情况

13—2　　(2009年)　　计量单位：个、张、人

行业名称	机构数	床位数	机构人员	#卫生技术人员
总　　计	**2343**	**37032**	**52395**	**43355**
一、医 院	175	27599	34040	27606
综合医院	106	18893	23809	19408
中医医院	30	3258	4351	3464
中西医结合医院	8	1225	1428	1190
专科医院	31	4223	4452	3544
二、疗养院	2	156	69	53
三、社区服务中心	216	2106	3353	2903
四、卫生院	222	6284	5380	4721
乡卫生院	157	3793	3216	1491
五、门诊部	38	84	717	550
综合门诊部	15	28	399	312
中医门诊部	16	53	241	178
六、诊所、卫生所、医务室	1604		4236	4193
诊所	1321		3402	3374
卫生所、医务室	283		834	819
七、急救中心	1		58	21
八、采供血机构	1		192	117
九、妇幼保健院（所、站）	25	803	1625	1334
十、疾病预防控制中心	25		1675	1127
十一、卫生监督所	23		838	640
十二、医学科学研究机构	2		107	54

13—2 续表　　　　（2009 年）　　　　计量单位：个、张、人

行业名称	卫生技术人员中：			
	执业医师	注册护士	药师（士）	技师（士）
总　　计	**16870**	**13402**	**2185**	**2954**
一、医 院	10808	10308	1426	1880
综合医院	7609	7502	903	1298
中医医院	1475	935	252	236
中西医结合医院	494	431	83	117
专科医院	1230	1440	188	229
二、疗养院	15	21	3	5
三、社区服务中心	1232	982	143	142
四、卫生院	1298	572	289	375
乡卫生院	710	337	168	246
五、门诊部	230	141	50	34
综合门诊部	129	103	35	22
中医门诊部	76	24	12	11
六、诊所、卫生所、医务室	2145	961	183	50
诊所	1689	800	148	36
卫生所、医务室	456	161	35	14
七、急救中心	6	13		
八、采供血机构	21	39	7	44
九、妇幼保健院（所、站）	559	336	58	103
十、疾病预防控制中心	520	19	21	315
十一、卫生监督所				
十二、医学科学研究机构	23	6	3	4

分县（市）区卫生机构、床位和人员情况

13—3　　（2009 年）　　计量单位：个、张、人

行政单位	机构数	床位数	机构人员	# 卫生技术人员
石家庄市	**2343**	**37032**	**52395**	**43355**
市　区	1372	19064	30475	24816
长安区	246	4200	6400	5340
桥东区	237	2617	4360	3602
桥西区	272	4110	5397	4408
新华区	334	4297	7821	6326
裕华区	245	3440	5979	4708
矿　区	38	400	518	432
井陉县	64	926	808	673
正定县	249	1466	2246	1878
栾城县	36	949	901	735
行唐县	26	1053	1259	1084
灵寿县	44	784	1166	976
高邑县	16	428	445	371
深泽县	32	607	925	753
赞皇县	65	599	825	712
无极县	31	720	841	694
平山县	86	1129	1541	1357
元氏县	49	1504	1392	1167
赵　县	33	1430	1748	1453
辛集市	101	1592	2305	1949
藁城市	39	1503	1555	1290
晋州市	27	839	1207	1064
新乐市	38	1356	1536	1351
鹿泉市	35	1083	1220	1032

13—3 续表　　（2009 年）　　计量单位：个、张、人

行政单位	卫生技术人员：			
	执业医师	注册护士	药师（士）	技师（士）
石家庄市	**16870**	**13402**	**2185**	**2954**
市　区	10406	8646	1245	1670
长安区	2463	1842	284	332
桥东区	1482	1201	206	295
桥西区	1988	1579	226	248
新华区	2522	2242	280	354
裕华区	1793	1633	217	414
矿　区	158	149	32	27
井 陉 县	269	149	43	29
正 定 县	777	358	92	106
栾 城 县	277	226	44	30
行 唐 县	347	338	53	41
灵 寿 县	297	205	44	84
高 邑 县	108	107	13	21
深 泽 县	253	170	49	62
赞 皇 县	235	221	28	30
无 极 县	230	144	40	55
平 山 县	472	322	60	84
元 氏 县	364	303	42	92
赵　县	422	272	66	144
辛 集 市	766	562	122	144
藁 城 市	436	416	40	115
晋 州 市	384	252	73	59
新 乐 市	429	448	75	119
鹿 泉 市	398	263	56	69

优抚对象情况

13—4　　(2009年)　　计量单位：人

行政单位	抚恤、补助优抚对象总人数	#在院集中供养人数	定期抚恤人数	#烈属	定期补助人数	伤残人员
石家庄市	**42667**	**433**	**6726**	**5030**	**25386**	**10555**
市区	3286		187	88	1004	2095
#长安区	720		30	16	290	400
桥东区	609		28	17	114	467
桥西区	569		19	7	112	438
新华区	900		60	22	268	572
裕华区	353		33	15	168	152
矿区	135		17	11	52	66
高新区	63		4	3	46	13
井陉县	2591	26	507	450	1490	594
正定县	1827	22	264	157	1162	401
栾城县	1199	26	186	118	772	241
行唐县	2209	26	412	340	1262	535
灵寿县	1961	24	413	333	1129	419
高邑县	2010	26	385	240	1230	395
深泽县	1954	26	268	210	1342	344
赞皇县	1512	28	309	281	728	475
无极县	2964	30	491	401	1845	628
平山县	4239	37	655	610	2841	743
元氏县	2317	25	325	249	1530	462
赵县	1787	15	261	165	1102	424
辛集市	3207	24	422	291	1973	812
藁城市	2864	24	670	385	1508	686
晋州市	2217	24	178	103	1604	435
新乐市	2772	24	485	356	1764	523
鹿泉市	1688	26	304	250	1054	330

婚姻登记情况

13—5　　　　（2009 年）　　　　计量单位：对、人

行政单位	登记结婚件　数	登记结婚人　数				离婚登记
			初婚人数	再婚人数	# 女性	
石家庄市	**109183**	**218366**	**206891**	**11475**	**6241**	**11053**
市　区	30572	61144	158129	3015	1100	5087
#长安区	5389	10778	9370	1408	644	1001
桥东区	5610	11220	11220			837
桥西区	7089	14178	12738	1440	641	986
新华区	5999	11998	11998			1223
裕华区	5808	11616	11616			901
矿　区	677	1354	1187	167	89	139
高新区	1557	3114	2991	123	60	79
井陉县	2531	5062	4351	711	399	354
正定县	5994	11988	10946	1042	547	502
栾城县	3908	7816	7305	511	257	
行唐县	4080	8160	8160			302
灵寿县	2539	5078	5070	8	1	113
高邑县	2280	4560	4560			95
深泽县	2685	5370	5370			228
赞皇县	2525	5050	5015	35	35	133
无极县	5327	10654	9934	720	490	368
平山县	4895	9790	9215	575	575	520
元氏县	4006	8012	8012			176
赵　县	5461	10922	9950	972	537	360
辛集市	6409	12818	11470	1348	697	758
藁城市	9599	19198	19198			720
晋州市	4880	9760	8765	995	533	506
新乐市	5276	10552	10470	82	43	348
鹿泉市	4659	9318	7980	1338	693	404

城镇低保情况

13—6　　（2009 年）　　计量单位：人、户

行政单位	城市居民最低生活保障人数	城市居民最低生活保障人中：					城市居民最低生活保障家庭数
		女性	残疾人	“三无”人员	老年人	登记失业人员	
石家庄市	**61969**	**26234**	**4346**	**1338**	**7183**	**6740**	**29126**
市　区	28025	12597	2852	525	3687	2738	12985
#长安区	5573	2426	894	243	881	555	3127
桥东区	4914	2328	517	26	613	412	2305
桥西区	4421	1956	318	42	415	208	1806
新华区	5620	2961	697	88	806	287	2738
裕华区	4584	1612	261	85	391	1113	1961
矿　区	2913	1314	165	41	581	163	1048
高新区	67	38	11	1	16		28
井陉县	1198	372	74	6	11	255	533
正定县	1214	309	75	68	102	240	577
栾城县	1106	528	80	10	192	88	486
行唐县	2050	1053	185	18	37	2	712
灵寿县	2241	453	53	9	691	628	855
高邑县	2792	1249	113	82	158	568	1449
深泽县	1677	371	35	5	12	1	837
赞皇县	2736	1182	61	296	297	165	1505
无极县	1656	400	60	5	254	6	847
平山县	2088	664	70	7	21	1121	1051
元氏县	2395	955	54	56	196	8	1294
赵　县	4473	1948	169	6	5	3	2008
辛集市	1543	741	146	129	196	630	857
藁城市	1432	708	89	22	116	34	585
晋州市	1915	866	41	8	169	20	1119
新乐市	2307	1311	143	69	139	230	954
鹿泉市	1054	489	35	16	884	3	444

农村低保、救济情况

13—7　　　　(2009 年)　　　　计量单位：个、人、张

行政单位	农村居民最低生活保障人数	# 女 性	老年人	未成年人	残疾人	农村居民最低生活保障家庭数
石家庄市	**143635**	**28315**	**54055**	**10637**	**11675**	**81413**
井 陉 县	9843	2499	4853	1549	1174	4999
正 定 县	8908	3286	2512	1285	1257	4080
栾 城 县	7232	1162	1	39	224	2963
行 唐 县	6894	985	3233	400	150	3842
灵 寿 县	6366	640	4289	1263	130	3303
高 邑 县	4589	460	4439	50	100	2785
深 泽 县	4394	618	2100	23	97	2264
赞 皇 县	5998	684	5021	136	284	4452
无 极 县	7372	1220	6	9	253	4756
平 山 县	9024	1353	187	1354	489	4762
元 氏 县	9098	910	2	20	200	5409
赵　 县	13393	2744	6543	633	1820	10180
辛 集 市	10440	3795	5676	2018	3986	8126
藁 城 市	14933	1611	154	6	780	4882
晋 州 市	11441	3591	6893	65	274	8424
新 乐 市	7552	1981	6210	94	160	4081
鹿 泉 市	6158	776	1936	1693	407	2105

农村五保、医疗救助情况

13—8　　（2009年）　　计量单位：人

行政单位	农村分散五保供养人数	#女性	老年人	未成年人	残疾人	民政部门救助人数
石家庄市	**10503**	**963**	**8979**	**372**	**1834**	**12185**
井陉县	504	57	448	18	68	302
正定县	394	48	327	22	67	476
栾城县	373	30	343	10	20	300
行唐县	694	61	269	17	439	426
灵寿县	1114	86	1094	20	31	296
高邑县	402	46	395	5	9	150
深泽县	455	23	453	2	12	598
赞皇县	502	26	497	5	12	756
无极县	827	42	806	1	20	518
平山县	1415	115	1374	41	167	596
元氏县	314	30	7	10	297	465
赵县	663	90	464	94	114	2185
辛集市	890	49	730	32	328	2002
藁城市	678	45	600	77	120	1955
晋州市	502	103	478	5	37	407
新乐市	447	87	443	4	9	525
鹿泉市	329	25	251	9	84	228

附录　1995—2009年
分县(市)区主要经济指标

1996—2009年分县（市）区生产总值（一）

计量单位：万元、%

行政单位	1996年	增长速度	1997年	增长速度	1998年	增长速度
全　　市	**6564068**	**15.8**	**7813998**	**15.8**	**8458583**	**13.7**
市　　区	2521454	12.8	2997157	13.9	3275923	13.1
#长安区	44408		53988		60038	
桥东区	50940		59731		51329	
桥西区	44033		52451		59673	
新华区	68273		78289		85956	
裕华区	599299		727786		807986	
矿　区	35359		42740		47400	
井陉县	145180	18.2	203288	24.1	230076	16.5
正定县	440249	25.3	560843	19.7	617462	14.6
栾城县	268598	30.0	340516	19.8	380918	15.4
行唐县	139249	29.3	170032	21.7	189418	15.1
灵寿县	108080	21.7	140020	21.8	158262	16.8
高邑县	96323	22.2	120551	19.5	134929	16.7
深泽县	93865	25.1	116369	17.7	131016	17.0
赞皇县	80485	16.3	89241	8.3	100522	17.0
无极县	244702	17.9	283636	13.5	311544	14.7
平山县	165907	1.1	230312	37.8	262916	17.4
元氏县	208240	16.4	243019	15.3	267982	15.1
赵　县	282824	24.1	332731	15.1	366228	14.6
辛集市	553666	16.3	628233	16.4	690478	14.9
藁城市	588578	24.4	720068	17.8	794938	14.7
晋州市	371702	20.2	430040	17.3	470062	14.2
新乐市	360935	15.4	420881	17.0	463852	14.6
鹿泉市	410526	19.0	510285	18.5	564781	14.7
17县（市）合计	4559109		5540065		6135384	
23县（市）区合计	5401421		6555050		7247766	

注：1. 2001年市内5区及正定、栾城区划变动，撤销郊区，成立裕华区。2000年及以前年度裕华区数据为原郊区的数据。

2. 1996—2004年市内各区地区生产总值核算范围为区属及以下单位，2005—2007年为各区行政区划内除交通运输仓储邮政业、信息传输和计算机服务业、金融业等三个行业以外的所有单位，2008年及以后年度为各区行政区划内所有单位。

1996—2009年分县（市）区生产总值（二）

计量单位：万元、%

行政单位	1999年	增长速度	2000年	增长速度	2001年	增长速度
全　　市	**9083677**	**10.7**	**10031119**	**10.5**	**10854284**	**9.1**
市　　区	360017	11.5	4177309	11.2	4628203	11.1
#长安区	66666		75288		202601	8.9
桥东区	56728		61582		144551	8.1
桥西区	63914		69968		138756	8.1
新华区	94743		105603		235532	9.0
裕华区	872857		1000268		168661	8.8
矿　区	51792		57150		61533	8.2
井陉县	247268	10.7	274053	10.0	292156	7.4
正定县	661066	10.8	712977	7.0	489789	7.0
栾城县	419928	13.3	473415	12.4	416002	9.8
行唐县	201689	11.0	228367	12.5	248720	9.0
灵寿县	166266	7.5	179829	7.8	190817	7.0
高邑县	148110	12.7	167265	13.0	178508	8.1
深泽县	142564	12.0	157621	10.6	172502	9.1
赞皇县	106110	7.2	116080	7.0	125788	9.0
无极县	327516	8.1	337381	2.7	361630	8.0
平山县	289521	11.6	304941	5.0	336004	9.9
元氏县	285466	11.7	314926	10.0	338259	8.1
赵　县	376327	8.5	371930	0.3	385016	4.0
辛集市	744259	10.8	709349	-5.6	761129	7.6
藁城市	857005	11.1	810749	-8.0	883852	9.3
晋州市	504624	10.6	522305	4.5	555633	7.0
新乐市	498216	11.0	516563	2.0	485631	-5.4
鹿泉市	607229	11.8	679408	9.4	735758	9.2
17县（市）合计	6583164		6877159		6957194	
23县（市）区合计	7789864		8247018		7908828	

1996—2009 年分县（市）区生产总值（三）

计量单位：万元、%

行政单位	2002 年	增长速度	2003 年	增长速度	2004 年	增长速度
全　　市	**11536123**	**9.8**	**13185463**	**13.2**	**15416940**	**14.1**
市　　区	5101126	11.6	5917839	14.3	6920174	16.2
#长安区	223879	10.8	268048	15.6	333431	16.4
桥东区	159799	10.8	178135	9.5	219691	16.2
桥西区	152926	10.5	178476	14.0	218356	16.1
新华区	256805	9.2	304340	14.8	376325	16.1
裕华区	186514	11.0	223390	15.8	266430	16.4
矿　区	69979	10.5	84711	15.5	103129	16.7
井 陉 县	305255	6.7	346059	10.4	420902	14.1
正 定 县	523403	8.4	595364	10.1	703253	13.5
栾 城 县	441128	10.1	518585	15.3	623633	14.3
行 唐 县	270573	8.6	306729	9.3	363407	9.9
灵 寿 县	197750	5.1	221812	9.3	257312	11.0
高 邑 县	180625	6.6	193919	4.3	223461	5.3
深 泽 县	163373	9.2	188127	11.7	223692	11.7
赞 皇 县	131457	5.3	156420	14.8	199429	17.3
无 极 县	419351	7.7	435950	9.0	525231	14.4
平 山 县	379893	8.7	445437	15.8	526785	15.0
元 氏 县	362753	9.5	415455	11.0	505265	11.1
赵　　县	388477	5.0	438906	8.9	518028	7.6
辛 集 市	776875	7.8	886086	10.2	1019168	9.5
藁 城 市	919985	7.1	1086320	13.6	1259458	9.9
晋 州 市	554723	4.0	573259	4.4	652458	9.5
新 乐 市	498606	5.7	554574	7.6	643420	10.2
鹿 泉 市	695756	7.4	782832	7.2	937933	12.2
17 县（市）合计	7209984		8145835		9602835	
23 县（市）区合计	8259886		9382935		11120197	

1996—2009 年分县（市）区生产总值（四）

计量单位：万元、%

行政单位	2005 年	增长速度	2006 年	增长速度	2007 年	增长速度
全　市	**17867750**	**13.7**	**20266320**	**13.4**	**23607230**	**13.2**
市　区	7282180	15.5	8046943	10.1	9473325	12.8
#长安区	398268	16.8	1169851	9.0	1345105	10.1
桥东区	261649	16.6	521775	12.5	609760	13.1
桥西区	259728	16.6	1207546	12.7	1373119	12.3
新华区	449766	16.6	894468	11.5	1039266	12.1
裕华区	314290	16.9	534300	12.4	593314	7.8
矿　区	124738	17.6	143793	14.6	174735	16.0
井陉县	499786	16.4	594286	16.2	724445	16.3
正定县	802634	13.8	933880	14.5	1083942	12.0
栾城县	729179	14.2	849668	14.7	1017857	13.0
行唐县	415784	12.0	478007	13.4	586160	14.9
灵寿县	300312	14.0	347048	14.3	437767	13.6
高邑县	254554	11.3	288504	11.6	308750	5.7
深泽县	261825	12.1	304733	15.0	366906	14.0
赞皇县	235588	15.5	272606	15.2	332250	13.0
无极县	596281	13.0	688181	14.3	869826	14.3
平山县	770347	16.3	856460	13.2	1067155	18.2
元氏县	581907	13.4	671445	13.3	796874	12.4
赵　县	601450	13.5	705830	15.6	857936	14.7
辛集市	1208660	12.1	1402093	14.3	1668307	13.4
藁城市	1501624	13.6	1735929	14.2	2090002	15.0
晋州市	748205	12.5	878726	14.8	1068401	14.9
新乐市	745082	14.0	842135	10.4	957500	12.5
鹿泉市	1093711	14.3	1296626	14.2	1549574	14.7
17 县（市）合计	11346929		13146157		15783652	
23 县（市）区合计	13155368		17617890		20918951	

1996—2009年分县（市）区生产总值（五）

计量单位：万元、%

行政单位	2008年	增长速度	2009年	增长速度
全　市	**27235531**	**11.0**	**30012797**	**11.1**
市　区	10022951	8.7	10821265	8.1
#长安区	1680094	3.5	1500089	8.1
桥东区	821597	11.2	903681	11.2
桥西区	1859815	11.6	1799882	12.2
新华区	975990	-2.0	1060688	10.2
裕华区	1017755	11.2	1085661	11.0
矿　区	240146	12.6	273288	11.3
井陉县	806323	11.4	1001942	12.7
正定县	1264670	13.2	1405160	12.9
栾城县	1020385	11.5	1150322	11.5
行唐县	736713	13.5	850273	12.1
灵寿县	529796	14.5	593343	11.3
高邑县	332031	8.3	364445	11.8
深泽县	444365	13.5	477173	11.3
赞皇县	412012	12.4	448948	12.5
无极县	914041	6.9	1005152	9.7
平山县	1350971	9.3	1410592	12.6
元氏县	811388	10.3	883002	11.4
赵　县	1000231	13.0	1114420	11.0
辛集市	1840135	11.2	2067005	11.0
藁城市	2256309	12.0	2614310	10.3
晋州市	1196769	10.8	1290925	11.2
新乐市	1056039	10.7	1117822	11.1
鹿泉市	1759162	12.4	1908215	11.8
17县（市）合计	17731340		19703049	
23县（市）区合计	24326737		26326338	

1995—2009年分县（市）区全社会固定资产投资（一）

计量单位：万元、%

行政单位	1995年	1996年	增长速度	1997年	增长速度	1998年	增长速度
全　市	**1951005**	**2404345**	**23.24**	**2981487**	**24.00**	**3388169**	**13.64**
市　区	1032539	1196987	15.93	1496487	25.02	1685405	12.62
#长安区	20223	25200	24.61	33569	33.21	32706	-2.57
桥东区	6689	17968	168.62	23161	28.90	19085	-17.60
桥西区	4343	5333	22.80	8726	63.62	16010	83.47
新华区	39430	32529	-17.50	29309	-9.90	34529	17.81
裕华区	24958	131512	426.93	183720	39.70	201246	9.54
矿　区	10754	10768	0.13	13091	21.57	13132	0.31
高新区						151535	
井陉县	28456	48551	70.62	62196	28.10	64139	3.12
正定县	117448	136197	15.96	157076	15.33	163363	4.00
栾城县	41310	57566	39.35	75491	31.14	92172	22.10
行唐县	27989	33648	20.22	50342	49.61	60301	19.78
灵寿县	23857	31386	31.56	46096	46.87	53195	15.40
高邑县	30924	37977	22.81	44708	17.72	47911	7.16
深泽县	19005	20627	8.53	27396	32.82	41290	50.72
赞皇县	17831	24398	36.83	44855	83.85	51013	13.73
无极县	28645	34954	22.02	48697	39.32	50118	2.92
平山县	45025	51959	15.40	69583	33.92	80296	15.40
元氏县	35986	48771	35.53	64216	31.67	70585	9.92
赵　县	37759	53613	41.99	55142	2.85	71501	29.67
辛集市	120437	144477	19.96	160194	10.88	172822	7.88
藁城市	106922	173559	62.32	200919	15.76	243720	21.30
晋州市	63817	91103	42.76	111021	21.86	123412	11.16
新乐市	75614	88100	16.51	107030	21.49	125006	16.80
鹿泉市	97441	130472	33.90	160038	22.66	191920	19.92

注：2000年以前年度市内各区全社会固定资产投资统计范围为区属及以下单位，2000年及以后年度为各区行政区划内所有单位。

1995—2009年分县（市）区全社会固定资产投资（二）

计量单位：万元、%

行政单位	1999年	增长速度	2000年	增长速度	2001年	增长速度
全　市	**3654000**	**7.85**	**3619406**	**-0.95**	**3808763**	**5.23**
市　区	1693000	0.45	1617379	-4.47	1709161	5.67
#长安区	36280	10.93	436525	1103.2	483590	10.78
桥东区	24548	28.62	341679	1291.9	339622	-0.60
桥西区	21099	31.79	191453	807.40	241500	26.14
新华区	32668	-5.39	178725	447.10	243422	36.20
裕华区	220871	9.75	279839	26.70	221038	-21.01
矿　区	14594	11.13	15698	7.56	20623	31.37
高新区			98757		128005	29.62
井陉县	70000	9.14	81064	15.81	75037	-7.43
正定县	214000	31.00	15994	-92.53	153648	860.66
栾城县	116000	25.85	142712	23.03	133376	-6.54
行唐县	67000	11.11	74149	10.67	76246	2.83
灵寿县	65000	22.19	64461	-0.83	64515	0.08
高邑县	56000	16.88	60477	7.99	64482	6.62
深泽县	49000	18.67	44771	-8.63	46381	3.60
赞皇县	49000	-3.95	66195	35.09	65582	-0.93
无极县	57000	13.73	60683	6.46	77306	27.39
平山县	100000	24.54	103192	3.19	119617	15.92
元氏县	81000	14.76	80049	-1.17	95188	18.91
赵　县	83000	16.08	91777	10.57	97459	6.19
辛集市	197000	13.99	196000	-0.51	201809	2.96
藁城市	249000	2.17	255984	2.80	269692	5.36
晋州市	139000	12.63	136663	-1.68	167882	22.84
新乐市	152000	21.59	149835	-1.42	139683	-6.78
鹿泉市	217000	13.07	209158	-3.61	251699	20.34

1995—2009年分县（市）区全社会固定资产投资（三）

计量单位：万元、%

行政单位	2002年	增长速度	2003年	增长速度	2004年	增长速度
全　　市	**4093686**	**7.48**	**5349800**	**30.68**	**7058091**	**31.93**
市　　区	1849521	8.21	2336448	26.33	3236648	38.53
#长安区	486618	0.63	581495	19.50	735097	26.42
桥东区	361390	6.41	290339	-19.66	461410	58.92
桥西区	255743	5.90	379839	48.52	525002	38.22
新华区	309961	27.33	427800	38.02	553389	29.36
裕华区	266972	20.78	473571	77.39	707898	49.48
矿　区	13938	-32.42	27970	100.67	51624	84.57
高新区	148011	15.63	155434	5.02	202228	30.11
井陉县	84176	12.18	139364	65.56	188475	35.24
正定县	169132	10.08	227051	34.24	312636	37.69
栾城县	144280	8.18	192304	33.29	264912	37.76
行唐县	82198	7.81	122164	48.62	168167	37.66
灵寿县	67699	4.94	104077	53.73	143219	37.61
高邑县	68146	5.68	84006	23.27	117333	39.67
深泽县	47571	2.57	76529	60.87	79140	3.41
赞皇县	55544	-15.31	84064	51.35	115653	37.58
无极县	81773	5.78	114778	40.36	139862	21.85
平山县	144180	20.53	206524	43.24	249174	20.65
元氏县	107795	13.24	149703	38.88	226839	51.53
赵　　县	106011	8.77	182796	72.43	216376	18.37
辛集市	191274	-5.22	240836	25.91	301162	25.05
藁城市	286414	6.20	316842	10.62	382984	20.88
晋州市	175319	4.43	230668	31.57	272680	18.21
新乐市	160033	14.57	233495	45.90	309874	32.71
鹿泉市	272620	8.31	308151	13.03	332957	8.05

1995—2009年分县（市）区全社会固定资产投资（四）

计量单位：万元、%

行政单位	2005年	增长速度	2006年	增长速度	2007年	增长速度
全　市	**9290289**	**31.63**	**10968268**	**18.06**	**13901235**	**26.82**
市　区	4284088	32.36	5026539	17.33	5878796	17.11
#长安区	928269	26.28	769447	-17.11	1035143	34.53
桥东区	675332	46.36	867367	28.44	1077663	24.25
桥西区	696763	32.72	875884	25.71	870603	-0.60
新华区	710154	28.33	922258	29.87	1136336	23.21
裕华区	958989	35.47	1192987	24.40	1231584	4.11
矿　区	72889	41.19	94141	29.16	142937	46.96
高新区	241946	19.64	305212	26.15	384530	25.99
井陉县	303147	60.84	404996	33.60	561582	38.66
正定县	325003	3.96	366086	12.64	510373	39.41
栾城县	357366	34.90	402653	12.67	498822	23.88
行唐县	240548	43.04	285386	18.64	400589	40.37
灵寿县	221988	55.00	303107	36.54	474348	56.50
高邑县	144094	22.81	157326	9.18	178150	13.24
深泽县	96534	21.98	117664	21.89	165369	40.54
赞皇县	165859	43.41	194153	17.06	353080	81.86
无极县	175310	25.34	229676	31.01	338651	47.45
平山县	339890	36.41	394227	15.99	335194	-14.97
元氏县	281452	24.08	325503	15.65	541842	66.46
赵　县	292035	34.97	329417	12.80	416364	26.39
辛集市	398724	32.40	451794	13.31	698374	54.58
藁城市	497644	29.94	609568	22.49	804138	31.92
晋州市	348829	27.93	407311	16.77	534150	31.14
新乐市	386200	24.63	436727	13.08	536084	22.75
鹿泉市	431322	29.54	525378	21.81	675329	28.54

1995—2009年分县（市）区全社会固定资产投资（五）

计量单位：万元、%

行政单位	2008年	增长速度	2009年	增长速度
全　市	**17242334**	**24.03**	**24363602**	**41.30**
市　区	6893777	17.27	9642048	39.87
#长安区	1269342	22.62	1752619	38.07
桥东区	1192978	10.70	1688780	41.56
桥西区	1047342	20.30	1596309	52.42
新华区	1299784	14.38	1714311	31.89
裕华区	1435136	16.53	1966002	36.99
矿　区	186578	30.53	265681	42.40
高新区	462617	20.31	658346	42.31
井陉县	820668	46.14	1203437	46.64
正定县	694877	36.15	975116	40.33
栾城县	592204	18.72	854531	44.30
行唐县	533417	33.16	764998	43.41
灵寿县	700542	47.69	985592	40.69
高邑县	202538	13.69	282454	39.46
深泽县	215427	30.27	294716	36.81
赞皇县	449608	27.34	643462	43.12
无极县	421306	24.41	616967	46.44
平山县	585943	74.81	768064	31.08
元氏县	669532	23.57	890503	33.00
赵　县	475415	14.18	701713	47.60
辛集市	804367	15.18	1136130	41.25
藁城市	938381	16.69	1351537	44.03
晋州市	682029	27.68	994825	45.86
新乐市	735714	37.24	1028408	39.78
鹿泉市	826589	22.40	1229101	48.70

1996—2009年分县（市）区城镇固定资产投资（一）

计量单位：万元、%

行政单位	1996年	增长速度	1997年	增长速度	1998年	增长速度
全　　市	**1561921**	**16.49**	**1892936**	**21.19**	**2143072**	**13.21**
市　　区	1066962	6.84	1306535	22.45	1449117	10.91
#长安区	25200	53.00	33569	33.21	32706	-2.57
桥东区	17968	416.92	23161	28.90	19085	-17.60
桥西区	5333	22.80	8726	63.62	16010	83.47
新华区	32529	-16.87	29309	-9.90	34529	17.81
裕华区	131512	2183.19	183720	39.70	26625	-85.51
矿　区	10768	239.47	13091	21.57	3608	-72.44
高新区					151535	
井陉县	32213	106.97	26342	-18.23	34905	32.51
正定县	35234	-6.69	43586	23.70	58566	34.37
栾城县	34878	100.79	29868	-14.36	42271	41.53
行唐县	13171	42.73	26562	101.67	27325	2.87
灵寿县	24091	53.95	37441	55.41	44876	19.86
高邑县	7583	-18.66	12572	65.79	14308	13.81
深泽县	5672	-23.90	15604	175.11	16258	4.19
赞皇县	11798	-20.45	19725	67.19	20270	2.76
无极县	17003	4.30	19048	12.03	21394	12.32
平山县	19063	6.96	27583	44.69	29732	7.79
元氏县	23721	37.92	24591	3.67	22730	-7.57
赵　县	18687	4.56	24548	31.36	24501	-0.19
辛集市	54916	46.78	64478	17.41	116044	79.97
藁城市	123911	184.13	98410	-20.58	99324	0.93
晋州市	19202	5.66	26495	37.98	31100	17.38
新乐市	40161	36.90	37015	-7.83	42705	15.37
鹿泉市	13655	-20.71	52533	284.72	47646	-9.30

注：2000年以前年度市内各区城镇固定资产投资统计范围为区属及以下单位，2000年及以后年度为各区行政区划内所有单位。

1996—2009 年分县（市）区城镇固定资产投资（二）

计量单位：万元、%

行政单位	1999 年	增长速度	2000 年	增长速度	2001 年	增长速度
全　市	**2460089**	**14.79**	**2408926**	**-2.08**	**2681187**	**11.30**
市　区	1498045	3.38	1457313	-2.72	1651933	13.35
#长安区	36280	10.93	436525	1103.21	483590	10.78
桥东区	24548	28.62	341679	1291.88	339622	-0.60
桥西区	21099	31.79	191453	807.40	241500	26.14
新华区	32668	-5.39	178725	447.10	243422	36.20
裕华区	96400	262.07	128204	32.99	192260	49.96
矿　区	5540	53.55	7267	31.17	14534	100.00
高新区			98757		128005	29.62
井陉县	42770	22.53	49814	16.47	49981	0.34
正定县	95016	62.24	72045	-24.18	96457	33.88
栾城县	72583	71.71	92090	26.88	79287	-13.90
行唐县	35601	30.29	36143	1.52	37850	4.72
灵寿县	52743	17.53	54285	2.92	54820	0.99
高邑县	22025	53.93	22883	3.90	25621	11.97
深泽县	18877	16.11	19136	1.37	19435	1.56
赞皇县	20926	3.24	21291	1.74	28898	35.73
无极县	31579	47.61	28346	-10.24	30800	8.66
平山县	46136	55.17	49091	6.40	54300	10.61
元氏县	39667	74.51	33383	-15.84	38595	15.61
赵　县	53245	117.32	40030	-24.82	44623	11.47
辛集市	130156	12.16	107343	-17.53	127330	18.62
藁城市	120461	21.28	104394	-13.34	123769	18.56
晋州市	54008	73.66	53726	-0.52	74579	38.81
新乐市	66199	55.01	54957	-16.98	40921	-25.54
鹿泉市	86837	82.25	89170	2.69	101988	14.37

1996—2009年分县（市）区城镇固定资产投资（三）

计量单位：万元、%

行政单位	2002年	增长速度	2003年	增长速度	2004年	增长速度
全 市	**2952370**	**10.11**	**4155500**	**40.75**	**5771074**	**38.88**
市 区	1820166	10.18	2335548	28.32	3227794	38.20
#长安区	486618	0.63	581495	19.50	735097	26.42
桥东区	361390	6.41	290339	-19.66	461410	58.92
桥西区	255743	5.90	379839	48.52	525002	38.22
新华区	309961	27.33	427800	38.02	553389	29.36
裕华区	266972	38.86	473571	77.39	707898	49.48
矿 区	12786	-12.03	27070	111.72	42770	58.00
高新区	148011	15.63	155434	5.02	202228	30.11
井陉县	53288	6.62	90564	69.95	136390	50.60
正定县	97352	0.93	128751	32.25	181686	41.11
栾城县	79222	-0.08	131504	65.99	178350	35.62
行唐县	40912	8.09	66264	61.97	100890	52.25
灵寿县	57459	4.81	86077	49.81	124741	44.92
高邑县	26958	5.22	41406	53.59	63334	52.96
深泽县	21110	8.62	37429	77.30	47117	25.88
赞皇县	31864	10.26	51364	61.20	72418	40.99
无极县	33076	7.39	46578	40.82	69134	48.43
平山县	73294	34.98	111724	52.43	166075	48.65
元氏县	41375	7.20	66003	59.52	102120	54.72
赵 县	46480	4.16	89100	91.70	133374	49.69
辛集市	128196	0.68	182236	42.15	225623	23.81
藁城市	128771	4.04	219642	70.57	288596	31.39
晋州市	80164	7.49	125068	56.02	187782	50.14
新乐市	53522	30.79	97195	81.60	156816	61.34
鹿泉市	141746	38.98	249251	75.84	308832	23.90

1996—2009 年分县（市）区城镇固定资产投资（四）

计量单位：万元、%

行政单位	2005 年	增长速度	2006 年	增长速度	2007 年	增长速度
全　　市	**7947681**	**37.72**	**9981142**	**25.59**	**12641826**	**26.66**
市　　区	4282358	32.67	5025104	17.34	5877037	16.95
#长安区	927469	26.17	769447	-17.04	1035143	34.53
桥东区	675332	46.36	867367	28.44	1077663	24.25
桥西区	696763	32.72	875884	25.71	870603	-0.60
新华区	710154	28.33	922258	29.87	1136336	23.21
裕华区	958989	35.47	1192987	24.40	1231584	3.24
矿　区	71705	67.65	91949	28.23	141178	53.54
高新区	241946	19.64	305212	26.15	384530	25.99
井陉县	241872	77.34	359738	48.73	511177	42.10
正定县	223574	23.06	299703	34.05	465645	55.37
栾城县	262308	47.07	320344	22.13	391578	22.24
行唐县	161505	60.08	231453	43.31	326349	41.00
灵寿县	197768	58.54	283029	43.11	429516	51.76
高邑县	85669	35.27	115400	34.70	134700	16.72
深泽县	68357	45.08	96917	41.78	136014	40.34
赞皇县	102949	42.16	157339	52.83	255390	62.32
无极县	102701	48.55	146074	42.23	239373	63.87
平山县	268501	61.67	342339	27.50	280118	-18.18
元氏县	164340	60.93	236416	43.86	345522	46.15
赵　县	209271	56.91	298478	42.63	401399	34.48
辛集市	313443	38.92	421233	34.39	606576	44.00
藁城市	407731	41.28	513790	26.01	700458	36.33
晋州市	220049	17.18	321025	45.89	466385	45.28
新乐市	218848	39.56	293722	34.21	421760	43.59
鹿泉市	416437	34.84	519038	24.64	652829	25.78

1996—2009年分县（市）区城镇固定资产投资（五）

计量单位：万元、%

行政单位	2008年	增长速度	2009年	增长速度
全 市	**15778496**	**24.81**	**22287346**	**41.25**
市 区	6890730	17.25	9636908	39.85
#长安区	1269342	22.62	1752619	38.07
桥东区	1192978	10.70	1688780	41.56
桥西区	1047342	20.30	1596309	52.42
新华区	1299784	14.38	1714311	31.89
裕华区	1435136	16.53	1966002	36.99
矿 区	183531	30.00	260541	41.96
高新区	462617	20.31	658346	42.31
井陉县	728193	42.45	1054642	44.83
正定县	651851	39.99	933450	43.20
栾城县	503725	28.64	712872	41.52
行唐县	446251	36.74	631534	41.52
灵寿县	615816	43.37	863127	40.16
高邑县	159765	18.61	226099	41.52
深泽县	178997	31.60	251598	40.56
赞皇县	336242	31.66	432909	28.75
无极县	290447	21.34	408252	40.56
平山县	393470	40.47	649804	65.15
元氏县	494203	43.03	770439	55.90
赵 县	468564	16.73	656511	40.11
辛集市	755232	24.51	1069391	41.60
藁城市	889328	26.96	1224149	37.65
晋州市	609243	30.63	855061	40.35
新乐市	553034	31.13	774530	40.05
鹿泉市	813405	24.60	1136070	39.67

1995—2009年分县（市）区全部财政收入（一）

计量单位：万元、%

行政单位	1995年	1996年	增长速度	1997年	增长速度
全　市	**328113**	**384211**	**17.10**	**454738**	**18.36**
市　区	201323	212181	5.39	259900	22.49
#长安区	10168	12288	20.85	14852	19.06
桥东区	10036	11858	18.15	12583	11.96
桥西区	8668	10043	15.86	11672	14.91
新华区	9613	11413	18.72	14151	19.04
裕华区	12878	18190	41.25	22189	29.64
矿　区	3425	4055	18.39	4840	17.31
高新区	5189	5832	12.39	8015	19.81
井陉县	12388	13188	6.46	16188	22.75
正定县	10089	13399	32.81	17994	34.29
栾城县	5601	7604	35.76	10293	35.36
行唐县	3564	5018	40.80	6226	24.07
灵寿县	3326	4854	45.94	6037	24.37
高邑县	3113	3908	25.54	5019	28.43
深泽县	3017	4009	32.88	5020	25.22
赞皇县	3540	4005	13.14	4352	8.66
无极县	5051	6967	37.93	8175	17.34
平山县	6039	7035	16.49	8569	21.81
元氏县	5269	6011	14.08	7098	18.08
赵　县	6152	8510	38.33	10033	17.90
辛集市	14323	18036	25.92	21063	16.78
藁城市	15821	20179	27.55	24000	18.94
晋州市	8305	10622	27.90	12224	15.08
新乐市	7549	10213	35.29	12347	20.89
鹿泉市	13643	16184	18.62	20200	24.81

1995—2009年分县（市）区全部财政收入（二）

计量单位：万元、%

行政单位	1998年	增长速度	1999年	增长速度	2000年	增长速度
全 市	**550236**	**21.00**	**581154**	**5.62**	**617026**	**6.17**
市 区	323636	24.52	345064	6.62	376882	9.22
#长安区	17416	17.26	20118	15.51	22328	10.99
桥东区	13307	5.76	14727	10.67	15237	3.46
桥西区	13300	13.95	14702	10.54	14865	1.11
新华区	16888	19.35	19168	13.50	21569	12.53
裕华区	26188	18.02	31025	18.47	36699	18.29
矿 区	5625	16.22	6180	9.87	6467	4.64
高新区	10198	27.24	13050	27.97	16528	26.65
井陉县	15768	-2.59	12725	-19.30	13685	7.54
正定县	20538	14.14	22001	7.12	23667	7.57
栾城县	13005	26.35	15345	17.99	16159	5.30
行唐县	7421	19.19	7689	3.61	8294	7.87
灵寿县	7090	17.44	6707	-5.40	7019	4.65
高邑县	6007	19.69	6558	9.17	6962	6.16
深泽县	6179	23.09	6699	8.42	6916	3.24
赞皇县	4363	0.25	3080	-29.41	3916	27.14
无极县	10017	22.53	10016	-0.01	10501	4.84
平山县	10430	21.72	11713	12.30	11315	-3.40
元氏县	8289	16.78	9010	8.70	10011	11.11
赵 县	11352	13.15	10613	-6.51	10786	1.63
辛集市	24266	15.21	25944	6.92	24855	-4.20
藁城市	27937	16.40	30287	8.41	27386	-9.58
晋州市	15187	24.24	16131	6.22	16755	3.87
新乐市	15001	21.50	15287	1.91	15781	3.23
鹿泉市	23750	17.57	25557	7.61	26136	2.27

1995—2009 年分县（市）区全部财政收入（三）

计量单位：万元、%

行政单位	2001 年	增长速度	2002 年	增长速度	2003 年	增长速度
全　市	**718953**	**16.52**	**1105294**	**7.15**	**1249873**	**13.08**
市　区	473752	25.70	783433	5.83	889785	13.58
#长安区	32018	43.40	38515	19.95	47386	23.03
桥东区	18637	22.31	20825	11.43	22583	8.44
桥西区	24738	66.42	28390	14.73	31555	11.15
新华区	32618	51.23	39082	19.60	46274	18.40
裕华区	23812	-35.12	30068	25.85	37197	23.71
矿　区	6555	1.36	7645	11.83	10884	42.37
高新区	35639	115.63	37897	6.23	48359	27.61
井陉县	14901	8.89	18563	8.62	20970	12.97
正定县	17740	-25.04	23859	15.78	25300	6.04
栾城县	10724	-33.63	18875	24.17	22424	18.80
行唐县	8645	4.23	10083	5.05	10773	6.84
灵寿县	7700	9.70	8751	1.25	9674	10.55
高邑县	6491	-6.77	8000	10.91	8603	7.54
深泽县	7421	7.30	8014	-9.00	8628	7.66
赞皇县	4148	5.92	5184	6.12	6181	19.23
无极县	10701	1.90	13703	11.29	15301	11.66
平山县	12367	9.30	15272	8.01	17997	17.84
元氏县	10525	5.13	14502	26.19	16033	10.56
赵　县	10058	-6.75	13011	15.51	15009	15.36
辛集市	26479	6.53	33178	11.51	38162	15.02
藁城市	30011	9.59	51753	7.40	56314	8.81
晋州市	18021	7.56	21955	7.51	24115	9.84
新乐市	15070	-4.51	18037	10.12	20738	14.97
鹿泉市	31199	19.37	39121	10.99	43866	12.13

1995—2009年分县（市）区全部财政收入（四）

计量单位：万元、%

行政单位	2004年	增长速度	2005年	增长速度	2006年	增长速度
全　　市	**1452944**	**16.25**	**1656402**	**13.68**	**1900632**	**14.70**
市　　区	1026814	15.40	1123086	9.38	1267496	12.86
#长安区	235391	12.50	240038	1.97	226796	-5.52
桥东区	88507	11.47	101338	14.5	120046	18.46
桥西区	207558	17.27	256119	23.4	318071	24.19
新华区	118088	18.51	140018	18.61	151299	8.06
裕华区	120160	8.85	112956	-6.00	130055	15.14
矿　区	16348	48.18	25216	54.00	30287	20.11
高新区	76641	29.13	100128	30.65	115728	15.58
井陉县	26864	28.11	34195	28.49	41766	22.14
正定县	30021	18.66	34914	18.04	40330	15.51
栾城县	25169	12.24	30208	22.43	36010	19.21
行唐县	11542	7.14	13168	19.19	15383	16.82
灵寿县	10973	13.43	13201	22.82	15756	19.35
高邑县	10002	16.26	11500	17.55	11618	1.03
深泽县	9535	10.51	10808	16.87	13494	24.85
赞皇县	8022	29.78	10529	32.69	13036	23.81
无极县	18504	20.93	21306	19.58	24882	16.78
平山县	31348	74.18	65002	12.76	83299	28.15
元氏县	18012	12.34	21033	19.55	24166	14.90
赵　县	16169	7.73	19136	27.68	24025	25.55
辛集市	47076	23.36	56001	22.43	66061	17.96
藁城市	60894	8.13	70530	18.60	80118	13.59
晋州市	26333	9.20	30248	18.62	37050	22.49
新乐市	23251	12.12	27068	19.71	31031	14.64
鹿泉市	52415	19.49	64469	23.10	75111	16.51

1995—2009年分县（市）区全部财政收入（五）

计量单位：万元、%

行政单位	2007年	增长速度	2008年	增长速度	2009年	增长速度
全　市	**2303474**	**21.20**	**2717217**	**17.96**	**3102454**	**14.18**
市　区	1474413	16.32	1691853	14.75	1815532	7.31
#长安区	263089	16.00	295125	12.18	318828	8.03
桥东区	147124	22.56	242220	64.64	281984	16.42
桥西区	403271	26.79	475805	17.99	479465	0.77
新华区	164370	8.64	176785	7.55	180104	1.88
裕华区	172426	32.58	198680	15.23	198771	0.05
矿　区	40019	32.13	54294	35.67	55055	1.40
高新区	131645	13.75	152769	16.05	173105	13.31
井陉县	50580	21.10	93838	85.52	100189	6.77
正定县	48893	21.23	59333	21.35	65525	10.44
栾城县	46366	28.76	56239	21.29	66000	17.36
行唐县	18664	21.33	21839	17.01	24025	10.01
灵寿县	20009	26.99	24112	20.51	24127	0.06
高邑县	13148	13.17	15600	18.65	16558	6.14
深泽县	16715	23.87	20406	22.08	21515	5.43
赞皇县	16165	24.00	20225	25.12	23026	13.85
无极县	30800	23.78	34000	10.39	28061	-17.47
平山县	140658	68.86	137803	-2.03	122816	-10.88
元氏县	30209	25.01	43083	42.62	48714	13.07
赵　县	30037	25.02	35174	17.10	33018	-6.13
辛集市	80060	21.19	92070	15.00	93007	1.02
藁城市	100296	25.19	161764	61.29	410813	153.96
晋州市	50022	35.01	57506	14.96	56055	-2.52
新乐市	36200	16.66	41542	14.76	35371	-14.85
鹿泉市	100239	33.45	110830	10.57	118102	6.56

2000—2009 年分县（市）区一般预算收入（一）

计量单位：万元、%

行政单位	2000 年	增长速度	2001 年	增长速度	2002 年	增长速度
全市总计	**377137**	**7.04**	**443554**	**17.61**	**444947**	**18.31**
市区合计	200653	11.12	267217	33.17	280699	17.98
#长安区	15155	11.16	19394	27.97	16534	22.40
桥东区	9985	8.00	12316	23.35	10527	24.34
桥西区	10432	3.49	16683	59.92	13135	13.02
新华区	13272	12.82	20302	52.97	14385	14.36
裕华区	21035	8.33	15577	-25.95	15675	30.97
矿 区	3428	6.39	3558	3.79	3031	16.58
高新区	9650	24.16	18490	91.61	13223	21.26
井陉县	9107	6.79	9795	7.55	9740	16.01
正定县	17175	10.21	13090	-23.78	13785	26.61
栾城县	11059	3.80	8264	-25.27	7975	34.30
行唐县	6566	10.26	6782	3.29	6097	10.65
灵寿县	5255	4.29	5768	9.76	4447	2.47
高邑县	5486	9.22	5045	-8.04	4646	17.12
深泽县	5226	2.77	5593	7.02	4406	0.09
赞皇县	2686	2.17	3098	15.34	2932	13.25
无极县	8472	3.38	8463	-0.11	6832	21.52
平山县	8912	-5.79	9667	8.47	9614	13.20
元氏县	7482	11.49	7819	4.50	7606	54.12
赵 县	8531	4.34	7625	-10.62	7795	30.61
辛集市	17236	-2.71	17598	2.10	15032	16.95
藁城市	21456	-3.88	22186	3.40	24656	19.58
晋州市	12596	1.98	13670	8.53	12368	16.75
新乐市	12934	2.70	11753	-9.13	10282	11.79
鹿泉市	16305	3.46	20121	23.40	16035	15.64

2000—2009年分县（市）区一般预算收入（二）

计量单位：万元、%

行政单位	2003年	增长速度	2004年	增长速度	2005年	增长速度
全市总计	**493429**	**10.90**	**561644**	**13.82**	**658796**	**17.30**
市区合计	316341	12.70	366737	15.93	421211	14.85
#长安区	21334	29.03	80633	18.15	86493	7.27
桥东区	11203	6.42	36213	15.54	45145	24.67
桥西区	14709	11.98	64216	17.38	78847	22.78
新华区	18337	27.47	42858	29.29	56187	31.10
裕华区	18542	18.29	49075	11.27	51162	4.25
矿　区	4169	37.55	5703	45.38	8738	53.22
高新区	17536	32.62	24115	41.98	36497	51.35
井陉县	10794	10.82	14502	34.35	17493	20.62
正定县	13458	-2.37	14682	9.09	17460	18.92
栾城县	9219	15.60	10128	9.86	12910	27.47
行唐县	6370	4.48	6662	4.58	7746	16.27
灵寿县	4753	6.88	5377	13.13	6439	19.75
高邑县	5152	10.89	6218	20.69	6528	4.99
深泽县	4723	7.19	5606	18.70	6295	12.29
赞皇县	3248	10.78	4111	26.57	4582	11.46
无极县	7430	8.75	9404	26.57	10436	10.97
平山县	9812	2.06	11962	21.91	20693	72.99
元氏县	8016	5.39	9344	16.57	9390	0.49
赵　县	9125	17.06	9634	5.58	10405	8.00
辛集市	16591	10.37	13420	-19.11	22382	66.78
藁城市	26795	8.68	28794	7.46	32295	12.16
晋州市	12537	1.37	11289	-9.95	13977	23.81
新乐市	11628	13.09	12569	8.09	13285	5.70
鹿泉市	17437	8.74	21205	21.61	25269	19.17

2000—2009年分县（市）区一般预算收入（三）

计量单位：万元、%

行政单位	2006年	增长速度	2007年	增长速度
全市总计	**773736**	**17.45**	**958720**	**23.91**
市区合计	506104	20.15	608045	20.14
#长安区	89595	3.59	108884	21.53
桥东区	56023	24.10	70091	25.11
桥西区	97876	24.13	123524	26.20
新华区	61557	9.56	76339	24.01
裕华区	61812	20.82	83669	35.36
矿　区	10710	22.57	14467	35.08
高新区	46483	27.36	56359	21.25
井陉县	19853	13.49	24186	21.83
正定县	20730	18.73	25210	21.61
栾城县	15188	17.65	17931	18.06
行唐县	8886	14.72	10039	12.98
灵寿县	7151	11.06	9133	27.72
高邑县	5287	-19.01	6061	14.64
深泽县	7448	18.32	8761	17.63
赞皇县	5684	24.05	6791	19.48
无极县	11681	11.93	13914	19.12
平山县	24297	17.42	44107	81.53
元氏县	9883	5.25	12522	26.70
赵　县	10058	-3.33	12504	24.32
辛集市	26430	18.09	33123	25.32
藁城市	35342	9.43	45410	28.49
晋州市	15681	12.19	21689	38.31
新乐市	14882	12.02	16853	13.24
鹿泉市	29151	15.36	42441	45.59

2000—2009年分县（市）区一般预算收入（四）

计量单位：万元、%

行政单位	2008年	增长速度	2009年	增长速度
全市总计	**1100366**	**14.77**	**1259614**	**14.47**
市区合计	670759	10.31	772553	15.18
#长安区	118413	8.75	135049	14.05
桥东区	97169	38.63	116752	20.15
桥西区	143895	16.49	163919	13.92
新华区	83766	9.73	93861	12.05
裕华区	87103	4.10	103872	19.25
矿　区	18041	24.70	18184	0.79
高新区	54692	-2.96	58847	7.60
井陉县	34955	44.53	35294	0.97
正定县	32165	27.59	38077	18.38
栾城县	24532	36.81	31096	26.76
行唐县	12372	23.24	15961	29.01
灵寿县	10489	14.85	11231	7.07
高邑县	6899	13.83	9027	30.85
深泽县	11420	30.35	14467	26.68
赞皇县	8884	30.82	9888	11.30
无极县	14804	6.40	14453	-2.37
平山县	54456	23.46	52697	-3.23
元氏县	15983	27.64	18688	16.92
赵　县	15374	22.95	16687	8.54
辛集市	36877	11.33	49482	34.18
藁城市	53821	18.52	63598	18.17
晋州市	24207	11.61	28199	16.49
新乐市	21583	28.07	20946	-2.95
鹿泉市	50786	19.66	57270	12.77

1995—2009 年分县（市）区农林牧渔业总产值（一）

计量单位：万元、%

行政单位	1995 年	1996 年	增长速度	1997 年	增长速度	1998 年	增长速度
全　　市	**2094240**	**2460775**	**9.43**	**2751988**	**10.62**	**2874039**	**6.76**
市　　区				82576			
#长安区							
桥东区							
桥西区							
新华区							
裕华区	51998	63166	20.71		6.88	70153	3.62
矿　区	7586	8016	4.43		4.17	8693	4.27
高新区		5404				5378	
井 陉 县	41718	53387	12.28	60802	12.81	67721	12.38
正 定 县	212194	225684	4.68	255122	13.71	263630	4.66
栾 城 县	131828	138841	12.98	166280	17.68	187079	19.31
行 唐 县	87430	103204	9.43	112032	8.78	118472	4.98
灵 寿 县	44836	62344	7.40	74061	11.05	78323	5.89
高 邑 县	63058	71095	11.28	74640	16.00	77664	7.43
深 泽 县	58304	62476	7.46	70511	16.28	73929	5.66
赞 皇 县	53938	55020	0.21	53152	-5.17	54116	20.26
无 极 县	123478	136868	10.35	151115	8.82	154844	6.27
平 山 县	101375	81939	-23.27	118712	55.74	128027	7.28
元 氏 县	74293	91597	8.52	108089	3.62	117005	13.77
赵　　县	150068	195627	21.18	198029	10.77	209192	9.29
辛 集 市	306071	331446	7.45	346546	11.64	384913	8.24
藁 城 市	292564	357743	10.67	391248	11.32	412864	7.81
晋 州 市	169708	184622	4.60	179006	3.81	188590	3.30
新 乐 市	176189	176770	3.69	184509	6.99	195373	6.76
鹿 泉 市	133678	128701	-4.25	142142	12.45	146211	4.36

1995—2009年分县（市）区农林牧渔业总产值（二）

计量单位：万元、%

行政单位	1999年	增长速度	2000年	增长速度	2001年	增长速度
全 市	**2918680**	**5.48**	**2934472**	**4.96**	**3070012**	**4.24**
市 区						
#长安区					32494	
桥东区					9210	
桥西区					16565	
新华区					31269	
裕华区	72500	5.78	73926	4.67	34893	-56.45
矿 区	8931	5.80	9000	3.69	9356	3.99
高新区	5177		5311		5752	
井陉县	67868	0.55	70698	7.99	68812	-2.90
正定县	271820	5.95	274880	3.91	244053	-11.05
栾城县	206178	11.03	227496	12.59	229880	-1.65
行唐县	116743	0.86	118200	7.55	122225	4.00
灵寿县	84381	11.69	85361	3.98	88971	2.89
高邑县	81241	10.38	87594	10.77	89177	4.50
深泽县	74695	5.03	76655	8.99	85300	9.51
赞皇县	58108	5.33	62316	5.08	65028	5.32
无极县	158854	4.97	159714	6.63	165798	4.02
平山县	135706	6.21	132100	-3.52	139195	6.86
元氏县	123348	8.21	124245	7.32	132728	6.43
赵 县	215345	8.18	215758	6.05	208906	-4.71
辛集市	387792	5.35	374760	0.28	391303	2.99
藁城市	423133	4.12	396434	-2.73	416404	5.03
晋州市	192334	3.95	192629	4.54	197083	2.10
新乐市	202124	5.14	212100	5.02	211015	-0.60
鹿泉市	146756	4.94	149594	3.29	153852	6.76

1995—2009 年分县（市）区农林牧渔业总产值（三）

计量单位：万元、%

行政单位	2002 年	增长速度	2003 年	增长速度	2004 年	增长速度
全　市	**3119674**	**4.35**	**3529558**	**5.65**	**4260467**	**6.36**
市　区						
#长安区	31657	-1.52	33169	-0.31	37982	-2.37
桥东区	9305	0.78	8276	-4.31	10088	3.35
桥西区	16651	-0.10	15014	0.36	18487	11.83
新华区	31597	3.38	25829	-4.99	31395	0.37
裕华区	35083	0.52	36536	0.60	40222	-4.76
矿　区	9728	3.97	9230	4.04	10171	1.92
高新区	5588		2125			
井陉县	69449	1.56	69984	8.95	86721	9.19
正定县	253376	5.10	258522	2.24	296679	4.58
栾城县	243141	5.73	256011	7.27	293005	4.29
行唐县	126340	4.00	143582	3.71	171943	5.91
灵寿县	88117	-0.82	96565	30.36	119804	15.82
高邑县	93377	4.91	89498	-0.26	110317	3.40
深泽县	90927	6.91	82562	10.97	100366	6.06
赞皇县	65927	-2.51	74492	14.71	95470	10.08
无极县	169611	3.00	215779	3.33	246375	3.36
平山县	142678	2.52	186346	1.48	212069	4.48
元氏县	138860	4.72	150195	3.18	187608	4.19
赵　县	221714	7.45	214916	5.11	264314	5.26
辛集市	407063	3.97	358971	6.87	435801	6.63
藁城市	431434	4.33	507429	3.55	574451	2.88
晋州市	200456	2.97	196509	4.81	239640	8.07
新乐市	220360	4.86	233952	5.90	289669	6.20
鹿泉市	159194	3.48	160228	5.17	206716	11.93

1995—2009年分县（市）区农林牧渔业总产值（四）

计量单位：万元、%

行政单位	2005年	增长速度	2006年	增长速度	2007年	增长速度
全　　市	**4569477**	**5.37**	**4731008**	**4.2**	**4931161**	**2.1**
市　　区						
#长安区	38467	-0.78	39910	3.4	30522	-3.4
桥东区	10191	-0.32	10593	3.0	7994	-6.3
桥西区	18641	0.27	18542	-3.5	10522	-35.0
新华区	32504	-2.37	31526	-6.4	28021	9.9
裕华区	39484	-2.14	38516	-5.2	21548	-13.5
矿　区	10814	3.29	10828	0.0	8778	-8.5
高新区						
井陉县	95974	6.41	105237	7.2	112528	6.7
正定县	319891	3.44	344635	4.7	410945	2.3
栾城县	320011	5.50	336486	5.0	359137	-1.7
行唐县	186386	5.65	198067	4.7	237181	9.5
灵寿县	129835	6.40	136304	4.3	145305	2.9
高邑县	115473	1.31	118158	2.2	106953	-10.4
深泽县	112814	7.19	118394	5.0	131702	3.2
赞皇县	108186	9.83	111901	6.4	136477	5.3
无极县	253662	2.46	261197	2.3	295862	1.1
平山县	222149	3.65	231570	2.9	215969	4.6
元氏县	204239	3.90	216679	4.0	238669	3.4
赵　县	284806	4.52	302501	4.1	338277	3.9
辛集市	482007	5.38	527299	7.0	562856	1.5
藁城市	610803	1.33	633505	1.1	668148	1.1
晋州市	255292	3.98	278872	5.8	299852	-0.5
新乐市	322104	7.44	332768	2.1	323832	1.9
鹿泉市	229711	8.17	240714	4.8	234224	1.4

1995—2009年分县（市）区农林牧渔业总产值（五）

计量单位：万元、%

行政单位	2008年	增长速度	2009年	增长速度
全　　市	**5429731**	**3.3**	**5477617**	**0.7**
市　　区				
#长安区	30813	-3.5	34323	3.61
桥东区	8094	-3.3	8381	0.89
桥西区	14725	29.9	15273	6.02
新华区	25795	-12.2	24982	-1.71
裕华区	22672	-0.3	22942	0.64
矿　区	10889	-4.2	10970	2.97
高新区				
井陉县	129881	5.9	123572	4.33
正定县	459959	2.4	460943	2.48
栾城县	409025	4.6	428245	0.55
行唐县	291985	6.5	282354	0.4
灵寿县	174758	11.7	169852	3.39
高邑县	118393	3.1	124557	1.32
深泽县	152377	4.1	153769	4.3
赞皇县	157171	2.6	162231	3.11
无极县	332195	1.3	334468	2.67
平山县	245096	3.1	249745	2.07
元氏县	270922	1.6	275684	2.95
赵　县	369953	6.6	387892	2.08
辛集市	612567	1.6	617385	0.67
藁城市	707021	1.0	766857	2.95
晋州市	324787	-0.7	328272	2.81
新乐市	343451	0.0	345383	0.87
鹿泉市	249860	-1.0	260613	2.25

1996—2009年分县（市）区规模以上工业增加值（一）

计量单位：万元、%

行政单位	1996年	增长速度	1997年	增长速度	1998年	增长速度
全　市	**1667573**	**20.57**	**1978658**	**16.71**	**1995840**	**2.39**
市　区	843632	8.82	940378	11.32	1011855	9.60
#长安区					11947	-9.26
桥东区					5521	-50.49
桥西区					8829	-18.06
新华区					15967	6.42
裕华区					100687	21.63
矿　区					12901	8.57
高新区					29539	
井陉县	17240	8.67	22570	30.92	16044	-37.16
正定县	76097	36.51	104952	37.92	103070	0.29
栾城县	34568	7.81	38532	11.47	31202	-3.71
行唐县	21738	42.30	30590	40.72	28617	-7.19
灵寿县	30311	62.09	40970	35.17	30142	-8.26
高邑县	31164	22.73	27003	-13.36	28041	15.46
深泽县	15564	29.75	22183	42.53	18070	-27.49
赞皇县	12437	2.04	13872	11.54	12029	-23.30
无极县	45985	35.42	62314	35.51	48500	-10.43
平山县	36498	1.70	47543	30.26	46442	-4.01
元氏县	46964	73.04	60091	27.95	27164	-32.94
赵　县	47596	41.43	60738	27.61	72428	11.19
辛集市	112441	39.44	144582	28.58	166449	13.94
藁城市	122630	28.61	153123	24.87	155317	13.94
晋州市	67585	75.46	83449	23.47	87550	0.41
新乐市	55606	21.71	63973	15.05	59234	-15.79
鹿泉市	48429	13.94	61796	27.6	53687	-17.35

注：1997年及以前年度规模以上工业增加值统计范围为乡及乡以上工业企业；1998—2006年为全部国有及主营业务收入500万元以上非国有工业法人企业；2007年及以后年度为年主营业务收入500万元及以上工业法人企业。

1996—2009年分县（市）区规模以上工业增加值（二）

计量单位：万元、%

行政单位	1999年	增长速度	2000年	增长速度	2001年	增长速度
全　　市	**2225697**	**15.23**	**2458470**	**11.22**	**2722676**	**12.94**
市　　区	1171218	16.59	1393725	15.94	1470475	5.49
#长安区	13403	14.02	15055	11.20	67347	
桥东区	6350	16.79	7217	11.88	45907	
桥西区	8030	20.31	8142	-0.22	23242	
新华区	20096	21.42	26057	22.68	64913	
裕华区	120691	18.25	130553	15.52	43597	
矿　区	17953	8.66	17175	14.69	19455	
高新区	33142	72.53	39135	41.80	74449	
井陉县	23003	36.46	26676	20.35	30058	12.68
正定县	115939	20.43	128939	19.03	106317	
栾城县	36154	14.16	46392	28.53	42734	
行唐县	33236	19.99	44770	19.33	51956	16.05
灵寿县	29299	-3.73	24228	-3.99	30321	25.15
高邑县	29049	20.04	38544	29.36	44194	14.66
深泽县	19879	27.50	21231	13.14	27733	30.62
赞皇县	14921	23.00	16295	5.80	18338	12.53
无极县	63608	27.84	69125	19.92	96808	40.05
平山县	55219	18.48	63533	11.97	75456	18.77
元氏县	29990	19.55	38452	15.90	44396	15.46
赵　县	65941	10.89	58246	7.52	67799	16.4
辛集市	170904	6.71	162748	-1.07	191589	17.72
藁城市	165298	3.80	99199	-9.11	175123	76.54
晋州市	62427	9.91	70189	-12.96	83474	18.93
新乐市	65213	9.49	78072	17.16	78605	0.68
鹿泉市	74401	45.14	76551	8.01	87092	13.77

1996—2009年分县（市）区规模以上工业增加值（三）

计量单位：万元、%

行政单位	2002年	增长速度	2003年	增长速度	2004年	增长速度
全　市	**3129643**	**14.96**	**3690543**	**21.20**	**4497107**	**25.04**
市　区	1667623	13.40	1860034	—	2036054	—
#长安区	80287	19.21	102227	47.71	149859	60.25
桥东区	49327	7.45	42492	13.20	48135	30.01
桥西区	23713	2.03	23416	22.41	22455	43.93
新华区	77686	19.68	111911	47.71	147514	21.35
裕华区	45985	5.48	71457	37.53	167346	47.99
矿　区	24207	24.43	31896	23.24	58237	64.44
高新区	119085	59.96	134152	22.14		
井陉县	38815	29.13	47377	31.91	72804	40.34
正定县	138752	30.51	185661	33.85	229183	37.26
栾城县	49635	16.15	62602	33.95	100399	35.42
行唐县	62366	20.04	90464	35.78	128412	35.01
灵寿县	35501	17.08	46416	25.13	60514	35.23
高邑县	45759	3.54	57265	23.50	64367	27.94
深泽县	36826	32.79	41478	35.00	56134	26.25
赞皇县	20689	12.82	28106	35.20	45013	52.81
无极县	80629	-16.71	111669	25.38	142366	36.32
平山县	83431	10.57	118511	34.68	222305	32.13
元氏县	53468	20.43	66420	25.60	96772	40.20
赵　县	79847	17.77	91072	18.61	155938	37.56
辛集市	230988	20.56	228807	16.77	308744	26.10
藁城市	215525	23.07	259141	26.95	277964	27.03
晋州市	90578	8.87	100952	24.55	122311	50.69
新乐市	90004	14.50	123787	41.97	151329	41.88
鹿泉市	109209	25.40	138887	18.17	226499	39.19

1996—2009年分县（市）区规模以上工业增加值（四）

计量单位：万元、%

行政单位	2005年	增长速度	2006年	增长速度	2007年	增长速度
全　市	**5715862**	**22.85**	**6793372**	**19.80**	**9093131**	**20.40**
市　区	2362135		2134535		2619414	
#长安区	205893	35.82	563108	10.67	662917	6.71
桥东区	50443	15.47	105659	12.25	106795	7.76
桥西区	27904	26.03	325565	7.59	487695	16.01
新华区	178732	16.51	221281	1.72	208474	7.62
裕华区	108061	27.48	242662	10.69	265034	4.10
矿　区	82887	39.06	96568	19.84	137637	20.64
高新区	104225	15.10	138692	17.79	167207	16.58
井陉县	113305	49.67	166036	30.43	249230	26.08
正定县	310336	40.49	436137	29.55	618060	29.50
栾城县	129541	44.94	168720	26.11	246312	29.09
行唐县	165628	38.21	241073	29.64	330805	27.32
灵寿县	81441	45.19	114352	33.19	157806	28.29
高邑县	89910	22.15	109832	18.53	110045	5.13
深泽县	77464	36.72	102891	32.48	143494	26.92
赞皇县	57949	34.68	112666	38.14	154777	28.60
无极县	199330	31.00	297406	37.39	390796	26.32
平山县	280619	50.40	447857	25.68	678107	25.71
元氏县	138781	40.13	197996	28.95	275833	20.17
赵　县	214134	31.18	276549	25.60	378235	22.42
辛集市	417413	47.45	505713	24.11	646091	26.96
藁城市	381845	37.53	533966	29.38	715901	29.38
晋州市	182542	37.49	234055	28.82	377238	29.18
新乐市	219447	41.14	283385	25.83	413496	28.53
鹿泉市	294043	24.22	430204	28.82	587491	29.59

1996—2009 年分县（市）区规模以上工业增加值（五）

计量单位：万元、%

行政单位	2008 年	增长速度	2009 年	增长速度
全　　市	**10958092**	**13.00**	**12032373**	**13.0**
市　　区	763531			
#长安区	624344	-4.38	385815	-8.9
桥东区	97371	-4.25	89618	-9.1
桥西区	568732	9.36	550904	-0.5
新华区	199813	-17.64	78768	-12.2
裕华区	260786	0.11	207139	-7.5
矿　区	191300	11.92	210135	11.0
高新区	191159	16.06	241746	19.0
井 陉 县	319163	18.29	370351	18.2
正 定 县	745574	19.75	884236	16.2
栾 城 县	341042	26.56	412335	20.9
行 唐 县	405371	25.42	484277	16.3
灵 寿 县	211070	25.78	254000	19.6
高 邑 县	114064	8.04	136102	19.4
深 泽 县	171949	20.02	199244	19.4
赞 皇 县	203325	26.69	243464	19.5
无 极 县	420720	12.62	468826	14.7
平 山 县	841816	8.80	861673	19.0
元 氏 县	278461	9.04	310358	17.7
赵　　县	511917	22.67	618212	17.7
辛 集 市	798490	20.83	941652	19.1
藁 城 市	994130	27.02	1172372	19.3
晋 州 市	481900	26.74	570696	20.0
新 乐 市	461809	16.53	565520	19.0
鹿 泉 市	760254	24.47	965075	20.0

注：2008 年、2009 年规模以上工业增加值为年快报数据。

1995—2009年分县（市）区规模以上工业利税总额（一）

计量单位：万元、%

行政单位	1995年	1996年	增长速度	1997年	增长速度	1998年	增长速度
全　市	**527047**	**596468**	**13.17**	**686015**	**15.01**	**651668**	**-5.01**
市　区	373688	383745	2.69	402271	4.83		
#长安区						1587	
桥东区						728	
桥西区						3924	
新华区						7353	
裕华区						47292	
矿　区						3900	
高新区						9328	
井陉县	4317	3095	-28.31	5598	80.87	4200	-24.97
正定县	10705	18381	71.70	20989	14.19	22184	5.69
栾城县	6741	8343	23.77	10864	30.22	8666	-20.23
行唐县	4990	7581	51.92	11236	48.21	11576	3.03
灵寿县	3540	6290	77.68	9086	44.45	10545	16.06
高邑县	4774	6314	32.26	9498	50.43	11383	19.85
深泽县	1965	2700	37.40	3551	31.52	2345	-33.96
赞皇县	4032	4320	7.14	4810	11.34	4578	-4.82
无极县	7311	10628	45.37	14404	35.53	11307	-21.50
平山县	9537	10024	5.11	12305	22.76	12994	5.60
元氏县	6472	10441	61.33	12054	15.45	8198	-31.99
赵　县	8906	10731	20.49	13824	28.82	15576	12.67
辛集市	25438	36302	42.71	49149	35.39	47045	-4.28
藁城市	19098	30619	60.33	40578	32.53	44726	10.22
晋州市	12019	20631	71.65	28606	38.66	34841	21.80
新乐市	13228	13462	1.77	19413	44.21	18630	-4.03
鹿泉市	10285	12635	22.85	17781	40.73	15540	-12.60

注：1997年及以前年度规模以上工业利税统计范围为乡及乡以上工业企业；1998—2006年为全部国有及主营业务收入500万元以上非国有工业法人企业；2007年及以后年度为年主营业务收入500万元及以上工业法人企业。

1995—2009年分县（市）区规模以上工业利税总额（二）

计量单位：万元、%

行政单位	1999年	增长速度	2000年	增长速度	2001年	增长速度
全　市	**756087**	**16.02**	**873544**	**15.53**	**1005332**	**15.09**
市　区	428397		528134	23.28	617078	16.84
#长安区	1874	18.08	2081	11.05	28867	1287.17
桥东区	1132	55.49	1326	17.14	15885	1097.96
桥西区	3481	-11.29	3611	3.73	11222	210.77
新华区	9578	30.26	11761	22.79	38351	226.09
裕华区	54510	15.26	63828	17.09	14227	-77.71
矿　区	3936	0.92	5251	33.41	6111	16.38
高新区	12220	31.00	13488	10.38	18709	38.71
井陉县	5514	31.29	6419	16.41	7405	15.36
正定县	27201	22.62	29966	10.17	25897	-13.58
栾城县	11367	31.17	13669	20.25	15584	14.01
行唐县	14376	24.19	16094	11.95	18501	14.96
灵寿县	9097	-13.73	9714	6.78	11067	13.93
高邑县	12524	10.02	14909	19.04	17444	17.00
深泽县	3678	56.84	4159	13.08	4196	0.89
赞皇县	6173	34.84	6716	8.80	7694	14.56
无极县	14979	32.48	15877	6.00	19280	21.43
平山县	15352	18.15	16951	10.42	18600	9.73
元氏县	10155	23.87	12091	19.06	14259	17.93
赵　县	16662	6.97	18396	10.41	21024	14.29
辛集市	51777	10.06	55481	7.15	63208	13.93
藁城市	49376	10.40	44996	-8.87	53163	18.15
晋州市	31812	-8.69	28243	-11.22	32583	15.37
新乐市	22448	20.49	24794	10.45	27075	9.20
鹿泉市	25199		26933	6.88	32305	19.95

1995—2009年分县（市）区规模以上工业利税总额（三）

计量单位：万元、%

行政单位	2002年	增长速度	2003年	增长速度	2004年	增长速度
全　市	**1190630**	**18.43**	**1509600**	**26.79**	**1747672**	**15.77**
市　区	702194	13.79	849612	20.99	806629	-5.06
#长安区	37837	31.07	38117	0.74	61571	61.53
桥东区	20748	30.62	19003	-8.41	28224	48.52
桥西区	12307	9.66	9708	-21.11	6244	-35.68
新华区	49727	29.66	72286	45.37	85311	18.02
裕华区	18491	29.97	25087	35.67	69930	178.75
矿　区	8042	31.60	12266	52.52	18302	49.22
高新区	21465	14.73	28873	34.52		
井陉县	9525	28.63	10264	7.76	18301	78.30
正定县	34698	33.98	43543	25.49	62454	43.43
栾城县	22790	46.24	33827	48.43	56236	66.25
行唐县	23320	26.04	36909	58.28	54943	48.86
灵寿县	13165	18.95	18150	37.87	25417	40.04
高邑县	22119	26.80	30348	37.20	39402	29.84
深泽县	5064	20.68	7340	44.95	8892	21.14
赞皇县	8564	11.31	12919	50.85	20992	62.49
无极县	22172	15.00	28776	29.78	43331	50.58
平山县	23377	25.68	45232	93.49	81664	80.54
元氏县	18012	26.32	24984	38.71	36604	46.51
赵　县	25477	21.18	34113	33.89	53084	55.61
辛集市	76546	21.10	82494	7.77	124089	50.42
藁城市	66279	24.67	83651	26.21	94583	13.07
晋州市	42198	29.51	50077	18.67	67672	35.14
新乐市	32674	20.68	49541	51.62	69448	40.18
鹿泉市	42457	31.43	55556	30.85	83932	51.08

1995—2009年分县（市）区规模以上工业利税总额（四）

计量单位：万元、%

行政单位	2005年	增长速度	2006年	增长速度	2007年	增长速度
全　　市	**2113133**	**20.91**	**2553333**	**20.83**	**3526798**	**38.13**
市　　区	816352	52.01	776609	-4.87	1067546	37.46
#长安区	86865	41.08	226925	19.35	287116	26.52
桥东区	8718	-69.11	21331	40.62	17994	-15.64
桥西区	9611	53.92	196784	11.31	278410	41.48
新华区	99269	16.36	92142	-13.44	76124	-17.38
裕华区	42836	-38.74	100697	12.53	104342	3.62
矿　区	28538	55.92	35149	23.17	50783	44.48
高新区	46249	25.50	59621	28.91	81607	36.88
井陉县	23982	31.04	34149	42.40	49489	44.92
正定县	85250	36.50	105963	24.30	154725	46.02
栾城县	77128	37.15	106163	37.65	154893	45.90
行唐县	77414	40.90	112626	45.49	153538	36.33
灵寿县	35266	38.75	49487	40.33	67714	36.83
高邑县	50808	28.95	60146	18.38	58564	-2.63
深泽县	13287	49.43	18651	40.37	26210	40.52
赞皇县	28922	37.78	39368	36.12	57112	45.07
无极县	57103	31.78	81129	42.07	109621	35.12
平山县	104598	28.08	185777	77.61	236550	27.33
元氏县	49886	36.29	71829	43.99	82215	14.46
赵　县	65445	23.29	89768	37.17	130432	45.30
辛集市	171413	38.14	198017	15.52	284636	43.74
藁城市	137500	45.37	185390	34.83	261530	41.07
晋州市	102941	52.12	137657	33.72	202382	47.02
新乐市	96391	38.79	135323	40.35	194394	43.70
鹿泉市	119449	42.32	165281	38.37	235250	42.33

1995—2009年分县（市）区规模以上工业利税总额（五）

计量单位：万元、%

行政单位	2008年	增长速度	2009年	增长速度
全　　市	**3834691**	**8.73**	**4781599**	**24.69**
市　　区	717598	-32.78	818669	14.08
#长安区	165816	-42.25	118926	-28.28
桥东区	20235	12.46	13230	-34.62
桥西区	367953	32.16	149033	-59.50
新华区	23200	-69.52	7749	-66.60
裕华区	45797	-56.11	-61064	-233.34
矿　区	78448	54.48	76066	-3.04
高新区	89871	10.13	131285	46.08
井陉县	76369	54.31	114527	49.97
正定县	233783	51.10	279010	19.35
栾城县	214898	38.74	253438	17.93
行唐县	222620	44.99	269821	21.20
灵寿县	97188	43.53	120008	23.48
高邑县	43489	-25.74	50520	16.17
深泽县	35530	35.56	42907	20.76
赞皇县	78580	37.59	104906	33.50
无极县	134303	22.52	137772	2.58
平山县	136503	-42.29	133738	-2.03
元氏县	106479	29.51	92522	-13.11
赵　　县	177538	36.11	209032	17.74
辛集市	354022	24.38	429792	21.40
藁城市	357492	36.69	682609	90.94
晋州市	261031	28.98	314390	20.44
新乐市	255986	31.68	297683	16.29
鹿泉市	331282	40.82	436255	31.69

1995—2009年分县（市）区社会消费品零售额（一）

计量单位：万元、%

行政单位	1995年	1996年	增长速度	1997年	增长速度	1998年	增长速度
全　市	**1652151**	**2011506**	**21.75**	**2380487**	**18.34**	**2680216**	**12.59**
市　区	882872	943119	6.82	1059334	12.32	1109504	4.74
#长安区						14513	
桥东区						8444	
桥西区						9784	
新华区						49338	
裕华区						47443	
矿　区						7818	
井陉县	26329	32266	22.55	33033	2.38	34124	3.30
正定县	80745	98870	22.45	137229	38.80	158230	15.30
栾城县	47502	71665	50.87	84901	18.47	101140	19.13
行唐县	20847	40401	93.80	43724	8.23	52711	20.55
灵寿县	13680	20110	47.00	31113	54.71	36864	18.48
高邑县	13975	17961	28.52	23368	30.10	29258	25.21
深泽县	14363	18963	32.03	31328	65.21	40105	28.02
赞皇县	15382	19921	29.51	26895	35.01	34790	29.35
无极县	45879	63723	38.89	83307	30.73	104090	24.95
平山县	25713	32984	28.28	36160	9.63	42703	18.09
元氏县	24680	34726	40.71	38411	10.61	48404	26.02
赵　县	50627	72499	43.20	90212	24.43	108937	20.76
辛集市	101141	188984	86.85	218763	15.76	263429	20.42
藁城市	83081	115102	38.54	152009	32.06	180191	18.54
晋州市	62415	72498	16.15	93708	29.26	107458	14.67
新乐市	82238	98425	19.68	110105	11.87	127203	15.53
鹿泉市	60682	69289	14.18	86889	25.40	101076	16.33

1995—2009 年分县（市）区社会消费品零售额（二）

计量单位：万元、%

行政单位	1999 年	增长速度	2000 年	增长速度	2001 年	增长速度
全　市	**2967588**	**10.72**	**3308804**	**11.50**	**3690981**	**11.55**
市　区	1171916	5.63	1269933	8.36	1560183	22.86
#长安区	16955	16.83	19769	16.60	25378	28.37
桥东区	8905	5.46	9800	10.05	16473	68.09
桥西区	10035	2.57	11216	11.77	38132	239.98
新华区	55270	12.02	63180	14.31	85771	35.76
裕华区	55100	16.14	63841	15.86	30192	-52.71
矿　区	7834	0.20	9533	21.69	10479	9.92
井陉县	39113	14.62	46068	17.78	51179	11.09
正定县	179321	13.33	202677	13.02	150638	-25.68
栾城县	120292	18.94	135651	12.77	96173	-29.10
行唐县	60230	14.26	68405	13.57	78553	14.84
灵寿县	42457	15.17	48092	13.27	54298	12.90
高邑县	34721	18.67	40391	16.33	44835	11.00
深泽县	44933	12.04	50800	13.06	56384	10.99
赞皇县	40643	16.82	45928	13.00	51256	11.60
无极县	121821	17.03	138956	14.07	156793	12.84
平山县	49963	17.00	56992	14.07	64400	13.00
元氏县	56177	16.06	63854	13.67	73606	15.27
赵　县	128299	17.77	145226	13.19	161202	11.00
辛集市	310354	17.81	352000	13.42	390742	11.01
藁城市	195539	8.52	219087	12.04	244117	11.42
晋州市	119726	11.42	134242	12.12	150169	11.86
新乐市	131973	3.75	148011	12.15	144061	-2.67
鹿泉市	120110	18.83	138143	15.01	159366	15.36

1995—2009年分县（市）区社会消费品零售额（三）

计量单位：万元、%

行政单位	2002年	增长速度	2003年	增长速度	2004年	增长速度
全　　市	**4115390**	**11.50**	**4566056**	**10.95**	**5330762**	**16.75**
市　　区	1725318	10.58	1843573	6.85	2062955	11.90
#长安区	28271	11.40	33783	19.50	45270	34.00
桥东区	18860	14.49	21142	12.10	28542	35.00
桥西区	42311	10.96	32605	-22.94	43513	33.45
新华区	91787	7.01	94586	3.05	122963	30.00
裕华区	33634	11.40	40192	19.50	53864	34.02
矿　区	11689	11.55	13227	13.16	16625	25.69
井陉县	57238	11.84	66058	15.41	82441	24.80
正定县	170222	13.00	196622	15.51	239976	22.05
栾城县	110557	14.96	128248	16.00	157527	22.83
行唐县	88675	12.89	103294	16.49	125915	21.90
灵寿县	60756	11.89	69411	14.25	83260	19.95
高邑县	51443	14.74	59285	15.24	72270	21.90
深泽县	62755	11.30	72482	15.50	89153	23.00
赞皇县	58037	13.23	67099	15.61	84217	25.51
无极县	176392	12.50	201087	14.00	247210	22.94
平山县	73582	14.26	85207	15.80	103101	21.00
元氏县	83379	13.28	96103	15.26	117019	21.76
赵　县	178934	11.00	198324	10.84	237994	20.00
辛集市	434897	11.30	487519	12.10	556260	14.10
藁城市	271334	11.15	305063	12.43	368906	20.93
晋州市	167911	11.81	191218	13.88	232478	21.58
新乐市	159937	11.02	181075	13.22	218860	20.87
鹿泉市	184025	15.47	214389	16.50	261555	22.00

1995—2009 年分县（市）区社会消费品零售额（四）

计量单位：万元、%

行政单位	2005 年	增长速度	2006 年	增长速度	2007 年	增长速度
全　市	**6061650**	**15.0**	**6988128**	**15.3**	**8210983**	**17.5**
市　区	2524497	13.4	2975285	17.9	3518397	18.3
#长安区	361052	15.4	418099	15.8	490003	17.2
桥东区	229888	15.0	266035	15.7	315783	18.7
桥西区	163102	15.1	188708	15.7	224185	18.8
新华区	529322	15.2	613458	15.9	702458	14.5
裕华区	267753	15.6	316361	15.8	370427	16.4
矿　区	28915	15.0	33264	15.0	38719	17.1
井陉县	97861	17.6	112638	15.1	131389	16.6
正定县	258128	17.6	297002	15.1	350462	18.0
栾城县	171578	17.3	197135	14.9	229859	16.6
行唐县	135973	16.7	156047	14.8	181222	16.1
灵寿县	90027	16.9	103358	14.8	119851	16.0
高邑县	77328	16.6	88355	14.3	101010	14.3
深泽县	96565	16.7	110776	14.7	128082	15.6
赞皇县	91349	17.2	104992	14.9	121965	16.2
无极县	264820	16.9	303580	14.6	351836	15.9
平山县	118174	17.8	136028	15.1	158230	16.3
元氏县	118870	16.7	136544	14.9	157959	15.7
赵　县	251625	14.6	288615	14.7	336295	16.5
辛集市	606146	14.1	676459	11.6	783340	15.8
藁城市	396788	15.7	456092	14.9	528609	15.9
晋州市	252523	16.8	290382	15.0	336834	16.0
新乐市	232701	15.8	267183	14.8	309935	16.0
鹿泉市	276697	17.0	317703	14.8	368408	16.0

1995—2009年分县（市）区社会消费品零售额（五）

计量单位：万元、%

行政单位	2008年	增长速度	2009年	增长速度
全　市	**10051958**	**22.4**	**11905536**	**18.4**
市　区	4309705	22.5	4952250	14.9
#长安区	623302	27.2	769778	23.5
桥东区	397571	25.9	491076	23.5
桥西区	284602	26.9	351389	23.4
新华区	834479	18.8	998907	19.7
裕华区	459903	24.2	567520	23.4
矿　区	47470	22.6	57818	21.8
井陉县	161476	22.9	197815	22.5
正定县	429321	22.5	525715	22.5
栾城县	281507	22.5	344925	22.5
行唐县	221814	22.4	269896	21.6
灵寿县	146937	22.6	179922	22.4
高邑县	122354	21.1	148043	21.0
深泽县	156262	22.0	190783	22.1
赞皇县	149408	22.5	183648	22.0
无极县	425854	21.0	519968	22.1
平山县	197226	24.6	243032	23.2
元氏县	193569	22.5	234095	20.9
赵　县	411138	22.3	499957	21.6
辛集市	960497	22.6	1165083	21.3
藁城市	643399	21.7	783099	21.7
晋州市	412687	22.5	503417	22.0
新乐市	381066	23.0	466431	22.4
鹿泉市	451494	22.6	550642	22.0

1995—2008 年分县（市）区农林牧渔业总产值（二）

计量单位：万元、%

行政单位	1999 年	增长速度	2000 年	增长速度	2001 年	增长速度
全　市	**2918680**	**5.48**	**2934472**	**4.96**	**3070012**	**4.24**
市　区						
#长安区					32494	
桥东区					9210	
桥西区					16565	
新华区					31269	
裕华区	72500	5.78	73926	4.67	34893	-56.45
矿　区	8931	5.80	9000	3.69	9356	3.99
高新区	5177		5311		5752	
井陉县	67868	0.55	70698	7.99	68812	-2.90
正定县	271820	5.95	274880	3.91	244053	-11.05
栾城县	206178	11.03	227496	12.59	229880	-1.65
行唐县	116743	0.86	118200	7.55	122225	4.00
灵寿县	84381	11.69	85361	3.98	88971	2.89
高邑县	81241	10.38	87594	10.77	89177	4.50
深泽县	74695	5.03	76655	8.99	85300	9.51
赞皇县	58108	5.33	62316	5.08	65028	5.32
无极县	158854	4.97	159714	6.63	165798	4.02
平山县	135706	6.21	132100	-3.52	139195	6.86
元氏县	123348	8.21	124245	7.32	132728	6.43
赵　县	215345	8.18	215758	6.05	208906	-4.71
辛集市	387792	5.35	374760	0.28	391303	2.99
藁城市	423133	4.12	396434	-2.73	416404	5.03
晋州市	192334	3.95	192629	4.54	197083	2.10
新乐市	202124	5.14	212100	5.02	211015	-0.60
鹿泉市	146756	4.94	149594	3.29	153852	6.76

1995—2008 年分县（市）区农林牧渔业总产值（三）

计量单位：万元、%

行政单位	2002 年	增长速度	2003 年	增长速度	2004 年	增长速度
全　市	**3119674**	**4.35**	**3529558**	**5.65**	**4260467**	**6.36**
市　区						
#长安区	31657	-1.52	33169	-0.31	37982	-2.37
桥东区	9305	0.78	8276	-4.31	10088	3.35
桥西区	16651	-0.10	15014	0.36	18487	11.83
新华区	31597	3.38	25829	-4.99	31395	0.37
裕华区	35083	0.52	36536	0.60	40222	-4.76
矿　区	9728	3.97	9230	4.04	10171	1.92
高新区	5588		2125			
井陉县	69449	1.56	69984	8.95	86721	9.19
正定县	253376	5.10	258522	2.24	296679	4.58
栾城县	243141	5.73	256011	7.27	293005	4.29
行唐县	126340	4.00	143582	3.71	171943	5.91
灵寿县	88117	-0.82	96565	30.36	119804	15.82
高邑县	93377	4.91	89498	-0.26	110317	3.40
深泽县	90927	6.91	82562	10.97	100366	6.06
赞皇县	65927	-2.51	74492	14.71	95470	10.08
无极县	169611	3.00	215779	3.33	246375	3.36
平山县	142678	2.52	186346	1.48	212069	4.48
元氏县	138860	4.72	150195	3.18	187608	4.19
赵　县	221714	7.45	214916	5.11	264314	5.26
辛集市	407063	3.97	358971	6.87	435801	6.63
藁城市	431434	4.33	507429	3.55	574451	2.88
晋州市	200456	2.97	196509	4.81	239640	8.07
新乐市	220360	4.86	233952	5.90	289669	6.20
鹿泉市	159194	3.48	160228	5.17	206716	11.93

1995—2008年分县（市）区农林牧渔业总产值（四）

计量单位：万元、%

行政单位	2005年	增长速度	2006年	增长速度
全　市	**4569477**	**5.37**	**4731008**	**4.2**
市　区				
#长安区	38467	-0.78	39910	3.4
桥东区	10191	-0.32	10593	3.0
桥西区	18641	0.27	18542	-3.5
新华区	32504	-2.37	31526	-6.4
裕华区	39484	-2.14	38516	-5.2
矿　区	10814	3.29	10828	0.0
高新区				
井陉县	95974	6.41	105237	7.2
正定县	319891	3.44	344635	4.7
栾城县	320011	5.50	336486	5.0
行唐县	186386	5.65	198067	4.7
灵寿县	129835	6.40	136304	4.3
高邑县	115473	1.31	118158	2.2
深泽县	112814	7.19	118394	5.0
赞皇县	108186	9.83	111901	6.4
无极县	253662	2.46	261197	2.3
平山县	222149	3.65	231570	2.9
元氏县	204239	3.90	216679	4.0
赵　县	284806	4.52	302501	4.1
辛集市	482007	5.38	527299	7.0
藁城市	610803	1.33	633505	1.1
晋州市	255292	3.98	278872	5.8
新乐市	322104	7.44	332768	2.1
鹿泉市	229711	8.17	240714	4.8

1995—2008 年分县（市）区农林牧渔业总产值（五）

计量单位：万元、%

行政单位	2007 年	增长速度	2008 年	增长速度
全　市	**4931161**	**2.1**	**5429731**	**3.3**
市　区				
#长安区	30522	-3.4	30813	-3.5
桥东区	7994	-6.3	8094	-3.3
桥西区	10522	-35.0	14725	29.9
新华区	28021	9.9	25795	-12.2
裕华区	21548	-13.5	22672	-0.3
矿　区	8778	-8.5	10889	-4.2
高新区				
井陉县	112528	6.7	129881	5.9
正定县	410945	2.3	459959	2.4
栾城县	359137	-1.7	409025	4.6
行唐县	237181	9.5	291985	6.5
灵寿县	145305	2.9	174758	11.7
高邑县	106953	-10.4	118393	3.1
深泽县	131702	3.2	152377	4.1
赞皇县	136477	5.3	157171	2.6
无极县	295862	1.1	332195	1.3
平山县	215969	4.6	245096	3.1
元氏县	238669	3.4	270922	1.6
赵　县	338277	3.9	369953	6.6
辛集市	562856	1.5	612567	1.6
藁城市	668148	1.1	707021	1.0
晋州市	299852	-0.5	324787	-0.7
新乐市	323832	1.9	343451	0.0
鹿泉市	234224	1.4	249860	-1.0

1997—2009 年分县（市）区金融机构贷款（一）

计量单位：万元、%

行政单位	1997 年	1998 年	增长速度	1999 年	增长速度
全　　市	**5656900**	**6637592**	**17.34**	**9107667**	**37.21**
市　　区	3292109	4053042	23.11	6237687	53.90
井 陉 县	101119	98918	-2.18	104284	5.42
正 定 县	206600	234528	13.52	276178	17.76
栾 城 县	159604	171165	7.24	182019	6.34
行 唐 县	80853	88229	9.12	91776	4.02
灵 寿 县	93162	98933	6.19	95962	-3.00
高 邑 县	64856	76786	18.39	86454	12.59
深 泽 县	78191	86178	10.21	102750	19.23
赞 皇 县	83167	88121	5.96	88532	0.47
无 极 县	144588	152741	5.64	162667	6.50
平 山 县	126540	142997	13.01	151675	6.07
元 氏 县	134209	145234	8.21	155686	7.20
赵　　县	163922	181592	10.78	193445	6.53
辛 集 市	246974	283842	14.93	295226	4.01
藁 城 市	244997	266150	8.63	330137	24.04
晋 州 市	151278	158429	4.73	202921	28.08
新 乐 市	118745	123732	4.20	153769	24.28
鹿 泉 市	165986	186975	12.65	196499	5.09

1997—2009年分县（市）区金融机构贷款（二）

计量单位：万元、%

行政单位	2000年	增长速度	2001年	增长速度	2002年	增长速度
全　　市	**9738267**	**6.92**	**10350991**	**6.29**	**13059556**	**26.17**
市　　区	6939550	11.25	7450288	7.36	9981918	33.98
井陉县	97820	-6.20	103070	5.37	120950	17.35
正定县	271938	-1.54	279662	2.84	295437	5.64
栾城县	149602	-17.81	159284	6.47	173688	9.04
行唐县	91345	-0.47	102512	12.23	111165	8.44
灵寿县	89625	-6.60	92791	3.53	101323	9.19
高邑县	89803	3.87	91504	1.89	94887	3.70
深泽县	99741	-2.93	102128	2.39	109357	7.08
赞皇县	79156	-10.59	79181	0.03	87387	10.36
无极县	163742	0.66	175680	7.29	191869	9.22
平山县	144646	-4.63	149875	3.62	163959	9.40
元氏县	161580	3.79	159813	-1.09	172984	8.24
赵　　县	200388	3.59	206674	3.14	211211	2.20
辛集市	281896	-4.52	283339	0.51	306937	8.33
藁城市	307626	-6.82	317394	3.18	301448	-5.02
晋州市	206264	1.65	212452	3.00	225886	6.32
新乐市	148917	-3.16	148668	-0.17	155049	4.29
鹿泉市	214628	9.23	236676	10.27	256130	8.22

1997—2009年分县（市）区金融机构贷款（三）

计量单位：万元、%

行政单位	2003年	增长速度	2004年	增长速度	2005年	增长速度
全 市	**13774386**	**5.47**	**14748123**	**7.07**	**15610128**	**5.84**
市 区	10547366	5.66	11352218	7.63	12446474	9.64
井陉县	126161	4.31	155372	23.15	151840	-2.27
正定县	311211	5.34	320787	3.08	279590	-12.84
栾城县	178549	2.80	200213	12.13	217991	8.88
行唐县	109102	-1.86	112476	3.09	96020	14.63
灵寿县	100578	-0.74	109515	8.89	95452	-12.84
高邑县	94670	-0.23	101655	7.38	90442	-11.03
深泽县	107209	-1.96	105555	-1.54	101941	-3.42
赞皇县	91839	5.09	100934	9.90	79871	-20.87
无极县	192568	0.36	193203	0.33	174697	-9.58
平山县	188322	14.86	202902	7.74	193996	-4.39
元氏县	186632	7.89	188193	0.84	175843	-6.56
赵 县	197051	-6.70	198044	0.50	186565	-5.80
辛集市	312989	1.97	318432	1.74	276641	-13.12
藁城市	319196	5.89	332015	4.02	287035	-13.55
晋州市	226804	0.41	229126	1.02	214745	-6.28
新乐市	172388	11.18	184310	6.92	222816	20.89
鹿泉市	311751	21.72	343173	10.08	318169	-7.29

1997—2009 年分县（市）区金融机构贷款（四）

计量单位：万元、%

行政单位	2006 年	增长速度	2007 年	增长速度
全　　市	**17315169**	**10.92**	**18393687**	**6.23**
市　　区	13784691	10.75	14501558	5.20
井 陉 县	175806	15.78	189990	8.07
正 定 县	288082	3.04	346620	20.32
栾 城 县	225670	3.52	230339	2.07
行 唐 县	105693	10.07	113085	6.99
灵 寿 县	107739	12.87	121263	12.55
高 邑 县	102023	12.80	101131	-0.87
深 泽 县	108902	6.83	113081	3.84
赞 皇 县	90723	13.59	100870	11.18
无 极 县	168688	-3.44	175450	4.01
平 山 县	213556	10.08	242021	13.33
元 氏 县	197353	12.23	197678	0.16
赵　　县	222898	19.47	201686	-9.52
辛 集 市	305519	10.44	361664	18.38
藁 城 市	376522	31.18	457561	21.52
晋 州 市	227574	5.97	247896	8.93
新 乐 市	244828	9.88	266960	9.04
鹿 泉 市	368902	15.95	424832	15.16

1997—2009年分县（市）区金融机构贷款（五）

计量单位：万元、%

行政单位	2008年	增长速度	2009年	增长速度
全　市	**20799327**	**13.08**	**28865696**	**38.78**
市　区	17299183	19.29	24231048	40.07
井陉县	161771	-14.85	267119	65.12
正定县	361448	4.28	478347	32.34
栾城县	211095	-8.35	262050	24.14
行唐县	101310	-10.41	125929	24.30
灵寿县	117595	-3.03	148897	26.62
高邑县	81409	-19.50	108653	33.47
深泽县	102782	-9.11	116809	13.65
赞皇县	85514	-15.22	106962	25.08
无极县	153798	-12.34	186955	21.56
平山县	175793	-27.36	218361	24.21
元氏县	190986	-3.39	210053	9.98
赵　县	200139	-0.77	230460	15.15
辛集市	306443	-15.27	446132	45.58
藁城市	350154	-23.47	478186	36.56
晋州市	257046	3.69	336320	30.84
新乐市	215661	-19.22	265734	23.22
鹿泉市	427200	0.56	647678	51.61

1996—2009年分县（市）区城乡居民储蓄存款（一）

计量单位：万元、%

行政单位	1996年	1997年	增长速度	1998年	增长速度	1999年	增长速度
全　市	**4223768**	**4857888**	**15.01**	**5941832**	**22.31**	**7092875**	**19.37**
市　区	1892453	2169085	14.62	2716587	25.24	3259295	19.98
井陉县	129507	150462	16.18	172827	14.86	192385	11.32
正定县	220307	256426	16.39	338198	31.89	411828	21.77
栾城县	130261	149094	14.46	173095	16.10	188394	8.84
行唐县	98437	112086	13.87	132786	18.47	145034	9.22
灵寿县	80690	87309	8.20	102662	17.58	118505	15.43
高邑县	43392	51315	18.26	60107	17.13	72029	19.83
深泽县	114732	132749	15.70	162650	22.52	191996	18.04
赞皇县	60793	68023	11.89	77969	14.62	85520	9.68
无极县	144437	175845	21.75	221033	25.70	243197	10.03
平山县	123624	141770	14.68	171660	21.08	180441	5.12
元氏县	107729	115407	7.13	132304	14.64	145923	10.29
赵　县	105390	125068	18.67	142532	13.96	174475	22.41
辛集市	252528	290868	15.18	363257	24.89	469422	29.23
藁城市	213575	244522	14.49	288149	17.84	377022	30.84
晋州市	197558	238395	20.67	266911	11.96	354866	32.95
新乐市	101655	116710	14.81	144509	23.82	178144	23.28
鹿泉市	206700	232754	12.60	274596	17.98	307399	11.95

1996—2009年分县（市）区城乡居民储蓄存款（二）

计量单位：万元、%

行政单位	2000年	增长速度	2001年	增长速度	2002年	增长速度
全　市	**7514860**	**5.95**	**8235602**	**9.59**	**9251029**	**12.33**
市　区	3929041	20.55	3943653	0.37	4658726	18.13
井陉县	202493	5.25	217003	7.17	233408	7.56
正定县	434413	5.48	459898	5.87	487313	5.96
栾城县	193949	2.95	204920	5.66	218220	6.49
行唐县	152711	5.29	161879	6.00	165108	1.99
灵寿县	127083	7.24	138584	9.05	155788	12.41
高邑县	78389	8.83	83705	6.78	92091	10.02
深泽县	201044	4.71	209272	4.09	220508	5.37
赞皇县	91669	7.19	97763	6.65	105805	8.23
无极县	266499	9.58	288318	8.19	311136	7.91
平山县	190674	5.67	200881	5.35	209772	4.43
元氏县	155133	6.31	169937	9.54	184328	8.47
赵　县	174653	0.10	184425	5.60	200265	8.59
辛集市	497188	5.91	550769	10.78	590380	7.19
藁城市	382872	1.55	415056	8.41	433776	4.51
晋州市	366679	3.33	391400	6.74	419175	7.10
新乐市	178555	0.23	192290	7.69	200237	4.13
鹿泉市	326028	6.06	325849	-0.05	364993	12.01

1996—2009年分县（市）区城乡居民储蓄存款（三）

计量单位：万元、%

行政单位	2003年	增长速度	2004年	增长速度	2005年	增长速度
全　市	**10444919**	**12.91**	**11894588**	**13.88**	**13551916**	**13.93**
市　区	5436477	16.69	6314369	16.15	7418651	17.49
井陉县	249483	6.89	275542	10.45	303792	10.25
正定县	527629	8.27	579859	9.90	633812	9.30
栾城县	245869	12.67	285131	15.97	310090	8.75
行唐县	165202	0.06	191407	15.86	208053	8.70
灵寿县	169063	8.52	186813	10.50	209050	11.90
高邑县	104068	13.01	116106	11.57	130750	12.61
深泽县	235009	6.58	252784	7.56	254864	0.82
赞皇县	120014	13.43	134628	12.18	132516	-1.57
无极县	337044	8.33	365607	8.47	383987	5.03
平山县	232835	10.99	273447	17.44	310792	13.66
元氏县	205982	11.75	235231	14.20	255387	8.57
赵　县	213825	6.77	237835	11.23	261973	10.15
辛集市	667569	13.07	735539	10.18	832469	13.18
藁城市	467139	7.69	530680	13.60	599963	13.06
晋州市	454340	8.39	503031	10.72	561204	11.56
新乐市	218368	9.05	237909	8.95	260700	9.58
鹿泉市	395003	8.22	438670	11.05	483864	10.30

1996—2009年分县（市）区城乡居民储蓄存款（四）

计量单位：万元、%

行政单位	2006年	增长速度	2007年	增长速度
全 市	**15532428**	**14.61**	**16947183**	**9.11**
市 区	8549036	15.24	9115834	6.63
井陉县	339911	11.89	390372	14.85
正定县	685058	8.09	736921	7.57
栾城县	342677	10.51	371001	8.27
行唐县	248660	19.52	303252	21.95
灵寿县	235175	12.50	282455	20.10
高邑县	149486	14.33	161695	8.17
深泽县	283158	11.10	311422	9.98
赞皇县	150544	13.60	177775	18.09
无极县	432280	12.58	480424	11.14
平山县	357692	15.09	417592	16.75
元氏县	299038	17.09	335513	12.20
赵 县	300836	14.83	335322	11.46
辛集市	973656	16.96	1086292	11.57
藁城市	686323	14.39	763798	11.29
晋州市	640164	14.07	716995	12.00
新乐市	313728	20.34	356947	13.78
鹿泉市	545007	12.64	603573	10.75

1996—2009年分县（市）区城乡居民储蓄存款（五）

计量单位：万元、%

行政单位	2008年	增长速度	2009年	增长速度
全 市	**21801690**	**28.64**	**25674597**	**17.76**
市 区	11982365	31.45	14674605	22.47
井陉县	499922	28.06	564372	12.89
正定县	941836	27.81	1119251	18.84
栾城县	434484	17.11	480253	10.53
行唐县	400343	32.02	441452	10.27
灵寿县	382554	35.44	427193	11.67
高邑县	216960	34.18	257563	18.71
深泽县	391938	25.85	437578	11.64
赞皇县	220247	23.89	250941	13.94
无极县	598436	24.56	631828	5.58
平山县	537691	28.76	613920	14.18
元氏县	438137	30.59	476693	8.80
赵 县	400258	19.37	470748	17.61
辛集市	1336554	23.04	1448975	8.41
藁城市	950779	24.48	1034815	8.84
晋州市	888400	23.91	958566	7.90
新乐市	452934	26.89	514730	13.64
鹿泉市	727853	20.59	871114	19.68

1995—2009年分县（市）区农民人均纯收入（一）

计量单位：元、%

行政单位	1995年	1996年	增长速度	1997年	增长速度	1998年	增长速度
全　　市	**1995**	**2502**	**25.41**	**2837**	**13.39**	**2988**	**5.32**
矿　　区	2511	3069	22.22	3481	13.42	3665	5.29
井 陉 县	1574	1821	15.69	2172	19.28	2410	10.96
正 定 县	2308	3004	30.16	3207	6.76	3335	3.99
栾 城 县	1998	2686	34.43	2900	7.97	3045	5.00
行 唐 县	1248	1850	48.24	2163	16.92	2361	9.15
灵 寿 县	998	1499	50.20	2016	34.49	2250	11.61
高 邑 县	1901	2366	24.46	2598	9.81	2800	7.78
深 泽 县	1863	2582	38.59	2789	8.02	2988	7.14
赞 皇 县	970	1203	24.02	1134	-5.74	1306	15.17
无 极 县	1863	2672	43.42	3045	13.96	3170	4.11
平 山 县	1554	1232	-20.72	2202	78.73	2371	7.67
元 氏 县	1759	2321	31.95	2552	9.95	2570	0.71
赵　　县	1825	2579	41.32	2802	8.65	2942	5.00
辛 集 市	2579	2961	14.81	3207	8.31	3354	4.58
藁 城 市	2407	3048	26.63	3513	15.26	3508	-0.14
晋 州 市	2498	3001	20.14	3300	9.96	3386	2.61
新 乐 市	2497	3012	20.62	3418	13.48	3506	2.57
鹿 泉 市	2585	2121	-17.95	3566	68.13	3678	3.14

1995—2009年分县（市）区农民人均纯收入（二）

计量单位：元、%

行政单位	1999年	增长速度	2000年	增长速度	2001年	增长速度
全 市	**3071**	**2.78**	**3158**	**2.83**	**3149**	**-0.28**
矿 区	3736	1.94	3886	4.01	4019	3.42
井陉县	2506	3.98	2602	3.83	2680	3.00
正定县	3465	3.90	3605	4.04	3621	0.44
栾城县	3174	4.24	3305	4.13	3421	3.51
行唐县	2428	2.84	2468	1.65	2542	3.00
灵寿县	2308	2.58	2396	3.81	2397	0.04
高邑县	2860	2.14	3001	4.93	3125	4.13
深泽县	3060	2.41	3182	3.99	3308	3.96
赞皇县	1370	4.90	1652	20.58	1706	3.27
无极县	3240	2.21	3310	2.16	3429	3.60
平山县	2472	4.26	1992	-19.42	1999	0.35
元氏县	2617	1.83	2701	3.21	2812	4.11
赵 县	3059	3.98	3086	0.88	3049	-1.20
辛集市	3485	3.91	3235	-7.17	3365	4.02
藁城市	3576	1.94	3656	2.24	3805	4.08
晋州市	3449	1.86	3539	2.61	3667	3.62
新乐市	3574	1.94	3616	1.18	3688	1.99
鹿泉市	3747	1.88	3852	2.80	4008	4.05

1995—2009年分县（市）区农民人均纯收入（三）

计量单位：元、%

行政单位	2002年	增长速度	2003年	增长速度	2004年	增长速度
全　市	**3245**	**3.05**	**3394**	**4.59**	**3799**	**11.93**
矿　区	4140	3.01	4265	3.02	4854	13.81
井陉县	2787	3.99	2941	5.53	3342	13.63
正定县	3770	4.11	3885	3.05	4375	12.61
栾城县	3558	4.00	3755	5.54	4247	13.10
行唐县	2619	3.03	2698	3.02	2836	5.11
灵寿县	2428	1.29	2477	2.02	2599	4.93
高邑县	3250	4.00	3407	4.83	3680	8.01
深泽县	3408	3.02	3579	5.02	3956	10.53
赞皇县	1785	4.63	1878	5.21	2133	13.58
无极县	3497	1.98	3619	3.49	4107	13.48
平山县	2019	1.00	2080	3.02	2298	10.48
元氏县	2897	3.02	3021	4.28	3431	13.57
赵　县	3141	3.02	3283	4.52	3730	13.62
辛集市	3470	3.12	3609	4.01	4061	12.52
藁城市	3919	3.00	4086	4.26	4621	13.09
晋州市	3777	3.00	3892	3.04	4429	13.80
新乐市	3800	3.04	3961	4.24	4461	12.62
鹿泉市	4170	4.04	4387	5.20	4913	11.99

1995—2009年分县（市）区农民人均纯收入（四）

计量单位：元、%

行政单位	2005年	增长速度	2006年	增长速度	2007年	增长速度
全　　市	**4118**	**8.40**	**4456**	**8.21**	**4954**	**11.18**
矿　　区	5267	8.51	5740	8.98	6328	10.24
井 陉 县	3643	9.01	3993	9.61	4527	13.37
正 定 县	4797	9.65	5253	9.51	5952	13.31
栾 城 县	4667	9.89	5006	7.26	5788	15.62
行 唐 县	2929	3.28	3076	5.02	3287	6.86
灵 寿 县	2681	3.16	2787	3.95	2898	3.98
高 邑 县	3975	8.02	4293	8.00	4551	6.01
深 泽 县	4155	5.03	4350	4.69	4611	6.00
赞 皇 县	2316	8.60	2584	11.57	2798	8.28
无 极 县	4476	8.98	4875	8.91	5321	9.15
平 山 县	2430	5.74	2588	6.50	2842	9.81
元 氏 县	3726	8.60	4076	9.39	4658	14.28
赵　　县	4110	10.19	4282	4.18	5005	16.88
辛 集 市	4467	10.00	4874	9.11	5514	13.13
藁 城 市	5060	9.50	5465	8.00	6184	13.16
晋 州 市	4828	9.01	5320	10.19	6012	13.01
新 乐 市	4872	9.21	5391	10.65	5984	11.00
鹿 泉 市	5313	8.14	5866	10.41	6460	10.13

1995—2009 年分县（市）区农民人均纯收入（五）

计量单位：元、%

行政单位	2008 年	增长速度	2009 年	增长速度
全　　市	**5469**	**10.40**	**5977**	**9.29**
矿　　区	7025	11.01	7657	9.00
井 陉 县	5051	11.57	5557	10.02
正 定 县	6726	13.00	7399	10.01
栾 城 县	6541	13.01	7215	10.30
行 唐 县	3468	5.51	3470	0.06
灵 寿 县	2956	2.00	2960	0.14
高 邑 县	4970	9.21	5448	9.62
深 泽 县	4920	6.70	5316	8.05
赞 皇 县	2886	3.15	2910	0.83
无 极 县	5806	9.11	6272	8.03
平 山 县	2945	3.62	3312	12.46
元 氏 县	5226	12.19	5878	12.48
赵　　县	5553	10.95	6116	10.14
辛 集 市	6291	14.09	6890	9.52
藁 城 市	6990	13.03	7731	10.60
晋 州 市	6794	13.01	7495	10.32
新 乐 市	6642	11.00	7360	10.81
鹿 泉 市	7106	10.00	7834	10.24